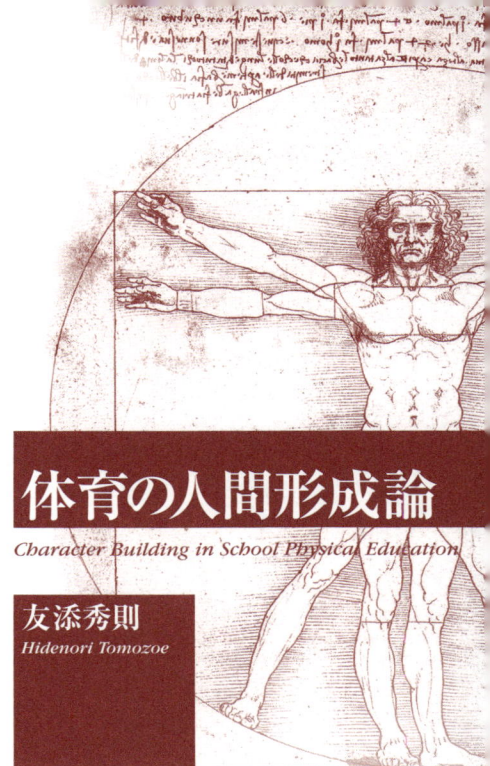

体育の人間形成論

Character Building in School Physical Education

友添秀則
Hidenori Tomozoe

大修館書店

まえがき

　多くの人たちがそうであるように，私も若い日にスポーツに熱中した。私の場合，それは柔道であったのだが，この柔道を深めたいとの思いを胸に大学に進学した。それは，もう記憶も薄れがちな遠い昔のことであるが，当時は原生林を切り開いて建った真新しい校舎がどこか異様な雰囲気を醸していた，創設まもない筑波大学というところであった。スポーツの名前を冠した学部などまだどこにもない頃で，「体育専門学群」という聞きなれない名称をとった「学部」で学ぶことになった。体育会の運動部に所属して"勝利の追求"という部の方針に従い，毎日の激しい練習に追われる中では，いつしか初心も薄れ，また日々の授業も惰性となり，毎日の生活をやりすごすようになった。

　漠然と，大学を卒業したら故郷に戻って，体育教師になろうと考え始めた4年生に進む春休み，前年暮れ（1978年12月）に行われた茨城県議選での選挙違反事件が発覚して，体育の学生を中心に筑波大生137名が公職選挙法違反容疑で書類送検されるという事態が起こった。ある候補者への不在者投票の見返りに，わずかばかりの現金を受け取ったというものであったが，同時にその頃，部内で暴力事件が起こり，このような事態や事件は，今から思えば，この後の私の人生を少なからず変えることとなった。毎日の練習に追われる生活の中で，精神的にも消耗しつつ，いつしか物事を真正面から考えることを避け出した当時の私にはこれらの事柄は決定的で，それまでの生活に大きな楔が打ち込まれることになった。それと同時に，"スポーツは本当に立派な人間を創るのだろうか"，と日々の生活の中で心の片隅に抱き始めた小さな疑問は，より大きな懐疑となって私の心を占有するようになったのである。

　優勝劣敗主義と弱肉強食に立ったゼロサムゲームを文化的特性としたスポーツで，果たして人間は陶冶されるのだろうか。よしんば，その中で人間が創られるとしても，それはいったいどのような人間なのか。それは人格的に優れた人間などではなく，むしろ利己的で反社会的な人間なのではないか。

今から思えば，極めて個人的な経験から派生した，かつ赤面するほど幼稚な問題意識ではあっても，当時の私にはこの上なく大きな問題と思え，この想いに突き動かされながら私はその後の人生の方向を大きく転換し，スポーツ倫理学やスポーツ教育学というまだ誕生したばかりの新しい学問領域を勉強するために大学院に進学した。スポーツがどのようにすばらしい人間を創るのかという強烈な問題意識は，その後，大学に勤め教鞭をとりながら，具体的な体育という教育的な営為の中でどのように人間形成を行うべきかという問題意識に発展してきた。

　本書は，上述した積年の問題意識を基盤にして，私が早稲田大学大学院人間科学研究科に学位請求論文としてまとめ，受理された博士論文「体育における人間形成に関する研究（A Study on Character Building in School Physical Education）」（第4856号）を元にしたものである。博士論文本体は本論と補論を合わせて400字詰め原稿用紙に換算して，およそ1400枚を超える大部のものであったために，全5章から成る補論をすべて割愛した。

　本書で詳述するように，1990年代に先進諸国で起こった学校体育改革は，それまでのプレイ論に立ったレジャーの準備教育としての体育の在り方を大きく変えることになった。世界的な不況の中で，体育は公教育での存在意義，つまりアカウンタビリティーを問われることになったのである。このことをより尖鋭的にいえば，子どもが健康被害や人格的危機に直面する現代という時代にあって，優先的にレジャーの準備教育を体育という教科で行う価値が果たしてあるのかと批判されたということである。

　日本でも私が大学に入学した1970年代中半以降，先進諸国と同様に，プレイ論に立った，「楽しい体育」論が体育の教科論として，具体的な授業論である「めあて学習」とともに全国の学校を席巻した。規律・訓練や労働力の育成を主眼としたそれまでの体育を，「楽しい体育」論は大きく転換させた功績を認めつつも，先進諸国と同様，多発する子どもの暴力やいじめ，自殺などにみられる人格的な危機的状況や健康被害に苦しむ日本の子ども達を前にして，体育は今再び，その存在意義を深く

鋭く問い，かつその新しい方向を模索すべき時のように思われる。本書は，体育の存在意義の重要な一端を「人間形成」に求め，内外の文献を渉猟しつつ，その構造を考察したものである。

　本書の元になった博士論文をまとめる作業と並行して，私は，文部科学省の「学習指導要領解説作成協力者」になった。本書の第2章では，体育の学習指導要領における人間形成的内容を検討したが，改訂学習指導要領解説の基礎的作業と同時に，博士論文執筆のために，これまでの体育の学習指導要領のすべてを詳細に検討，分析した。しかし，本書で分析，考察の対象にした学習指導要領は，1998（平成10）年に旧文部省から告示された小学校，中学校および高等学校のものまでである。博士論文を執筆する過程で改訂学習指導要領の作業が行われたため，本書では2008（平成20）年3月に告示された改訂学習指導要領は考察の対象から除外した。本書を脱稿した現時点でも，高等学校の新学習指導要領は告示されておらず，解説書も公刊されていない。この改訂学習指導要領の検討，考察は，歴史的評価が固まるのを待ちながら，今後の研究に委ねられる必要があるように思われる。しかし，本書で展開した体育における人間形成の可能性は，今後の日本の体育の在り方を考察する上で大きな示唆を与えるであろうと信じている。また，本書が多くの読者にとって，これからの学校体育の新しい方向を考える礎となれば，望外の喜びである。

　最後になったが，本書の意義を理解し，快く出版に応じてくださった大修館書店取締役，平井啓允氏に感謝したい。また，博士論文のすべてに目を通し，原稿の整理から刊行まで煩雑な作業に献身的に応じてくださった同編集部の松井貴之氏にお礼申し上げる。

2009年2月
友添秀則

体育の人間形成論　目次

まえがき………I

序章　問題の所在と本研究の課題………1

1　問題の所在と研究の目的………1
　(1) 子どもの危機的状況と体育における人間形成………1
　(2) 本研究の目的………3

2　先行研究の検討と総括………4
　(1) 先行研究の概観………4
　(2) 体育（およびスポーツ）の哲学的研究………5
　(3) 体育（およびスポーツ）の社会学的研究………6
　(4) 体育（およびスポーツ）の（社会）心理学的研究………7
　(5) スポーツ倫理学領域における人格陶冶研究………8
　(6) スポーツの教育学的研究………9
　(7) 先行研究の総括………10

3　本研究の課題・方法・意義・限界………12
　(1) 本研究の課題………12
　(2) 本研究の方法………14
　(3) 本研究の意義………15
　(4) 本研究の限界………16

第1章 体育における人間形成研究のための予備的考察……27

1 ── **本研究で用いる「スポーツ」概念の検討**……28
　（1）スポーツの概念確定の困難性とその多義性……28
　（2）スポーツ概念の意味的変遷……30
　（3）スポーツに関する代表的概念……31
　（4）本研究で用いるスポーツ概念の確定……35

2 ── **本研究で用いる「体育」概念の検討**……37
　（1）教育概念としての体育概念……37
　（2）体育の辞書的定義……39
　（3）体育概念の系譜……43
　（4）関係概念としての体育概念……45

3 ── **「体育における人間形成」の暫定的概念の検討**……48
　（1）「人間」の「形成」としての人間形成……48
　（2）社会性と道徳性の形成としての人間形成……50
　（3）体育における人間形成の暫定的概念……53

第2章 体育の学習指導要領における人間形成内容の検討……63

1 ── **体育の学習指導要領の変遷過程**……64
　（1）学習指導要領の特徴と性格……64
　（2）体育の学習指導要領の変遷……67

2 ── **体育の理念的変遷と体育の教科目標**……70
　（1）体育の理念的変遷……70
　（2）学習指導要領における体育の教科目標の変遷……77

3 ── **学習指導要領における「人間形成」内容の検討**……83

(1)「生活体育」における人間形成内容の検討………84
　　　(2)「体力主義体育」における人間形成内容の検討………87
　　　(3)「楽しい体育」における人間形成内容の検討………91
4 ── **学習指導要領における人間形成論の総括**………94
　　　(1) 戦前の体育における人間形成の総括………95
　　　(2)「生活体育」における人間形成の総括
　　　　　（終戦から1950年代末）………96
　　　(3)「体力主義体育」における人間形成の総括
　　　　　（1950年代末から1970年代中半）………96
　　　(4)「楽しい体育」における人間形成の総括
　　　　　（1970年代中半以降から現在）………97
　　　(5) 体育における人間形成の内容的変遷………97

第3章　戦後日本の体育における人間形成論の諸相………109

1 ── **人間形成論としてのB型学習論**………112
　　　(1) 体育の転換と民主的人間形成………113
　　　(2) カリキュラム研究とB型学習論の誕生………117
　　　(3) B型学習論とその批判………121
　　　(4) 人間形成とB型学習論の課題………125
2 ── **体育の学習集団論にみる人間形成の試み**………127
　　　(1) グループ学習論争と同志会（丹下保夫）および
　　　　　全体研（竹之下休蔵）のグループ学習論………129
　　　(2) 同志会（出原泰明）の学習集団論と人間形成的学習………134
　　　(3) 機能的特性論と全体研のグループ学習論………137
　　　(4) 体育における学習集団論の課題………139
3 ── **人間形成的学習の系譜とスポーツの主体者形成論**………142
　　　(1) 日本における体育の人間形成的学習の系譜………142

　　　　　（2）スポーツにおける主体者形成論………144
4──── **体育における人間形成研究の成果と問題点**………146
　　　　　（1）城丸章夫の体育の人格形成論………146
　　　　　（2）水野忠文の克己体験主義………153
　　　　　（3）久保正秋の「体育における人間形成」論………160
　　　　　（4）身体論からみた人間形成論の検討………171

第4章　先進諸国における体育の人間形成論………191

1──── **体育における人間形成論としての道徳学習論**………195
　　　　　（1）体育の道徳学習論の系譜………195
　　　　　（2）体育における道徳学習論………196
　　　　　（3）社会的学習理論と構造的発達理論………198
　　　　　（4）体育における道徳学習論の教授方略………204
2──── **体育における人間形成論としての社会学習の展開**………207
　　　　　（1）体育における人間形成論としての社会学習論の系譜………207
　　　　　（2）批判的スポーツ教育学における社会学習論………208
　　　　　（3）スポーツ教育学における社会学習論………210
3──── **体育における人間関係学習と社会性形成**………212
　　　　　（1）ニュージーランドの体育カリキュラムにおける
　　　　　　　　人間関係学習………213
　　　　　（2）体育カリキュラムにおける人間関係領域の
　　　　　　　　達成目標とその内容………217
4──── **ナショナル・スタンダードにおける人間形成的視点**………226
　　　　　（1）アメリカの教育システムの特徴………226
　　　　　（2）アメリカの教育改革の動向と学校体育改革………228
　　　　　（3）体育のナショナル・スタンダードの特徴………235
　　　　　（4）ナショナル・スタンダードにおける人間形成的学習………241

5 ── **ヘリソンの体育における責任学習論の意義**………260
　　　（1）体育における責任学習論の主題………260
　　　（2）体育における責任学習論の理論枠組み………262
　　　（3）体育における責任学習論の教授方略………270
　　　（4）体育における責任学習論の総括………283

結章　体育における人間形成論の構造………299

1 ── **本研究の総括および残された問題**………299
　　　（1）第1章の総括………299
　　　（2）第2章の総括………301
　　　（3）第3章の総括………303
　　　（4）第4章の総括………305
　　　（5）本研究の総括と残された問題………312
2 ── **体育における人間形成論の構築**………314
　　　（1）体育の人間形成論における人間像………314
　　　（2）体育における人間形成の構造………317
3 ── **今後の課題と展望**………320

資料 ── 1．学習指導要領における人間形成に関する記述一覧………327
　　　　2．図・表一覧………356
　　　　3．主要参考文献一覧………357

　　　あとがき………371
　　　索引………373

序章

問題の所在と
本研究の課題

　「体育における人間形成に関する研究」と題する本研究を始めるにあたって，問題の所在と研究目的，研究の意義等を示す必要がある。そこで，序章では，第1節において問題の所在と研究目的，第2節において本研究に関わる代表的な先行研究の検討，第3節において研究課題や研究方法，研究の意義および限界を記載する。この序章は，本研究全体の基本的な進め方を描くものである。

1 問題の所在と研究の目的

(1) 子どもの危機的状況と体育における人間形成

　本研究に着手した2006（平成18）年後半は小学校，中学校，高等学校の児童・生徒のいじめによる自殺が全国で連鎖的に多発した。このような事態を重くみた文部科学省は，児童，生徒に自殺を思いとどまるよう呼びかけたが，いじめを苦に自殺を予告する文部科学省への手紙が計48通にもなったという（毎日新聞，2006）（注1）。また，文部科学省の

最近の調査では、全国の学校が2007年度に確認した児童・生徒の暴力行為は52,756件で前年比で18％増え、小中高校のすべてで過去最多であったことが明らかとなった。具体的には、小学生の暴力行為は約5,200件（前年度比37％増）、中学生が約36,800件（前年度比20％増）、高校生が約10,700件（前年度比5％増）であったという。生徒間暴力、対教師暴力、対人暴力、器物損壊などの暴力行為のうち、最も多いのは児童・生徒間の暴力であるが、このような暴力増加の原因として文部科学省は、自分の感情をコントロールできなかったり、ルールを守る意識やコミュニケーション能力が低下してきたことを挙げている。さらに、携帯電話のサイトや学校裏サイトなどネット上におけるいじめも約5,900件あり、初調査の前年度より21％増えているという。（朝日新聞, 2008）。他方、国・公・私立の小・中学校で、2003年度に「不登校」を理由として30日以上欠席した児童・生徒数は、小学生24,077人、中学生102,149人の合計126,226人で、2年連続で減少したとはいえ、依然高い数字を示している（注2）。このようなデータは、今、子どもたちが人格的危機の中にいることを示すものでもあるといえる。

　このように子どもを取り巻く危機的状況が現出する今、体育において追求されるべき課題は、技能習熟やそれをめぐる認識学習、あるいは体づくりに代表される体力向上のみならず、社会性や道徳性の育成を主眼とした人間形成（注3）の問題が緊急の追求されるべき課題として措定される必要があろう。というのも、体育は運動集団を媒介にしながら、技能習熟や技能達成をめざして、努力、協力、克己、自制、自省等の人格を陶冶する契機を内包した、人間形成にとって欠くことができない貴重な経験を提供できる場をもっているからである。しかし、日本における学校教育では伝統的に、授業では知的・技術的な形成（学力形成）を扱い、世界観や信念、行動の仕方や性格特性等の人格形成に関わる内容は教科外活動の領域で扱うとされてきたために（吉本, 1987）、体育という教科の中では、時々の時代背景に影響されて、人間形成がスローガンとして声高に叫ばれることはあっても、人間形成の方法論を伴って、主体的に実践が行われてきたとは言い難い現実がある。また、後述するように体育が、戦前、軍国主義の時代下で、天皇制イデオロギーの注入に用

いられた経緯もあって，体育で人間形成の問題を扱うことにもある種の タブーがあった（友添, 1993, p.151）。しかし戦後，戦前の軍国主義イデオ ロギーを払拭した形で，アメリカの新体育（New physical education）（注4） の影響を受容しながら，教育の一般目標達成のための民主的人間形成が 標榜された日本の体育では，人間形成をめぐる問題は社会的性格の育成 として目標に掲げられ，断続的に論じられてきた。しかし，議論されて きた割には，現在においても一定の見解や方法論が得られているとは言 い難い現状がある。また近年の体育において人間形成を標榜した「体育 の社会学習」に関する研究も，教授方略レベルでは論じられるようにな ってはきたが，そこでも体育に人間形成の全体的な構造を示すものが得 られているとはいえない状況にある（友添, 1997）。

　本研究では，上述の問題意識に立って，現在の子どもを取り巻く危機 的な状況を克服する一助として，体育における人間形成の可能性につい て考察するものである。

(2) 本研究の目的

　上述の問題意識に立って，本研究の目的は，まず，日本の体育を大き く規定してきた体育の学習指導要領（注5）の変遷を概観し，そこで体育 における人間形成がどのように扱われてきたのかを分析し，問題点を描 き出すことにある。次に，日本の体育における人間形成についての代表 的研究を批判的に検討し，その成果と問題点を確認する。第3に，体育 の先進諸国における人間形成論を分析・考察し，最終的に，体育におけ る人間形成論の構築をめざす。本研究では，特に，「体育における人間 形成論」の内外の先行研究や先行実践を批判的に検討することによって， これからの体育における人間形成の構造について理論的に明らかにされ るであろう。

2 先行研究の検討と総括

(1) 先行研究の概観

　体育における人間形成に関する研究は，日本における場合，1958（昭和33）年に学習指導要領で道徳が特設された時期をピークに，あるいはまた，その後も体育という教科の合法的な存在根拠を人間形成機能に求めたことに代表されるように，時々の社会的な要求を受容する形で断続的に行われてきた(注6)。それらのうちの代表的なものには，特設道徳の設置動向に刺激されて執筆されたであろう佐々木等の著書（佐々木，1958）や，また「戦後における道義心の低下と，青少年の犯罪が急激に増加した」（松沢，1962a, p.6）ことに研究の問題意識をおいた松沢平一の研究（松沢，1962a, 1962b）がある。しかし，前者は体育における徳性涵養の願望を述べたものでしかなく，後者は小・中学校の各学年の児童・生徒から膨大なアンケートをとり，体育における道徳性の発達過程を明確にしようとした意図にもかかわらず，当時の研究水準を反映してか，統計的処理が未熟でかつ研究仮説が曖昧であった。そのために，これら両者は体育における人間形成研究を志向した先駆的意義は認められるとしても，対象の固有性と方法の明晰化という意味での研究上の多くの問題を内包していたといわざるをえない。しかし，松沢や佐々木の研究や関西を中心にアメリカの小集団研究やグループ・ダイナミクスに学びながら体育における人間関係研究を行った浅井浅一らの研究（浅井，1957）（浅井・大西，1954）は，1970年代以降展開される体育における人間形成研究の先駆的研究とみることができる。そして次項でみる1970年代以降展開される諸研究は，各論者の問題意識に沿った研究方法を意識的に用いつつ，体育やスポーツにおける人間形成を射程に据えながら行われていくようになる。

　1970年代以降展開される人間形成に関する研究は，主に日本では体育学において，また英語圏では，スポーツ倫理学（ethics of sport）およびスポーツ教育学（sport pedagogy）を中心に，さらに加えて，心理学や社会学の方法論を用いたスポーツ心理学（sport psychology）やスポーツ社

会学（sport sociology）においても行われてきた。ただし，それらは決して理論的には体系的かつ系統的に行われてきたわけではなく，洋の東西を問わず，時々の社会的要請を受容しながら行われてきたものであるといえよう。以下，日本および英語圏における先行研究について概観していく。

　日本における「体育における人間形成論」は，わが国独自に，あるいは主として欧米（米，英，独）の類似の先行研究の影響を受けつつ展開され，主として次の5つの領域からなされてきたといえる（注7）。それらは，①哲学あるいは教育哲学の方法論を援用した体育（およびスポーツ）の哲学的研究，②社会学の社会化理論（socialization theory）を援用した体育（およびスポーツ）の社会学的研究，③心理学の性格形成研究（パーソナリティー研究）を援用した体育（およびスポーツ）の（社会）心理学的研究，④スポーツを対象に倫理学の方法論を用いて行われるスポーツの倫理学的研究，⑤スポーツを対象に教育学ないしは教授学の方法論を用いて行われるスポーツの教育学的研究である。

　次に，これらのそれぞれのアプローチによる「体育における人間形成」研究を概観しながら，主に人間形成の構造の明示の有無，めざされるべき人間像の明示の有無，方法論を備えた教科論ないしは授業論の提示の有無等の視点をもとに，それぞれのアプローチによる先行研究の問題性に立ち入って述べてみたい。

(2) 体育（およびスポーツ）の哲学的研究（注8）

　基本的にこのアプローチによる人間形成論は，哲学あるいは教育哲学の方法論を援用したものである。具体的には，このアプローチで試みられる「体育における人間形成論」は，生物学的存在である人間が，体育という教育活動を通していかに社会的存在となりうるかが，解釈学的に記述される。だが，そこでの「人間」は，抽象的な「人間」一般に還元され，現実に社会諸関係と切り結び，現実の諸条件との関連で生きる具体的な社会的人格として述べられることがなく，したがってまた，そこで述べられる「文化」も抽象的でスタティックなものとして捉えられる傾向がある。より具体的にいえば，スポーツ文化との関連で，上述の意

味での「人間」が，体育という教育活動の中でダイナミックに形成されるという視点がほとんど欠落している（注9）。また研究が解釈学的な方法に依拠している以上，「文化」，「人間」あるいは「人間形成」もいわゆる「解釈」の域を出ることはできず，それぞれ無機的かつ固定的に捉えられる。したがって，最終的な結論部分も，体育の特性を反映したものであるというよりは，はじめから前提とされた哲学や教育哲学での諸徳目とそれぞれの論者の運動経験とが結合し，論理の飛躍がみられる場合が多く，具体的な教科論や授業論に結びつくことも少ない。

　また近年では，分析哲学の方法論を用いて「体育」や「人間形成」の概念上の言葉の意味分析を行う久保正秋の一連の研究（久保，1999 a，1999 b，2001, 2004, 2006）（注10）や教育哲学に依拠しながら「人間形成」概念を認識論から考察した阿部悟郎らの研究（阿部ほか，1988）があるが，これらも方法論の制約上，体育の教科論のレベルから人間形成の構造や教授方略（注11）を解明しようとしたものではない。

(3) 体育（およびスポーツ）の社会学的研究

　基本的にこのアプローチによる人間形成論は，社会学の社会化理論に依拠している。具体的には，規範論（スポーツ規範論）の形（注12）で展開されることが多いが，次のようにステレオタイプ化ができる。つまり，このアプローチでは体育における人間形成論の基盤を「人が特定の社会や社会集団の中で機能できるように，そこでの行動の仕方を学ぶ」（ロイほか，1988, p.285）という社会化理論に求め，体育における人間形成は，体育授業を通して「社会的状況のすべてにおいて適切に振る舞」（ロイほか，1988, p.285）える人間をつくることである。ここでの「人間形成観」は，体育授業でのスポーツの学習を通して，一定の「規範」や「規則」「規準」を学習者が受け入れることができるようになることにある。つまり「社会規範」の是非を吟味したり，変革したりすることよりも，いかにそれを受容できるかが前提になる。換言すれば，このような「人間形成観」は，ハバーマス流にいえば，社会批判と社会変革の視点が欠如した社会適応型のものとならざるを得ないし（注13），このアプローチも，先の哲学的研究と同様にダイナミズムに欠けたスタティックな人間形成

論の欠陥をもっているといえよう。

(4) 体育（およびスポーツ）の（社会）心理学的研究

このアプローチによる研究は，おおむね次の2つに大別される。1つは，1970年代の中半以降，アメリカで行われはじめた先の社会学の社会化研究と伝統的な心理学における性格形成研究の成果を折衷した「体育における社会的学習（social learning）」研究（注14）と，もう1つは浅井浅一や丹羽劭昭（注15）らによる「体育におけるパーソナリティー」研究の2つである。

前者は，基本的には社会学における「社会化理論」を前提に，バンデュラ（Bandura, 1976），アロンフリード（Aronfreed, 1976）らの社会的学習理論を体育に適用し，体育における人間形成を（社会）心理学の「モデリング（modeling）」「役割取得（role-taking）」「強化（reinforcement）」等を用いながら，方法論のレベルで解明していこうとするものである。しかし，このアプローチにおいても，先に社会学的研究で指摘したと同様の，社会規範の受容を前提とする社会適応型の問題が指摘できる。ただし，近年ではハーン（Haan, 1977）やコールバーグ（Kohlberg, 1981）らの社会心理学や倫理学（道徳教育学）等の学問的成果に立った，体育（および）スポーツにおける社会学習論として議論（Telama, 1999）が展開されている。

また，後者の「体育におけるパーソナリティー」研究は，この種の研究がなされる以前の，それぞれの論者によるエッセー的な諸論考に比し，具体的な実証性を備えているという点でも，心理学のパーソナリティー研究の理論的基盤に依拠しているという点においても優れたものである。しかし，個人のパーソナリティー研究という研究の性格上，やはり人間形成を集団や文化との相関によってダイナミックな視点から捉えるという点で，あるいは具体的な教授方略の提案という点では問題を含んでいる。

(5) スポーツ倫理学領域における人格陶冶研究

このアプローチによる研究は，スポーツを対象に主に倫理学の方法論を用いて行うものである。そして，スポーツの倫理学的研究の研究動向は，現在，大別すると人格陶冶機能に関する研究と規範的研究の2つがある。前者の人格陶冶機能に関する研究は，スポーツが人間形成に貢献するか否かを問う人格陶冶そのものの機能に関わる研究であり，規範的研究は，現実のスポーツにおける倫理的逸脱状況に対する実際的で現実

表序-1　スポーツ倫理学におけるスポーツと人間形成をめぐる研究

①スポーツは人間形成に有効とする立場
（スポーツは倫理的価値を促進するとの見解に立つ）
◎従来…公正・不屈の精神・謙虚等の美徳がスポーツによって無前提につくられるとする願望を込めての主張。
◎現在…一定の理論的基盤に依拠したスポーツによる教育（体育）を実施して可能とする見解。
　(a) 社会的学習理論 (Social Learning Theory)
　　スポーツ経験での有能な他者との相互作用を通してモデリング (modeling) や強化 (reinforcement) の結果として可能。
　(b) 構造発達理論 (Structural Development Theory)
　　スポーツの中での意図的な道徳的葛藤（モラルジレンマ）場面の経験と問題状況をめぐる適切な対話（話し合い）によって可能。

②スポーツは人間形成に有害とする立場
スポーツでの勝利の追及は，スポーツマンシップやフェアプレイの精神を堕落させるばかりか，スポーツは人間の暴動本能を刺激し，逸脱行動を起こさせる誘引を内在する。またスポーツは体制順応的かつ保守的人間の形成に貢献する。スポーツにおける倫理規範は一般社会の倫理の反映でしかないとする理論。

③スポーツは人間形成に無効とする立場
本来，スポーツは倫理的に無価値であり，スポーツが特定の目的に奉仕するものでない以上，スポーツの倫理的研究も無意味である。

的な解決策を模索しようとするものである（友添・近藤,1991）。

本研究の直接の関心であるスポーツの人格陶冶機能に関する研究は，下表（表序-1参照）に示すように，スポーツが人間形成にどのような役割を果たすかに関してのものであるが，これらには賛否両論がある（**注16**）。例えばそれらは，スポーツは倫理的価値を促進するという肯定的見解と，むしろスポーツにおける勝利追求がスポーツマンシップやフェアプレイ精神を堕落させるという否定的見解に代表され，不屈の精神，謙虚さ等の美徳が育まれると主張されることが多いが，希望的陳述に終始しがちで，無前提にスポーツ礼賛の傾向があるといわねばならない。他方，否定的見解の理由としては，選手，監督のみならず，フーリガンのように観客までもがスポーツをめぐって残忍性や凶暴性を発露したり，暴力自体がスポーツの構造の一部分であり，それらが社会の一般的な不道徳を反映していることを挙げている。

こういった賛否論争とは別に，ロック（Locke, 1973）が主張するように，元来，スポーツは倫理的に無価値であり，スポーツが特定の目的に奉仕する必要はなく，とりわけ道徳的に人間を涵養させたり，教訓的である必要がないとする立場もあり，この立場はスポーツの倫理学的研究自体に価値が見いだせないとする見解を主張する。

このように，スポーツ倫理学における人格陶冶研究はあくまで現代社会一般におけるスポーツとの関係での人格陶冶に関する研究であって，教育的な観点からの，いわゆる学校における体育を対象とする人格陶冶研究ではない。

(6) スポーツの教育学的研究

このアプローチは，体育で学習者の人格的・社会的発達を促進するために教育学的観点から，体育の具体的な教授方略を構築しようとするものである。周知のように，1990年代初頭から，先進諸国では大きな教育改革が行われだした。それと連動して学校体育改革が起こり，改革の渦中で体育は，多くの国で辛辣な批判を浴びるようになった。体育の時間が，スポーツ活動中心でレジャー志向のスポーツの実施主体者を育成することに主眼をおくなら，学校外のスポーツ活動で代替が可能であると

批判されたのである。そして，体育の意義やアカウンタビリティー（教育責任）が厳しく問われることになった。このような背景を受けて，体育における身体活動を通しての人間形成（人格教育）の要請が起こるようになった。具体的には，体育で人格教育の理論と教授方略とを一体化させた，ロマンス（Romance, 1986）らによる体育における道徳学習論がある。また，それまでのプレイ論を基盤としたレジャー志向の生涯スポーツを希求する体育が批判を浴びたことに伴って，ヘリソン（Hellison）やシーデントップ（Siedentop）という体育のイデオローグが体育における人間形成に関する研究成果を挙げるようになった。それらの代表的な研究にはヘリソンの「体育における責任学習論」（Hellison, 2003）（注17），シーデントップの「フェアプレイ教育論」（Siedentop,1994）がある。

　ヘリソンの「体育における責任学習論」は人格的・社会的発達目標を体育のカリキュラムに明示的に位置づけようとしたもので，学習者の人格の発達の段階を6段階に区分し体育授業の中での学習者の行動に直接的フィードバックを与えながら，意図的な教授方略を用いて，学習者がより高次の責任レベルに到達するように体育授業を構成する理論を提供する。他方，シーデントップの「フェアプレイ教育論」は，スポーツの人間形成の可能性に着目して，フェアプレイとアンフェアプレイの内容を明確にし，学習者の現実の生活と関連づけながら，体育授業でのゲームや練習を通してそれらを学習させようとするものである。後述するように，筆者らが行った，ヘリソンの責任学習の日本の大学生への追試実践でも，学習者の人格的な行動を向上させるのに有効であるとの結果が得られた（梅垣・友添ほか, 2006）。

　ただ，これらの研究は，体育の学習対象であるスポーツ文化と学習者の関係構造やめざすべき人間像については具体的に触れておらず，どちらかといえば，授業実践上の教授方略に関する諸提案が中心を占めるが，本研究の直接の関心である，体育における人間形成論のあり方に大きな示唆を与える可能性を内包するものでもあると考えられる。

(7) 先行研究の総括

　以上，体育における人間形成に関わる先行研究について概観してきた

が，それらに特徴的な事柄は，第1に，「人間形成」の明示的な概念が示されることがなく，したがってまた，形成されるべき目標，換言すれば，体育においてめざされるべき人間像も示されないということである。これらの欠如によって，人間形成や人格形成という言葉が用いられても，往々にして各研究者間でそれらの言葉が任意に用いられ，一定の概念的検討がなされていないため次のような問題が派生してくる。つまり，「体育と人間形成」をめぐっては，研究者個人の個人的なレベルでの人間形成への期待や思い入れで語られてしまうという問題である。また，研究上「人間形成」という操作的概念が設定されないために，形成されるべき内容の明確化が行われなくなってしまうという問題も起こる。具体的には，体育で形成されるべきソーシャルスキルに関わる社会的規範と個人の行為原則を形成する道徳的規範が明確に確定されず，したがって，体育における人間形成に関わる教授方略の開発や学習内容の構築を難しくさせる。

　第2に，体育における人間形成の問題は，学習指導要領が法的拘束力をもつ現状を勘案すれば，学校体育の理念的変遷や学習指導要領の変遷に大きく規定されてきたと考えられるが，学習指導要領の社会的態度の記述分析を行った研究（森田，1990）はあっても，日本の学校体育の理念的変遷や学習指導要領との関係から包括的かつ詳細な分析・検討を加えた研究は行われていない。そのため，現実の体育の授業実践では，単にスポーツをやりさえすれば，自動的に「社会的態度」が身につき，その結果「社会的性格」が育成されるという安易な「しつけ論」や「楽観論」が支配的になり，この領域の研究や実践が蓄積されにくい傾向を生みだす一因になると考えられる。

　第3に，伝統的に日本で展開されてきた「体育における人間形成」研究は，その依拠する哲学理論や教育哲学理論が，主にドイツ系の文化社会学，歴史哲学あるいは解釈学的教育学の流れを汲み，したがって，そこで論じられる「文化」は抽象的な「人間」の高度な精神活動のスタティックな所産と考えられ，それゆえにこそ「人間形成」も抽象的で普遍的な「文化」との関連で捉えられることになる。そこでは観念的な理念や価値，理想といった一定の当為（Sollen）や規範（Norm）が前提される

ことになるため，議論が抽象の域を出ることがなく，体育における人間形成の陶冶財であるスポーツ文化との関係が不問に付される。その結果，体育における人間形成の構造が明確に示されないという問題を生じさせると思われる。

第4に，社会学理論に依拠してなされる研究は主に英米系の社会学，文化人類学の流れを汲んでおり，そこでは文化がシンボルを媒介とした行動の諸様式（pattern）であると考えられ，したがって，そこでの人間形成は，これらの諸様式を後天的に学習することによって行われると解釈される傾向が強い。そしてこの種の方法論では，先にも指摘した通り，人間形成があくまで社会受容型の形式をとることを前提に考察されることになる。

このように先行研究は少なからず問題を内包していると思われるが，前節（序章第2節）第6項の「スポーツの教育学的研究」で取り上げたアメリカにおける諸研究は，子どもの危機的状況の克服という日本と同様の社会的問題を抱える中で，具体的な教授方略を伴って提案され，かつ実践されてきたものであるだけに，これからの体育における人間形成論を構築するにあたっては得るところが大きいと考えられる。

3 本研究の課題・方法・意義・限界

(1) 本研究の課題

これら先行研究の検討の結果，本研究の課題は次のようにまとめられる。

① 本研究の最終的な目的は，体育における人間形成論の構築にあるが，まず，研究を始めるにあたって，予備的考察として「人間形成」概念を明確にしておく必要がある。と同時に，本研究で用いる「体育」概念も規定する必要があると思われ，さらに体育と人間形成の陶冶財であると考えられる「スポーツ」についても，人間形成の視点から体育との関係構造を明確にしておくことが必要であると思われる。ここで考察される暫定的な「体育における人間形成概念」は，

「体育における人間形成論」の内外の先行研究や先行実践を批判的に検討するための操作的概念となる。

② 日本における「体育と人間形成」のあり方を規定してきた体育の学習指導要領が，人間形成に関わる内容をどのように示し，また人間形成の目標である体育におけるめざされるべき人間像を示したのかを，時代ごとの社会的要請や体育の教科論の理念的変遷との関係から明確にする必要があると思われる。

③ 特設道徳の設置や学習指導要領の法的拘束化に伴って，1960年代初頭～70年代初めにかけて，道徳教育との関係から体育における人間形成に関する議論が盛んに行われるようになる。また近年の学校体育不要論に抗して，体育哲学領域から人間形成に視座をおいた提案がなされている。これらの研究を取り上げ，そこで何が議論され，どのような課題があったのかを明らかにすることは，今後の体育における人間形成論構築にとっては有効であると思われる。

④ 上記②で述べたように，体育の学習指導要領における人間形成の内実を明らかにすることと同時に，第2次世界大戦後，アメリカの新体育を導入して以降行われてきた，体育における人間形成に関わる民間教育研究団体が提案してきた諸実践を本研究で規定する人間形成概念の視点から分析する必要があろう。本研究の最終的な目的である，体育における人間形成論の構築のためには，体育の学習指導要領との関係で，どのような契機でどのような実践提案が行われ，またそこにどのような問題や課題があったのかを明らかにしておく必要がある。

⑤ 欧米の体育の先進諸国では，教科論に人間形成の視点を含んだいくつかの理論的提案が行われてきた。それらは，体育における社会学習や道徳学習といえるものであるが，それらがどのようなものであるのかを，特にアメリカやドイツの体育における道徳学習論や体育における社会学習論を対象にして明らかにしたい。また，1990年代初頭からの先進諸国での学校体育改革の中で提起された，日本の学習指導要領に相当するニュージーランドの体育カリキュラムやアメリカの体育のナショナル・スタンダード（NASPE, 1995）およびヘリ

ソンの責任学習論に具体的な分析を加えることで，体育における人間形成論の学習内容や教授方略を明らかにしていくことができると考えられる。
　ナショナル・スタンダードやヘリソンの責任学習論の分析は，自殺や非行，暴力問題に揺れる日本の子どもの置かれた危機的状況を克服するための，体育における人間形成論を考えていく上で多くの示唆が得られるであろう。
⑥　上記の①～⑤の課題は，本研究の最終的な課題である体育における人間形成論の構築に向かうことになる。ここでは，体育においてめざされるべき人間像の解明や人間形成の構造，その理論体系を明らかにすることが必要となる。

　これらの課題をまとめると以下のようになる。
課題①　人間形成概念の検討と体育における暫定的人間形成概念の考察（1章）
課題②　体育の学習指導要領における人間形成的内容の分析（2章）
課題③　体育における人間形成に関わる諸提案の分析，検討（3章）
課題④　体育における人間形成に関わる民間教育研究団体の諸提案の分析，検討（3章）
課題⑤　先進諸国における体育の人間形成論の分析，検討（4章）
課題⑥　体育における人間形成論の明確化およびその提案（結章）

(2) 本研究の方法

　本研究では，考察を進めるために，最初に操作的概念として暫定的に体育における人間形成概念を提示する。そしてこの操作的概念を適用しながら，「体育における人間形成論」の内外の先行研究や先行実践を批判的に検討することによって，体育における人間形成論の構築のための論証を進め，本研究の最終的な目的である体育における人間形成の構造を理論的レベルで明らかにしていく文献研究の方法をとる。

(3) 本研究の意義

　周知のように，2002（平成14）年度から始まった現行の学習指導要領では，週5日制実施と「総合的な学習の時間」の導入によって，体育の年間の授業時数が105時間から90時間に削減された。学習指導要領の策定に先立って，中央教育審議会（以下，「中教審」と略す）や教育課程審議会の議論では，教科内容の精選，授業時数の削減との関連から既存教科の再編論議や学校体育の存在意義に対する疑義が起こった。そして今次の教育課程の改訂作業では，中教審の「健やかな体を育む教育の在り方に関する専門部会」で「体育の目的」が議論されてきた（注18）。

　ところで，このような体育の授業時数の削減と体育の存在意義に対する疑義は，先進諸国共通の傾向である（ICSSPE, 2002）。1990年代初頭から，先進諸国では大きな教育改革が行われたが，体育でもそれと連動して学校体育改革が起った。この体育の改革の過程で体育それ自体のアカウンタビリティー（教育責任）が厳しく問われることになった。そこでは，非行，孤独，暴力，健康被害に直面する子どもに体育は何ができるのか，未曾有の経済不況の中で，税金を使って公教育で行われる体育の教育責任とは何かが強く意識され，問われた。

　先進諸国に吹き荒れた教育改革の嵐の中で学校体育は，多くの国で非生産的で子どもの生涯にわたって重要な意義をもたない，非学問的で中身のない教科という辛辣な批判を浴びた。そこには，スポーツ中心のカリキュラムは学校外のスポーツ活動で代替が可能であり，文字通り学習と呼ぶに値しない教科は税金を投入してまで行うに値しないとの考えがあった。後述するように，かつて，体育は産業社会の下では，その存在意義は明確であったといえよう。それは主として，良質で安価な兵士と労働者の育成を身体的側面から支えることであった。しかし，1960年代以降のいわゆる高度経済成長に伴って生まれた脱産業社会の下では，体育の存在意義も大きな変革を余儀なくされた。この時期以降，体育は社会で行われている多様なスポーツの実践を学校に導入しながら，多くの競技スポーツを体育の教材として採用するようになった。つまり，体育はスポーツの内在的価値（intrinsic value）を学習する，生涯スポーツを

志向したレジャーの教育として位置づけられるようになった。今，新たな産業構造の急激な変化や子どもが直面する問題状況の中で，過去およそ30年間にわたって行われてきた脱産業社会下のレジャー志向の体育の変革が大きく迫られている。さらに，誰もが納得できる体育の存在意義が強く求められている。

　変わる社会や教育そして学校，その中で生きる子どもや大人にとって，体育はなぜ必要なのであろうか。この体育の存在意義への考察と真正面から向き合うことが，今，求められているのではないだろうか。そして，学校における体育への批判が強い中，他の座学の教科とは異なり，他者との交流を必然としながら，身体運動という独自の学習方法を通してなされる体育でしかなし得ない人間形成の意義を再確認し，その構造や理論体系を明確にしておくことは，日本でも教科のレーゾンデートル（存在理由）をめぐって学校体育批判の渦中にある今，教科の存在意義を示す上で非常に重要だと思われる。それと同時に先の先行研究の概観，分析に示した通り，従来，体育における人間形成の意義が声高に叫ばれた割には，そこでの研究が断片的に行われる傾向にあり，その成果も貧弱であったことを考えると，体育における人間形成のあり方を本研究で総合的な視点から考察することは，本研究の意義に加えてオリジナリティーの点でも十分に価値があると思われる。

(4) 本研究の限界

　上述のような研究の意義を有するとはいえ，本研究ではいくつかの限界も認められる。主要にはこれらの限界は2つに大別できる。第1の限界は，本研究の目的に関わるものである。先述したように，本研究の最終的な目的は，体育における人間形成の構造化による人間形成論の構築であるが，体育における人間形成論を厳密な意味で構築するには，人間形成に関わる具体的な目標，行動指標，学習内容および教授方略等が提示されなければならないと考えられる。しかし，本研究では体育における人間形成内容に関わって，確定的な目標や学習内容，教授方略を示すことはできない。というのも，これらを示すためには，体育授業を対象にした膨大な実証的研究を必要とするためである。それは本研究の射程

をはるかに超えるものである。そのため本研究では，体育における人間形成に関わる具体的な目標，行動指標，学習内容および教授方略等の確定およびその提示は断念した。しかし，本研究では，現時点で考えられ得る限りの，日本および体育の先進諸国の体育における人間形成論を批判的に検討，考察するので，その過程で，先行研究における体育の人間形成に関わる具体的な目標，行動指標，学習内容および教授方略等については明らかにすることができると考えている。したがって，本研究の最終目的は，厳密な意味では，体育における人間形成の構造について理論レベルで明らかにすることであることをあらかじめ断っておきたい。

　第2の限界は研究の限界というよりも，むしろ研究遂行上の資料上の制約である。本研究の第2章では，体育の学習指導要領における人間形成的内容を検討するが，ここで分析，考察の対象にした学習指導要領は，1998（平成10）年に旧文部省（現文部科学省）から告示された小学校，中学校および高等学校のものまでである。本研究を遂行する過程で改訂学習指導要領の作業が行われたため，本研究では2008（平成20）年3月に告示された学習指導要領（小学校および中学校）は研究の対象からやむなく除外した。本研究を脱稿した段階でも，高校はいまだ告示されておらず，これらの改訂要領の検討，考察は今後の研究に委ねられる必要があるように思われる。

◎注釈

注1） 文部科学省は全国の学校で「いじめ」が頻発し，いじめによる痛ましい事件が相次いで発生した状況に鑑み，各都道府県教育委員会に対して，いじめ問題への適切な対応方策を文書で通知した。
参照:渡邉彰(2006)いじめ問題への取組の徹底について.体育科教育,55(1):76-77.

注2） ここに挙げた2003年度の国・公・私立の小・中学校における不登校児童生徒数は「文部科学省,生徒指導上の諸問題の現状について（概要）」,平成16年12月, http://www.mext.go.jp/b_menu/houdou/16/12/04121601.htm を参照した。

注3） 「人間形成」に類似した用語には「人格形成」「性格形成」等があるが，本研究で用いる「人間形成」の概念については第1章第3節で詳細に検討するが，人間形成の概念の確定まではさしあたって「人間形成」を，学習者のうちに社会性や道徳性の形成を可能とさせる営みをさして用いることにする。いうまでもなく，体育における人間形成論では身体の形成に主眼をおく「身体形成」の問題は扱わない。
参照:金子武蔵編(1970)新倫理学事典.弘文堂,pp.436-438.

注4） 元来，新体育（New physical education）とは，デューイ（Dewey, J.）らによって20世紀初頭に起こった新教育（New Education）運動に影響されてアメリカに登場した体育のことである。新教育運動はプラグマチックな経験主義を基盤とした進歩主義教育運動で，それまでの子どもを大人のミニチュアとみなした画一的，注入主義的教育を改め，子どもを独立した主体として認める新しい教育を展開した。アメリカでも，新教育の影響を受け，それまでの体操を主要教材とした体育から，教育の一般目標であった民主的人間形成を体育の主要目標に据え，スポーツを教材として用いながら身体活動を通しての教育を行う体育が実施されるようになった。ウッド（Wood, T.D.）やキャシディー（Cassidy, F.F.）らによって推進された新体育運動は，体育を他教科と同様に新教育運動の思想のもとに位置づけることにあった。第二次大戦後，この新体育はアメリカ教育使節団を通して日本の体育に全面的に導入された。

注5)　本研究で考察の対象とする学習指導要領は，本研究の直接的な関心から学習指導要領の「保健」を除外した体育についてのみ扱うものとする。具体的に考察対象は次のものである。
　　　◎小学校学習指導要領体育科の「運動領域」
　　　◎中学校学習指導要領保健体育科の「体育分野」
　　　◎高等学校学習指導要領保健体育科の「体育科目」

注6)　周知のように「道徳の時間」の導入に際しては，戦前の「修身」の復活論議や当時の教育の反動化政策批判と共に，激しい反対闘争を生んだが，体育ではむしろ特設「道徳」の設置と関連して，体育と道徳教育の肯定的な関係を論じる論調を生んだ。
　　　この時期の体育がおかれた状況については下記の文献で述べたことがある。参照されたい。
　　　◎友添秀則(1997)教育の反動化と体育実践の変化〜58年要領をめぐって.中村敏雄編　戦後体育実践論　第2巻　民主体育の追求.創文企画, pp.47-66.
　　　また，この時期以降，体育の専門雑誌では，断続的に体育と人間関係を論じるものがみられるようになるが，それらは研究ベースというよりも，むしろ執筆者自身の願望や指導法レベルの提案等が記述されているものが多い。それらの代表的な文献には以下のものがある。
　　　◎小林晃夫(1965)体育における人間形成.体育科教育, 13(6):12-14.
　　　◎加藤正芳(1967)中学年と体育科指導のしつけ.学校体育, 20(4):132-137.
　　　◎杉靖三郎(1967)体力づくりと人間形成.学校体育, 20(5):17-21.
　　　◎千葉康則(1968)人間形成のための体育の役割.体育科教育, 16(11):10-12.
　　　◎松田岩男(1969)身体運動と人間形成.学校体育, 22(1):18-20.
　　　◎荒木豊(1974)社会性の育成と体育指導. 22(13):28-30.
　　　◎石井久・藤井英嘉(1981)楽しい体育と人間形成.学校体育, 34(5):37-42.

注7)　ここでは考察の便宜上，5つに区分したが，例えば，後述する「体育における社会的学習（social learning）」研究等は，心理学的方法と社会学的方法を折衷的に用いた社会心理学的研究に近いものであるが，このように先行研究を厳密に5つのカテゴリーのどれかに分類することは難しい。また，後述するが，近年では，「体育における社会的学習（social learning）」研究は，ピアジェ理論を批判的に継承したコールバーグの構造的発達理論とならんで，スポーツ倫理学の範疇で扱われるようになってきた。このように，ここで先

行研究を検討するために採用した5つのカテゴリーは，あくまで便宜的なものであることを断っておく。

注8) この研究カテゴリーの代表的な文献には，日本体育学会体育原理専門分科会（現体育哲学専門分科会）の体育原理研究会編になる「体育における人間形成論」がある。特に次に挙げる論文を参照されたい。
◎石井トミ（1977）体育における人間形成の歩み．体育原理研究会編 体育における人間形成論．不昧堂出版, pp.1-18.
◎石津誠（1977）現代社会における人間形成としての体育．体育原理研究会編 体育における人間形成論．不昧堂出版, pp.47-76.
◎浅井浅一（1977）人間形成の構造化．体育原理研究会編 体育における人間形成論．不昧堂出版, pp.63-76.
◎林巌（1977）体育と情操陶冶の問題．体育原理研究会編 体育における人間形成論．不昧堂出版, pp.112-123.
上記文献のほかにも，このカテゴリーに属する代表的なものには以下のものがある。
◎阿部忍（1965）体育における人間形成の可能性とその限界．体育原理研究会編 体育の原理．不昧堂出版, pp.5-18.
◎清水毅（1971）体育考―主として体育における人格形成論について―．武庫川女子大学紀要人文科学編（18）：pp.123-131.
◎水野忠文（1977）スポーツマンシップと人間形成．朝比奈一男ほか編 スポーツの科学的原理．pp.45-56.

注9) 特に，上記の注7）で挙げた，体育原理研究会編の「体育における人間形成論」の中の諸論文（石井，石津，林の諸論文），あるいは「体育の原理」の阿部忍の論文は，このような傾向が強い。

注10) 久保正秋の一連の研究については，第3章，第4節，第3項で検討を加える。

注11) 一般に教授方略（teaching strategy）とは，授業をどのように構成し実施するのかという基本的な考え方や設計の方針をさすものであるといわれる。また，児島によれば，教授方略はさらに，「教材に関する方略」「学習者の特性に関する方略」「授業の構成に関する方略」に大きく分けることができるという。この児島邦弘の教授方略概念に基づいて，岡澤祥訓は，これら3つの

教授方略を次のように述べる。教材に関する方略とは，教師が教材をどのように考え，どのように学習者に提示するのかという教材観のことである。また学習者の特性に関する方略とは，学習者の発達段階，性，過去の学習経験等に基づいた学習者観のことである。授業の構成に関する方略とは，教材観，学習者観に基づいて授業をどのように構成し，どのような学習形態をとるのかという指導観のことである。これらをもとに，体育における人間形成のあり方をテーマとする本研究では，教授方略を次のように規定することにする。つまり本研究で用いる教授方略は，広義には体育における人間形成を志向した教材観（教材編成観），学習者観，指導のあり方の総体をさし，狭義には人間形成志向の教材観（教材編成観），学習者観，指導のあり方のそれぞれをさすものとする。

参照：
◎児島邦弘(1988)授業方略と授業の形態. 東 洋・中島章夫監修 授業技術講座1. ぎょうせい. p.79.
◎岡澤祥訓(2002)体育の指導技術論. 高橋健夫ほか編 体育科教育学入門. 大修館書店, pp.109-110.

注12) 例えば，永島惇正（1974）スポーツにおける社会関係と人間関係―スポーツ規範の存在構造を手がかりに―. 新体育, 44(6):28-31. がある。

注13) ハバーマスの社会批判理論については，さしあたり次の文献を参照されたい。（特に「六 社会学の批判的課題と保守的課題」）。
◎ハバーマス: 細谷貞雄訳(1975)理論と実践 社会哲学論集. 未来社.
〈Habermas, J. (1963) Theorie und Praxis-Sozialphilosophische Studien, Neuwied Luchterhand.〉

注14) 社会的学習論者はモデリング，強化，社会化の過程の中で，他者からの影響によって道徳性の発達が生じ，人格形成がなされるという。アメリカの体育における「社会的学習」の動向については，本研究の第4章，第1節，第3項において扱う。
　この社会的学習理論は，社会受容型の限界が指摘できるが，次項の「第5項：スポーツ倫理学領域における人格陶冶研究」でみるように，現在ではコールバーグ理論の流れを批判的に継承した構造的発達理論（structural developmental theory）が体育の人格形成の中心的な理論になりつつある。

体育においても，下記に示したハーン（Haan）の構造発達理論を適用したいくつかの研究がある。なお，ピアジェ，コールバーグ，ハーンの構造的発達理論に依拠した体育における人間形成論については，第4章，第1節，第3項において述べる。

◎Haan, N. (1977) A manual for interactional morality. Unpublished manuscript.

注15） これらの一連の研究は，むしろ先の体育（スポーツ）の社会学的研究に含める方がよいのかもしれない。というのも，これらの研究は具体的には，当初は「運動遊戯集団」を対象にリーダーシップ，モラールの生成過程をソシオメトリーに代表される社会学的手法を用いて解明していこうとするものであったからである。しかし，丹羽の研究はその流れを汲みつつも，明らかに心理学におけるパーソナリティー理論に依拠している。

浅井や丹羽らによる初期の研究は次の文献に詳しい。
◎関西体育社会学研究会編(1988)体育・スポーツ社会学の源流．道和書院．
また丹羽のものについては，次の文献を参照されたい。
◎丹羽劭昭(1978)新しい体育科教育における人間形成論．丹羽劭昭・森昭三編 保健・体育科教育と人間形成理論．日本体育社, pp.92-127.
◎丹羽劭昭(1967)運動部と人間形成．体育原理研究会編 体育における人間形成論．不昧堂出版, pp.148-160.

注16） 体育やスポーツと人格陶冶機能の関係についての研究には，ここで挙げたように賛否両論があり，アメリカでは現在でも依然論争中である。

人格陶冶機能に対する肯定的見解では，公正，正義，不屈の精神等の美徳が育まれると主張されるが，これらの主張の背景には，それぞれの論者による願望が反映されている場合が多い。また，否定的見解では，スポーツでの勝利追求が性格形成にマイナスに影響すると述べられることが多く，それに加え，暴力がスポーツの構造の一部分であり，社会の一般的な倫理を反映させている以上，教育的に好ましくないとする強い主張もある。

これらの両論に加え，まったく別の立場の見解も提出されている。それは，ロック（Locke）に代表される「スポーツの無価値論」といえる見解である。それによれば，スポーツは特定の目的に奉仕する必要はなく，とりわけ道徳的に人間を涵養させたり教訓的である必要などまったくないと述べられ，この種の研究自体も価値のない無用なものと捉えられている。

体育やスポーツと人格陶冶機能の関係については，以下の文献を参照され

たい。
　◎Coakley, J. J. (1978) Sport in society: Issues and controversies. St. Lous: Mosby.
　◎Tutoco, T., & Bruns, W. (1976) Winning is everything and American myths. New York: Macmillan.
　◎Delattre, E. J. (1975) Some reflections on success and failure in competitive atheletics. Jounal of the Philosophy of Sport II: 133-39.
　◎Locke, L. F. (1973) Are sports education？ Quest 19：87-90.

注17）　ヘリソンの「体育における責任学習論」については，第4章，第5節で詳細に検討する。

注18）　本書執筆中の2008年3月に小学校および中学校の新しい学習指導要領が告示された。移行期間を経て，小学校は2011年度から，中学校は2012年度から完全実施されることになった。高校は現時点（2008年末）では告示されていないが，早晩告示されるであろう。
　　　　新しい学習指導要領で体育は，「健やかな体を育む教育の在り方に関する部会」の議論を受けて，学習内容の特定が行われ，いわゆる体育的学力の習得や一層の体力の育成がめざされることになった。また授業時間は小・中ともほぼ年間105時間に戻った。

◎参考文献

1) 阿部悟郎ほか(1988)「体育における人間形成」概念の認識原理に関する研究.東京学芸大学紀要 5部門(芸術・体育)(40):179-187.
2) Aronfreed, J.(1976)Moral development from the standpoint of a general psychological theory. In T. Lickona,(Ed.), Moral behavior and development: Theory, research, and social issues (pp.54-69). NY:Holt, Rinehart, and Winston.
3) 朝日新聞(2008)11月21日付朝刊.
4) 浅井浅一・大西誠一郎(1954)体育と人間関係.蘭書房.
5) 浅井浅一(1957)体育と社会性.体育の科学社.
6) 荒木豊(1974)社会性の育成と体育指導.体育科教育,22(13):28-30.
7) 東洋・中島章夫監修(1988)授業技術講座1.ぎょうせい.
8) Bandura, A.(1976)Social Learning Theory. Prentice Hall College Div:Facsimile.〈A. バンデュラ: 原野広太郎監訳(1979)社会的学習理論－人間理解と教育の理論－.金子書房.〉
9) 千葉康則(1968)人間形成のための体育の役割.体育科教育,16(11):10-12.
10) Coakley, J. J.(1978)Sport in society: Issues and controversies. St. Lous: Mosby.
11) Delattre, E. J.(1975)Some reflections on success and failure in competitive atheletics. Jounal of the Philosophy of Sport II: 133-139.
12) Haan, N.(1977)A manual for interactional morality. Unpublished manuscript.
13) ハバーマス: 細谷貞雄訳(1975)理論と実践 社会哲学論集.未来社.〈Habermas, J.(1963) Theorie und Praxis-Sozialphilosophische Studien, Neuwied Luchterhand.〉
14) Hellison, D.(1995)Teaching Responsibility through Physical Activity. Human Kinetics.
15) Hellison, D.(2003)Teaching Responsibility through Physical Activity(2nd Edition).Human Kinetics.
16) ICSSPE:日本体育学会学校体育問題検討特別委員会監訳(2002)世界学校体育サミット―優れた教科『体育』の創造をめざして―.杏林書院,pp.51-72.
17) 石井久・藤井英嘉(1981)楽しい体育と人間形成.学校体育,34(5):37-42.
18) 加藤正芳(1967)中学年と体育科指導のしつけ.学校体育,20(4):132-137.
19) 小林晃夫(1965)体育における人間形成.体育科教育,13(6):12-14.
20) 関西体育社会学研究会編(1988)体育・スポーツ社会学の源流.道和書院.
21) 金子武蔵編(1970)新倫理学事典.弘文堂.
22) Kohlberg, L.(1981)The Philosophy of Moral Development: Moral Stages and the Idea of Justice. Harpercollins.
23) 久保正秋(1999a)「体育における人間形成」論の批判的検討1―「における」という言葉が表す「体育」と「人間形成」との関係―.体育原理研究(29):11-18.
24) 久保正秋(1999b)「体育における人間形成」論の批判的検討2―形成される「人間」の分析―.体育原理研究(29):19-27.
25) 久保正秋(2001)「体育における人間形成」論の批判的検討3－人間を形成する「体育」の分析－.体育原理研究(31):1-8.
26) 久保正秋(2004)「体育における人間形成」論の批判的検討4―忘れられた連関―.体育原理

研究(34):1-7.
27) 久保正秋(2006)「体育における人間形成」論の批判的検討5―人間の「形成」と「生成」―. 体育原理研究(36):1-7.
28) Locke, L. F.(1973)Are sports education ? Quest 19:87-90.
29) ロイほか: 粂野豊ほか訳(1988)スポーツと文化・社会. ベースボール・マガジン社.〈Loy, J. W. et al.(1981)Sport, culture and society. Lea & Fibiger.〉
30) 毎日新聞(2006)12月5日付朝刊.
31) 松田岩男(1969)身体運動と人間形成. 学校体育, 22(1):18-20.
32) 松沢平一(1962a)体育と人間形成(上) 新体育学講座23巻. 逍遥書院.
33) 松沢平一(1962b)体育と人間形成(下) 新体育学講座24巻. 逍遥書院.
34) 水野忠文(1977)スポーツマンシップと人間形成. 朝比奈一男ほか編 スポーツの科学的原理. 大修館書店, pp.45-56.
35) 森田啓之(1990)学校体育における目標としての「社会的態度」の再検討. スポーツ教育学研究, 10(1): 25-31.
36) NASPE(1995)Moving into the future-national physical education standards: A guide to content and assessment.
37) 丹羽劭昭(1967)運動部と人間形成. 体育原理研究会編 体育における人間形成論. 不昧堂出版,pp.148-160.
38) 丹羽劭昭(1978)新しい体育科教育における人間形成論. 丹羽劭昭・森昭三編 保健・体育科教育と人間形成理論. 日本体育社, pp.92-127.
39) Romance, T. J., Weiss, M. R. and Bockoven, J.(1986)A Program to Promote Moral Development through Elementary School Physical Education. Journal of Teaching Physical Education. 5:126-136.
40) 佐々木等(1958)新しい人間形成の体育. 大修館書店.
41) 清水毅(1971)体育考―主として体育における人格形成論について―. 武庫川女子大学紀要 人文科学編(18): pp.123-131.
42) Siedentop, D.(1994)Sport Education: Quality PE through Positive Sport Experiences. Human Kinetics.
43) 杉靖三郎(1967)体力づくりと人間形成. 学校体育, 20(5):17-21.
44) 体育原理研究会編(1977)体育における人間形成論. 不昧堂出版.
45) 高橋健夫ほか編(2002)体育科教育学入門.大修館書店.
46) Telama, R.(1999)Moral development. In: Auweele, Y. V. and Bakker, F.(Eds.) Psychology for Physical Educators. Human Kinetics. pp.321-342.
47) 友添秀則・近藤良享(1991)スポーツ倫理学の研究方法論に関する研究. 体育・スポーツ哲学研究13(1): 39-54.
48) 友添秀則(1993)問われるスポーツの倫理と学校体育. 体育科教育, 41(14):151-154.
49) 友添秀則(1995)体育と人間形成. 体育原理専門分科会編 体育の概念. 不昧堂出版, pp.215-229.
50) 友添秀則(1997)教育の反動化と体育実践の変化〜58年要領をめぐって. 中村敏雄編 戦後体育実践論 第2巻 民主体育の追求. 創文企画, pp.47-66.

51) 友添秀則(1997)社会的学習. 竹田清彦・高橋健夫・岡出美則編 体育科教育学の探究. 大修館書店, pp.136-151.
52) 友添秀則・近藤良享(2000)スポーツ倫理を問う. 大修館書店.
53) 友添秀則(2000)「体育における人間形成論」研究序説. 近藤英男・稲垣正浩・高橋健夫編 新世紀スポーツ文化論. タイムス, pp.344-364.
54) 友添秀則(2002)アメリカにみる学校体育カリキュラム改革の動向. スポーツ教育学研究, 22(1):29-38.
55) 友添秀則(2005)体育はなぜ必要か 体育の存在意義を考える 人間形成の立場から. 体育科教育, 53(10):62-65.
56) 友添秀則(2006)体育における人間形成. 永島惇正・高橋健夫・細江文利編 デジタル版 新しい小学校体育授業の展開. ニチブン, pp.24-33.
57) 友添秀則・梅垣明美(2007)体育におけるに人間形成論の課題. 体育科教育学研究, 23(1):1-10.
58) Tutoco, T., & Bruns, W.(1976) Winning is everything and American myths. New York: Macmillan.
59) 梅垣明美・友添秀則ほか(2006)体育における人格形成プログラムの有効性に関する研究. 体育科教育学研究, 22(2):11-22.
60) 渡邉彰(2006)いじめ問題への取組の徹底について 体育科教育, 55(1):76-77.
61) 吉本均編(1987)現代授業研究大事典. 明治図書, pp.60-61.

第1章 体育における人間形成研究のための予備的考察

　第1章では，体育における人間形成に関する考察を行うのに必要となる「人間形成」概念の明確化およびその規定，さらに本研究の研究遂行上で必要となる，「体育における人間形成」概念の暫定的規定を行う。先行研究の分析で述べた通り，これまでの体育における人間形成に関わる先行研究の多くは，「人間形成」概念が明示的に示されることがなく，同時にそこでめざされるべき人間像も示されることがなかった。このような人間形成概念の不問は，「体育と人間形成」をめぐる研究において，研究者個人の個人的なレベルでの人間形成への期待や思い入れを生み，その結果として生産的な研究成果を生み出さない要因になった。そこで，第1章では，本研究が考察の対象とする「スポーツ」，「体育」の概念を策定し，加えて両概念との関係から，本研究で扱う体育における「人間形成」概念の暫定的な規定を行う。

　第1節では，スポーツ概念の多義性を述べた上で，本研究で対象とするスポーツの概念について述べる。第2節では「体育」概念についての辞書的定義や先行研究に検討を加えた後に，本研究で用いる「体育」概念を第1節で考察したスポーツ概念との関係を明確にしながら措定す

る。第3節では，主に教育学（教育哲学）における「人間形成」概念について批判的検討を加え，本研究で考察を進めるために用いられることになる「人間形成」概念を明確にし，その後，「体育における人間形成」の暫定的概念を策定する。この「体育における人間形成」の暫定的概念は，2章以下で検討する体育における人間形成論の先行研究や先行実践検討のための操作概念となるものであり，有効な分析視点を提供するものと思われる。

1 本研究で用いる「スポーツ」概念の検討

(1) スポーツの概念確定の困難性とその多義性

　第1節では，本研究で用いる「スポーツ」の概念規定を行うが，体育における人間形成を考察するにあたっていわゆる「スポーツ」は，学習対象であるだけではなく，体育における人間形成の契機となる陶冶財でもある。したがって，本研究で用いる「スポーツ」の概念を規定しておくことは本研究を遂行していく上で欠くことができないであろう。ただし，スポーツの概念を規定するのは以下に述べるように難しい点も多くある。第1節での考察の手順はおおむね次のようになる。まず，スポーツの概念が多義的でその概念を規定することの困難性について述べる。そしてその後，研究者による代表的なスポーツの概念に検討を加え，最終的に本研究で用いるスポーツの概念の確定を行う。

　現代社会にあっては，テレビ・ラジオ・新聞・雑誌・インターネット等のメディアにおいて，プロやアマを問わず，野球，サッカー，テニス，バレーボール等，大量のスポーツ情報が報じられている。また近年では，ここに挙げたイギリスやアメリカ発祥の伝統的なスポーツ種目にみられなかったインディアカやペタンク，伝統的なスポーツをアレンジしたソフトバレーボール等のいわゆるニュー・スポーツといわれるものも多く登場している。誰でも実際にこれらのスポーツをプレイしたり，観たりして楽しんでいるのであるが，スポーツとは何かということに対して明確な回答を引き出したり，スポーツを概念規定することは容易なことで

はない。なぜなら，スポーツは「一方で社会の反映であり，他方で社会の発展と変容とに関わる全体的社会的事実」（トマ，1993, p.7）であり，後述するように，スポーツそれ自体がその時代ごとの文化的，社会的背景を反映させながら形成され，変容してきたためである。このことが，スポーツに明確な概念を与えることを難しくさせている要因の1つと考えられる。加えて，例えば「スポーツについて何らかの言挙げをしてきた哲学者の間に，その定義に関して，どうやら考えの不一致がみられた」（トマ，1993, p.7）との指摘にあるように，スポーツなる語を用いる人々によって，その概念がさまざまな意味で使用されてきたこともスポーツの語の概念化を難しくさせている。これらの要因によって，スポーツに普遍的で確定的な内包と外延をもたせた一定の意味を与えることは実際不可能に近いともいえよう。さらに，スポーツなる現象自体の複雑性と総合性が，一定の確定的な概念を提示することの困難さにも拍車をかけるようにも思われる。

　歴史的にみれば，「スポーツとは何か」ということに対する明確な概念規定の必要性は，それほど重要な問題ではなかったようである。20世紀に入り，スポーツの国際交流の進展により，スポーツの語の意味・内容に関する国際的な共通理解を確立する必要性から，スポーツの概念を確定する作業が始まったといえよう。

　一般に現在，スポーツの概念として考えられるものの基底には，1949年に出されたジレのスポーツの概念が挙げられる。ジレは，スポーツを「遊戯」「闘争」「はげしい肉体活動」の3要素で構成される身体活動であると定義した（ジレ，1952）。そして現在のスポーツの定義はジレ以降，おおむね彼のこの見解を踏襲してきたといえる。その一例として，日本でのスポーツの定義をみると，スポーツとは「陸上競技，野球，テニス，水泳，ボート・レース等から登山，狩猟等にいたるまで，遊戯，競争，肉体的鍛錬の要素を含む身体運動の総称」（広辞苑）（新村，1998）であると記述されている。

　第2次世界大戦後（以下，「戦後」と略す）のスポーツの隆盛は，スポーツの地理的，社会的拡大をもたらし，スポーツの語の意味・内容の多義性を増大させた。このスポーツの語の意味・内容の多義性は，スポーツ

の捉え方や考え方を混乱させ，あるいは世界のスポーツ界が一層の競技化や高度化を志向する中で顕在化してくるドーピング問題に代表されるスポーツの規範に関わる問題を複雑にし，国際的な水準でのスポーツ概念の統一機運をもたらした。このような背景から，国際スポーツ・体育評議会（ICSPE）は1968年に「スポーツ宣言」を提議し，スポーツとは「プレイの性格をもち，自己または他人との競争，あるいは自然の障害との対決を含む運動」（佐伯，1987, p.522）であると定義した。この定義も上述したジレのそれをほぼ踏襲したものである。

しかし，現在のスポーツの定義の源流となったジレのスポーツの概念も，後述するスポーツの意味的変遷からみると，いくつかの問題点を含んでいるといわざるをえない。その問題点の1つは，マッキントッシュ（1970）やNatan（1958）が指摘するように，イギリスでは"sport"という語が，悪ふざけや恋をすること，自動車競走や山登りまでの広範な対象に用いられ，スポーツという語が身体活動に限定されて用いられていないことである。またジレが提起したスポーツの概念を構成するスポーツに不可欠な3要素（遊戯，闘争，激しい肉体活動）が明確にスポーツの徴表として立ち現れてくるのが19世紀以後になってからのことであり，それ以前の「楽しみ」や「遊び」を中心とするスポーツの概念とは明らかに異なること等が挙げられる。

(2) スポーツ概念の意味的変遷

ジレが定義した，スポーツの徴表としての「遊戯」「闘争」「はげしい肉体活動」の3要素がスポーツの構成要素として成立するのは，19世紀以降のスポーツに対してであることはすでに述べた。次に，スポーツ（sport）の語がどのように変遷したのかについて述べる。

言語には日常的な事実が概念化されているため，"sport"の言語的理解はスポーツの概念理解に対して重要な役割を果たすと考えられる。sportの語は英語を通して世界に広まったのであるが，本来この語はイギリスで生まれたものではなく，その語源はラテン語のdēportāre（原意：運び去る，運搬する，移る）に由来するといわれている。接頭語であるde-は「away」を意味し，portareは「carry」を意味する。dēportāreが

示す「ある所からある所への運搬，移動，転換」という意味構造は，古代フランス語のdesporter, deporterに受け継がれ，次第に物理的意味の次元から内面的・精神的な次元での移動・転換を原理とする喜びや楽しみを表現するようになる。それは心をある状態から，他の状態へ移動させることによって得られる内的な喜びや楽しみを内包する言葉になっていく過程として理解できよう。さらにこの語は，13～14世紀に中世英語であるdeport（楽しみ，娯楽，気分転換〈名詞〉）に変化し，やがて16～17世紀にはdisport（気晴らし，娯楽〈名詞〉）を経てsportに変わっていく（岸野，1977, pp.80-82）（佐伯，1987, p.521）。これらのsportの語の変遷をみれば，sportはジレのいう「闘争」や「激しい身体活動」を必須の要件とするものではなかったことが理解できよう。

sportは17～18世紀になると，ジェントリー階級の文化を強く反映し，野外での自由な活動や狩猟的活動を主に意味するようになる。そして新興ブルジョアジー階級が台頭してくる19世紀までは，sportは狩猟とほぼ同義のものとして使用される。しかし，狩猟を意味するsportは19世紀に新興ブルジョアジーが推進した組織的ゲーム（＝近代スポーツと呼ばれるもの）の興隆に伴って，次第に運動競技を意味する用語に転化していく（友添，1988, p.11）。

このようにスポーツが競争をその概念に内包させるのは19世紀以後のことであり，現在，私たちが学校や社会で日常接している競争を特質とするスポーツの多くはこの時期を境に生まれてきたものであるといえよう。

(3) スポーツに関する代表的概念

イギリスではスポーツが多様な意味を含んで用いられていることは先述した。また，アメリカのスポーツ・イラストレイテッド誌では，トランプのブリッジの戦術が連載されているという（中村，2000, p.115）。スポーツの意味的変遷では，スポーツが語源的に，気晴らしや気分転換を意味する中世英語のdeportから変化し，主に狩猟を意味する時代を経て，18世紀以降スポーツが組織されるにつれ，競争やプレイ，激しい肉体活動を意味するようになってきたことを明らかにした。このようにスポー

ツの概念は時代によって異なることが明らかとなったが，次に欧米の代表的なスポーツ研究者が示すスポーツの概念について述べることにする。

表1-1は，欧米の主なスポーツ研究者が述べるスポーツの概念を示したものである。この表からは，研究者の数だけ，スポーツとは何か，の答えがあるともいえよう。例えば，バスケットボールとは何か，についての概念規定は比較的簡単であるが，多様で複雑なスポーツという事象を統一的に説明し，誰もが合意できるスポーツの概念を提示することは研究者にあっても難しいといわざるを得ないであろう。と同時に，ここでの直接の目的ではないので考察は避けるが，"play"，"athletics"，"game"，"Exercise"，"movement"，"motor"，"recreation"，"practice"，"contest"，"competition" 等のスポーツと類似した概念との違いを明らかにするという難題もある。

ところでスポーツは，歴史的には，イギリスの植民地政策とともに世界の植民地に伝えられ，洗練，改変されながら普及・拡大した。そしてスポーツが伝えられた国の土着の民族に伝承されてきたさまざまな運動と文化的に複合しながら，当該国独特のスポーツ概念を構築してきた。それは，日本の例でいえば，Baseballと野球の違いにみてとれる。つまり，Baseballに武術の伝統規範を反映し「一球入魂」を標榜した野球とBaseballとでは，同じルールを採用しても（時にはルールそのものが変更されて），概念が微妙に異なる場合がある。このこととあわせて，これまでみてきたように，スポーツの概念化は難しい課題であるが，本研究を進めるにあたっては，スポーツ概念の多義性や意味的変遷，上述したスポーツ概念の諸説を踏まえながら，現時点で一応の研究上の了解が得られているグートマン（Guttman）(注1) が提示したスポーツのメルクマール（指標）を参照することによって，スポーツの概念化を試みる(注2)。

産業社会の成立とともに誕生し発展したスポーツは，当然のことながら，産業社会がもっている特徴をその内部に深く刻み込んでいく。グートマンは産業社会で発展，洗練したスポーツの儀礼的性格の喪失に注目

表1-1 「スポーツとは何か(スポーツの概念)」についての代表的な研究者による見解

〈文献53)から引用加筆〉

主唱者	スポーツの概念
ディーム(Diem, C.)	スポーツとは遊びがルールに規制されて競争されたものである。
クーベルタン(Coubertin, P.de)	進歩への欲求に立ち,危険を冒しても先に進もうとする集中的な筋肉の努力に対する自発的で日常的な信仰である。
リュッシェン(Lüschen,G.)	スポーツとは身体的な技術を用いる活動である。
エドワーズ(Edwards,H.)	スポーツとは身体的努力の発揮を強調する活動である。
ロイ(Roy,J.W.)	スポーツとは身体的卓越性を表す活動である。
ワイス(Weiss,P.)	スポーツとは身体的卓越性をめざす人たちが示す,ルールによって伝統化されたひとつの形式である。
キーティング(Keating,J.W.)	スポーツの本質は競争だが,「競技(Athletics)」とは反対に,穏やかさや寛大さとともに楽しさの特徴をもつ。
ジレ(Gillet,B.)	スポーツとは遊戯,闘争,激しい肉体活動の3つの要素で構成される身体活動である。
フレイリー(Fraleigh,W.P)	スポーツとは同意したルールの下で,身体的卓越性を相互に追及することである。
参考:**広辞苑**	スポーツとは陸上競技,野球,テニス,水泳,ボートレース等から登山,狩猟等に至るまで,遊戯,競争,肉体的鍛錬の要素を含む身体運動の総称である。

しながら，現代のスポーツを特徴づけているメルクマールとして，「世俗化」「競争の機会と条件の平等化」「役割の専門化」「合理化」「官僚的組織化」「数量化」「記録万能主義」の7つを挙げる（グートマン，1981）。次に，それらのメルクマールについて述べることにする。

① 世俗化…古代ギリシャのオリンピアでの運動競技や中世の民族伝承運動が，宗教的な儀礼や祭礼と深く関連し，その本質において神聖さと霊的性格をもつものであったのに対し，現代のスポーツは経済的報酬や社会的威信を求めて行われるように，スポーツは宗教的現象から遠ざかり，完全に世俗的な営みであるということを意味している。

② 平等化…古代ギリシャにおいてはすべての人々に運動競技が解放されていたわけではない。また近代以降も，一部の貴族や新興ブルジョアジー階級の男性の特権的な活動であったが，現代のスポーツは労働者や女性を含む万人に解放され盛んに行われるようになった。スポーツにおける平等化とは，誰もがスポーツにおける（競争への）参加機会をもつべきであること，そして競争の条件がすべての参加者にとって平等であることを意味している。

③ 役割の専門化…現代のスポーツは特定の種目に専心し，さらにその中で特定の役割を専業とするようになってきた。スポーツのプロ化を必然とするメルクマールをもつことを意味している。

④ 合理化…現代のスポーツは厳格なルールをもち，科学技術の適用を始めとし，勝利のためにあらゆるものが最高の効率を発揮するよう組織化されている。合理化の具体例はルールの合理化のみならず，スポーツ医科学の成果を基盤に行われる練習の合理化にもみられる。

⑤ 官僚的組織化…現代のスポーツは，IOC（国際オリンピック委員会）やFIFA（国際サッカー連盟），その他のIF（国際競技連盟）等の官僚制を内在する巨大な組織によって運営，支配されている。官僚制の重要な役割は，ルールと規約が普遍的であることの監視であり，地域の大会から国際大会までのネットワークを促進しながら，国内大会や

国際大会等で出される記録を公認することである。
　また，現代のスポーツの組織や団体は，職務が専門的に分化され，指揮命令系統が明確になった官僚的な機構で組織されている。
⑥　数量化…現代のスポーツはあらゆる側面で測定が可能である。勝敗は100分の1秒や1000分の1秒単位で競われ，あらゆる側面から客観的基準によって相対的に比較されるように取り上げられ，数量化される。そして100分の1秒や1000分の1秒の計測による差異が，非常に価値と意味をもつようになる。
⑦　記録の追求…古代の運動競技や中世の伝承運動では勝者がいれば十分であったが，スポーツでは100分の1秒の違いが大きな意味をもつ。優越への欲望と数量化の結合が記録万能主義を生み出し，時間・空間を超える抽象的な目標が記録として定められ，それを打ち破ることが非常に重要な意味をもつ。

　ここに示したグートマンのスポーツのメルクマールとこれまでの考察を通して，スポーツの概念を示せば次のようになろう。
　スポーツとは18世紀中ごろから19世紀末までの近代という特殊な時代に，最初はイギリスで，その後引き続いてアメリカという限定された地域に生まれた，独自の論理（資本の論理，自由競争の論理，平等主義の論理，禁欲的な倫理観，モダニズム）を内包した，大筋活動と競争を伴った身体運動に関わる独特の形式をもった文化である。つまり，スポーツは元来，近代という時代に，英米という特殊な歴史や文化，社会を背景にして創られてきた独特の文化であるということになろう。

(4) 本研究で用いるスポーツ概念の確定

　ところで，上述のようにいえば，古代オリンピックで行われた運動競技はスポーツではない，ということになる。確かに，ここまで述べてきた事柄に即していえば，それらはスポーツとはいえない。しかし，古代ギリシャの運動競技と近代の英米に生まれたスポーツの連続性を指摘し，古代ギリシャの運動競技も広い意味でのスポーツだと主張する研究者もいる。そのような主張は，主にスポーツの文化的な特質を研究する

スポーツ人類学者のものであるが，彼らはスポーツをもっと広い意味に捉える（寒川，2004, pp.2-6）。彼らに従えば，中世ヨーロッパの民族伝承運動や日本の蹴鞠，相撲，綱引き等もスポーツということになる。ただし厳密にいえば，図1-1に示したように，今ここで問題にしている近代に生まれ，その後世界に広まってグローバル化を果たしたスポーツを「近代スポーツ」ないしは「国際スポーツ」と呼び，人類が誕生して以降，世界の各民族に伝承されてきたさまざまな身体運動や身体活動を「民族スポーツ」ないしは「伝統スポーツ」と呼んで区別する。

また他方で，古代ギリシャの運動競技と近代に生まれたスポーツには連続性がなく，断絶があると主張する研究者もいる（エリアス，1986）（Eichberg, 1984）。この立場では，近代の英米に生まれたものだけが，厳密な意味でのスポーツということになるが，世界を席巻してグローバルな文化になる前のスポーツを「近代スポーツ」と呼び，1920～1970年代にかけて，徐々にスポーツが市民権を獲得し，社会の中で重要な領域を占めだして以降のスポーツを「現代スポーツ」と呼ぶこともある。一般にスポーツという時，この「現代スポーツ」といわれるものを「スポーツ」というが，インディアカ，セパタクロー，カバディ等のそれぞれの民族に伝承されてきた運動が民族スポーツの枠を超えて，「ニュー・スポーツ」として現代スポーツに組み込まれてきたように，スポーツそれ

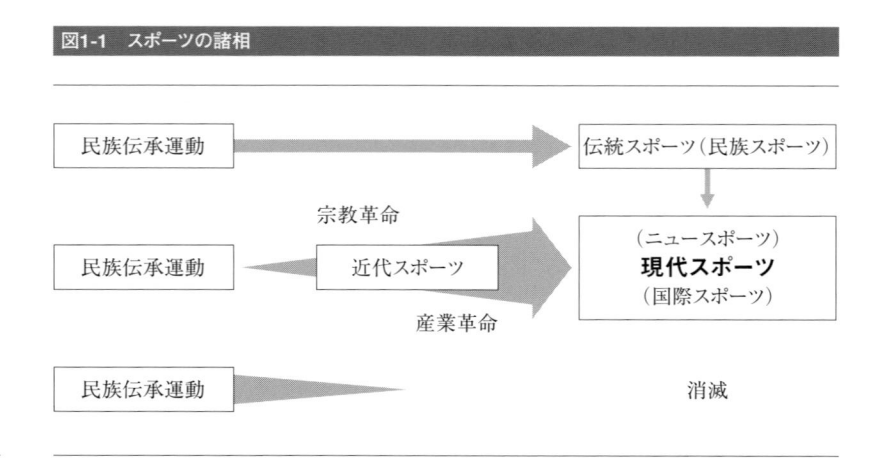

図1-1 スポーツの諸相

民族伝承運動 → 伝統スポーツ（民族スポーツ）

民族伝承運動 → 近代スポーツ → 現代スポーツ（ニュースポーツ）（国際スポーツ）
宗教革命　　産業革命

民族伝承運動 → 消滅

自体の広がりや概念は常に変容し続けている。

そこで本研究では，広義のスポーツの概念として，オリンピック種目となった国際スポーツから，各民族に伝承されてきたいわゆる伝統スポーツ，またニュー・スポーツ等を含み，かつ学校体育の教材である体操，体ほぐしの運動，ダンス，武道等も含めて広くこれらをスポーツとして扱うことにする。したがって，本研究が扱う広義のスポーツの概念は次のようになる。近代スポーツが保持してきた資本の論理，自由競争の論理，平等主義の論理，禁欲的な倫理観，モダニズム等のスポーツ独自の論理を中核にしながら，人類が長い歴史的過程の中で醸成してきた可変性をもった人間の身体運動に関わる文化の総体である（図1-1「スポーツの諸相」参照）。ただし，この広義のスポーツの概念に対して，戦前の体操科等の教科で採用されたり，あるいは戦後日本の体育の学習指導要領で規定されたり，また欧米の学校体育で教材として採用されているスポーツを「学校スポーツ」と呼んで区別する場合がある。

2 本研究で用いる「体育」概念の検討

(1) 教育概念としての体育概念

前節では，本研究で用いる「スポーツ」の概念を明確にしたが，これまで多くの論者が，体育とスポーツの概念規定を試みてきても，そこでは，例えば出原泰明（出原, 2005）や唐木國彦（唐木, 1986, p.12）が指摘するように，体育とスポーツの両概念はほとんど区別されずに混同または混用される形で使われてきた傾向がある。体育やスポーツに関わる研究で，これらの両概念が明確に確定されないまま研究が遂行されるのは，少なからず問題があるといえよう。本研究のテーマは「体育における人間形成に関する研究」であるが，これまでの論述では，「体育」という用語を明確に規定せずに考察を進めてきた。しかし，人間形成が行われる直接の対象となるであろう「体育」の概念を規定することなく，これ以上の考察を進めていくことは，論理的な矛盾を招来する危険を孕むであろう。そこで第2節では，スポーツの概念に続いて，本研究を遂行する上

でキーとなる「体育」の概念について考察，検討を行う。具体的な考察の手順は，次のようになる。まず，戦後体育に影響を与えた代表的な体育研究者の体育概念を概観した後で，体育の辞書的定義に検討を加える。その後で，体育概念の歴史的系譜を考察しながら，最終的に本研究で用いる体育概念を明確にする。

戦後の日本の体育学研究を代表する前川峯雄（前川，1970）は，体育の定義は数え上げれば無数にあるだろうと断った上で，アメリカの新体育（New physical education）の主導者，ニクソン（Nixon, E.），カズンズ（Cozenz, F），ウイリアムズ（Williams, J.），あるいはドイツのガウルフォーファー（Gaulhofer, K.）らの体育の概念に学びながら，彼らの体育概念の共通項として「教育としての機能をはたすものあるいは教育の一分野である（傍点筆者）」（前川，1970, p.70）点を挙げながら，体育を「『身体活動』を通して行われる教育である（傍点筆者）」（前川，1970, p.72）と規定した。

他方，1970年代に出された学習指導要領の体育に影響を与え，全国体育学習研究会（以下,「全国体育学習研究会」を「全体研」と略す）を主導しながら，運動の機能的特性論に立脚した「楽しい体育論」を主張した宇土正彦は，体育を「身体活動あるいは運動によって行われる教育」「身体あるいは身体活動を通しての教育」という捉え方から「運動の教育」という捉え方に変化したと述べる（宇土，1986）。

また，戦後の体育科教育とスポーツの文化論的研究に大きな影響を与えてきた中村敏雄は，上述した前川の著書である『体育原理』で前川が示した体育研究者の体育概念やその他の研究者の体育概念を例示した後で，「体育は，スポーツ，レクリエーション，レジャー等とは区別される，学習による人格形成を目的とする教育の一領域を占めるもので，その時間的，空間的，あるいは学習者の年齢や学習形態等の条件によって学校体育，生涯体育，社会体育，企業内体育等に分類される。したがって体育は，その活動形態上においてスポーツ，レクリエーション，レジャー等との類似性はあるとしても，意図的，計画的な教授＝学習をその基本的条件とすることによってこれらと区別され，…（中略）…それが体育とよばれる以上は，人格形成を目的とする学習を欠くことができな

いものである（傍点筆者）」（中村, 1987, p.6）と述べる。また中村は別の箇所で，「体育にとってスポーツはあくまでも手段であり，媒介であって，スポーツを『する』ことをただちに体育ということはでき」（中村, 1987, p.5）ず，スポーツと体育の関係においてはスポーツが「体育の範疇において教材の位置を超える」（中村, 1987, p.7）ものではないと述べる。中村の体育とスポーツの関係を要約すれば，中村にあって体育は，「常に教育目的に従い，教育の論理に従属するものであって」（中村, 1987, p.5），他方，スポーツは体育という教育的営みにおいて一定の教育目的を達成するために用いられる教材ということになる。

以上，戦後の体育に大きな影響を与えてきた3人の体育の概念を概観してきたが，そこには，①体育が教育であること，②時代とともに体育概念の捉え方が変化してきたこと，③体育とスポーツは活動形態の類似性があったとしても，スポーツは体育という教育的営みの中で一定の教育目的を達成するための手段，媒介であることの3点が明確になった。そして，体育が教育概念の範疇に入る，換言すれば体育概念は教育概念のいわば種概念であり，教育概念としての体育概念の特質が明らかとなった。しかし，ここでみた体育概念の特徴は，それらを指摘したのが戦後を代表する体育研究者ではあっても，あくまで3人という少数の見解であり，次に体育概念の特徴をより明確にするため，教育学および体育学・スポーツ科学関連の辞書・事典における体育の定義について検討することにする。

(2) 体育の辞書的定義

前項の検討の結果，体育が教育の範疇にあることが明らかとなった。しかし，より精緻な体育概念を確定するためには，先述した少数の体育学のイデオローグが主張する体育の概念だけではなく，体育学やスポーツ科学の専門領域においてすでに認知されていると考えられる体育の概念を確認しておく必要があろう。そのためにここではまず，教育学および体育学・スポーツ科学関連の辞書・辞典類の「体育」の項目についてみてみることにする。一般に辞書や事典は，当該の言葉や概念の最大公約数的な意味を把握する上で有効であると思われる。特に，以下，ここ

で取り上げる体育学およびスポーツ科学関連の辞書・事典類に表されたさまざまの体育をめぐる定義（注3）は，例えば，『最新スポーツ科学事典』（日本体育学会，2006）を例にとれば，日本体育学会が各専門分科会会員を多数動員して，当該専門領域の研究者が編集・執筆したものであるだけに，現時点での体育・スポーツ科学研究の専門職に認知された体育の定義の最大公約数と考えても差し支えないであろう。また，ここに挙げたその他の体育学およびスポーツ科学関連の辞書・事典類に挙げられた体育の定義も戦後の日本のその時点での体育に関する了解事項と考えることができると思われる。

　表1-2は，教育学および体育学・スポーツ科学関連の辞書・辞典類に記載された「体育」の定義（抜粋）である。下表の教育学関連の辞書・辞典類にみられる体育の定義の特徴は要約すれば次のようになろう。①体育は身体活動によって身体の発達をはかり，健康の維持増進や人格形成をはかる教育であること，②体育は教科の名称であること，③知育，徳育とならんで教育の3分法の1つであること等である。他方，体育学・スポーツ科学関連の辞書・辞典類にみられる体育の定義の特徴は，①体育は教育の一領域・機能をさすこと，②教育の立場から体育が取り上げられるようになったのは20世紀に入ってからであること，③体育の概念は歴史的に「身体の教育」「身体運動による教育（身体運動を媒介とした人間形成）」「運動の教育」へと変わってきたこと等である。

　以上，教育学および体育学・スポーツ科学関連の辞書・辞典類に記載された「体育」の定義をまとめると，体育は教育の一領域を占めること，また「身体の教育」「身体運動による教育（身体運動を媒介とした人間形成）」「運動の教育」と歴史的にその意味するところは変化してきたが，一貫して，身体活動によって，身体や人格の形成を目的とする教育であると考えられるものであるということになろう。しかし，これらの教育学および体育学・スポーツ科学関連の辞書・辞典類に記載された「体育」の定義は，そしてまた，前項でみた前川，宇土，中村の体育の概念は，次項での考察を先取りしていえば，体育概念の歴史的変遷に影響されて述べられたものであり（注4），本研究を遂行する上での操作的な体育の概念として措定するには問題があるといわざるをえないと思われる。そこ

表1-2　教育学および体育学・スポーツ科学関連の辞書・事典における「体育」の定義

出典	「体育」の定義（抜粋）
広辞苑 （1998年）第5版 岩波書店	健全な身体の発達を促し，運動能力や健康で安全な生活を営む能力を育成し，人間性を豊かにすることを目的とする教育。(p.1591)
現代教育用語辞典 （1973年） 第一法規	体育は発達と生活という2つの観点からとらえることができる。前者においては，一定の方式による身体的活動によって，身体の形態や機能の発達をはかり，その成果を健全に維持するための教育であり，後者においては，各人が運動生活をもつことによって，生活内容を深め，健康の維持増進を図るための教育である。アリストテレス以来の伝統的な教育の3分法によって，知育，徳育とならんで体育という言葉が使われる場合が多い。だが，運動が克己心を養うというように，あるいは，体育による身体的な感覚の訓練が知的発達の前提となるというように，体育は他の2つの教育と関係しあって，知的能力を発達させ，性格を形成し，感情を豊かにする働きをもつ。…（中略）…体育は対象領域によって学校体育と社会体育に分かれる。以下，略。(p.345)
岩波教育小辞典 （1982年） 岩波書店	均整のとれた身体の発達をうながし，それを健全に保持していくための教育。知育・徳育等とならで，体育という使い方をすることがある。体育はギリシャ・ローマの古代から，市民の間で重んぜられたが，…（中略）…中世社会ではキリスト教の影響のもとに，心身二元論に立った身体罪悪視があったが，近代はこの罪深い肉体の名誉回復から始まったといってよい。…（中略）…わが国では，明治維新以前の身体の養生法としての知識の伝達として行われ，…（中略）…明治初期の学制公布以来，…（中略）…1913年（大正2年）学校体操教授要目が公布されて，一応内容がととのえられ，…（中略）…戦後は学校教科の名称も保健体育とかわり，…（略）…体育の内容もスポーツに重きが置かれるようになった…以下，略。(pp.178-179)
現代教育用語辞典 （2003年） 北樹出版	身体の諸機能を向上させ，健康の維持・増進と身体の発達を図ることにより，人格の形成を目的とした教育。知育・徳育と並んで用いられることがある。学制頒布（1872）当初は「体操」という教科名であった。…（略）…昭和期には「体錬科」となり，…（略）…戦後は「体育科」とな（る）…以下，略。(p.151)

第1章 体育における人間形成研究のための予備的考察

出典	「体育」の定義（抜粋）
體育大辭典 （1954年） 不昧堂書店	…（前略）…十九世紀ごろまでは,現代的な意味での體育的現實はあっても,それを教育學の對象として取り扱うことがなかった。教育の立場から特に意識的に體育を取り上げるようになったのは二十世紀に入ってからである。體育の概念には二つの見解がある。一つは身體の教育であり,他は身體運動による教育である。…（略）…第一の所謂身體の教育という領域も第二の立場に含まれることになるので,體育は身體運動による教育 education through physical activities ということができる。以下,略。(p.504)
新修体育大辞典 （1976年） 不昧堂出版	…（前略）…体育は,学校体育と社会体育の両面を含(み)…（略）…,具体的な内容は体制・国家・教育思想等により異なっている。しかし,体育が保健的な身体の教育と積極的な運動の教育との二面性を有しているということは確認される必要があろう。以下,略。(p.894)
最新 スポーツ大事典 （1987年） 大修館書店	体育は元来,教育の一領域・機能をさす名称である。その意義は歴史的に変化してきたが,一般に〈身体による教育〉〈身体運動を媒介とした人間形成〉(education through physical)と理解されている。しかしかつては〈身体の教育education of physical〉と解されたし,今日では〈運動の教育education in movement or sport〉ととらえる立場もある。以下,略。(p.708)
日独英仏対照 スポーツ科学辞典 （1993年） 大修館書店	(Leibeserziehung) 身体の側からの教育。知的教科と対をなすものとして,学校教育全体のなかに教科を超えて位置づけられるという点で,習熟の獲得をめざした伝統的ドイツ体操の授業とは区別される。学校体育の課題は,運動教育,身体の教育,健康教育,ゲームによる社会性の教育に分けられる。人間学に基礎をおく陶冶理論の立場からみれば,体育は人間の身体が存在している基本的なあり方の中で人間の発達や形成を追及するものである。以下,略。(p.347)
学校体育授業 事典 （1995年） 大修館書店	体育は,教育の一領域・機能をさす名称である。体育の意義は歴史的に変化しているが,戦後長きにわたって「身体運動による人間形成」と理解されてきた。しかし,かつては「身体の教育」と考えられたし,今日では「運動の教育」としてとらえられるようになってきた。以下,略。(p.41)
最新 スポーツ科学事典 （2006年） 平凡社	一般には身体運動を媒介として人間形成をめざす教育的営み。この名辞は英語の「physical education」の邦訳語であ(り),…（中略）…「体育」は,本来は教育の営みをさす言葉であるが,その使用の過程で広く,人文・社会的な側面にまでその内容を拡大し,社会における文化現象としての身体運動,あるいは「スポーツ」と同義的に使われたりもしている。…（中略）…現代では,「体育」はあくまで教育的な営みを中心としたものに限定して用いようとする傾向が強くなっている。以下,略。(p.568)

で，次に体育概念の系譜（歴史的変遷）について概観，検討することにする。

(3) 体育概念の系譜

　木下秀明の研究（木下，1971）によれば，明治時代以前の日本には体育という表現も，体育という表現を必要とするいわゆる体育的基盤もなかったという。ようやく明治初年代になって，欧化主義政策によって軍隊と学校において健康を目的に，その手段として体操と衛生を採用したことによって，体育的な基盤が整備されたという。またこの時期，スペンサー（Spencer〈1820年生～1903年没〉）の進化論を社会に適用して構想した社会進化論（social Darwinism）の日本への浸透とともに，いわゆる彼の「教育論」によって知育，徳育，体育の三育思想が日本に紹介され（注5），"physical education"の概念が導入されることになった。当初，"physical education"は「身体に関する教育」「身体（の）教育」と訳されたが，またそれらを略して「身教」「育体」の表現もあったというが，下記の引用にみられるように，1876（明治9）年の文部省雑誌第6号に掲載された近藤鎮三の「独逸教育論抄」の翻訳の中で，「体育」という言葉がはじめて使用され，これ以降体育という用語が身体のための教育，つまり身体教育の概念を示す用語として定着していくことになる。

「慣習前条に述る所の看護法は，全く，体育に関る者にして，慣習法は精神の教育に関る者多し。(傍点引用者)」（注6）。

　ところで，1872（明治5）年の学制の公布時にはすでに「体術」（注7）という教科名称は存在していたが，翌年の専門学校の教科に「体操科」が加えられることになって以降，身体の教育を担う教科として「体操科」が存在し，そこでは前述したように，体操（＝運動）と衛生という方法を通して，身体の教育，つまり体育がなされるという構造が明治10年代には確立されていく。その後，「身体の教育」としての体育概念は，体操科の中での教材としての戸外遊戯の採用や軽体操の整備普及に伴って，身体の教育という目的を達成するための運動（軽体操，戸外遊戯，在

来武術等の体操科教材をさす)という方法のみがクローズアップされ，また同時に衛生がなおざりにされたこともあって，運動を手段とした身体教育という意味を含意していくようになった。明治10年代後半から30年代にかけて，身体の教育に加えて，運動を手段とした教育の意味を含意するようになった体育概念は，いわゆる教育勅語(教育ニ関スル勅語・明治23年)の発布等によって強兵政策がとられる中で，体操科の中で兵式体操が徳目的性格形成の観点から重視されたり戸外遊戯が盛んになってくると，身体教育とは異質の多目的(身体形成，徳目的性格形成，技能形成等)教育を達成する運動教育と解されていくようになる。周知のように明治期には，大学の課外活動で，正課の学問に対して，いわゆる運動を中心とした運動部活動が盛んになるが，そこでの運動も当初は運動教育の範疇で捉えられていたにもかかわらず，運動の現象面だけが認識されて，教育的な機能を捨象して体育＝運動の概念関係が成立するようになった。この運動は大正期を経て，運動＝スポーツとして認識され，体育＝運動＝スポーツの概念関係が生まれるようになった。

　ここまでみてきたように，体育は衛生を含んだ医学的な観点からの身体に関する教育から身体の教育へ，そして運動を手段とした身体教育から運動教育へとその概念は外延を拡大しつつ，すでに明治期には，前項でみたように辞書・事典類にあるような体育の概念がほぼ確立していたと考えて差し支えないと思われる。このような体育概念の成立過程は，体育とスポーツ(運動)の概念を明瞭に峻別させず，かつ体育概念の外延を拡大させることによって，内包を一層曖昧にさせてきた過程であったともいえよう。

　ここでの考察から，体育は，少なくともその概念の出立当初は教科名ではなく，身体の教育というより大きな目的を達成する営みをさし示すものであり，そしてその後，学校における体操科という教科の中で，身体の教育，身体運動を手段とした教育と考えられるようになっていった。戦後，教科名称として体育が採用されて以降，次章(第2章)で詳しく考察するが，体育は運動やスポーツを媒介にして，健全な身体の発達や社会性の育成，運動やスポーツの育成をはかる学校教育の中での一領域と考えられるようになった。

ここでの考察から，体育は教育という大きな範疇で，身体の教育，身体運動を手段とした教育（以下，「運動による教育」という）を行う一領域を構成することが明らかとなった。しかし，ここでみた体育概念は明治以降今日まで，学校教育の中で教科としてその一角を占めてきた体操科および体育科（および保健体育科）の教育実践の歴史的変遷について述べているだけで，体育という概念の理論的な構造を明確にしているものではなく，本研究で用いる体育概念として確定するには問題があると考えられる。

(4) 関係概念としての体育概念

　ここまで，戦後の体育に多くの影響を与えた論者の体育の概念をみてきた。そしてさらに体育概念の共通理解を探るために教育学および体育学・スポーツ科学関連の辞書・辞典類における体育の概念について考察した。その結果，3人の論者の体育概念も，あるいはまた教育学および体育学・スポーツ科学関連の辞書・辞典類における体育の概念についても，体育概念の歴史的な変遷について述べているのではないかとの思いから，木下等の先行研究をもとに体育概念の歴史的系譜について考察した。これらの考察から，①体育という用語は英語の翻訳語であること，②当初はスペンサーの三育思想の「精神の教育」に対する「身体の教育」ないしは「身体に関する教育」という事象をさし示す言葉として用いられたこと，③教育の範疇に属するものであること，④近代学校制度の確立と発展に応じて，「身体の教育」から「運動による教育」へと体育概念が変化してきたこと，等を述べた。そして特に戦後は，学校教育の教科の名称として採用され，学校教育の中で体育は運動教材を媒介にして，そしてまた主として運動学習という独自の方法を伴って学習者の発達をはかる営みであると理解されてきたと考えられる。

　これらの考察を通していえることは，体育の概念は，歴史的な変遷をたどり，時代ごとに，あるいは論者ごとにさまざまに理解されてきたものであるということである。しかし，本研究において，「体育」という概念は，本研究を進めていく上でのいわば「分析装置」であり，このような相対的な体育概念を本研究遂行のための体育概念として措定すれば，

考察を進めていく上で支障があると思われる。もちろん，ここでいう分析装置とは，いわゆる自然科学の実験で用いられる客観的物体（客体）を意味しているのではなく，あくまで考察を進めていくための論理上の主体的な装置としての意味でである。つまり，時代や社会，地域に左右されない体育の概念，いわば体育概念の深層構造を確定する必要があると思われるのである。

体育哲学の佐藤臣彦は，これまでの体育概念を哲学的な視点から批判的に考察し，従来とは異なる観点から体育の新しい概念を提案している（佐藤，1993）。佐藤によれば，「教育」や「体育」は，「それ自体として独自の形姿をもって絶対的に自存し得るものではなく，人と人との関わりにおいて立ち現れてくる『関係概念』として存在し」（佐藤，1993, p.94），「『関係』を本質としているのであって，何かそれ自体で存立するような『実体概念』ではない」（佐藤，1993, p.95）と述べる。そして関係概念としての体育を規定するのに，最もよい方法は，これを関数として定義することであると述べ，体育を関係概念として，次のように定義する（佐藤，1993, p.216）（注8）。

PE = f(a, b, c ｜ P)

（PE：体育，a：作用項，b：被作用項，c：媒体項，P：目的・目標，｜：条件）

上式で用いられている記号は，PEは「体育」をさし，独立変数のa, b, cのそれぞれの記号は次の意味を含意している。「a」は「働きかけるもの＝能動者」であり，一般に教師や親をさすが，時には世論やイデオロギー等といった事象による作用もある。「b」は「働きかけられるもの＝受動者」であり，一般には子どもや児童・生徒等をさすが，時には成人や高齢者の場合もある。また場合によっては，教師が独立変数bに位置づく可能性もある。「c」は媒体，つまりは文化財をさし，一般的には教材（運動教材等）を意味する。「｜」は確率論における記号を援用したもので，この記号の後におかれるものを「条件」とするという意味でおかれている。「P」は"purpose"で「目的・目標」ということになる。

この佐藤の体育の関数的定義に従えば，体育は，設定された目的・目標の条件に規定されつつ，作用者（一般に教師）が被作用者（一般に学習者）に媒体（運動教材）を通して働きかける営みということになる。佐藤は，教育や体育の関係性に着目し，体育の関数的定義を提案したが，従来の「体育」をめぐる議論で最も欠落していたのが，関係性に対する徹底的な自覚であり，体育を「機能」として，あるいは「作用」として，つまり関係概念として把握することの欠如が体育の概念をめぐる議論を混乱させてきた原因であると批判する（佐藤，1993, p.217）。

　この定義に従えば，スポーツは体育と等価なものではなく，先にみた中村の体育の概念と同様に，あくまで媒体，つまり教材として理解されなければならないだろう。

　これまでの考察から，本研究では，体育の概念として佐藤が提案する上述の関係概念としての体育概念を基本的に採用したい。というのも教育の範疇に属する体育の概念説明として論理的整合性があると考えられるからである。ただし，本研究では序章第1節の問題の所在で述べたように，本研究の研究契機は現在の子どもを取り巻く危機的な状況の克服にあるので，佐藤の体育の関数的定義を以下のように限定，改変して本研究の体育の概念としたい。

PE ＝ f(a, b, c ｜ P)

(PE：体育，a：作用項=教師(体育教師)，b：被作用項=学習者，c：媒体項=スポーツおよびスポーツ(運動)教材=学校スポーツ教材，P：目的・目標，｜：条件)

　上式の独立変数の「a」の作用項はいわゆる教科としての体育を担当する教師（以後，「体育教師」という場合がある。），「b」の被作用項は小・中・高校の学齢期にある児童・生徒（以後，「学習者」という。），「c」の媒体項には，前節（第1章第1節）で考察し規定したスポーツおよびスポーツに教育的（教授学的）加工・改変を加えたスポーツ教材や運動教材（以下，「学校スポーツ教材」という場合がある），「P」は学校教育の教科としての体育を取り巻く目標（注9）とする。

　以上，第2節での考察から，本研究で用いる「体育」の概念は，教育

の範疇に属し，前もって設定された目標に条件づけられながら，小・中・高等学校等の学校で体育科および保健体育科という正課時に体育教師が学習者にスポーツを媒体にして成立する教育的な営みをさして用いることになる。

3 「体育における人間形成」の暫定的概念の検討

(1) 「人間」の「形成」としての人間形成

　第1章の第1節および第2節において，本研究を遂行する上でキー概念となる「スポーツ」および「体育」の概念的検討を行い，それぞれについて明確にしてきた。

　本研究では，本研究全体を通して体育における人間形成とは何か，体育における人間形成の理論体系はどのように構築されるべきかを明らかにすること，つまり換言すれば，体育における人間形成の構造の理論レベルでの解明を課題として設定しているが，序章で述べたように，第2章以下で展開される「体育における人間形成論」の内外の先行研究や先行実践の批判的検討のためには，人間形成概念の操作的概念を暫定的に設定しておく必要がある。

　そこで，第3節では，「人間形成」の概念を主に教育学（教育哲学）から規定し，それをもとに，これまでの考察を加えながら「体育における人間形成」の暫定的・操作的概念を明らかにしていく。

　序章で述べたように，体育学・スポーツ科学の先行研究には，「人間形成」を概念的なレベルから理論的に明らかにしたものは管見した限りでは見当らない。同様に，教育学（教育哲学）関係の著書も，その書名に「人間形成」という用語を用いているものは多数あるが，「人間形成」の概念を一定の理論体系をもって明確に述べたものは管見した限りではなかった。また，不思議なことに教育学（含む道徳教育学）や哲学（含む倫理学）の辞書・辞典類にも「人間形成」という項目はほとんど掲載されていない。ここでは主に，教育という範疇で人間形成が主題として措定され，一定の論議が行われてきた教育哲学（教育人間学）（**注10**）の議論を

参照しながら考察していくことにする。

　まず手始めに，多様な見解を生み出す「人間形成」という言葉を辞書的な定義からみていくことにする。文法上の解釈から理解すれば，「人間形成」の「人間」は限定詞であり，「形成」が基底詞である。人間形成という用語は，基底詞の「形成」されるべき対象がほかならぬ「人間」であることを意味している。そして，換言すれば，人間形成とはまさに文字通り，「人間」を「形成」することにほかならない。

　人間は「生後一歳になって，真の哺乳類が生まれた時に実現している発育状態にやっとたどりつく」が，「この人間がほかのほんとうの哺乳類なみに発達するには，われわれ人間の妊娠期間が現在よりもおよそ一ヵ年のばされて，約二一ヶ月」（ポルトマン，1961, p.60）は必要であるという。まさに生理的早産によって，「なんの助けもなくては生きられない，たよりない能なし」（ポルトマン，1961, p.38）の生物学的概念としての「ヒト」が，生後１年のうちに直立姿勢を達成し，言語を発し，「道具の関係の理解や技術的な智能の発達とともにはじまる」（ポルトマン，1961, p.112）洞察ある行為を成立させるようになる。この人間に象徴される３つの特徴は，模倣という「試しにやってみるという試行運動」（ポルトマン，1961, p.116）を通して，「周囲の人たちの助けやそそのかし，はげましと，子どもの側の創造的な能動性と模倣への衝動」（ポルトマン，1961, p.116）によって作られていく。そして，こういった人間的特徴（直立姿勢，言語，洞察ある行為）は何よりも「社会的な接触という事実によって形成される」「社会的特徴」（ポルトマン，1961, p.116）の産物なのである。養護と保護なしには生きることができず，かつ動物的で無力な生物学的な存在たる「ヒト」は，社会的交流をくぐることで社会的存在たる「人間」に生成されるのである。もちろん，幼児からいきなり自己が完成するわけではない。人間は著しく本能の減退した，いわば欠如存在（Mangelwesen）であるが，そのような本能の減退という独特の現われ方が，人間が自己の外に第２の自然といわれる文化を築き，文化的存在（Kurturwesen）としての人間を定立させるようになる。文化的存在としての人間は，教育（Erziehung）によって，またそれに基づく自己自身の訓育によって人間に生成されていくと同時に文化の創造を行っていくの

である（森田, 1992, p.16）。訓育的存在（Zuchtwesen）としての人間は、生物学的なヒトから「人間」に生成するために、教育を必然的に必要とする存在である。

カントは「人間は教育されなければならない唯一の被造物」（カント, 1966, p.13）であり、「教育によってのみ人間になることができる」（カント, 1966, p.16）と述べたが、上でみたように、"生理的早産"という宿命を帯びた生物学的な「ヒト」が、人間が創造した文化や社会の中で、諸々の教育によって「ヒトの人間化」（佐藤, 1993, p.141）が行われていき、そこでヒトはまさに人間として創造され、人間として生きていくようになるのである。このような人間形成の過程を高田久喜司は、「ある人間性」から「成る人間性」へと高める過程であるという。「ある人間性」とは、生まれつきの自然的な人間性を意味する。また「成る人間性」とは、自然的な人間性に対して意図的な働きかけを通して、子どもの能力や性質、生き方を開発・形成していく人間性を意味している。人間形成の真髄は、「ある人間性」を基底に、「成る人間性」を形成していくことであり、その際、教育的意図を具現化した期待する人間像が描かれねばならないという（高田, 1990, pp.1-2）。

以上、ここでの考察から、人間形成を次のように捉えることができよう。生物学的な概念としてのヒトが、人間が創造した社会の中で、人間の創造した文化を媒介に、さまざまな教育的契機によって、一定の価値的な人間像をめざしてヒトの人間化がなされていく、その一連の過程が人間形成を意味するのである。

(2) 社会性と道徳性の形成としての人間形成

第1項の考察から、生物学的存在の「ヒト」が社会的存在たる「人間」に生成・形成されていく一連の過程が人間形成であると述べた。次にこの人間形成が具体的にどのような契機において成立するのかを明らかにしていきたい。

山邊光宏によれば、人間形成は2つの基本的形式において成立するという。1つは「社会化援助」という形式であり、もう1つは「人格化援助」という形式である。前者の「社会化援助」は他律的道徳の学習援助

のことであり，ここでいう他律的道徳とは，換言すれば，超個人的・社会的・集団的・外的道徳を意味するものである。そして社会化援助としての人間形成は，個人が社会的規範へうまく適合したり，期待されている社会の役割にうまく順応したり，集団的風習や慣習への同化等を教育者が助成することによってなされる。この社会的次元における人間形成は，他律的に，当該社会や集団の社会的な外的支配によって規定され，社会的規範組織への編入として行われ，社会システムの安定や固定化に寄与するためになされるという。社会化援助の実際は，両親や教師の模範的態度や行為によって，あるいはまたそれらを通して模倣（initiation）と同一化（identification）とによって行われる。また具体的な授業レベルでは，賞賛や報酬，あるいは逆に，非難と罰とによって学習者の知的理解に訴えそれを尊重した形で，対話や話し合いを通して行われるという。

　他方，後者の「人格化援助」は自律的道徳の学習援助のことであり，ここでいう自律的道徳とは，自由な自律的良心に根ざす個人的倫理や内的道徳を意味するものである。人格化の援助としての人間形成は，道徳的不自由の段階から，理性と良心による道徳的自己決定の段階へと高めることによってなされるという。具体的には，個々人に自律的・批判的判断，道徳的態度決定と行為等の準備ができるようになるように助成しようとするのである。この自律的道徳を個々人のうちに確立することによって，個々人は，習慣化し慣例化した行為の型や風習に対してこれらを疑問なしに受容し踏襲することから解放されるようになるべきであるという。と同時に，一層の人間性の実現を求めて，社会的諸状況の変革へと解放されるようになる（山邊，2000）。

　表1-3は，上述した山邊の人間形成の2つの形式を筆者がまとめたものである。表1-3をみればわかるように，人間形成とは超個人的な社会的道徳，いわゆる社会的規範による社会の存続発展と，自律的道徳，いわゆる道徳規範による社会の変革創造を可能にする人間像をめざして個人のうちに社会性と道徳性を形成することであるといえよう。

　一般に，社会性（sociality）とは，広義には当該の社会や集団が支持する生活習慣や，価値規範，行動基準等に沿った行動（注11）をとることができるための社会的な適応性をさすが，狭義には他者との円滑な対人

関係を営むことができる人間関係能力をさすといわれている（繁多，1991，p.11）。ここでいう人間関係能力は具体的には，他者とコミュニケーションを営んだり，集団へ参加したりする能力のことである。また社会的適応力を生み出す基盤となる社会的性格や社会的態度の形成ももちろん社会性の形成に含まれると考えられよう。他方，道徳性（morality）とは，人間としてよりよい生き方の実現をめざして，道徳的熟考により選択した諸徳目を実践しながら，道徳的行動を可能にする能力である（押谷，2003）。ここでいう徳目とは，具体的には，公正，正義，責任，正直，自他の尊重等の道徳的な徳（倫理的規範）であり（注12），それらの実現をめざして道徳的行動をとるようになることができることが，「道徳性の形成」である。社会性と道徳性をこのように捉えれば，妥当な社会的規範を身につけることによって，人間関係を円満に営みながら社会にとって価値的な行動がとれるようになったり，また1人の人間としてよりよい生き方の実現をめざして倫理的規範を身につけ道徳的行動がとれる人間の形成が人間形成の内実ということになる。

以上の考察から本研究でいう人間形成とは，社会の永続発展を可能に

表1-3　山邊光宏による人間形成の2つの形式

〈文献56）から筆者が作成〉

人間形成の形式	社会化援助による人間形成	人格化援助による人間形成
求められる道徳	他律的道徳 （超個人的・社会的道徳）	自律的道徳 （個人的倫理・内的道徳）
助成対象	・社会規範への適合 ・社会的役割への順応	・自律的判断の準備 ・道徳的態度決定／行為への準備
援助の方法	・模倣と同一化 ・報酬と非難	・教え込みの禁止 ・寛容
社会との関係	・社会システムの安定化／固定化に寄与	・社会的諸状況の変革

する人間像を実現するために，個人のうちに社会的規範を内面化し，社会的行動力を生み出す社会性および倫理的規範の内面化と道徳的行動力を生み出す道徳性を形成する営みであると規定することができよう。

(3) 体育における人間形成の暫定的概念

前項での考察から，本研究では，人間形成を個人のうちに社会性と道徳性を形成することであると規定した。ところで，教育学関連の著書では，「人間形成」に類似した「人格形成」という言葉が多用されている。このことに関連して小川は「人間形成ということばは『人格形成』ということばとも代置的に使われ」(小川, 1977, p.79)，同じ概念として用いられることが多いと述べる。このことに鑑み，本研究では本研究のテーマに「人間形成」を用いているので，いわゆる「人格形成」が含意する意味内容も含めて，すべて「人間形成」という用語で統一することにする。

さて，第2項では「人間形成」の概念を明らかにしてきたが，ここでは体育における人間形成の暫定的概念について明らかにしていきたい。第1章第2節の考察で，本研究での体育の概念を明らかにした。それに従えば，体育には下記のように関数的定義を与えることができると述べた。

PE ＝ f(a, b, c ｜ P)

(PE：体育，a：作用項＝教師（体育教師），b：被作用項＝学習者，c：媒体項＝スポーツおよびスポーツ（運動）教材＝学校スポーツ教材，P：目的・目標，｜：条件)

この体育の関数的定義に従えば，「体育は体育教師が体育という教科に対応する文化領域の文化を媒体に，学習者に意図的な目標を実現するために行われる教育的な営み」となる。上記の式の中の「a」の作用項の教師（体育教師）を学習者自身に置き換えれば，そこでは「自己教育」も成立する。

中村敏雄は，「体育と呼ばれる以上は，人格形成を目的とする学習を欠くことができない」と述べ，「ここにいう人格形成とは，身体形成だけが中心に位置づくものではな（傍点筆者）」(中村, 1987, p.6) いと強調す

る。この中村の指摘を待つまでもなく，伝統的に体育は身体形成を教科の中心的な任務においてきたが，そして身体形成はもちろん体育の主要任務であるべきだと考えられるのであるが，本研究のテーマが前項で考察規定した，社会性と道徳性の形成からなる人間形成概念を基盤に，「体育における人間形成」の構造の明確化にあることを考えれば，本研究の「体育における人間形成」概念からは身体形成は除外されることになる。したがって，本研究では身体形成については扱わないことを確認しておきたい（注13）。

さて，体育概念を明確化する際に参照した佐藤臣彦は，「体育概念もまた，…中略…根底においては『教育』にほかならない」（佐藤，1993, p.216）と述べるが，換言すれば，体育概念は教育概念の種概念であり，このように考えれば，体育は教育という範疇の部分集合を占めるものであると考えて差し支えないであろう。そしてまた第3節で考察してきた人間形成概念を体育という範疇で考えれば，体育という教育機能の中でも特に，社会性と道徳性の形成（身体形成ではなく）を担うことが体育における人間形成ということになろう（図1-2参照）。

これまでの考察から，体育における人間形成は，体育という営みの中で，体育という教科に対応する文化領域の文化を媒体に，体育教師が学習者を対象に一定の価値的な人間像を目標にして，学習者のうちに社会性および道徳性が形成されるように働きかける営みであるということが

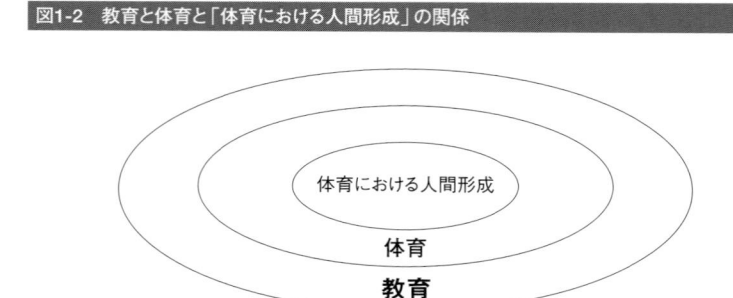

図1-2　教育と体育と「体育における人間形成」の関係

できよう。もちろん，体育における人間形成は，体育教師が学習者を対象に行う他者形成が中心であるが，理論的には学習者自身による自己形成も体育における人間形成に含まれると考えることができる。

　ここに示した体育における人間形成の暫定的な概念から，体育における人間形成論を検討したり，あるいは先行研究や先行実践を分析する場合，そこには第3節で述べてきたような，①人間形成の全体構造が示される必要があること，②めざされるべき人間像が示される必要があること，③社会性と道徳性の形成のための具体的な方法論が示されること，④人間形成を実現するための教科論ないしは授業論が示される必要があることが明らかとなった。そしてこれらの，体育における人間形成論構築のための必要条件は，2章以下で検討する体育における人間形成論の先行研究や先行実践検討のための有効な分析視点（注14）となると考えられる。

◎注釈

注1) ここで参照した文献の著者,"Guttmann"の日本語表記を「グートマン」と記述したが,後に日本で翻訳出版された彼の著書では,本人が「グートマン」ではなく,「グットマン」であると訂正したことを受けて,著者名の日本語表記を「グットマン」としている。しかし,本研究では,"Guttmann"の日本語表記は,「グートマン」で統一した。日本語表記変更の経緯については次の文献の「訳者あとがき」を参照されたい。
◎グットマン:谷川稔ほか訳(1997)スポーツと帝国－近代スポーツと文化帝国主義. 昭和堂, pp.231-233.〈Guttmann, A.(1994)Games & Empires −Modern sports and cultural imperialism. Columbia University Press.〉

注2) グートマンの示した現代スポーツのメルクマールは,欧米で発祥し洗練されたスポーツの分析を通して明確にされたものであるが,スポーツ社会学の立場からトンプソンは,グートマンが示した現代スポーツの7つのメルクマールのうち,「世俗化」「合理化」「官僚的組織化」「数量化」「記録万能主義」の4つが日本の大相撲のうちにどのような形で見いだされるのかを明らかにしている。次の文献を参照されたい。
◎トンプソン(1990)スポーツ近代化論から見た相撲. 亀山佳明編 スポーツの社会学. 世界思想社, pp.71-92.

注3) 一般に「定義」とは,ある「概念」の内包と外延を確定したものであるといわれる。ここでは教育学および体育学・スポーツ科学関連の辞書・辞典類において示された「体育」という用語（項目）の説明を「定義」としていることを断っておく。つまり,ここでいう体育の定義は,ある体育概念が,教育学および体育学・スポーツ科学関連の辞書・辞典類において一定の内包と外延を確定して示されたものであるということができる。なお,ここで用いた「定義」と「概念」の関係は,下記の文献を参照されたい。
◎小川純生(2003)遊び概念－面白さの根拠－. 東洋大学経営研究所 経営研究所論集, 26号, pp.99-119.

注4) 例えば,前川峯雄が述べた体育の概念は前川自身が研究の第一線で活躍し,彼の著書を著したその時代に学会や体育界を席巻した体育の概念であり,宇土正彦,中村敏雄の体育の概念も同様に,その時々の体育概念の歴史的変遷

の断面を述べた色彩が濃いといえよう

注5) 1880（明治13）年に，文部省は尺 振八にスペンサーの"Education: Intellectual, Moral, and Physical"を「斯氏教育論」と題して訳させたが，当時この著書は教育界に大きな影響を与え，これ以後，今日に至るまで知育，徳育，体育の三育思想を日本の教育界に定着させた。

注6) ここでの引用は佐藤の次の著書によった。
◎佐藤臣彦（1993）身体教育を哲学する－体育哲学叙説．北樹出版, p.45.

注7) 学制の公布で，「体術」という名称による，現在の小学校体育科，中・高等学校の保健体育科の源流である教科が始まった。ただし，この時期の「体術」は，当時の教師達には聞きなれない名称であり，そこで何をやるべきか皆目見当がつかなかったようである。学制公布の翌年の1873（明治6）年5月，小学教則（文部省布達76号）で，教科名が「体操」と改められ，榭中体操法図，東京師範学校体操図を参考にしながら，毎日1時間ないしは2時間の実施が定められたが，実際には1回5分程度の体操を授業の合間に1日3回実施したという。
参照：
◎竹之下休蔵・岸野雄三（1983）近代日本学校体育史．日本図書センター, p.6.
◎能勢修一（1995）明治期学校体育の研究．不昧堂出版, p.29.
　なお，教科名は，「体術」「体操科」を経て，1941（昭和16）年には国民学校令で「体錬科」と改められ，戦後の1947（昭和22）年に学校体育指導要綱が示されたことによって「体育科」になったが，1949（昭和24）年から中・高等学校は「保健体育科」となり現在に至る。

注8) 佐藤は，彼の著書の中で教育（E）の関数的定義をE＝（a, b, c｜P）と表記し，体育をPE＝（a´, b´, c´｜P´）としているが，ここでは煩雑さを避けるために，ダッシュ記号を省略している。

注9) ここでいう目標は，体育という教科への教育学的要請や社会的要請等の諸条件から規定される目標である。もちろん学習者の身体的・認知的な発達課題からの要請や教科でめざされる人間像から要請される目標も含まれる。

注10）　人間形成（Menschenbildung）という言葉が教育史において意識的に用いられるようになったのは，新人文主義者，とりわけその理念に基づいて教育革新運動を担った人たちによってであった。啓蒙主義の悟性の力の信奉や実用主義的な啓蒙の機械的功利観へのアンチテーゼとして起こった新人文主義は，人間性の美的，調和的形成の理想を追求したが，新人文主義の人間形成観は教育学（教育哲学）の中でも特に，教育人間学（die pädagogische Anthropologie）に発展しそこで論じられるようになる。
参照：村田昇（1979）人間形成の意味．平野智美・菅野和俊編 人間形成の思想．教育学講座２．学研．pp.2-13．

注11）　このような行動を以下，「社会的行動」という。

注12）　ここに挙げた徳は，次の文献でリコーナが挙げた「本質的な徳」のリストのうちから特に代表的なものを選択したものである。
参照：
トーマス・リコーナ：水野修次郎・望月文明訳（2005）「人格教育」のすべて－家庭・学校・地域社会ですすめる心の教育．麗澤大学出版会．pp.322-325.〈Lickona, T.(2004)Character matters-how to help our children develop goodjudgement 1, integrity, and other essential virtures.〉

注13）　「体育における人間形成に関する研究」と題した本研究では，体育の主要な任務である身体形成についてはその射程に加えないことを改めて確認しておきたい。なお，序章の注３）をあわせて参照して頂きたい。

注14）　本研究では，以下，ここに示した人間形成論の分析視点を「人間形成的視点」という場合がある。

◎参考文献

1) 阿部生雄(1995)辞書に見る"スポーツ概念"の日本的受容. 中村敏雄編 外来スポーツの理解と普及. 創文企画, pp.9-72.
2) 天城勲ほか編(1973)現代教育用語辞典. 第一法規, p.345.
3) バイヤー編:朝岡正雄監訳(1993)日独英仏対照スポーツ科学辞典. 大修館書店, p.347. 〈Beyer, E.(1987)Wörterbuch der Sportwissenschaft: Deutsch, Englisch, Franzosisch; Dictionary of sport science: German, English, French.〉
4) Eichberg, H.(1984)Olympic Sport-Neocolonization and Alternatives. In international Review for Sociology of Sport 19-1.
5) エリアス:桑田禮彰訳(1986)スポーツと暴力. 栗原彬ほか編 身体の政治技術. 新評論, pp.93-103.
6) ジレ:近藤等訳(1952)スポーツの歴史. 白水社(文庫クセジュ), pp.9-20.
7) グートマン:清水哲男訳(1981)スポーツと現代アメリカ. ティビーエス・ブリタニカ, pp.31-95. 〈Guttman, A.(1978)From Ritual to Record: The Nature of Modern Sports. Columbia University Press.〉
8) グットマン:谷川稔ほか訳(1997)スポーツと帝国—近代スポーツと文化帝国主義. 昭和堂, pp.231-233. 〈Guttmann, A.(1994)Games & empires −Modern sports and cultural imperialism. Columbia University Press.〉
9) 繁多進(1991)社会性の発達とは. 繁多進ほか編 社会性の発達心理学. 福村出版, pp.9-16.
10) 樋口聡(2005)身体教育の思想. 勁草書房.
11) 平野智美・菅野和俊編(1979)人間形成の思想 教育学講座2. 学習研究社.
12) 五十嵐顕ほか編(1982)岩波教育小辞典. 岩波書店, pp.178-179.
13) 今村嘉雄・宮畑虎彦編(1976年)新修体育大辞典. 不昧堂出版, p.894.
14) 出原泰明(2005)体育とスポーツは何が違うのか. 友添秀則・岡出美則編 教養としての体育原理. 大修館書店, pp.21-26.
15) 鹿毛基生・佐藤尚子(1998)人間形成の歴史と本質. 学文社.
16) カント:尾高達夫訳(1966)教育学. カント全集 第16巻. 理想社.
17) 唐木國彦(1986)スポーツ概念の整理について. 体育原理専門分科会編 スポーツの概念. 不昧堂出版, pp.9-16.
18) 菊池幸子・仙崎武編(1983)人間形成の社会学. 福村出版.
19) 木下秀明(1971)日本体育史研究序説—明治期における「体育」の概念形成に関する史的研究. 不昧堂出版.
20) 岸野雄三(1977)スポーツ科学とは何か. 朝比奈一男ほか編 スポーツの科学的原理. 大修館書店, pp.77-133.
21) 岸野雄三ほか編(1987)最新スポーツ大事典. 大修館書店, p.708.
22) リコーナ:水野修次郎監訳(2001)人格の教育-新しい徳の教え方学び方. 北樹出版.
23) リコーナ:水野修次郎・望月文明訳(2005)「人格教育」のすべて—家庭・学校・地域社会ですすめる心の教育. 麗澤大学出版会, pp.322-325. 〈Lickona, T.(2004)Character matters-how to help our children develop goodjudgement 1, integrity, and other essential virtures.〉

24) マッキントッシュ：石川旦ほか訳(1970)スポーツと社会. 不昧堂出版.
25) 前川峯雄(1970)体育原理 現代保健体育学体系 1. 大修館書店.
26) 森田孝(1992)人間形成の哲学的考察への道. 森田孝ほか編 人間形成の哲学. 大阪書籍, pp.3-25.
27) 村田昇(1979)人間形成の意味. 平野智美・菅野和俊編 人間形成の思想. 教育学講座 2, 学研, pp.2-13.
28) 武藤孝典編(2002)人格・価値教育の新しい発展. 学文社.
29) 中村敏雄(1987)体育とは何か. 中村敏雄・高橋健夫編 体育原理講義. 大修館書店, pp.2-11.
30) 中村敏雄(2000)異文化としてのスポーツ. 明治大学人文科学研究所編 「身体・スポーツ」へのまなざし. 風間書房, pp.111-151.
31) 中谷彪・浪本勝年編(2003)現代教育用語辞典. 北樹出版, p.151.
32) 中内敏夫・小野征夫(2004)人間形成論の視野. 大月書店.
33) Natan, A.(1958)Sport and Society, London, Bowes & Bowes, p.21.
34) 日本体育学会監修(2006)最新スポーツ科学事典. 平凡社, p.568.
35) 野口源三郎・今村嘉雄編(1954年)體育大辭典. 不昧堂書店, p.504.
36) 能勢修一(1995)明治期学校体育の研究. 不昧堂出版, p.29.
37) 小川博久(1977)人間形成の方法理論. 井坂行男編 人間形成－教育方法の観点から. 明治図書, pp.75-87.
38) 小川純生(2003)遊び概念―面白さの根拠―. 東洋大学経営研究所 経営研究所論集, 26号, pp.99-119.
39) 大西文行(2003)道徳性形成論―新しい価値の創造. 放送大学教育振興会.
40) 押谷慶昭(2003)道徳性. 今野喜清ほか編 学校教育辞典. 教育出版, p.547.
41) ポルトマン：高木正孝訳(1961)人間はどこまで動物か. 岩波書店.
42) 佐伯聰夫(1987)岸野雄三ほか編 最新スポーツ大事典. 大修館書店, p.522.
43) 佐藤臣彦(1993)身体教育を哲学する―体育哲学叙説. 北樹出版.
44) 新村出編(1998)広辞苑 第5版. 岩波書店, p.1446.
45) 庄司他人男(1990)人間形成をめざす授業のメカニズム. 黎明書房.
46) 寒川恒夫(2004)スポーツ人類学のパースペクティブ. 寒川恒夫編 教養としてのスポーツ人類学. 大修館書店, pp.2-13.
47) 高田久喜司(1990)現代の人間形成と特別活動. 山口満編 特別活動と人間形成. 学文社, pp.1-20.
48) 竹之下休蔵・岸野雄三(1983)近代日本学校体育史. 日本図書センター, p.6.
49) 田中智志(2005)人格形成概念の誕生―近代アメリカの教育概念史. 東信堂.
50) トマ：蔵持不三也訳(1993)スポーツの歴史［新版］(文庫クセジュ). 白水社.
51) トンプソン(1990)スポーツ近代化論から見た相撲. 亀山佳明編 スポーツの社会学. 世界思想社, pp.71-92.
52) 友添秀則(1988)スポーツの文化論的探求. 植村典昭ほか編 スポーツと身体運動の科学的探究. 美巧社, pp.2-33.
53) 友添秀則(2005)「スポーツって何?」に答えられますか. 体育科教育, 53(1):10-14.
54) 宇土正彦(1986)体育授業の系譜と展望. 大修館書店, p.19.

55) 宇土正彦監修(1995)学校体育授業事典. 大修館書店, p.41.
56) 山邊光宏(2000)人間形成の基礎理論 第二版. 東信堂, pp.9-10.
57) 行安茂(2002)人間形成論入門. 北樹出版.

第2章 体育の学習指導要領における人間形成内容の検討

　第2章では，日本の学習指導要領（注1）（以下，「学習指導要領」を「要領」と略す場合がある）が体育においてどのように人間形成に関わる内容を示し，またそれとの関係でどのような人間像を示してきたのかを明らかにする。またこれらを通して，体育の学習指導要領における人間形成に関する問題点を抽出する。

　序章の先行研究の総括で述べたように，学習指導要領が法的拘束力をもつ日本の状況では，体育の学習指導要領が理念レベルでも実際の教科論や授業論レベルでも，体育における人間形成に大きな影響を及ぼしてきたと考えられるが，先行研究を管見した限りでは，人間形成の側面（人間形成的視点を含んで）から体育の学習指導要領のすべてに詳細な検討を加えたものはなかった。そこで第2章では，日本の体育における人間形成のあり方を規定してきた体育の学習指導要領が，人間形成に関わる内容や人間形成の目標である体育における人間像をどのように示してきたのかを，時代ごとの社会的背景や体育の教科論の理念的変遷に言及しながら明確にする。

　第1節ではまず，学習指導要領の位置づけやその性格を明確にした後

で，体育の学習指導要領がたどった変遷を明らかにする。第2節では，日本における体育の理念が学習指導要領に規定されながらどのように変遷してきたのかを，戦後の前史としての戦前をも考察の対象に据えて明らかにする。具体的には，体育の理念的枠組みを，戦前については「身体の教育」，戦後に関しては「運動による教育」およびそれに続く「運動の教育」と設定し，これらの枠組みから体育の理念の変遷を社会的な背景を交えて明確にしていく。そしてこの理念的変遷に規定されながら体育の学習指導要領に記載された教科目標がどのような変遷をたどってきたのを明確にする。第3節では，第2節第2項で考察した①新体育の目標，②体力づくりを重視した目標，③楽しさを重視した目標の3つの時代的枠組みの視点から，1947（昭和22）年に戦後初めて出された体育の学習指導要領である学校体育指導要綱から現行の体育の学習指導要領（1998年告示の小・中・高校まで）のすべてを対象に，そこで取り上げられた人間形成に関わる事項について，人間形成に関する目標，内容，方法の観点から検討，分析する。第4節では，第1章での考察で明らかにした体育における人間形成論の分析視点（①人間形成の全体構造，②めざされるべき人間像，③社会性と道徳性の形成のための具体的な方法論の提示，④人間形成を実現するための教科論ないしは授業論の提示）をもとに，学習指導要領からみた戦前・戦後の体育における人間形成の総括を行う。

1 体育の学習指導要領の変遷過程

（1）学習指導要領の特徴と性格

　周知のように，学習指導要領は，日本の小学校，中学校，中等教育学校，高等学校，特別支援学校（盲学校，聾学校，養護学校）の学校教育における教育課程編成上の全国的な基準を定めたものである。この学習指導要領の内容構成は，小学校学習指導要領では，教育課程編成の一般方針や内容等の取扱いに関する事項等を定めた総則，各教科（国語，社会，算数，理科，生活，音楽，図画工作，家庭，体育），道徳および特別活動から構成される。中学校学習指導要領は，総則，各教科（国語，社会，数学，理科，音楽，美術，保

健体育,技術・家庭,外国語,その他特に必要な教科),道徳,特別活動からなる。また高等学校学習指導要領は,総則,普通教育に関する教科(国語,地理歴史,公民,数学,理科,保健体育,芸術,外国語,家庭,情報),専門教育に関する各教科(農業,工業,商業,水産,家庭,看護,情報,福祉,理数,体育,音楽,美術,英語)および特別活動から構成される。各教科は,原則的に,教科の目標,各学年の目標と内容,指導計画の作成と内容の取扱い等が記述されている(注2)。

これまで学習指導要領の内容は,一般に文部大臣の諮問機関である教育課程審議会の答申に基づいて原則が決定され(注3),この原則の下で,文部省(現文部科学省)の中に設置された学習指導要領作成協力者会議の議を経て各教科の教科調査官等によって作成される。中央教育審議会および教育課程審議会の委員は,教育職員・学識経験者との規程があるが(中村,1991),実際には教育委員会教育長等の教育行政担当者,小・中・高等学校校長等を含む現場教員から大学学長を含む大学教員等の研究者,文部事務次官経験者を含む文部行政元担当者,公共・民間各団体代表者を含む団体職員等,会社社長や評論家等で構成されてきた。また学習指導要領作成協力者会議は,当該の教科に造詣が深い専門家,具体的には大学教員,教育委員会指導主事,当該教科の教員,当該教科に関係のある公共団体関係者等15～20名で構成される。文部省(現文部科学省)においては当該教科等の審議官,視学官,体育であれば体育官,教科調査官,専門職員等が作成に関する事務をとり行う。

学習指導要領は,1947(昭和22)年3月20日に発行された「学習指導要領一般編(試案)」が最初であるが,その後社会の変化に対応して,ほぼ8年から10年おきに改訂され現在に至っている。当初は,全般的な学習指導のあり方を示した「一般編」と各教科別の各教科編に分かれて別冊として出されていたが,1958(昭和33)年の学習指導要領の全面改訂以降,「一般編」と「教科編」とが1冊として編集されるようになった。折しも,この学習指導要領から,教授上の具体的な計画を作成するための有力な参考としての「試案」から,官報による告示を経て法的拘束力をもつとされる国家基準としての学習指導要領に性格が大きく変わることになった。実際,体育の学習指導要領は,1953(昭和28)年の小学校学習指導要領体育科編まではその表紙に「試案」の文字があったが,

1956（昭和31）年の高等学校学習指導要領保健体育科編の表紙以降，「試案」の文字が消えている。また，学習指導要領が国家基準として告示されるようになると学習指導要領自体の記述も次第に簡略化され，詳細は文部省発行の「指導書」ないしは「解説」で説明されるようになった。

学習指導要領は，文部科学大臣（文部大臣）が学校教育法に従って定めた学校教育法施行規則の第25条の「小学校の教育課程については，この節に定めるもののほか，教育課程の基準として文部科学大臣が別に公示する小学校学習指導要領によるものとする（傍点筆者）」（白石ほか，2006）（注4）との規定に則り，国家行政組織法第14条第1項に基づき告示されることになる。このような手続きの下に告示される学習指導要領は法規命令の性格を有し，法的拘束力をもつと理解されるようになる。

もっとも，学習指導要領が国家基準とされ，法的拘束力をもつに至ることに対する，戦後の教育の反動化政策の中での反対運動（注5），あるいは現在でも係争中である卒業式等での国歌斉唱や国旗掲揚への反対運動にみられるように，学習指導要領の法的性格については疑義が呈せられている（きた）事実もある。ただし，一般的な解釈では，1976（昭和51）年の旭川学力テスト事件（注6）の最高裁判決に示されたように，学習指導要領が全国的な大綱的基準として，それが必要かつ合理的な基準の設定であるとの立場から法的性格を有することが妥当であるとされている（奥田，2003）。

このように法的拘束力をもつ学習指導要領は，学校における教育課程の基準であるととともに，検定済教科用図書，いわゆる教科書の検定基準でもあり，同時に評価の観点や評価規準の基準ともなり，日本の各学校において展開される現実の教育内容や教育実践そのものを規定するものでもある。

以下，第2章でみるように，日本の体育においても，学習指導要領は体育の理念や体育実践に大きな影響を与えつつ，体育の理念や体育実践そのものを規定してきたともいえよう。次に体育の学習指導要領の変遷についてみていくことにする。

(2) 体育の学習指導要領の変遷

　体育のはじめての学習指導要領として出されたものが，先述した学校体育指導要綱（以下，第 2 章では「要綱」ないしは「47要綱」という）である。これは，終戦から 2 年を経た1947（昭和22）年 6 月22日に発行されたものである。この要綱は，全文，22頁からなる小冊子であるが，そのはしがきに「わが國が，民主國家として新しく出発するにあたって，最も重要なことは國民の一人一人が，健全で有能な身体と，善良な公民としての社会的，道徳的性格を育成することである」（47要綱, p.1）と謳い，小学校から大学までの体育に関する重要事項が記述され，それまでの軍国主義下の国民学校体錬科教授要項やそれ以前の学校体操教授要目とは，その体育観において百八十度の転換をはかっている（注7）。軍国主義下で天皇制イデオロギーを身体的に注入した皇国民を育成することから，新しい民主国家の下で，身体活動を通して民主的人間を形成することを，新しい教科名「体育」の下で構築しようとする旺盛な意気が要綱の記述の端々から感じとることができる。具体的には，国民学校体錬科教授要項や学校体操教授要目の統制的性格を払拭し，教授上の参考資料として示したこと，男女共学を予定したこと，学習者の発達を段階的に区分し，段階ごとに発達上の特性を挙げこの特性から教材を導出したこと，評価の重視等（竹之下・岸野, p.244 ）にそれまでの体錬科や体操科との大きな違いが挙げられよう。

　この最初の体育の学習指導要領は，国語科や算数・数学科，社会科等のいわゆる他教科は「学習指導要領」という名称で発行されたのだが，唯一「要領」を名乗らない「要領」であった。歴史的な視点からみると，この要綱は1946（昭和21）年 3 月 5 日に来日し 3 月31日に報告書を提出した第一次アメリカ教育使節団報告書の影響を強く受けているといえる（注8）。この報告書を受けて，1946（昭和21）年 9 月に保健と体育の専門家を網羅し総勢50名の委員を委嘱して学校体育研究委員会が文部省内に発足し，その中では小学校から大学に至る学校段階ごとの分科会が設けられ（竹之下・岸野, p.244），アメリカの研究者も参加し，学校体育に関する重要事項を審議し，1946（昭和21）年10月29日に答申を出したという

（井上，p.141）。この答申が要綱の原案となったものである。要綱は，これ以降，戦後の日本の体育の原型を示すものとなった。

　この要綱が出されて以降，1949（昭和24）年には学習指導要領小学校体育編〈試案〉（以下，2章では「49要領」と略す），1951（昭和26）年には中学校・高等学校学習指導要領保健体育科体育編〈試案〉（以下，2章では「51要領」と略す），1953（昭和28）年には49要綱がめざした民主体育の実験的実践の検証を集約し，後に生活体育と呼ばれるようになった学習指導要領小学校体育編〈試案〉（以下，2章では「53要領」と略す）が出された（注9）。昭和20年代に出された学校体育指導要綱や学習指導要領は，アメリカ教育使節団報告書の体育を規定したいわゆる新体育（New physical education）の理念——具体的には徒手体操ではなくスポーツを教材に，学習者主体の指導法をとりながら，教育の一般目標である民主的人間の形成を身体活動を通して可能ならしめる体育——を具体化したものであったといえよう。

　1950年代はじめの朝鮮戦争，日本の独立を経て，東西冷戦構造が明確になる中で，教育の反動化政策の影響，経験主義教育から系統主義教育への移行もあって，昭和30年代に入って出された学習指導要領は昭和20年代のものと内容的に大きく変わるものとなった。1956（昭和31）年の高等学校学習指導要領保健体育科編（以下，2章では「56要領」と略す）からは「試案」の文字が消え，1958（昭和33）年の小学校学習指導要領（以下，2章では「58要領小」と略す），中学校学習指導要領（以下，2章では「58要領中」と略す）からは先述したように法的拘束力を有する国家基準としての性格をもち，それまでの教科別の学習指導要領ではなく，1冊として編集されだされるようになった。1960（昭和35）年には，小・中学校に続いて，高等学校学習指導要領（以下，2章では「60要領」と略す）が出され，国家基準としての学習指導要領が小・中・高で揃うことになった。この頃から，日本政府が高度経済成長政策に踏み出し，人的資源の供給を教育の重要な役割とするようになってから（注10），体育への社会的な要求も，運動技術の獲得から労働資源としての体力の育成へ重心が移り，「体力主義」と呼ばれる体育が行われていくようになる。1968（昭和43）年には小学校学習指導要領（以下，2章では「68要領」と略す），翌年の1969

(昭和44) 年に中学校学習指導要領 (以下, 2章では「69要領」と略す), さらに1970 (昭和45) 年に高等学校学習指導要領 (以下, 2章では「70要領」と略す) が出された。これらの昭和40年代に出された学習指導要領には, 第1章総則の第1款「教育課程の一般方針等」の第3番目に「学校における体育に関する指導は, 学校の教育活動全体を通じて適切に行うものとする。特に, 体力の向上および健康・安全の保持増進については, 『体育』および『保健』の科目の時間はもちろん特別活動等においても十分指導するように努めるとともに, それらの指導を通して, 日常生活における適切な体育活動の実践が促されるよう配慮しなければならない (傍点筆者)」と書かれるようになった。体育に関する指導は体育の時間のみならず学校教育全体を通して, 特に体力の向上をめざして行うべきものという学習指導要領の提起した体力主義に立った体育のあり方に沿って, 授業の前後に, 器械器具を使った運動やサーキットトレーニング, 早朝や放課後に長距離走等を行う業前・業後体育が全国の学校で行われるようになった。このような学校の教育活動全体を通して行われる体力主義に立った「総則体育」は, 産業社会から脱産業社会へと社会のパラダイムが変化する1970年代以降, 大きく変化するようになった。昭和50年代に入って出された体育の学習指導要領は, 先進諸国のスポーツ・フォー・オール (sports for all) 運動の影響を受けながら生涯スポーツの主体者の育成をめざすようになる。具体的には, 1977 (昭和52) 年には, 小学校学習指導要領 (以下, 2章では「77要領小」と略す), 中学校学習指導要領 (以下, 2章では「77要領中」と略す) が出され, 1978 (昭和53) 年に高等学校学習指導要領 (以下, 2章では「78要領中」と略す) が出された。これらの学習指導要領から, その後現在に至るまで, 生涯にわたってスポーツを楽しみ, 豊かなスポーツライフを営むことができる人間を育成することを主眼におく「楽しい体育論」や「めあて学習」が生み出されていくようになる。1989 (平成元) 年の小学校学習指導要領 (以下, 2章では「89要領小」と略す), 中学校学習指導要領 (以下, 2章では「89要領中」と略す), 高等学校学習指導要領 (以下, 2章では「89要領高」と略す) ではこの傾向が一層強まり, 1998 (平成10) 年に出された小学校学習指導要領 (以下, 2章では「98要領小」と略す), 中学校学習指導要領 (以下, 2章では「98要領中」

と略す)，高等学校学習指導要領（以下，2章では「98要領高」と略す）も教科論としての「楽しい体育論」，具体的な授業論としての「めあて学習」を踏襲し，生涯スポーツを一層志向した内容のものとなっている(注11)。

　以上，戦後の47要綱から98要領までの変遷を述べてきたが，表2-1に示すように，学習指導要領は6度の大きな改訂を経てきており，基本的には小学校の学習指導要領が先に施行され，年次進行で中学校，高等学校が施行されていくことになる。したがって，学習指導要領が改訂される際，改訂の基本的方向は小学校の学習指導要領に特徴的に示されることになる。

　次節では，ここで述べた体育の学習指導要領の変遷をもとに，日本の体育の理念がどのように変わってきたのかについて戦前に遡って明らかにしていく。その後，この体育の理念の変化に応じて，学習指導要領に掲げられた教科目標がどのように変遷してきたのかについても合わせて明らかにしていく。

2 ｜ 体育の理念的変遷と体育の教科目標

(1) 体育の理念的変遷

　第1節では学習指導要領の作成過程について言及し，合わせて学習指導要領の位置づけを明らかにした。また体育の学習指導要領がどのような変遷を経て出されてきたかについても言及した。第2節では，体育の学習指導要領における人間形成内容を検討するための予備的考察として，最初に戦前に遡って日本の体育の理念(注12)がどのように変化してきたのかを明らかにする。その後で，体育の理念の変化に対応して体育の学習指導要領の目標がどのように変遷してきたのかを明らかにする。

①──「身体の教育」と戦前の体育

　先述したように，戦前の日本の体育の名称は体術，体操，体錬と変化したにもかかわらず(注13)，体育のあり方の基盤は，ほぼ一定したもの

表2-1 体育の学習指導要領の変遷一覧

	改訂年または告示年	名称	学校種	基準	本書での略号
1	1947（昭和22）年	学校体育指導要綱	小～大学	試案	47要綱
	1949（昭和24）年	学習指導要領小学校体育編	小学校	試案	49要領
	1951（昭和26）年	学習指導要領保健体育科体育編	中・高校	試案	51要領
	1953（昭和28）年	学習指導要領体育科編	小学校	試案	53要領
2	1956（昭和31）年	学習指導要領保健体育科編	高等学校	基準	56要領
	1958（昭和33）年	小学校学習指導要領	小学校	基準	58要領小
		中学校学習指導要領	中学校	基準	58要領中
	1960（昭和35）年	高等学校学習指導要領	高等学校	基準	60要領
3	1968（昭和43）年	小学校学習指導要領	小学校	基準	68要領
	1969（昭和44）年	中学校学習指導要領	中学校	基準	69要領
	1970（昭和45）年	高等学校学習指導要領	高等学校	基準	70要領
4	1977（昭和52）年	小学校学習指導要領	小学校	基準	77要領小
		中学校学習指導要領	中学校	基準	77要領中
	1978（昭和53）年	高等学校学習指導要領	高等学校	基準	78要領
5	1989（平成元）年	小学校学習指導要領	小学校	基準	89要領小
		中学校学習指導要領	中学校	基準	89要領中
		高等学校学習指導要領	高等学校	基準	89要領高
6	1998（平成10）年	小学校学習指導要領	小学校	基準	98要領小
		中学校学習指導要領	中学校	基準	98要領中
		高等学校学習指導要領	高等学校	基準	98要領高

であったといえよう。戦前の体育は，構造的には「身体の教育」と「精神の教育」という2つの柱に分類できると思われる。この場合の「身体の教育」とは，国家的ミリタリズムに奉仕する国民の育成を身体的側面から可能にする体育である。他方，「精神の教育」は，身体の教育によって形成された強健な身体へ，ミリタリズム・イデオロギーを体操や遊戯という運動を媒介にして注入し，従順な臣民的態度の形成を道徳的側面から可能にするものであった（友添, 1985）。

　このような体育を支えた基盤には，戦前の教育思想の主流をなしたスペンサー（H. Spencer）の三育思想があると思われる。周知のように，この三育思想は，西洋の伝統的な存在論（Ontologie）における二元論的把握（デカルト的二元論）において醸成されたものであるが，人間の存在様態を知的存在，道徳的存在，身体的存在として把握し区分することで教育を成立させる。そしてまた，スペンサーの三育思想は，他方で，ダーウィンの進化論を敷衍した社会進化論（social Darwinism）をその基幹としたものでもあるが，19世紀末に姿をあらわす帝国主義イデオロギーと連関しながら，日本でも明治10年代以降，徳育主義を標榜したヘルバルト教育学と折衷しつつ（木下, 1971），国家主義教育の確立に一定の役割を果たすようになる（入江, 1988）（注14）。そして人間存在における二元論的把握は，日本の体育のあり方を身体の教育（physical education）と徳育主義を基盤とする精神の教育（moral education）の2つに分断することを可能とさせ，同時に，体育は「身体の教育」および「運動やスポーツの技術の教育」とならんで，あるいはそれらとの並列以上に，身体および技術の教育の過程を通して，人格をこそ陶冶すべきという体育における徳目主義的教育の原型を形作り，これ以降の日本の体育の構造を規定するものとなった。

　庶民を対象とした戦前の体育では，旧制中等学校以上の上級学校で行われたいわゆる課外活動のように，教材としてスポーツはあまり用いられず，集団秩序体操や兵式体操，鉄棒等の器械器具を用いた運動が中心であった。というのも，第2次世界大戦が終わるまでのこの教科の主要目標は，良質の兵士や労働者の育成を身体的側面から担うことであり，体操や運動を通して，強健な身体を備えた良き国民（臣民）たる資質を

養うことにあったからである。時代が昭和に入り，国民学校体錬科教授要項の実施とともに教科名が体錬科と改称され，その科目中に体操，教練，武道が制定されると，体操において身体の教育を，武道において死生観を底流とした精神の教育を，そして，教練においては身体と精神の教育を統一した形での軍事教育が行われるようになった。

　ここでみたように，戦前，特に昭和期に入ってからの体育は，身体を媒介にして，教師による注入主義的な教育方法で，軍国主義下で戦争遂行という国家施策に貢献できる，国家からの直接的要請による軍国主義的人間の形成を身体の教育によって可能とさせる体育であったということができよう（友添，1985, 2007）。

②──「運動による教育」から「運動の教育」へ

　戦後の体育は戦前の軍国主義的な体育の払拭が大きな課題となった。具体的にはアメリカ体育の中心的思潮であった経験主義教育を基盤とした「新体育（New physical education）」の全面的導入から始まった。1947（昭和22）年の学校体育指導要綱はこの新体育を具体化したもので，体育は民主的人間形成という教育の一般目標を達成する教科であると規定され，体操を中心とした体育からアメリカの新体育を模倣しながら，民主的な人間形成を標榜した新しい体育への転換がはかられた。スポーツを主要教材とする新しい「体育」は，それまでの教師中心の注入主義による一斉指導も変え，子ども中心の主体的・自発的な学習方法がとられることになった。このような戦前から戦後の体育の変化は，戦前の「身体の教育（education of physical）」から「運動による教育（education through physical activities）」への体育理念の転換と捉えることができよう。

　体育理念の転換は，教材を「体操」から「スポーツ」へ，学習方法を「一斉指導」から学習者中心の「問題解決学習」へと変え，体育の役割を身体の発達だけでなく，人間の多面的な発達に貢献する教育の方法領域として位置づけるようになった。ここから，多くの目標と多様なプログラムを提供しようとする体育が始まった。

　しかし，このような生活中心の経験主義教育の下では，基礎学力の低下が問題とされるようになった。ここから，科学の体系を重視する系統

主義教育への転換が行われたが，体育では，1958（昭和33）年の学習指導要領で教科の系統を運動技術と捉え，基礎的運動能力や運動技能の向上をめざす体育が強調されるようになった。

ところで，戦後の日本は国際スポーツへの復帰を果たしたが，そこでの日本人選手の成績不振は，新たな問題を投げかけるようになる。国際的な競技での成績不振は，東京オリンピック（1964・昭和39年）に向けての選手強化体制づくりの必要性を喚起し，体育における基礎体力の育成やスポーツの基礎技術の向上を一層要請するようになった。一方，1950年代中半からの飛躍的な経済成長は，日本人の生活様式を大きく変え，健康に対する脅威を生じさせるようになった。この時期に顕著になる受験競争の激化も，青少年の体力問題への関心を高めることになった。このような体力づくりへの社会的な要請の下，先述したように1968（昭和43）年の要領では総則の第3で，学校教育活動全体を通じて体力の向上をはかることが謳われ，「体力づくり」が体育の中心に位置づくようになっていった。

「運動による教育」を体育の理念として標榜したこの時期は，人間形成に関する目標（注15）や内容（注16）も重視され，学習指導要領が試案であったこととも関係して，1950年代から60年代初めにかけては盛んなカリキュラム研究とともに，体育における人間形成を意図した研究や実践が次章で詳述するように「生活体育論」や「B型学習論」あるいはその後の「グループ学習論」という形で比較的多く展開された。また1947（昭和22）年の学校体育指導要綱には，「明朗・同情・他人の権利の尊重・礼儀・誠実・正義感・フェアプレー・団体の福祉に対する協力・克己と自制・法および正しい権威に対する服従・社会的責任を果たす能力・情況に応じてよい指導者となり，よい協力者となる能力」（47要綱, pp.2-3.）が，人間形成的目標として掲げられ，これらはこの後の学習指導要領の原型となっていく。1950年代中半以降の学習指導要領は大綱化され要点のみが記されていくようになるが，体育ではこれ以降，一貫して運動による教育を通して，道徳的・社会的な態度の形成が，身体や技術の教育とならんで，主要な目標として掲げられ，このような人間形成的目標が体育の教科論や具体的な実践に反映されるようになる。そして，

高度経済成長が続く産業社会下では，運動の効果的特性論に立って，強い体力を備え，運動技能に習熟した民主的社会の形成者たるべき人間の形成がめざされることになる（友添，2004）。

③――「運動の教育」と「楽しい体育論」

　1970年代以降始まった産業社会から脱産業社会へのパラダイムの転換は，人々の生活を大きく変えると同時に，スポーツが社会や文化の重要な一領域として認知される契機を生み出した。ヨーロッパを中心に始まった「スポーツ・フォー・オール（sports for all）」運動は，スポーツや運動を健康のためだけではなく，生涯の楽しみとして享受すべきとする生涯スポーツの理念に結実していった。そして，このようなスポーツや運動への人々の需要の変化は，運動やスポーツを手段として用いる「運動による教育」から運動やスポーツそれ自体の価値を重視する「運動の教育（education in sports）」への体育理念の転換をもたらし，先進諸国の体育の教科論も大きく変貌させるようになる。

　アメリカではプレイ教育（play education）が主張され，イギリスやドイツではスポーツ教育（sports education/Sporterziehung）が新しい体育のあり方として模索されるようになる。これらの先進諸国の体育の教科論に共通の特徴は，スポーツの広範な社会的認知を背景に，スポーツの内在的価値（intrinsic value）に着目し，スポーツそのものの学習を教科論の基盤に据えたことである。

　これまでの仕事中心の産業社会では，運動やスポーツも仕事の領域に位置づけられ，運動やスポーツはその結果や効果に価値が置かれ（運動の効果的・構造的特性論），手段としての意味しかもたなかった。しかし，脱産業社会では，運動やスポーツを教育の目的として取り上げ，生涯にわたるスポーツライフに準備させることが重要になった。このような運動需要の変化は，学習者の自発性や自主性を引き出す授業への転換を必要とさせ，運動やスポーツが学習する者にとっての楽しさをもつように取り上げられなければならず，このような運動需要の変化に対応して全国体育学習研究会（以下，「全体研」と略す）によって考案されたのが，運動の欲求充足の機能を重視し，その特性が学習されるように工夫された

機能的特性論である。この機能的特性論を理論的基盤に，教科論としての「楽しい体育論」が考案，提案されていくのであるが，この機能的特性論を基盤とした教科論としての「楽しい体育論」は，全体研の中で具体的な授業（方法）論としての「めあて学習」に結実していった。授業方法論としての「めあて学習」は，狭い意味では，機能的特性論の立場から，子どもの主体的で自発的な学習を促進する学習過程のモデルをさすが，広義にはそのような学習の進め方全般をさして用いられる。「めあて学習」の学習の進め方の特徴には，学習者自身が①「目標設定（例・自分ができるようになりたい技を見つける）」をし，②「課題選択（例・その技ができるようになるために解決する課題を選ぶ）」を経て，③「活動の決定（課題を解決するための活動の仕方を決める）」を行うというところに大きな特徴がある。「めあて学習」では，学習者が立てる過程的な学習目標や学習活動の内容を「めあて」と表現したので，このように呼ばれるようになったといわれている。この全体研が考案した「めあて学習」は，1995（平成7）年に文部省から出された「小学校 体育 指導資料」（文部省, 1995）から公的に登場したが，すでに1991（平成3）年の文部省の指導資料に学習過程のモデルとしてその概略は示されている（文部省, 1991）。教科論としての「楽しい体育論」と授業方法論としての「めあて学習」は，全体研が長年にわたって取り組んできたものであるが，「楽しさのフローモデル（学習者の能力水準と課題水準のバランスの保持）」と「プレイの自発的原理」を支柱に機能的特性論が構想され，文部省の後押しもあって，現在まで日本の体育授業で広く展開されるようになった。

　「楽しい体育論」を主潮とする1970代中半以降現在に至るまでの体育は，特に1980年代以降，「楽しい体育論」が日本の学校現場を席巻するにつれ，後で詳述するように，学習者の道徳性や社会性の形成に主眼をおいた体育の人間形成に関わる研究や実践は，ほとんど行われることがなくなった。また，そこでの体育は，レジャー志向の，生涯にわたってスポーツを愛好的に実行できる者の育成が主眼とされ，かつ運動やスポーツへの愛好的態度の形成が体育の主柱をなしたこともあって，体育における人間形成に関わる内容は体育の教科論においても，また具体的な授業論においても重要な位置を占めることはなく，従ってまた，体育に

おける人間形成に関わる研究も低調であったといえよう。

(2) 学習指導要領における体育の教科目標の変遷

① 体育目標の設定構造

　第1項では，体育の学習指導要領における人間形成内容の検討のために，日本の体育の理念の変遷について明らかにした。第2項では，体育の理念の変化に対応して，体育の学習指導要領における教科目標がどのように変遷してきたのかについて明らかにする。

　体育の学習指導要領に示された体育の教科目標は，その時々の社会が要請した体育理念の具体的な姿であり，第3節で考察する学習指導要領に示された人間形成に関わる具体的な目標や教材・指導法を規定するものでもある。ここでは，体育の学習指導要領に現れた目標の変遷について考察していく (注17)。

　一般に，教育は，一定の教育目標に向かって行われる計画的，意図的営みであるといわれる。各教科では教育の一般目標を達成するために，教科固有の目標が設定され，その達成に向けて授業が行われる。つまり，一連の授業過程は，社会的要請や教育学的要請，あるいは教科の基盤となる個別科学の成果やその教科の独自性等によって設定された目標をめざして，一定の教育内容を媒介に成立することになる。このような意味では，教科の目標は，教科内容の選択と配列の基準となるし，また設定された目標の実現に向けての教育方法を規定するようにもなる。したがって，具体的な教育実践を構想しようとする時，「目標―内容―方法」の関連性と一貫性はきわめて重要であり，この関連性や一貫性が授業構成の論理に求められるのである。

　このように目標が内容や方法を規定する関係は，体育の場合も同様であろう。体育の目標は，体育という教科で教えるべき教科内容の選択の基準となったり，指導法を規定するようになったりする。さらに，単元の目標や1時間の授業の目標も，この体育の目標から導かれる。このような意味では，体育の目標は体育という教科の性格を表したり，教科の存在意義を端的に示すだけではなく，実際の授業に際して必要とされる

学習指導目標（instructional objective）の根幹に位置づくものであるといってもよいと思われる。第1節でみたように，日本の学習指導要領が法的拘束力をもったナショナルカリキュラムであることを考えれば，体育の目標は，体育の要領に示された教科の目標ということになる。

ところで，このような体育の目標はどのように設定され，決定されるのであろうか。学習指導要領が作成され，その内容が決定される政策的過程については先述したが，図2-1は，体育の目標が設定される全体的な構造を表したものである。体育の目標は，学習者の教育上の発達課題やそれらに関わる学問的成果等の体育への教育学的要請，体育が対象とする運動やスポーツの特質，運動学習を主とする学習方法の独自性，そしてその時々の社会的要求によって決定されることになる（友添, 2002, pp.39-40）（注18）。

次に，ここで考察した体育の目標が設定される構造を踏まえながら，

図2-1　体育の目標設定構造

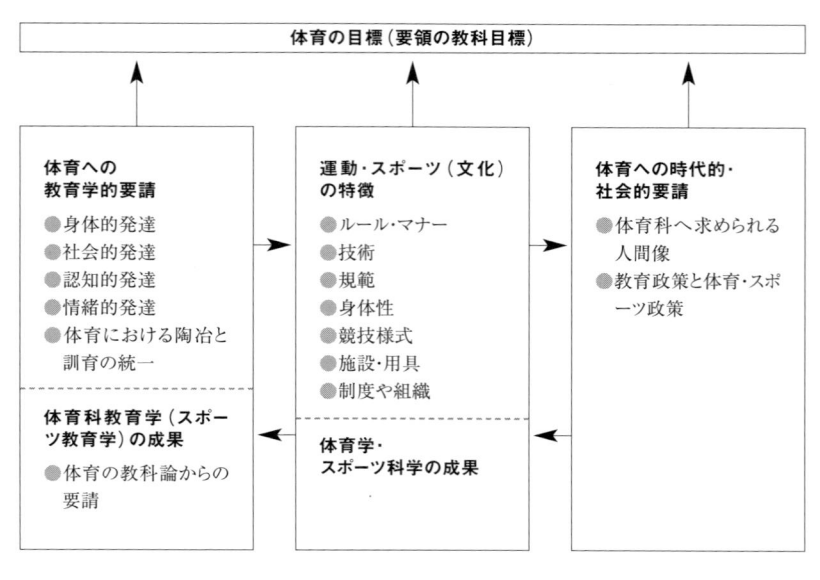

体育の目標（要領の教科目標）

体育への教育学的要請	運動・スポーツ（文化）の特徴	体育への時代的・社会的要請
●身体的発達 ●社会的発達 ●認知的発達 ●情緒的発達 ●体育における陶冶と訓育の統一	●ルール・マナー ●技術 ●規範 ●身体性 ●競技様式 ●施設・用具 ●制度や組織	●体育科へ求められる人間像 ●教育政策と体育・スポーツ政策
体育科教育学（スポーツ教育学）の成果 ●体育の教科論からの要請	**体育学・スポーツ科学の成果**	

学習指導要領に示された体育の目標がどのように変化し，それによって体育がどのように変化してきたのかを明らかにする。

②体育目標の変遷と体育の変化

前述したように，戦後の要領は，1947（昭和22）年の学校体育指導要綱を皮切りに，1999（平成11）年の高等学校の学習指導要領まで，およそ10年ごとに一度の割合で改訂されてきた。これらの学習指導要領に示された目標は，時代的特徴によって大別すれば，①新体育の目標，②体力づくりを重視した目標，③楽しさを重視した目標の3つの枠組みで捉えることができる（高橋, 1997a, pp.18-25）。次に，小学校の学習指導要領に示された体育の目標の変遷過程を中心に，高橋健夫が区分した3つの時代的枠組みに沿って述べることにする（注19）。

特にここで考察の対象としたのは小学校の学習指導要領である。先述したように，基本的に学習指導要領は小学校の学習指導要領が先に施行され，年次進行で中学校，高等学校のものが施行されていくので，改訂の基本的方向は小学校の要領に特徴的に示されることになるからである。

●──新体育の目標（47要綱, 49要領, 53要領）

周知のように，戦後の体育は戦前の軍国主義的な体育の払拭が大きな課題となった。具体的にはアメリカ体育の中心的思潮であった経験主義教育を基盤とした「新体育」の全面的導入から始まった。47要綱はこの新体育を具体化したもので，体育科は民主的人間形成という教育の一般目標を達成する教科であると規定された。このような戦前から戦後の体育の変化は，戦前の「身体の教育（education of physical）」から「運動による教育（education through physical activities）」への体育理念の転換と捉えることができる。

体育理念の転換は，教材を「体操」から「スポーツ」へ，学習方法を「一斉指導」から学習者中心の「問題解決学習」へと変え，体育科の役割を身体の発達だけでなく，人間の多面的な発達に貢献する教育の方法領域として位置づけるようになった。ここから，多くの目標と多くのプログラムを提供しようとする体育が始まった。

この時期の要綱・要領は，教育の一般目標である民主的人間形成を可能にするために，体育科でも民主的な生活態度を育成する社会性の発達目標（社会的目標）(注20)が中心を占めた。そのために，第3章第1節で述べるように，体育が民主的人間形成を標榜し，社会性の育成をめざして盛んに実践や研究が展開された。また，アメリカの経験主義教育の影響から，子どもの日常の運動生活と体育科との関連を強調し，レクリエーションを日常生活に取り入れることをめざす生活目標も重視された。他方，生活体育とも呼ばれたこの時期の体育科では，健全な身体的発達をめざす身体的目標は，戦前の反省から消極的に受けとめられがちであったといえよう。

●──体力づくりを重視した目標 (58要領小, 68要領)

先の時期の生活中心の経験主義教育のもとでは，基礎学力の低下が問題とされるようになった。ここから，科学の体系を重視する系統主義教育への転換が行われたが，体育科では，1958年要領で教科の系統を運動技術と捉え，基礎的運動能力や運動技能の向上をめざす技能的目標が強調されるようになった。そして，先の時期の主要目標であった「生活目標」は身体的目標や社会的目標に吸収され姿を消すことになった。

先の時期以降，日本は国際スポーツへの復帰を果たしたが，そこでの日本人選手の成績不振は，新たな問題を投げかけるようになる。競技での成績不振は，来たる東京オリンピック（1964・昭和39年）の選手強化体制づくりの必要性という国民世論を喚起し学校体育における基礎体力の育成やスポーツの基礎技術の向上を一層要請するようになった。一方，この時期の飛躍的な経済成長は，日本人の生活様式を大きく変え，健康に対する脅威を生じさせるようになった。この時期に顕著になる受験競争の激化も，生活環境の悪化と共に，青少年の体力問題への関心を高めることになった。

このような体力づくりへの社会的な要請を受けながら，58年要領の基礎的運動能力は基礎体力と理解され，68要領では総則の第3で，学校教育活動全体を通じて体力の向上をはかることが謳われる。と同時に「体力づくり」をめざす体力的目標は身体的目標を吸収し技能的目標，社会

的目標に先立って重点目標として強調された。このように体力づくりの目標を体育の主要な目標としたこの時期には，社会的目標に代表される人間形成に関わる内容が後ろに退き，体育における人間形成をめざした実践も低調になっていった。

●—楽しさを重視した目標 (77要領小, 89要領小, 98要領小)

1970年代以降始まった工業化社会から脱工業化社会への転換は，人々の生活を大きく変えると同時に，スポーツが社会や文化の重要な一領域として認知される契機を生み出した。具体的には，ヨーロッパを中心に

図2-2 体育の学習指導要領の目標の変遷

体育理念の変化	身体の教育	運動による教育				運動・スポーツの教育		
	1945年 →							

学習指導要領の体育目標（主に小学校）		新体育の目標			体力づくりを重視した目標		楽しさを重視した目標		
		47要綱	49要領	53要領	58要領	68要領	77要領	88要領	98要領
		身体的目標／精神の発達目標／社会的目標	身体的目標／社会的目標／レクリエーション的目標	身体的目標／社会的目標／生活目標	技能的目標／身体的目標／社会的目標	体力的目標／技能的目標／社会的目標（総則体育）	運動への愛好的態度／体力的目標／技能的目標／社会的目標	生涯スポーツへの志向目標／体力的目標／技能的目標／社会的目標	生涯スポーツへの志向目標／体力的目標／技能的目標／社会的目標／●保健の目標との連携強化

要領の背景	経験主義の台頭	系統主義教育への転換／東京オリンピック／高度経済成長	受験競争の激化	ゆとり教育／スポーツ・フォー・オール／脱工業化社会	個別化・個性化教育	「学び方」学習の重視／高度情報化社会

始まった「スポーツ・フォー・オール（sports for all）」運動は，スポーツや運動を健康のためだけではなく，生涯の楽しみとして享受すべきとする生涯スポーツの理念に結実していった。

このようなスポーツや運動への人々の需要の変化は，運動を手段として用いる「運動による教育」から運動やスポーツそれ自体の価値を承認する「運動・スポーツの教育（education in movement :education in sport)」（以下，「運動・スポーツの教育」を「運動の教育」と略す）への体育理念の転換をもたらし，この転換は日本の要領にも大きく反映されていった(注21)。

77要領小は，技能的目標，体力的目標，社会的目標を従来同様に形式的には重視しながらも，運動への愛好的態度の育成を重点目標に位置づけた。この傾向は，89要領小，98要領小にも踏襲されるが，89要領小からは技能的目標，体力的目標，社会的目標は，生涯スポーツの能力と態度を育成するという上位目標を実現するための下位目標としての位置づけが鮮明になっていく。また98要領小では，生涯スポーツにつながる能力の育成という上位目標をより具体化するために，「運動の学び方」が重視されるとともに，「心と体を一体としてとらえる」ことが上位目標に挙げられ，体育目標と保健の目標との一層の関連を強調している。この時期も先の時期に引き続いて，学習指導要領の目標としての社会的目標は一層，後景に退き，そのために人間形成に関わる諸実践や研究は一層低調になったといえよう。

以上，47要綱から98要領までの要領に現れた体育の目標について明らかにしてきたが，時々の時代で体育の理念は変化してきても，体育という教科の中では，社会的態度の形成をめざす社会的目標は，身体的な目標や技能的目標と並列して，過去一貫して掲げられてきたことが明らかとなった（図2-2参照）。しかし実質的には，後述するように58要領以降，人間形成に関わる社会的目標はどちらかといえば下位目標の位置に置かれるようになり，学習指導要領上の位置づけを反映して，体育における人間形成に関わる研究や諸実践は昭和20年代から30年代の学習指導要領の「試案」時代をピークに，どちらかといえばそれ以降低調になっていく。またこの傾向は，後掲（巻末）の資料（学習指導要領における人間形成に関する記述一覧）を参照すればわかるように，中学校および高等学校でも

同様であるということができよう。

3 学習指導要領における「人間形成」内容の検討 (注22)

　前節では，体育理念の変化に対応して，体育の教科目標がどのように変遷してきたのかについて明らかにした。本節では，戦後，これまで出された小・中・高等学校の体育の学習指導要領のすべてを対象に，そこで人間形成の内容がどのように取り上げられてきたのかを明らかにし，検討することにする。具体的には，47要綱から現行の98要領小，98要領中，98要領高までの全20種の学習指導要領を対象にする。その際の具体的な検討対象は学習指導要領の記述のうち，社会性や道徳性の育成および形成に関わる，いわゆる人間形成に関する目標，教材，指導法等である。あわせて各指導要領に記載された教科目標も対象にした。

　ところで，前節第2項の体育目標の変遷の考察では，高橋健夫に倣って（高橋，1997, pp.18-25），体育目標を時代的な特徴によって大別した3つの枠組みから考察した。それらは①新体育の目標，②体力づくりを重視した目標，③楽しさを重視した目標の3つの枠組みであったが，学習指導要領の記載内容も体育目標を検討する際に用いたこの3つの枠組みに準じて考えることができると思われる。そこで，ここでもこの3つの枠組みを採用して，学習指導要領の変遷を①新体育の理念を具体化した生活体育（注23）の時期，②体力づくりを中核とした体力主義体育の時期，

表2-2　学習指導要領の変遷の枠組みと学習指導要領

学習指導要領の変遷	該当する学習指導要領
①　生活体育の時期	47要綱, 49要領, 51要領, 53要領
②　体力主義体育の時期	56要領, 58要領小, 58要領中, 60要領, 68要領, 69要領, 70要領
③　楽しい体育の時期	77要領小, 77要領中, 78要領, 89要領小, 89要領中, 89要領高, および現行の98要領小, 98要領中, 98要領高

③運動の教育を体育理念として展開した「楽しい体育」の時期の３つの枠組みから，体育の学習指導要領における人間形成内容の検討を行うことにする。具体的には，新体育の理念を具体化した生活体育の時期の学習指導要領には，47要綱，49要領，51要領，53要領がある。また，体力づくりを中核とした体力主義体育の時期の学習指導要領には，56要領，58要領小，58要領中，60要領，68要領，69要領，70要領が含まれる。運動の教育を体育理念として展開した「楽しい体育」の時期の学習指導要領には，77要領小，77要領中，78要領，89要領小，89要領中，89要領高および現行の98要領小，98要領中，98要領高が含まれる（表2-2参照）。

(1)「生活体育」における人間形成内容の検討

この時期に含まれる体育の学習指導要領は，アメリカの経験主義教育や新体育の理念を具体化したものであり，実際には生活体育として現場で実践が展開されるようになったものである。これらの学習指導要領は具体的には，昭和20年代に出された47要綱，49要領，51要領，53要領の学習指導要領が該当する。昭和20年代に出された学習指導要領に示された体育の目標は，教育の一般目標を体育でも達成すべきという，この時期の体育の性格をよく表すものであるといえよう。

体育は47要綱では「運動と衛生の実践を通して人間性の発展を企図する教育である」（47要綱，p.2）と規定され，また，49要領では，「体育科は教育の一般目標の達成に必要な諸活動のうち，運動とこれに関連した諸活動および健康生活に関係深い活動を内容とする教科である」（49要領，pp.1-2）と規定されていることから理解できるように，体育は身体活動を通して民主的人間を形成するという「教育の一般目標達成に貢献する教科」（51要領，p.2）と捉えられている。したがって，この時期の学習指導要領における人間形成に関する目標や内容も，体育において民主的人間を形成することに教科のレーゾンデートルをおいていることから考えても，きわめて重視されたものであると考えることができよう。

人間形成に関する目標は，47要綱では３つの教科目標のうちの１つとして，49要領では２つの教科目標のうちの１つとして挙げられている。また51要領では５つの教科目標のうちの１つになるが，「教育の一般目

標の中には，健康や社会的態度の発達や余暇の活用など，身体活動と関係したものが少なくない。したがって体育は，一般目標のうち，これらのものをその目標として強調することになる（傍点筆者）」(51要領, p.2) と書かれ，社会的態度の発達が体育の主要な目標であることが述べられている。後述（注24）するように53要領は，生活体育論の実践成果を反映して出されたものであるが，体育の3つの教科目標の1つとして「身体活動を通して民主的生活態度を育てる」(53要領, p.5) ことが掲げられている。

　次に人間形成に関する具体的な目標がどのように取り上げられているのかについてみてみよう。47要綱では，社会的性格の育成に関する目標として，明朗，同情―他人の権利の尊重，礼儀，誠実，正義感―フェアプレー，團体の福祉，克己と自制，法や正しい権威への服従等，多くの一般的な目標（徳目）が体育の授業でめざすべき目標として掲げられている（要綱, pp.2-3）。49要領では，47要綱に比べると若干整理され，責任感の養成，他者の権利の尊重，同情，礼儀，正義感，寛容，自制等の一般的な目標（徳目）が挙げられているが，「勝敗に対する正しい態度」の養成という運動やスポーツ場面に結びついた人間形成的目標が初めて記載されている（49要領, p.3）。51要領でも引き続き，指導力，協力，積極性，勇気，自制，礼儀，正直，寛容，忍耐，権威への服従，同情や忠誠等の「社会生活に必要な」(51要領, p.3) 一般的な目標（徳目）が挙げられている。これら47要綱，49要領，51要領に挙げられた人間形成的目標は，運動やスポーツの学習と結びついた目標（徳目）というものではなく，またその実現性を考慮したものであるというよりも，民主主義社会に必要と思われた一般的な目標（徳目）を羅列したものであるという印象が否めない。53要領では，生活体育の実践的な成果を取り込んで要領が作成されたためか，この要領で取り上げられた人間形成的目標は，それまでの要領の人間形成的目標とは異なり，他者の権利の尊重や礼儀等の一般的目標（徳目）が影を潜め，グループへの協力，グループ内での責任の完遂，勝敗に対する正しい態度，他者の意見や批評の受容等，運動やスポーツの学習に結びついた人間形成的目標が挙げられているのが特徴的である（53要領, p.7）。

これらの人間形成的目標は，例えば47要綱では，具体的な教材や指導法とどのように一貫性をもたせてそれを実現させるのかという，「人間形成的目標―教材―指導法」の関係性についての記載はなく，また49要領でも同様に人間形成的目標と教材や指導法についての結びつきは述べられていない。51要領では，教材別に5つの体育の目標（身体的発達，社会的発達，知的・情緒的発達，安全およびレクリエーション）に応じて，10点満点で配点し巻末に付表として掲載してある。人間形成的目標は社会的発達の項目に該当することになるが，例えば評点が9点以上の種目を挙げてみると次のようになる。中学校男子では，バスケットボール（9点），サッカー（9点），水球（9点），中学校女子ではバスケットボール（9点），バレーボール（9点），高等学校男子ではバスケットボール（9点），サッカー（9点），ラグビー（9点），高等学校女子ではバスケットボール（9点）となっている。社会的発達の項目で10点満点の種目はなく（もっとも他の目標項目でも10点満点は非常に少ない），ここに挙げた評点が9点の種目はそのすべてが球技であり，特にチームゲームである。竹之下休蔵によれば，これらの教材評価の「原資料はラポートの著書にある」（竹之下・岸野，1983，p.261）という。当時，竹之下は文部省事務官の職にあり，51年要領には文部省の係官として主導的な立場から関わったことを考えれば，この指摘は正しいと思われる（注25）。竹之下によって指摘されたラポートの原資料とは，Laporte, W. R. の"The Physical Education Curriculum"であり，この著書は初版が1938年であり，当時は，体操中心の体育から，スポーツの教育的可能性を強調することで学校の中に体育という教科の合法性を認めさせることになった，アメリカの新体育全盛期に出版されたものである。確かに，この点を考慮に入れても，ここに挙げたチームゲームである球技群がどのような契機をもって学習者の社会的発達に特に有効なのかの実証性や科学的説明は51要領には記載されていない。むしろ，集団で行われる球技であれば，学習過程の中で多様な社会的相互作用が起こって，自然に社会性が発達するというある意味では予定調和的な教材観が看取できよう。

　一定の実践的成果を基盤にまとめられた53要領では，体育における人間形成に関する学習が，体育の重要な学習部分を占めるとの考えから，

「目標―学習内容―教材―指導法」の一貫性がはかられ，具体例を挙げながら詳細に書かれるようになった。具体的には，民主的生活態度を身体活動を通して形成するために，主として組織的ゲームを教材に，協力的な人間関係が生まれてくるように指導しながら，社会性に関わる学習内容を学ばせることによって目標の実現をはかろうとする意図が看取できる。また人間関係上の問題に遭遇した時には，問題解決型の学習によってそれを克服させるとする立場に立っている。特にこの53要領は，戦後の学習指導要領の試案時代の中にあって，人間形成に関わる学習では一応の体系を備えたものであり，次の第3章でみるように，これ以降の体育における人間形成的実践を触発する大きな影響を与えるものとなった。さらにこの時期の学習指導要領の特徴として，中・高校段階では「体育理論」で「スポーツマンシップ」「フェアプレー」の項目が設けられている。

(2)「体力主義体育」における人間形成内容の検討

この時期に含まれる体育の学習指導要領は，経験主義教育から系統主義教育へと教育の理論的基盤が大きく転回したのに伴い，体育の学習指導要領では生活体育から技術の系統性を重視した技能主義的な体育やオリンピックの体力科学研究の成果を受けながら，また高度経済成長の人的資源政策を受け，体力づくりを中心におく体力主義的体育が登場する時期である。また，次の第3項で検討する「楽しい体育論」が学習者からみた運動のもつ欲求充足の機能を重視した機能的特性論の立場に立つのと対比的に，運動の構造（どのような仕組みで運動が成り立っているかに着目した特性）や運動の効果（運動から得られる効果に着目した特性）を重視した効果的・構造的特性論と呼ばれる体育を提起した時代でもある。

具体的には，学習指導要領が法的拘束力をもつようになった昭和30年代から昭和40年代中半に出された56要領，58要領小，58要領中，60要領，68要領，69要領，70要領の学習指導要領が該当する。この時期の学習指導要領は前述したように，昭和30年代の技能を重視した学習指導要領とそれに続く昭和40年代に出された体力づくりを重視した学習指導要領とで構成される。体育の学習指導要領の力点の変更に従って，また学習指

導要領の記述が大綱化されたこともあって，人間形成に関わる記述は形式的には先の時期の学習指導要領を踏襲するが，特に昭和40年代に「総則の第3」で体育の指導に関して，「学校の教育活動全体を通じて行う」とする，いわゆる総則体育が登場して以降は，学習指導要領の体育の人間形成に関わる記述は形骸化し，人間形成に関わる現実の研究や実践は衰退し低調になっていった。

さて最初に，この時期の教科目標についてみていきたい。58要領小の体育の教科目標は第1番目に「各種の運動を適切に行わせることによって，基礎的な運動能力を養（傍点筆者）」(58要領小，p.207）うことを挙げ，引き続いて2番目の目標として，「各種の運動に親しませ，運動のしかたや技能を身につけ（傍点筆者）」(58要領小，p.207）ることを挙げるようになった。これは，53要領に挙げられた教科目標の第1番目の身体的発達，第2番目の民主的生活態度の育成と比べる時，大きな違いがある。ちょうど56要領の教科目標が，53要領を踏襲し，「身体的発達及び社会的態度の育成」を挙げていることを考える時，学習指導要領が国家基準となったこの時期，体育の学習指導要領の性格も大きく変わったと考えられよう。体育の学習指導要領における技能の重視という傾向は，58要領中，60要領でも同様で，昭和30年代に出された学習指導要領は技能主義的な体育の傾向が強いと思われる。ただ，60要領では，技能を重視しながらも，目標の第1番目に「自己の体力に応じて自主的に運動する能力」を養うことを挙げ，体力を重視しだす姿勢がうかがえる。

昭和40年代に入って出された最初の学習指導要領である小学校の68要領では「健康の増進と体力の向上」(68要領，p.507）の必要性が冒頭に記載され，4つの教科目標のうちの第1番目の目標に「強健な身体を育成し，体力の向上を図る」(68要領，p.507）ことが記載されている。また中学校の69要領，高等学校の70要領も同様に，強健な心身を養い，体力の向上をはかることが第1番目の目標に挙げられている。このように昭和30年代および40年代の体育の学習指導要領は技能重視，体力重視へとシフトを変え，69要領からは，教科目標と体育分野・体育科目の目標が併記されるようになったが，70要領では遂に教科目標から人間形成的目標が姿を消すようになった。

次にこの時期の学習指導要領に，人間形成に関する具体的な目標がどのように取り上げられているのかについてみてみよう。
　56要領では，体育における人間形成に関する目標は，教科目標の3つのうちの1つとして「運動によって社会的態度を発達させる」（56要領, p.4）として掲げられている。58要領小でも，体育における人間形成に関する目標は，4つの目標のうちの1つとして「運動やゲームを通して，公正な態度を育て，進んで約束やきまりを守り，互に協力して自己の責任を果す等の社会生活に必要な態度を養う」（58要領小, p.207）として掲げられている。58要領中でも同様に，4つの目標のうちの1つとして「運動における競争や協同の経験を通して，公正な態度を養い，進んで規則を守り，互に協力して責任を果す等の社会生活に必要な態度や能力を向上させる」（58要領中, p.147）とある。60要領でも，人形成的目標は，3つの目標のうちの1つとして「運動における競争や協同の経験を通して公正な態度を養い，自己の最善を尽くし，相互に協力して，個人や集団の目標の実現に向かって努力する能力や態度を養い，社会生活における望ましい行動のしかたを身につけさせる」として掲げられている。
　体力づくりが重視されだす68要領では，人間形成的目標は，引き続き4つの目標のうちの1つとして「運動やゲームを通して，情緒を安定させ，公正な態度を育成し，進んできまりを守り，互いに協力して自己の責任を果たす等の社会生活に必要な能力と態度を養う」（68要領, p.507）として掲げられているが，体育の目標に掲げられた人間形成的目標を具体化する記述がなくなった。また，運動領域ごとの人間形成に関わる目標の具体的な記述もほとんどなくなった。この68要領には人間形成に関する目標の記載や学年ごとの記載はあるが，運動領域ごとの記載がなくなり，人間形成に関わる目標をどのように達成するのかという点が一層曖昧になった。69要領では，教科目標と体育分野の目標が併記されるようになった。人間形成的目標は教科目標の3つのうちの1つとして，また体育分野での目標では，4つのうちの1つとして掲げられている。70要領では，先述したように，遂に教科目標から人間形成に関わる目標がなくなり，各運動領域からも人間形成に関わる目標，内容の記述がなくなった。

このように，56要領から70要領までの体力主義体育下での人間形成に関する学習についての記述を検討してみると，56要領では，個人種目，団体的種目，レクリエーション的種目のそれぞれにおいてねらいとして人間形成に関わる目標が掲げられているが，たとえそれぞれの種目に応じた人間形成的目標が掲げられても，各種目の特性に応じてどのように指導されるべきかという指導法や学習内容は示されておらず，53要領よりも後退したように思われる。また，58要領小，58要領中でも，人間形成に関する学習は，目標が各学年ごとに示され，また運動領域ごとに学習すべき内容が具体的に記述されるようにはなったが，具体的な指導法の記述がなく，示された目標をどのように達成するのか不明であり，「目標―内容－指導法―教材」の一貫性の観点からは，やはり53要領よりも後退したと思われる。さらに，60要領からは，体育の目標に掲げられた人間形成に関する目標を具体化する記述がなくなり，体育における人間形成に関する学習は，具体的な目標が授業の常規的活動（授業効率を高める活動）に組み込まれるようになり，また運動領域に応じて人間形成的目標の記述があっても，人間形成に関わる色彩は薄まりより抽象的な表現になった。この傾向は昭和40年代の学習指導要領でも一層強まり，68要領では，体育の目標に掲げられた人間形成的目標を具体化する記述がなくなり，運動領域ごとの人間形成的目標の具体的な記述もほとんどなくなった。また，人間形成的目標をどのように達成するかという点が一層曖昧になった。69要領は，人間形成的目標は形式的には存在しても，具体的な教材や指導法の記述はなく，人間形成に関する事項はいわば名目的な扱いになっているといわざるをえないようになる。そして，70年要領では教科目標や各運動領域からも人間形成的目標，人間形成に関わる内容の記述がなくなった。

　以上みてきたように，この時期の体育の学習指導要領における人間形成に関わる目標，教材，指導法の記述は徐々に形式的になり，遂に，体力主義が強調された70要領では，人間形成的目標は体育科目の目標に記載されても，体育の教科目標からはなくなり，第1項でみた53要領を1つのピークとして，この時期は人間形成に関わる学習が徐々に軽視されていったことが理解できよう。

(3)「楽しい体育」における人間形成内容の検討

　この時期に出された学習指導要領は，77要領から「ゆとりの時間」が週4時間導入された（朝日新聞, 2007）ことを契機に，いわゆる「ゆとり教育」を前面に打ち出してきた学習指導要領として特徴づけられる。1992（平成4）年からは，月1回の土曜休日，さらに1995（平成7）年からは月2回の土曜休日となり，2002年からは学校完全週5日制がスタートした。このような背景を受けて，この時期の学習指導要領は1998（平成10）年からの「総合的な学習の時間」の新設決定や総授業時間数の削減によって，学習内容が3割削減されることになった。

　また他方で，変化する社会や国際化の進展への対応，受験競争の過熱化や学校教育の画一性の弊害の改善を意図して設けられた臨時教育審議会（1984年設置）から1989（平成元）年には「個性重視の原則」（注26）が打ち出され，この原則がこれ以降の学習指導要領の根幹となっていく。

　この時期の体育の学習指導要領も，ゆとり教育や個性重視の原則を踏襲し，種目の選択制が大幅に取り入れられ，生涯スポーツ志向の運動への愛好的態度の育成を主眼とした，授業論としての「めあて学習」，教科論としての「楽しい体育論」を生み出していくことになった。

　具体的には，この時期に含まれる学習指導要領は昭和50年代初めに出された要領から，平成に入ってただちに出された要領，そして現行の要領が含まれる。それらは，77要領小，77要領中，78要領，89要領小，89要領中，89要領高，98要領小，98要領中，98要領高である。この時期の学習指導要領は，後述するように，人間形成的目標や人間形成に関わる内容は先の時期に引き続いて軽視される傾向にあったといえよう。それでは，まず，この時期の教科目標についてみていくことにしよう。

　77要領小では，体育の教科目標を「適切な運動の経験を通して運動に親しませるとともに，身近な生活における健康・安全について理解させ，健康の増進および体力の向上を図り，楽しく明るい生活を営む態度を育てる（傍点筆者）」（77要領小, p.134）と定め，運動への愛好的態度の育成と健康の増進・体力の向上が強調されるようになった。またこの77要領小から教科目標から人間形成的目標が消え，また指導書においても教科目

標の説明箇所には人間形成に関わる内容記述はなくなった。さらに，人間形成に関する学年目標は，表記が簡略化され，それに伴って，68要領では具体的な運動場面を想定して人間形成に関わる内容が記述されていたが，77要領では抽象的に表現されるようになった。77要領中，78要領高も77要領小と同様に，教科目標として運動への愛好的態度と体力の向上が強調され，同じく教科目標から人間形成的目標がなくなった。

　教科目標として運動への愛好的態度の育成と体力の向上の重視の傾向は，89要領小，89要領中，89要領高でも同様で，教科目標から人間形成に関わる目標記述がなくなり，また指導書においても教科目標の説明箇所には人間形成に関わる内容の記述はない。

　現行の学習指導要領である98要領小の教科目標は「心と体を一体として捉え，適切な運動の経験と健康・安全についての理解を通して，運動に親しむ資質や能力を育てるとともに，健康の保持増進と体力の向上を図り，楽しく明るい生活を営む態度を育てる（傍点筆者）」(98要領小, p.114)であるが，98要領中，98要領高とも同様に，心と体を一体として捉えるという心身一元的な新しい発想がみられるが，基本的にはこの時期の学習指導要領の根幹をなす運動への愛好的態度の育成と体力の向上重視の傾向には変化がない。また，教科目標には人間形成に関わる目標記述がない。また指導書においても教科目標の説明箇所には人間形成に関わる内容記述はない。

　次に，77要領小から98要領高までの「楽しい体育」における人間形成に関する学習についての記述を検討してみよう。

　77要領小では，人間形成に関する学年目標は，表記が簡略化され，それに伴って，68要領では具体的な運動場面を想定して人間形成に関わる内容が記述されていたが，77要領では抽象的に表現されるようになった。また各運動領域の人間形成に関わる内容記述も簡略化の傾向が持続され，指導書の記載も人間形成に関わる内容は「態度」に一元化され，常規的活動の一環として考えられるようになった。77要領中では，体育分野の4つの目標のうちの1つとして人間形成的目標が掲げられているが，内容として示されている各種目との関連性についての記述はない。また指導書では，各運動領域に「協力」等の重要性を記した「態度」の

項目が設けられているが，それらは人間形成的内容というよりも授業の効率化を志向する常規的活動の一環として捉えられる傾向が強いように思われる。78要領高では，体育科目の目標に運動の実践経験を通して，公正，協力，責任等の態度を育てることが挙げられているが，「内容」の項目には，単に種目名が記載されているだけで，目標と内容の関連性に関する記述はない。

　89要領小は，人間形成に関する学年目標は，2学年ごとに記述されるようになったが，基本的には表記の簡略化等77年要領（小学校）を踏襲している。また，各運動領域の人間形成に関わる内容記述も簡略化の傾向が持続され，指導書の記載も人間形成に関わる内容は「態度」に一元化され，常規的活動の一環として考えられるようになったと思われる。89要領中は，体育分野の目標に，「運動における競争や協同の経験をへて，公正な態度を育て，進んで規則を守り，互いに協力して責任を果たす等の態度を育てる」（89要領中, p.104）とあるが，89要領小と同様に，各運動領域の人間形成に関わる内容記述も簡略化の傾向が持続され，指導書の記載も人間形成に関わる内容は「態度」に一元化され，常規的活動の一環として考えられるようになった。89要領高は，体育科目の目標として「各種の運動の合理的な実践を通して，運動技能を高め，強健な心身の発達を促すとともに，公正，協力，責任等の態度を育て，生涯を通して継続的に運動ができる能力と態度を育てる」（89要領高, p.120）とあるが，指導書では人間形成に関する内容が授業効率の促進をはかるための常規的活動の一環として捉えられる傾向があるように思われる。

　98要領小は，2学年ごとに示された人間形成的目標は89要領に示されたものと同一であり，内容の示し方は，「技能の内容」と「態度の内容」に加えて「学び方の内容」が加わったが，人間形成に関わる事項は態度の内容に含められているが，授業効率の促進をはかるための常規的活動の一環として捉えられる傾向があるように思われる。98要領中は，体育分野の目標に，公正な態度，規則の遵守，協力，責任等を挙げているが，内容の示し方は，98要領小と同様に「技能の内容」と「態度の内容」に加えて「学び方の内容」が加わったが，人間形成に関わる事項は「態度の内容」に含められており，やはり授業効率の促進をはかるための常規

的活動の一環として捉えられる傾向があるように思われる。最後に98要領高では，98要領中と同様に，体育科目の目標に，公正な態度，規則の遵守，協力，責任等を挙げているが，98要領小および98要領中と同様に，内容の示し方は，「技能の内容」と「態度の内容」に加えて「学び方の内容」が加わったが，人間形成に関わる事項は「態度の内容」に含められ，授業効率の促進のための学習方法の一環として捉えられる傾向があるように思われる。

　この時期の人間形成に関わる内容の記述は，先の体力主義体育の時代と同様に簡略化・形式化の傾向が維持され，特にこの時期から，人間形成に関わる内容は「態度」に一元化され，授業効率を高めるための常規的活動の一環として，いわば授業方法レベルの問題として捉えられるようになったと思われる。

4 ｜ 学習指導要領における人間形成論の総括

　前節では，小・中・高等学校の体育の学習指導要領のすべてを対象に，そこに記載された教科目標および人間形成内容に関して分析，検討した。特に人間形成内容については，人間形成的目標，教材，指導法の関連についても言及した。その結果，新体育の理念を具体化した生活体育の時期，そのなかでもとりわけ53要領では，体育における人間形成に関する学習が，「目標―学習内容―教材―指導法」のレベルで一貫性がはかられ，人間形成に関する学習では一定の体系を備えたものとして示されたことを明らかにした。しかし，この後に続く，体力づくりを中核とした体力主義体育の時期においては，学習指導要領における人間形成に関わる目標，教材，指導法の記述は徐々に形式的になり，遂に，体力づくりが強調された体力主義体育の立場に立つ70要領では，人間形成的目標は体育の教科目標からはなくなり，学習指導要領レベルでは人間形成に関わる学習が徐々に軽視されていくようになったことを明らかにした。この傾向は，「楽しい体育」の時期にも継続され，この時期から，人間形成に関わる内容は「態度」に一元化されるとともに，授業効率を高め

るための常規的活動の一環として捉えられるようになった。

　本節では，これまで考察してきた体育理念や体育の教科目標の変遷を踏まえ，さらに前節で行った体育の学習指導要領における人間形成内容の検討をもとに，第1章での考察で明らかにした体育における人間形成論の以下の分析視点に立って，学習指導要領からみた戦前・戦後の体育における人間形成を総括していくことにする(注27)。人間形成論の分析視点には，①人間形成の全体構造，②めざされるべき人間像，③社会性と道徳性の形成のための具体的な方法論，④人間形成を実現するための教科論ないしは授業論の提示の各視点がある。

(1) 戦前の体育における人間形成の総括

　戦前，身体の教育が意図された体育にあって，そこで形成されることがめざされた人間像は，戦時下の体育（体錬科）に集約されたように軍国主義的人間であった。特に時代が昭和に入り，国民学校令（1941年）が公布され，体操科が体錬科に名称を変更し，国家を挙げて戦時体制に組み込まれていく時，戦前の体育がめざした軍国主義的な人間形成のありようは，国民学校体錬科教授要項（1942年）に集約された。そこでは，教師中心の注入主義教育という方法で，身体運動や身体訓練を通して，服従精神や規律節制の涵養を教科目標にしながら，軍国主義に貢献できる人間の形成が行われた。この時期の体育の人間形成への要求は，国家が直接的に要請するものであった。

　戦前の体育における人間形成は，確かに形式的にはめざされるべき人間像，「人間形成的目標—方法論」の一貫性は担保されてはいる。しかし，次のような問題点もともに存在しているといえるだろう。それらは，めざされるべき人間像そのものの誤りや人間形成の媒体となるべき文化の不在，人間形成の方法上における学習者の自由の制限，人権の無視といったようなことである。めざされるべき人間像の価値的な意味づけ，媒体となるべき文化の存在，あるいは方法論の妥当性の吟味が体育における人間形成論を構築する上で必要であろう。

(2)「生活体育」における人間形成の総括 (終戦から1950年代末)

　生活体育の時期は，戦前の反省に立ち，アメリカの「新体育」を模倣しながら，民主的人間の形成がめざされることになった。この時期の体育の目標は，主にスポーツ教材を利用して，身体的発達や社会的態度を形成することがめざされ，心身ともに健全で民主的な人間の育成という教育の一般目標を体育でも実現することが企図された。したがって，この時期の教育の一般目標が民主的人間の育成ということであったので，体育も教育の一般目標をそのまま踏襲し，スポーツや身体活動を発達刺激としながら民主的人間の形成がめざされた。この時期は，戦後の体育を通して人間形成に関わる一定の成果を生み出したものの，他方で，この時期体育でめざされた民主的人間の形成は，スポーツを子ども中心の問題解決学習で行えば民主的な人間が形成されるという予定調和的なものでもあったといえよう。それと同時に，体育という教科の独自性をもった人間形成像は模索されることはなかったし，また体育という教科の依拠すべき文化領域も不在であったといえよう。

(3)「体力主義体育」における人間形成の総括 (1950年代末から1970年代中半)

　体力主義体育の時期は，さらに前半の技能の育成に力点がおかれた時期と，後半の体力づくりに力点がおかれた時期に分けることができるが，この時期は，継続的に高度経済成長が続いた時期であり，体育では，産業社会の要請を受けて，運動の効果的特性論に立ちながら，強い体力を備え，運動技能に習熟した民主的社会の形成者たるべき人間の形成がめざされた。生活体育の時期が「民主的人間の形成」という個人をベースにした人間像であったのに対し，この時期には社会的にもその存在が認知されだした「市民社会」の影響を受け，より社会的な意味合いの強い「民主的社会の形成者」がめざされるようになったといえよう。ただし，ここでのめざすべき人間像もやはり，スポーツと直接的な関連をもたない民主的人間一般であったということができよう。

(4)「楽しい体育」における人間形成の総括（1970年代中半以降から現在）

　この時期は，1970年代以降始まった産業社会から脱産業社会への移行や世界的なスポーツの認知の影響で，先進諸国の体育も大きく変化した時期であった。運動の内在的価値（intrinsic value）に着目した「運動目的論」が教科論の基盤になったが，この教科論の下で，体育でめざすべき人間像として措定されたのは生涯スポーツの実施主体者であった。しかし，この時期の体育も，教科のめざすべき人間像への方法論（具体的な教授方略）は検討されず，教科の依拠すべき文化領域も明確でなく，人間形成の全体的な構造が構築されているとはいえないであろう。

(5) 体育における人間形成の内容的変遷

　このように，戦後の体育でめざされてきた人間像を要約すれば，教育がめざすべき一般的な人間像から，スポーツの実施主体者というスポーツ場面に特化した人間形成志向への変化が読み取れる。しかし，先に示した人間形成論の分析視点に照らしていえば，体育の学習指導要領には人間形成の全体構造が示されることがなかった。また，めざされるべき人間像は本章（第2章）の第2節および第3節で検討した時代ごとの体育理念や学習指導要領の記述内容から読み取ることができるものの（表2-3参照），決して明確に示されることもなかった。体育理念や学習指導要領から措定されるめざされるべき人間像は，先述したように，教育一般がめざすべき人間像が主であり，体育において教科固有の論理から導出された人間像というものではないように思われる。さらに，体育における社会性および道徳性の形成のための具体的な方法論や目標との一貫性も生活体育の時期をピークに後退し，さらに体育においてめざされるべき社会性および道徳性の内容も授業の効率化のための常規的活動の一部と考えられたり，「態度」の領域に組み込まれたりするようになっていった。

　ところで，本研究の第1章で体育における人間形成を，「体育という営みの中で，体育という教科に対応する文化領域の文化を媒体に，体育

表2-3 体育における人間形成の変遷

事項	戦前の学校体育における人間形成の構造（参照:国民学校体錬科教授要項）	生活体育における人間形成の構造（終戦～1950年代末）	体力主義体育における人間形成の構造（1950年代末～1970年代中半）	「楽しい体育」における人間形成の構造（1970年代中半～現在）
めざすべき人間像	軍国主義的人間の形成	民主的人間の形成	民主的社会の形成者	生涯スポーツを実行できる主体者
体育理念〈教科論〉	身体の教育〈physical education〉	身体活動を通しての教育（運動手段論＝運動による教育）〈education through physical activities〉	スポーツによる教育（運動手段論＝運動による教育）〈education through sports〉	スポーツの教育（運動目的論＝運動の教育）〈education in sports〉
体育の目標	・規律節制の涵養 ・堅忍持久の涵養 ・質実剛健の涵養 ・服従精神の涵養	・身体的発達の促進 ・社会的態度の形成	・身体的発達の促進 ・社会的態度の形成 ・技能的習熟	・運動への愛好的態度の形成 ・身体的発達の促進 ・社会的態度の形成 ・技能的習熟
主要教材	徒手体操・武道・教練教材	遊戯・身体運動・スポーツ	スポーツ	スポーツ
学習論	・教師中心の（注入主義教育）	・子ども中心の問題解決学習	・運動の構造的・効果的特性論 ・系統的指導	・運動の機能的特性論 ・学習者中心の間接指導
総括	・国家の直接的要請による人間像 ・教科の依拠すべき文化領域の不在	・スローガンとしての民主的人間像 ・教科の依拠すべき文化領域の不在 ・教科のめざすべき人間像への方法論の欠如	・運動と切り離した民主的人間関係一般の構築 ・教科の依拠すべき文化領域の不在 ・教科のめざすべき人間像への方法論の欠如	・運動と切り結んだ民主的人間関係の構築 ・教科の依拠すべき文化領域の欠如 ・教科のめざすべき人間像への方法論の欠如

教師が学習者を対象に一定の価値的な人間像を目標にして，学習者のうちに社会性および道徳性が形成されるように働きかける営み」であると暫定的に規定した。この体育における人間形成の暫定的概念に立てば，体育はいったいどのような文化領域に対応する教科なのかという事柄が問題として浮かび上がってくる。これまでの体育における人間形成を検討する限り，体育という教科の対応すべき文化領域が明確にされないまま，人間形成が論じられてきたように思われる。

　佐伯聰夫によれば，体育の存在意義を語るには理論的・認識論的レベルおよび実践的・方法論的レベルの２つの側面から述べる必要があるという（佐伯，1997）。体育という教科が依拠すべき文化領域を自覚的に問わず明確にさせてこなかったことが，体育における人間形成の内実を理論的・認識論的レベルで曖昧にさせてきた大きな原因になったと思われる。それと同時に，体育という教科の文化領域の未確定は，いきおい体育が教えるべき教科内容を曖昧にさせ，体育を「楽しさ」の提供だけでよしとする教科観を醸成させる要因ともなったと考えられよう。

　第４章で述べるように，欧米の先進諸国では，レジャー志向の体育が厳しい批判にさらされたことで，学習者の人間形成という総合的な視点から明確な教授方略を備えた体育の教科論の再構築を始めている。そこでの大きな特徴は，依拠すべき教科の文化領域を運動・スポーツする身体を含んだ，広義のスポーツに明確化していることが挙げられる（Krueger (Hrsg.)，2003）（NASPE, 2004）（グルーペほか，2000）。第２章での検討を総括的にいえば，体育における人間形成はスポーツという明確な文化領域を措定し，客体としてのスポーツの文化と主体としての人間とのダイナミックな関係構造の中で体育における人間形成の構造が描かれる必要があるように思われる。

◎注釈

注1) 第2章および本研究で検討対象とした学習指導要領は下記のものをテキストにした。なお，各文献の後に記載した略号は，該当の学習指導要領の本研究第2章での略号である。

①文部省(1947)学校体育指導要綱. 東京書籍.(47要綱)
②文部省(1949)学習指導要領小学校体育編. 大日本図書.(49要領)
③文部省(1951)中学校・高等学校学習指導要領保健体育科体育編. 大日本雄弁会講談社.(51要領)
④文部省(1953)小学校学習指導要領体育科編. 明治図書.(53要領)
⑤文部省(1956)高等学校学習指導要領保健体育科編. 教育図書.(56要領)
⑥文部省(1958)小学校学習指導要領. 明治図書.(58要領小)
⑦文部省(1958)中学校学習指導要領. 大蔵省印刷局.(58要領中)
⑧文部省(1962)高等学校学習指導要領解説保健体育編. 開隆堂出版.(60要領)
⑨文部省(1972)高等学校学習指導要領解説保健体育編. 東山書房.(70要領)
⑩文部省(1978)小学校指導書体育編. 東山書房.(77要領小)
⑪文部省(1977)中学校学習指導要領. 大蔵省印刷局.(77要領中)
⑫文部省(1978)高等学校学習指導要領. 大蔵省印刷局.(78要領)
⑬文部省(1990)小学校指導書体育編. 東山書房.(89要領小)
⑭文部省(1994))高等学校学習指導要領. 大蔵省印刷局.(89要領高)
⑮文部科学省(2004)小学校学習指導要領. 国立印刷局.(98要領小)
⑯文部科学省(2004)中学校学習指導要領. 国立印刷局.(98要領中)
⑰文部科学省(2004)高等学校学習指導要領. 国立印刷局.(98要領高)

なお，1968年の小学校学習指導要領および1969年の中学校学習指導要領は以下の文献をテキストにした。
○1968年の小学校学習指導要領（68要領）
　井上一男（1970）学校体育制度史 増補版. 大修館書店, pp.503-526.
○1969年の中学校学習指導要領（69要領）
　井上一男（1970）学校体育制度史 増補版. 大修館書店, pp.527-544.
　また，1989年の中学校学習指導要領（89要領中）は，文部省（1990）小学校指導書体育編. 東山書房, pp.108-117 の「附録5」をテキストにした。

注2)　ここに挙げた学習指導要領の内容構成は，小・中学校については1998（平成10）年，高等学校については1999（平成11）年告示の現行の学習指導要領を参照した．

注3)　2008年3月に小・中学校の要領が告示された次期学習指導要領は，文部科学大臣の諮問機関である中央教育審議会の中の初等中等教育分科会・教育課程部会の答申に基づいて行われた．なお，体育の学習指導要領は同じく初等中等教育分科会の中の「健やかな体を育む教育の在り方に関する専門部会」の審議による答申に基づいて作成された．
　　　参照：本村清人（2007）中教審の議論から体育のカリキュラムを構想する．体育科教育，55（3）：14-17.

注4)　中学校については学校教育法施行規則第54条の2，高等学校については同規則第57条の2に定められている．

注5)　体育でも教育の反動化政策と1958（昭和33）年の学習指導要領の国家基準化は戦後のいわゆる民主体育に決定的な影響を与え，それ以降の体育の大きな変化をもたらした．このあたりの事情については，下記の文献を参照されたい．
　　　◎友添秀則（1997）教育の反動化と体育実践の変化～58年要領をめぐって．中村敏雄編　戦後体育実践論 第2巻 民主体育の追求．創文企画，pp.47-66.

注6)　1956（昭和31）年から始まった全国一斉学力テストに反対する北海道旭川市の中学校教師たちが，1961（昭和36）年10月，旭川市立永山中学校で実施された学力テストを阻止するために実行に及び，公務執行妨害罪等に問われた事件である．

注7)　戦後の体育の学習指導要領に先立って，1913（大正2）年，学校体操教授要目が発布され，以降，1926（昭和元）年，1936（昭和11）年，1939（昭和14）年に改訂が行われている．その後，この要目に代わって，1942（昭和17）年には国民学校体錬科教授要項が制定された．これらの要目・要項が法的拘束力をもち日本の体育を強力に規定したのとは対照的に，47要綱や昭和20年代に出された体育の要領は教授上の参考資料の「試案」として示された．
　　　参照：岸野雄三ほか編（1986）新版 近代体育スポーツ年表．大修館書店．

注8) 第一次アメリカ教育使節団報告書の中で体育は，第1章「日本教育の目的と内容」で記されている。これからの日本の体育に対して，身体を強壮にし，スポーツマンシップや協力の精神を学ばせる必要性，男女共同での学習の必要性に触れ，体育が民主主義教育に大いに貢献すべきものであることが述べられている。なお，第一次アメリカ教育使節団報告書の原文は下記の前川の著書の巻末の資料編に掲載されているが，ここではこの資料をテキストにした。
参照：前川峯雄編（1973）戦後学校体育の研究. 不昧堂出版, pp.353-357.

注9) 学習指導要領の出された年の確定は，要領が国家基準となり告示されるまでは改訂された年（改訂年）で表記し，告示後は告示された年（告示年）で表記するものとする。

注10) 所得倍増をめざして経済成長政策に踏み出した政府は，1962（昭和37）年9月7日に当時の池田勇人内閣総理大臣から経済審議会会長・石川一郎にあて，人的能力政策に関する諮問を行い，翌1963（昭和38）年1月14日付けで答申があった。答申は4分科会から出された全343頁に及ぶ大部のもので，教育においても社会においてもハイタレント・マンパワーの養成のために能力主義を徹底することが提言され，これ以降，学校教育の中では能力主義に立った教育が行われることになった。体育ではマンパワーの養成を体力づくりと捉えられ，体力主義に立つ体育が行われるようになった。1960年代後半に出された一連の体育の学習指導要領はこの体力主義の立場に立つことになる。
参照：経済審議会編（1963）経済発展における人的能力開発の課題と対策. 大蔵省印刷局.

注11) 序章の注18）で述べたように，2008年3月に小学校および中学校の学習指導要領が告示された。これらは小学校では2011年度から，中学校では2012年度から完全実施されることになるが，新要領は，学力低下やいわゆる「ゆとり教育」批判を受けて，確かな学力の形成が中心課題となった。体育でもこれを受けて，「技能」「態度」「知識，思考・判断」の3つの観点から，学習内容の特定や系統化が行われ，「体育的学力」の保障が重視されることになった。
　　　　生涯スポーツの主体者を育成するという教科目標に大きな変化はないが，これまでの体育が，楽しさの体験を重視するあまり放任的になりがちであっ

たとの反省から，教師の指導性を重視しながら，楽しさと技能の学習が両立できる体育がめざされることになった。現時点での予測は難しいが，これまでの教科論としての「楽しい体育論」や授業論としての「めあて学習」の方向性もかなり変わるであろうと思われる。

注12) ここでいう「体育の理念」とは，体育という教育事象を成立させるための「体育に対する根本的な考え方」という意味で用いている。

注13) 第1章の注7）を参照されたい。

注14) 明治期の日本でヘルバルト派教育学が受容され，明治20～30年代にかけて帝国主義的な課題の実現に応え得る人材の養成を身体の陶冶の側面から体育が担うことになった。明治期のヘルバルト派教育学の展開とヘルバルト派体育論については，次の入江の文献に詳しい。特に第3章の「明治30年代の帝国主義的体育政策と活動主義体育論の展開」を参照されたい。
参照:入江克己(1988)日本近代体育の思想構造.明石書店.

注15) 以下，本研究では，体育のカリキュラムにおける人間形成に関する目標を「人間形成的目標」という。

注16) 以下，本研究では，体育のカリキュラムにおける人間形成に関する内容を「人間形成内容」という。

注17) 学習指導要領に示された小学校，中学校，高等学校における体育の各教科目標については，ここでの目標の変遷の考察後，第3節で具体的かつ詳細に検討する。

注18) 日本の学習指導要領がナショナルカリキュラムであることを考えれば，体育の学習指導要領に示された教科目標が体育の目標と考えられることは先に述べた。そして学習指導要領が文部科学大臣の諮問を受けて中教審等の答申に沿って作成されることも先述した。ここでは，このような政策過程を踏まえた上で，体育の目標（学習指導要領の教科目標）決定の構造に着目してその決定要因について述べている。

注19) 1958（昭和33）年に出された他教科での学習指導要領は，科学技術教育の重視に比重を置き，経験主義教育から系統主義教育への転換をはかろうとした要領である。体育の58要領小および58要領中，60要領高もこの影響を受けて，技能的目標が重視された。そのためこれらの体育の学習指導要領を「技能重視の目標」のカテゴリーとして挙げることもできるが，ここではその後の68要領（および69要領，70要領）で強調される体力主義体育への先駆けとして捉え，「体力づくりを重視した目標」に含めた。

注20) 学習指導要領に示された社会的目標は社会性の発達を意図したものであり，人間形成に関する目標，つまり人間形成的目標のカテゴリーに含まれるものであると考えられるが，道徳性の発達・形成という視点（道徳的目標という視点）からみた時，必ずしも十分とはいえない。したがって，ここでは社会性の発達を意図する目標を社会的目標と呼ぶが，第3節からはこの社会的目標を人間形成的目標のうちに含まれるものとして扱う。

注21) 序章で従来の体育概念の検討に際して，先行研究では「身体の教育」「運動による教育」「運動の教育」を体育概念と措定するものが多くあったことについては述べたが，これらは体育概念というよりもむしろ，体育そのもののあり方を規定する根本となる理論的基盤であり，理念と考えた方が妥当であろう。本研究では，「身体の教育」「運動による教育」「運動の教育」を体育の理念の枠組みとして扱うことにする。

注22) 以下，第3節で論述する学習指導要領における「人間形成」に関する内容については，本書の巻末に，「資料 学習指導要領における人間形成に関する記述一覧」として掲載した。参照されたい。

注23) 新体育の理念を具体化した体育の教科論が「生活体育」である。アメリカの経験主義教育を理論的な支柱にして，運動や体育の生活化がめざされ，学習者の自然の運動生活を基盤に体育の学習を通して生活と体育の結合をはかることに主眼がおかれ，子ども中心・生活中心の行事単元を中心にした体育論である。昭和20年代中半から30年代半ばまで全国的に実践されたが，53要領は生活体育の集約であるともいわれる。なお，生活体育については下記の文献の中で高橋がまとめているので参照されたい。

参照：高橋健夫（1973）新体育の確立．前川峯雄編 戦後学校体育の研究．不昧堂出版，

pp.78-192.

　また，この時期に全国的に展開された生活体育の考え方や実践については次の文献を参照されたい。
◎高津勝（1997）生活体育の思想. 中村敏雄編 戦後体育実践論 第1巻 民主体育の探求. 創文企画, pp.97-108.
◎菊 幸一（1997）神奈川大田小プランの特徴. 中村敏雄編 戦後体育実践論 第1巻 民主体育の探求. 創文企画, pp.109-122.
◎高橋健夫（1997）浦和の体育研究. 中村敏雄編 戦後体育実践論 第1巻 民主体育の探求. 創文企画, pp.123-139.
◎岩田 靖（1997）紀南実践の特徴. 中村敏雄編 戦後体育実践論 第1巻 民主体育の探求. 創文企画, pp.141-154.

注24） 第3章第1節において，53要領が生活体育論の集約として出されたこと，さらにはこれを受けてB型学習論として人間形成に関する実践が行われたことを述べる。

注25） 竹之下休蔵は自らの体育カリキュラムの研究に，ラポートのこの著書から多くを学んでいる。この経緯については第3章第1節第2項で触れる。

注26） 日本の教育における画一主義を個性軽視の悪しき平等主義とする批判は，設置当初からの臨時教育審議会の基本姿勢であった。すでに第2次答申（1986年・昭和61年）では，個性重視の原則に立って，生涯学習体系への移行を主軸とする教育システムの総合的な再編の必要性が提起されている。このような教育における画一主義批判は「個に応じた指導」を生み出し，「自己選択・自己責任」によって個性を育む教育が現場で行われていった。体育では，この「個に応じた指導」を授業論として体系化したのが「めあて学習」である。なお，「個性をはぐくむ教育」については次の文献を参照されたい。
参照：江川玫成ほか編（2005）最新 教育キーワード137. 時事通信社, pp.110-111.

注27） ただし，厳密にいえば，戦前の体育については，国民学校体錬科教授要項からみたということになる。

◎**参考文献**

1) 朝日新聞(2007)4月1日付朝刊.
2) Crum. B. (1992) Critical-Constructive Movemet Socialization Concept: Its Rational and Its Practical Conseuences, International Journal of Physical Education, 29(1): 9-17.
3) 江川玫成ほか編(2005)最新 教育キーワード137. 時事通信社.
4) グルーペほか:永島惇正ほか訳(2000)スポーツと教育―ドイツ・スポーツ教育学への誘い. ベースボール・マガジン社.
5) 井上一男(1970)学校体育制度史 増補版. 大修館書店.
6) 入江克己(1988)日本近代体育の思想構造. 明石書店.
7) 岩田靖(1997)紀南実践の特徴. 中村敏雄編 戦後体育実践論 第1巻 民主体育の探求. 創文企画, pp.141-154.
8) 経済審議会編(1963)経済発展における人的能力開発の課題と対策. 大蔵省印刷局.
9) 菊幸一(1997)神奈川大田小プランの特徴. 中村敏雄編 戦後体育実践論 第1巻 民主体育の探求. 創文企画, pp.109-122.
10) 木下秀明(1971)日本体育史研究序説―明治期における「体育」の概念形成に関する史的研究. 不昧堂出版, pp.154-157.
11) 岸野雄三ほか編(1986)新版 近代体育スポーツ年表. 大修館書店.
12) 高津勝(1997)生活体育の思想. 中村敏雄編 戦後体育実践論 第1巻 民主体育の探求. 創文企画, pp.97-108.
13) Krueger, M. (Hrsg.) (2003) Menschenbilder im Sport. K. Hofmann, Schorndf.
14) 前川峯雄(1973)戦後学校体育の研究. 不昧堂出版.
15) 前川峯夫・山川岩之助編(1977)改訂 小学校学習指導要領の展開 体育科編. 明治図書.
16) 文部省(1947)学校体育指導要綱. 東京書籍.
17) 文部省(1949)学習指導要領小学校体育編. 大日本図書.
18) 文部省(1951)中学校・高等学校学習指導要領保健体育科体育編. 大日本雄弁会講談社.
19) 文部省(1953)小学校学習指導要領体育科編. 明治図書.
20) 文部省(1956)高等学校学習指導要領保健体育科編. 教育図書.
21) 文部省(1958)小学校学習指導要領. 明治図書.
22) 文部省(1958)中学校学習指導要領. 大蔵省印刷局.
23) 文部省(1959)中学校保健体育指導書. 開隆堂出版.
24) 文部省(1962)高等学校学習指導要領解説保健体育編. 開隆堂出版.
25) 文部省(1972)高等学校学習指導要領解説保健体育編. 東山書房.
26) 文部省(1977)中学校学習指導要領. 大蔵省印刷局.
27) 文部省(1978)小学校指導書体育編. 東山書房.
28) 文部省(1978)高等学校学習指導要領. 大蔵省印刷局.
29) 文部省(1978)中学校指導書 保健体育編. 東山書房.
30) 文部省(1989)中学校指導書保健体育編. 大日本図書.
31) 文部省(1989)高等学校学習指導要領解説 保健体育編 体育編.東山書房.
32) 文部省(1990)小学校指導書体育編. 東山書房.

33) 文部省（1991）小学校体育指導資料 指導計画の作成と学習指導.東洋館出版社.
34) 文部省（1994）高等学校学習指導要領. 大蔵省印刷局.
35) 文部省（1995）小学校体育指導資料 新しい学力観に立つ体育科の授業の工夫.東洋館出版社.
36) 文部省（1999）小学校学習指導要領解説 体育編. 東山書房.
37) 文部省（1999）中学校学習指導要領解説 保健体育編. 東山書房.
38) 文部省（1999）高等学校学習指導要領解説 保健体育編 体育編.東山書房.
39) 文部科学省（2004）中学校学習指導要領解説 保健体育編（一部補訂）. 東山書房.
40) 文部科学省（2004）高等学校学習指導要領解説 保健体育編 体育編（一部補訂）. 東山書房.
41) 文部科学省（2004）小学校学習指導要領. 国立印刷局.
42) 文部科学省（2004）中学校学習指導要領. 国立印刷局.
43) 文部科学省（2004）高等学校学習指導要領. 国立印刷局.
44) 本村清人（2007）中教審の議論から体育のカリキュラムを構想する.体育科教育, 55（3）:14-17.
45) 中村紀久二（1991）文部省 学習指導書 第22巻. 大空社, p.1.
46) NASPE（1995）Moving into the future-national physical education standards: A guide to content and assessment. Mosby-Year Book.
47) NASPE（2004）Moving into the Future: National Standards for Physical Education. AAPERD.
48) 岡出美則（1993）21世紀の体育・スポーツを考える. 体育科教育, 41（14）:142-147.
49) 岡出美則（1997）ドイツにおける「スポーツの中の行為能力」論形成過程にみるスポーツの意味をめぐる論議. 体育学研究, 42（1）:1-18.
50) 奥田眞丈（2003）学習指導要領. 今野喜清ほか編 学校教育辞典, pp.88-89.
51) 大橋美勝（1978）戦後学校体育政策をめぐって－学習指導要領の変遷を中心に－. 日本体育学会 第29回大会号, p.600.
52) 佐伯聰夫（1981）楽しい体育の基本的な性格と授業の計画・実施について. つみかさね（全国体育学習研究会機関誌）第26回東京大会, pp.7-30.
53) 佐伯聰夫（1991）「楽しい体育」のこれまでとこれから再考. 体育科教育, 39（4）:14-17.
54) 佐伯聰夫（1997）揺れ動く体育の存立基盤 「体育」と「スポーツ」－その関係を探る－. 体育科教育, 45（11）:58-60.
55) 佐々木吉蔵・山川岩之助編（1977）改訂 中学校学習指導要領の展開 保健体育科編. 明治図書.
56) 白石裕ほか編（2005）2006年度版 必携学校小六法. 協同出版, p.43.
57) 高橋健夫（1989）新しい体育の授業研究. 大修館書店.
58) 高橋健夫（1997a）体育科の目的・目標論. 竹田清彦ほか編 体育科教育学の探究. 大修館書店, pp.17-40.
59) 高橋健夫（1997b）浦和の体育研究. 中村敏雄編 戦後体育実践論 第1巻 民主体育の探求. 創文企画, pp.123-139.
60) 竹之下休蔵・岸野雄三（1983）近代日本学校体育史. 日本図書センター.
61) 竹之下休蔵（1999）学習指導の転換と全国体育学習研究会の役割－全体研における保守と役割. 中村敏雄編 戦後体育実践論・資料編. 創文企画, pp.114-119.
62) 多々納秀雄（1990）所謂「楽しい体育」論の批判的検討. 九州大学健康科学センター. 健康科学, 12:73-86.

63) 友添秀則(1985)スポーツ教育の目標設定に関するメタ理論的研究. スポーツ教育学研究, 4(2):89-99.
64) 友添秀則(2002)体育科の目標論. 高橋健夫ほか編 体育科教育学入門. 大修館書店, pp.39-47.
65) 友添秀則(2004)学校体育のこれまでとこれから. 子どもと発育発達, 2(5):328-330.
66) 友添秀則(2007)体育・スポーツと人間形成-スポーツと身体教育に関する断章. 中村敏雄ほか編. 現代スポーツ評論, 第16号. 創文企画, pp.70-78.

第3章
戦後日本の体育における人間形成論の諸相

　前章では，体育の学習指導要領における人間形成内容の検討および分析を行った。その結果，生活体育の実践的成果を集約して出された53要領をピークに学習指導要領レベルでは体育における人間形成が後退してきたことについて明らかにした。しかし戦後の日本の体育実践を鳥瞰する時，確かに，体育の学習指導要領レベルでは人間形成に関わる内容は後退してきたとみることができるが，学校における現実の体育実践では，53要領が提起した体育の中での民主的人間形成を標榜した生活体育を実践レベルで展開した試みが起こった。この試みは，当初，53要領に直接関わった竹之下休蔵や竹之下同様に戦後の生活体育をリードした丹下保夫を中心に展開したが，占領政策下の新教育体制が終焉し，教育政策の大きな転換の中で体育における人間形成をめぐる問題は，生活体育から発展した「B型学習論」や「グループ学習論」の中で展開されるようになった。
　従来の先行研究では，B型学習論やグループ学習論については，研究レベルで触れられることはほとんどなく，まして体育という教科の本質と関わって，これらを人間形成という視点から考察したものは皆無であ

る。しかし，第2次世界大戦後，アメリカの新体育の導入以降，生活体育を経て，体育の民間教育研究団体が提起し，大きな影響力をもった体育における人間形成に関わる実践提案であるB型学習論やグループ学習論を分析，検討することは，体育における人間形成のあり方を考察していく上で必須の課題であろうと思われる。そこで第3章では第1節で，人間形成の視点からB型学習論の全貌を明確にしながら検討し，そこにどのような成果や課題があったのかを明らかにしていく。このB型学習論は，後述するように，1950年代中半の一時期，全国を席巻したが，その後大きな批判を伴って終息した。そしてこのB型学習論を発展的に引き継ぎ，学習集団そのものの教育的な意味が検討され具体的に体育の中で実践されたのがグループ学習論である。第2節では，全国体育学習研究会（以下,「全体研」と略す）と学校体育研究同志会（以下,「同志会」と略す）の中で醸成された体育における学習集団論を対象に，第1節と同様に，グループ学習論の全貌を明らかにするとともに，どのような成果や課題があったのかを抽出する。

　生活体育を志向する中で丹下は，体育の教科論として運動文化を批判的に継承，発展させていくことが体育という教科の本質であるとする運動文化論（注1）をまとめていくが，丹下の運動文化論を継承した同志会から，人間形成に関わる学習（注2）が提起されるようになる。具体的には「スポーツにおける主体者形成論」と呼ばれるものであるが，第3節では，第1節および第2節の考察をもとに，日本における人間形成的学習の系譜を明らかにしつつ，同志会の提起したスポーツにおける主体者形成論を明らかにする。

　一方，これらの体育の民間教育研究団体の実践や理論的提案とは別に，体育における人間形成に関する研究は個々の研究者によって断続的に行われてきた。例えば，序章で述べたように，特設道徳の設置や学習指導要領の法的拘束化に伴って，1960年代初頭から70年代初めにかけて，道徳教育との関係から体育における人間形成に関する議論が体育専門雑誌等で盛んに行われるようになった。その中にあって，同志会をはじめとする体育の民主的な民間教育研究団体に大きな影響を与え，かつ教育学を専門としながらも体育に多くの著作や発言を残してきた城丸章夫の体

育における人間形成研究を取り上げておく必要があろう。周知のように城丸は，教育学者として教育学のほぼ全分野にわたる領域を射程に据えて研究を行ってきたが，特に全国生活指導研究協議会（以下，「全生研」と略す）や教育科学研究会（以下，「教科研」と略す）等の民間教育研究団体に所属し，集団づくり，生活指導と民主的人格形成に関する一連の研究は体育の研究者や実践者に大きな影響を与えてきた。そこで第4節の第1項では，城丸の体育における代表的著作である『体育と人格形成－体育における民主主義の追及』（城丸, 1980）を対象に，城丸が提起した体育における人間形成論を批判的に検討する。一方，体育学の研究者の中からも，体育における人間形成のあり方を問題にした者がいた。東京帝国大学の倫理学科を卒業して長く東京大学の体育学の教授を勤めた水野忠文である。水野は主に体育史を自身の研究対象に設定し多くの研究業績を挙げたが，他方で倫理学という学問的基盤から体育における人間形成について問題提起をしている。第4節第2項では，水野が人間形成の方法論として提起した「克己体験主義」を中心に，水野のスポーツによる人間形成の可能性について論じた研究を対象に検討する。ここに挙げた城丸，水野の体育やスポーツにおける人間形成論は，時間軸でいえばおよそ4半世紀以上前のものである。近年の世界的な教育改革やそれに伴う学校体育改革は日本にも大きな影響を与えたが，日本の一連の教育改革に連動して起こった学校体育不要論に抗して，体育哲学領域から人間形成に視座をおいた研究提案がなされるようになった（注3）。そこで第4節の第3項では久保正秋の体育における人間形成に関する研究を取り上げ，その後，第4項では石垣健二の身体論をベースに体育における人間形成を論じた研究に分析を加える。久保の一連の研究は，体育哲学領域の研究にあって最も体系的に論じられており，また石垣の研究は，従来の体育における人間形成研究になかった身体論という新たなパースペクティブから人間形成が論じられており有効な知見が得られる。

　それでは，戦後日本の体育における人間形成論の諸論についてみていくことにしよう。

1 人間形成論としてのB型学習論

　「B型学習」という用語は，1953（昭和28）年の体育の学習指導要領（以下，「53要領」と略す）を契機として誕生したものであるが，昭和30年代前半以降，大きな批判を浴びながら消え，現在ではすでに死語となってしまっている。1950年代の中半にすでに「B型学習」は批判の渦中にあった。そのためか，自らの学習論を53要領に強力に反映させ，「このことばの発生に」（竹之下，1955, p.8）責任があると認めた竹之下休蔵が，昭和30年代初頭には，B型学習という用語が「どの程度一般化されているのか」（竹之下，1955, p.8）疑問があるし，「一般的に通用しない言葉は早くやめにして，もっと適当なことばを考えるべき」（竹之下，1955, p.8）であると述べるようになる。しかし竹之下が提唱し，53要領に取り上げられたB型学習は，現在では体育の主要な指導法となった「グループ学習」の母胎であるとともに，「B型学習論」という1つの学習論として，当時の全国の体育実践を席巻した。また後述するように「B型学習批判」やそれに続く「グループ学習対系統学習論争」（注4）の発端となったように，これ以降の体育という教科の本質を決定したり，体育における人間形成の意味を問う重要な論争の契機ともなったものである。

　後述するように，B型学習は竹之下の言葉に従えば，戦後の日本の体育の主要目標であった民主的人間形成を体育の授業の場で具体化するために考案された，いわゆる分団（グループ）学習のことである。そしてそれは，竹之下が主導した現場実践から導かれた成果に依拠したものであり，社会的な協力関係を育成することに重点をおくために，団体種目に適用される異質的成員によってなされる作業分担学習のことでもある。これまで考察してきたように，戦後の日本の体育は，連合国軍総司令部（GHQ）内の民間情報教育局（CIE）の強い指導の下，アメリカの新体育を受容し消化する中で始まった。そして終戦直後の混乱期を通してさまざまな試行錯誤を経る中で，ようやくたどりついた先が「生活体育」であった。このB型学習論は，ある意味では生活体育の集約といえるものであろう。

当時の大勢は当初，このＢ型学習論に対して，一定の評価を与えたが，竹之下がＢ型学習を主に団体的種目の「指導法」と限定した点において，あるいはまた，実際にこの学習論を適用した学校現場の混乱によってＢ型学習批判が提起されるようになる。
　Ｂ型学習論は，一面では戦前の体育にみられることがなかった，体育が担う最終的な目的を民主的人間形成であると規定し，社会性育成の方法論として画期的・革新的象徴でもあったが，他面では，団体種目の指導法という限定にみられるように，教材を直接の学習対象とした戦前体育の残滓をなおとどめた妥協の産物でもあったとみることができる。
　第１節では，戦後の体育実践の中で，人間形成的視点からみたＢ型学習論の成果と課題とを明らかにする。

(1) 体育の転換と民主的人間形成

　終戦の３ヵ月後に各地方長官宛てに出された「終戦ニ伴ウ體錬科教授要項（目）取扱ニ関スル件」は，「體操及遊技中」から武道教材ならびに教練教材を削除し，授業を「劃一的指導ニ堕スルコトナク克ク兒童ノ自然的要求ヲ考慮シ…（中略）…特ニ明朗闊達ノ気象ヲ振起セシムル」(学校体育研究同好会編, 1949) よう行うことを各学校に要請する。しかし，「身體ヲ鍛錬シ精神ヲ錬磨シテ闊達剛健ナル心身ヲ育成シ…（中略）…皇國民トシテ必要ナル基礎的能力ノ練磨育成ニ力」(井上, 1970) めることこそが，体育に課せられた使命であると信じ実践を行ってきた当時の多くの教師にとっては，この要請を受け入れることは難しかったと推察できる。現実には空襲によって，多くの体育施設を消失し，食糧増産のために運動場を畑に変え，栄養失調状態の子ども達を眼前にすれば，そしてまた同時に，戦前の体育授業を支えた「命令，号令，行進，指示」を禁止される(注5) 状況下では，占領軍の監視を懸念しつつも(注6)，なお戦前型の画一的な体育授業を行うか，あるいはまた，自発性尊重の名の下で放任的な授業を行うかしかできなかったと思われる。
　このような体育授業成立の基本的要件も確保できない中で，1946（昭和21）年４月に民主的教育を基盤とした戦後教育の方向性を規定することになる，アメリカ教育使節団報告書が出される。戦後の学校体育は，

この「報告書」を受けて国民学校（小学校）から大学までの体育関係者を召集して作られた「学校体育研究委員会」の答申を原案とした「学校体育指導要綱〈1947（昭和22）年6月発行〉（以下,「47要綱」と略す）から始まる。この47要綱は先述したように，体育を「運動と衛生の実践を通して人間性の発展を企図する教育」(47要綱, p.2)であると規定し，従来の体育の理論的基盤であった「身体の教育」からアメリカ体育に倣った「運動による教育（education through physical activities）」への大幅な理念的転換をはかる。このようにアメリカの1920年代以降主流となった，デューイ流の経験主義教育を基盤とした「新体育」を全面的に受容したこの要綱は，第2章で述べたように，体育を民主的人間の形成を実現するための方法領域と捉え，体育の目標・内容のみならず，実践レベルにおいてもさまざまな点で，従来の体育を180度転換させるようになる。

具体的には，前述した終戦に伴って通達された各種の通牒および47要綱によって，体育においても皇国民錬成に代えて，民主的人間を形成するために，目標レベルでは身体的発達とともに，主要目標として社会的性格（民主的人間関係）の育成を挙げるようになる。また学習内容・教材（注7）では，徒手体操・武道・教練に代えて，遊戯・スポーツが設定される。

47要綱に先立って出された「学習指導要領　一般編」〈1947（昭和）22年3月発行〉が，当時のアメリカ教育の主流であった経験主義教育の立場に沿って書かれたために，体育授業の方法レベルでも，徹底して経験主義教育の方法を踏襲していくことになる。カリキュラムでは，それまでの注入主義による教科カリキュラムが影を潜め，問題解決学習を基盤とした経験カリキュラムが全面に押し出される。このようなカリキュラムの転換は，学習者の現実生活から遊離した教材中心の単元から，学習者を取り巻く現実（地域）の生活の変革や改善に焦点をあてた生活単元への変更でもあった。しかし，カリキュラムという用語が，「当時は理解困難な外国語」(香川県教育委員会編, 1970)としてしか認識できない状況下では，この頃，一般教育学で盛んに翻訳・出版されたカリキュラム論も，特に体育にあっては，それらが単なる理論的主張という理解の域を決して出るものではなく，したがってまた体育における具体的な実践

に結びつくものとはならなかったと思われる。

　指導法では，それまでの教師中心の指導法が，教師は援助者となり児童中心に置き変わるようになる。命令・号令による画一的，形式的一斉指導は禁止され，自主性，自発性を尊重した能力別の班別学習（注8）が推奨される（表3-1参照）。

　このような体育授業の目標，内容，方法レベルでのコペルニクス的転換（注9）は，一方では前述した体育授業の放任化に一層の拍車をかけ，また他方では逆に，47「要綱の示唆」（竹之下・岸野，1983，p.269）を忠実に受け入れながら，まったく新しい教育理念に基づいた先駆的体育実践が，未熟ではあっても全国に現われてくるようになる（注10）。

　しかし，このような体育の劇的な転換は，超国家主義ないしは軍国主義に全面的に貢献した戦前体育の徹底した反省に立って，あるいはアメリカ体育の徹底した批判的検討を経てなされたとみることはできず，換言すれば，徹底した新旧の体育の思想的対決を経てなされたとは言い難いように思われる。つまり戦前の体育が軍国主義的・超国家主義的性格を担ったということに対する反省がなされたのか否かというレベルの問題としてではなく，戦前体育がそうならざるを得なかった体育の目的・内容・方法を一貫する体育でめざすべき人間像や体育の思想そのものの考察やその否定が真になされたかどうか疑わしいように思われる。というのも，アメリカ体育の全面的な受容においては，かつて夏目漱石が明治時代の外国からの文化受容に際して嘆いたのと同じように，敗戦によって「急に自己本位の能力を失って外から無理押しに押されて否応なしに其云ふ通りにしなければ立ち行かないという有様になった」（夏目，1966）という構造があったと思われるからである（注11）。まして米軍占領下にあって，しかも総司令部の暗黙の強制の下ではなおのこと，事態はアメリカ体育の全面的な受容に傾かざるを得ず，この時期以降の体育も，しばらくの間は，アメリカ体育の模倣を超えるものではなかった。またこの時期以降，戦後の体育を主導した前川峯雄，竹之下休蔵，丹下保夫らの理論的指導者のこの頃の著述も，生硬な翻訳調を決して脱するものではなかったように思われる。

　そして，この時期の体育の要綱や「指導要領，一般編」（注12）は，

表3-1 戦前と終戦後の学校体育の比較

事項	戦前の学校体育 (国民学校體錬科教授要綱) 1942(昭和17)年参照	終戦後の学校体育 (学校体育指導要綱) 1947(昭和22)年参照
めざすべき人間形成像 (教育の一般目標)	皇国民錬成	民主的人間形成
体育の目標	・規律節制の涵養 ・堅忍持久の涵養 ・質実剛健の涵養 ・服従精神の涵養	・身体的発達の促進 ・社会的態度の形成 　(主要目標)
主要教材	徒手体操・武道・教練教材	遊戯・スポーツ
方法	・教師中心 ・画一的・形式的一斉指導 ・教材中心単元 ・注入主義	・児童中心(教師は援助者) ・自主性・自発性尊重の指導(命令・号令の禁止) ・生活単元と教材単元の併用(ただし，生活単元が主) ・問題解決学習
体育カリキュラム	・典型的な教材(教科)カリキュラムに基づく体育 ・カリキュラムの自主編成権なし	・相関(経験)カリキュラムに基づく体育 ・カリキュラムの自主編成権の保証
「要項」および 「要綱」の性格	本要目に基づくこと(国家的統制)	参考資料(試案)
教育行政ならびに 体育行政の性格	・教育(体育)行政は強権的中央集権に基づく ・官僚統制的体育行政	・教育(体育)行政は民権的地方分権に基づく ・民権的体育行政

「民主的な国民を育てあげて行」(前川編, 1973) くために,「児童の要求と社会の要求とに応じて…(中略)…教科課程 (注13) を」「教師自身が自分で研究して行く」(前川編, 1973) ことを求めたために, 教科の目標・内容・方法の転換をどのように具体的にカリキュラム編成に活かすかが学校現場の主要関心事となっていく。体育でも, 他教科にやや遅れながらも, そして先行した他教科の影響を多分に受けながら, カリキュラム編成を主要課題としたカリキュラム・ブームが巻き起こってくるようになる。

(2) カリキュラム研究とB型学習論の誕生

戦前の統制的国家基準としての「学校体操教授要目」(以下,「要目」と略す) や上述した「国民学校体錬科教授要項」(以下,「要項」と略す) から,「手びき」として書かれた47要綱への転換は, カリキュラム編成権の教師への全面委譲でもあった。またこのことは, 旧要目・要項下での特定のイデオロギー伝達媒体としての教師の在り方そのものの変更を求めることでもあった。しかし, カリキュラムの自主編成を迫られたところで, それを支える理論的, 実践的蓄積の欠如の中にあっては, 当時の大方の教師達には, 現実には何もなすすべがなかったであろうと推察される。

このような状況の中で, すでにこの頃, 1947 (昭和22) 年の学習指導要領 (一般編) や戦後数多く紹介されたアメリカのカリキュラム論の影響を受け, 他教科ではコア・カリキュラムが一大ブームを巻き起こすが, 体育でも前川, 竹之下, 丹下らによって, 体育のカリキュラム改造の理論的研究が始まるようになる。当時のコア・カリキュラム論は, まず学習の核 (コア) を現実の生活が負っている前近代性, 非民主性, 非科学性に起因する歴史的諸課題の中に求める。そしてこれらの諸課題を学習者の発達過程との関連から,「問題解決」という方法原理を用いることによって, 民主的社会の建設をなす実践人を育成し, かつ形成しようとしたものである。したがって, コア・カリキュラムでは, 現実生活に直結する課題を解決するための「中心学習」(主に社会科) が何よりも優先され, 伝統的な教科は打破されるが, 体育は中心学習に貢献する「周辺学習」ないしは「基礎学習」として位置づくことになる。そして, 前述

した前川，丹下，竹之下らのカリキュラム研究における関心も，まさに体育がコア・カリキュラムの中で，どのように位置づくべきかにあったといえる。

竹之下は上記の問題意識に支えられながら，1949（昭和24）年に経験主義のコア・カリキュラムに立つアメリカのロサンゼルス，ミズリー，バージニア各州の体育カリキュラムや51要領に全面的に取り入れられることになったラポートの研究（Laporte, 1938）に学んで『体育のカリキュラム』（竹之下，1949a）を出版する。そして，前年（1948年）の10月に結成されたコア・カリキュラム連盟（1953年6月に「日本生活教育連盟」と改称）の機関誌「カリキュラム」や創刊後間もない「学校体育」誌に自らの著書と同名の論述（注14）を発表する。これらの著作や論述では一貫して，体育が身体活動という学習活動の特殊性から座学を主とする中心学習にはなじまず，したがって，中心学習に位置づく健康教育（保健）とは分離すべきてあること，そして体育はコア・カリキュラムとは独立に考えられるべきであって，中心学習とは独立して子どもの日常生活での遊びに直結した，体育独自のコア・カリキュラム（生活単元）が考えられるべきであることを主張する。

一方，丹下らも竹之下同様，アメリカ体育に学びつつ，そしてかなりの部分で翻訳調を脱しきれない著書（前川・丹下，1949a, 1949b）の中で，竹之下がとった研究方法論とは異なり，戦前の日本の要目に規定された体育カリキュラムを批判的に総括する。そして「生活の母體や，基盤を常に尊重し，この生活基盤から出発し，再びこの基盤にもどる」（前川・丹下，1949a, pp.82-83）生活体育に基づく体育のカリキュラムを提起する。

まだこの時点では，B型学習論以降，教科論をめぐって大きな見解の相違をみせ，それぞれ異なる民間研究団体を創設することになる（注15）両者の間には，大きな違いはほとんどみられない。実際にはこの後，両者は昭和20年代半ば以降に始まる，占領政策の大きな転換の受けとめ方をめぐって，教科の本質について大きな見解の相違をみせるようになる。しかしまだこの時点では，両者には教育の一般目標である民主的人間形成を受けて，体育で担うべき方法的回答を「生活体育」に求めるという共通性があるように考えられる。ここでみられる両者に共通する生活体

育論の特徴は，子どもの日常の運動生活改善のために，運動会や校内競技会などの体育的行事を主要単元（行事単元）に設定し，正課時と自由時の連携の下で，生活と教育の結合をはかろうとしたものであるといえよう。

　竹之下も丹下も，アメリカ体育に学び，各自の理論的枠組みを固めた体育カリキュラム（経験カリキュラムに基づいた生活体育）の実践ベースでの妥当性の検証を目的として，1949（昭和24）・1950（昭和25）年頃から，竹之下は神奈川県大田小学校で，また丹下は茨城県太田小学校で，それぞれの実践研究を始める。しかしすでにこの頃，東西冷戦の激化や朝鮮戦争の勃発に端を発して，教員のレッドパージ，「警察予備隊令」の公布，文部省による国旗掲揚・君が代斉唱の通達，天野文相の修身科復活・国民実践要領の必要性の表明等にみられるように，アメリカの対日占領政策の転換に伴い教育の「逆コース」が始まっている。具体的には，それぞれ批判の論点は異なるが，革新・保守両陣営からの戦後新教育への批判や頻発する青少年の非行問題を受けて，それまでのコア・カリキュラムが禁止され，生活指導に主眼をおいた「ガイダンス」が強調されるようになる。

　竹之下は，子ども達の運動遊びが正課時の授業と関わりなく，「年上の子がいじめるとか，規則やきまりを守ってくれないとか…（中略）…対社会的の面」（神奈川縣中郡大田小学校, 1952, p.69）に多くの問題を抱えた大田小学校の自由時の活動を眼前にして，「この現実をつくりかえ」（竹之下, 1955, p.12），問題を解決するには「どうしてもグループ学習による経験が必要」と考え，「同校においてもはじめの間は風変りであると言って歓迎されなかった」（竹之下, 1955, p.12）B型学習の原型を行事単元（運動会・校内球技大会）で構成される授業に導入する。先述したように，竹之下は元来，体育では純粋な形でのコア・カリキュラムは無理であると考え，「運動技術の完成を目標」（竹之下, 1949c, p.18）としながら個人の身体的発達を重視し，生活単元と教材単元の調和を考えていた。子どもたちの人間関係を改善し民主的人間関係を確立するために，大田小学校の実践では，一方ではB型学習の原型（異質の構成員による小集団学習）を導入した生活単元を用いながら，他方では教材単元も併用している。具

体的には，小学校1・2年生の低学年では主に教材単元を，3年生以外の中・高学年になると「運動会」などの行事を中心とした生活単元をとり，教材単元と生活単元の学年進行による融合化をすでに試みている(注16)。

このように異質の小集団を構成し，集団機能を有効に活用しながら，戦後体育の主要目標となった民主的人間形成に関わる課題を，正課時のみならずホームルーム，学級児童会などを活用しながら問題解決法を用いて果たそうとする考えは，何もこの時期の竹之下ひとりに特徴的なものではない。このような考えは，丹下にも，あるいは奈良で体育の小集団研究に着手しだした浅井浅一(注17)にも共通にみられるものである。しかし，確かに社会心理学的立場で，竹之下や丹下ほど教科論の構築を志向しなかった浅井を除くとしても，将来の社会の主体的な変革者を形成するために，どこまでも生活単元（生活体育）にこだわり始めた丹下と生活単元と教材単元を併用した竹之下では，次の点で決定的に異なるものがあると思われる。丹下が子どもの生活を戦後の悲惨な日本社会の現実の中で，子どもを取り巻く生々しい現実に求めたのに対し，竹之下はあくまで子どもの日常の遊びや運動生活に関連するものに限定したことである。したがってこのような「生活」概念と問題意識の相違は，それぞれの実験校での実践の様相を異にさせ，研究成果の相違を生むようになる。また両者の教科論（教科目標）や体育における人間形成像のこのような立脚点での相違は，後述するように，B型学習論をめぐって，後に本格的に対立する要因にもなっていく。

カリキュラムからガイダンスへの強調点の変更を，教科を通しての「生活指導」の必要性と受けとめ，教科指導における人間関係の改善を意図して大田小学校に適用した小集団学習は，竹之下の言葉によれば，その効果が多大の成果につながり，「身体的発達〜特に運動能力や技能〜によい結果」(竹之下, 1955, p.13)をもたらしたことによって，大田小学校での実践成果がいわゆるB型学習として全面的に53要領に導入されていく。

(3) B型学習論とその批判

　戦後体育の人間形成像や目標・内容（教材）が変わり，その変化に対応して新しい体育カリキュラムが前述したように構想され，竹之下や丹下らによって実践が積み上げられる頃，体育の中心問題も徐々にカリキュラム研究から指導法研究に移行する（注18）。戦前の古い人間形成像や目標・内容には古い指導法が対応するが，新しい人間形成像や目標・内容が確定した以上，それに対応する新しい指導法が是非とも必要であると竹之下は考える（竹之下，1955, p.10-11）。このような意味では，竹之下が大田小学校での実践研究の成果として考案した異質構成員による小集団学習こそ，体育が新しくめざすことになった人間像（民主的人間）や目標・内容に対応する「新しい指導法」であったと思われる。

　このような体育の理論レベルでの「カリキュラム」から「指導法」への関心領域の変更は，カリキュラム研究もまだ実践的には不十分だと考える前川によって強い批判を浴びることになるが（前川，1950），現実には一方では「まだ，教師中心の一斉指導が広く行われ」（竹之下・岸野，1983, p.295），他方では「試案」の要領下での日々の実践の根幹となる指導法に大きな悩みを抱える学校現場では，新しい指導法が待望される。このような中，後にB型学習と呼ばれる学習指導法を提起した53要領が出されることになる。

　「生活へのつながりを考慮」（53要領，まえがき，p.2）し，「教材を教師の立場で完結した体系として与えるよりも，児童の生活に関した現実の問題を解決することに其の重点を」（53要領，まえがき，p.2）置き編集された53要領は，体育科を「全体としての教育のさまざまな目標にわたって貢献しようという立場」（53要領，まえがき，p.1）に位置づけたことに端的にみられるように，典型的な経験カリキュラム（生活体育）の方向をとっている。しかしまた他方で，この要領は「経験単元と生活単元の区別がふつうに考えられているが，単独の教科でいわゆる（生活—筆者加筆）単元（注19）を考えることは難しい」（53要領，p.30）ので，実際の指導にあたっては「単元的なものといわゆる教材を区別して考えることが適当であろう」（53要領，p.30）と示唆する。このような意味では53要領も，経験カ

リキュラムに基づく戦後教育の主張を引き継ぎながらも，当時の新教育批判の教育思潮を大きく反映し，教科カリキュラムと経験カリキュラムの併用をねらったものであると考えられる。またこのことは同時に，体育という教科が，他教科との関連や教科時のみならず，自由時や教科外活動（クラブ活動や児童会）との連携を重視する「相関カリキュラム」（竹之下, 1949c, p.16）の立場に引き続き立つことを意味したものでもある。

53要領の作成委員として加わった竹之下は，大田小学校での実践成果を要領に大きく反映させる。そしてそこでは，従来の要領では明確にされなかった体育の目標・内容（教材）・方法（指導法）の一貫性が強く打ち出される。表3-2に示すように，まず目標として（A）身体的目標，（B）民主的態度の目標，（C）レクリエーション的目標の3つを設定し，それぞれの目標を達成しようとする観点から，教材，指導法，学習場面を3つの類型に分け，学習指導の3つの構造的結合を強調する。

（A）の身体的目標を達成するには，個人の身体的発達と「運動技術の学習が最も重要な点」（53要領, p.65）となり，教材は個人種目を用い，主に教科時において「比較的同じ能力のもので構成せられる分団の学習」（竹之下, 1955, p.9）で，教師中心の一斉指導による指導法が選ばれる。そ

表3-2　1953（昭和28）年　小学校学習指導要領（体育科編）の3類型

〈文献88〉から筆者が作成

目標	教材	指導法	学習場面
（A）身体的目標	個人種目	教師中心の一斉指導または等質グループの一斉指導	教科時
（B）民主的態度の目標	団体種目	異質グループによる問題解決学習	行事単元
（C）レクリエーション的目標	レクリエーション的種目（未組織的種目）	教師中心またはグループの学習（主として児童中心）	自由時（日常生活）

して，この「A型学習」では，当該の教材が「各児童の学習能にたえられるかどうかを知ることが必要であり，それに応じて，運動に対する難易の度」(53要領, p.65) を配慮するいわゆる教材単元がとられる。

(B) の戦後体育の主要目標となった民主的人間形成に関わる民主的態度の目標達成には，学習者が「『仲間意識』をもつような場を構成し，集団として組織的な活動に参加させる」(53要領, p.66) ことが必要であり，そのためには教科時と教科外活動を連携させ，球技などの団体的種目を教材に，異質的成員によってつくられる作業分担的な分団学習が指導法として用いられる。この「B型学習」は上記のA型学習と対比していえば，目標の達成場面として子どもの教科時を超えた学習場面（体育的行事場面や自由時）を想定することによって，両者の結合によって，学習者の社会的相互作用経験を重視した生活単元をとる。

(C) は自由時や日常生活での未組織な遊びを，適宜，上記A，Bの指導法を用いることによって，レクリエーションとしての健全な遊びに組織化しようとするものであり，後に「C型学習」と呼ばれるものである。しかし，C型学習は，当初からA，Bの「副次的なもの」(53要領, p.31) と考えられた性格上，この後，ほとんど議論の俎上にのせられることはない。

このように53要領は，竹之下が大田小学校で学年進行による教材単元と生活単元の融合化を試みたものとは異なり，目標によって運動の構造的特性を分類し，当初から教材単元と生活単元を分けたものである。丹下は，この要領を民主的人間形成の具体的目標としての社会性育成の方法論を明示したという意味で，「戦後の新体育，民主体育が日本の現状の中にようやく根をおろした理論と実践の結晶」(丹下, 1964) (注20) と高く評価するようになる。

当初，53要領を評価した丹下も，B型学習論が全国の学校現場を席巻するにつけ，B型学習を柱とした53要領に批判的になる。その批判の要点は，第1に，要領では目標による教材の分類が行われているが，団体的種目のみによって社会性の育成が行われるものではないということ。第2に，種目を中心としてグループを構成するのではなく，「問題」それ自体によってグループを作るべきであるというものである（丹下,

1955)。このような批判の背後には，前述したように，体育が担うべき課題の基体となる「生活」を，あくまで「運動生活」に限定する竹之下と，より広義な「現実生活」に求める丹下の違いが看取できるように思われる。したがって丹下にとっては，B型学習の前になぜ体育で民主的人間を形成したり，民主的態度を育成しなければならないのか，本研究の問題意識に沿って言い換えれば，なぜ体育で人間形成的学習が行われなければならないのか，それこそがまず問われるべきであるとの強い思いがあったと推察できる。そして「現実的社会が非民主的な状態」(丹下，1955，p.18)であるからこそ，「子ども達に新しい社会形成者の資質として民主的態度が要求され」(丹下，1955，p.18)ると考えた丹下は，「このような社会的要求と子どもの要求の両面から…（中略）…具体的な指導内容，学習内容が決定されなければなら」ず，「B型指導のように教材でつかまえたり，教材で指導されるというように考えることは一応差し控える必要がある」(丹下，1955，p.18)と批判する。このような批判をもとに，体育における民主的人間形成という課題や社会性の育成が「指導法」のレベルに決して還元されるものではなく，どこまでも「現実生活」の問題解決に主眼をおいた生活単元においてこそ可能であるとする丹下は，自身の1954（昭和29）年から始めた「浦和の体育実践」(**注21**)に一層邁進するようになる。

　他方，B型学習論に席巻された学校現場でも，丹下とほぼ同様の批判が実践に基づいて提起されるようになる。その批判の要点は，「ある教材を（B）として区分しても，実際授業を進めていく上に（A）の段階として取扱う場合もあれば，（C）の段階として取扱う場合もある」(山崎，1954，p.49)というように，目標に沿った教材区分では授業の運用上，大きな混乱を来すというものである。

　このような丹下保夫にみられる純粋に生活体育を志向する立場からの批判や具体的な実践上の批判に加えて，体育の系統主義に立つ批判もB型学習に強烈に加えられる。この時期，先述したように，占領軍の対日占領政策の変更とともに，さらに日本の独立以降，新教育の見直しが一般教育学でも一層推進され，実践の理論的基盤が経験主義から系統主義へ大きく傾くことになる。体育ではこの主張が，戦後初のヘルシンキ・

オリンピックの惨敗を契機として，あるいはまた徹底して経験主義に立とうとする生活体育の反動として，学習者の身体的発達や運動技術の向上を最重要視する系統主義の立場となって現われる。この立場は，体育の主要目標を民主的人間形成や民主的・社会的態度の育成におくのではなく，身体発達や運動技術の獲得に代表される身体的目標におくことを主張する。したがって，民主的・社会的性格の育成を第一義におく生活体育やB型学習を，話し合いや討議に時間をかけすぎるため運動技術を系統的に学習できない非能率な学習として強く批判する（笠井, 1954）。

このようなさまざまなレベルでのB型学習批判を前に，かつて戦後教育の「逆コースへの安易な動きを警戒したい」（竹之下, 1952, p.16）と語った竹之下も，B型学習論の修正のために1954（昭和29）年から始めた川崎市や静岡県での実践研究を通して，生活体育の集約として民主的人間形成を大きく受けとめたB型学習論を変質させていくことになる。

(4) 人間形成とB型学習論の課題

全国グループ学習研究会創立時のメンバーである松田岩男，宇土正彦らとともに，前述の川崎市や静岡県での実践成果を日本体育学会に発表し（注22），同時にまた，系統主義からの生活体育批判が日増しに強くなる頃，実践成果をもとに竹之下は，体育の学習法をかつて「A・B・C型の3つに区別して考えた時期があった」が，B型（異質グループ学習）を「個人的種目，団体的種目にも用いてよい」と考えるようになったと語る（注23）。そこではかつての団体的種目に適用された異質構成員による分団学習（B型学習）は，「教材単元にも，行事単元にも用いられる」（竹之下・岸野, 1983, p.297）べきであるから，「カリキュラム構成を行事単元中心で行う必要」（竹之下・岸野, 1983, p.297）などなく，系統主義に立った教材単元中心の有効な指導法として，「グループ学習」という新たな名称で提案されることになる。

このように「B型学習」から「グループ学習」への名称の変更は，たとえ竹之下が指導法としての異質集団による学習法の優秀性が立証された結果だと述べたとしても，その意図するところは単なる名称の変更だけにとどまるものではない。その背後には，第2節で考察するように，

一方では教育の逆コースの流れを受けとめ，教育行政が国家統制の色彩を加えつつ中央集権化されていく中で，教科の本質に「身体的発達」と「運動技術の獲得・向上」という系統主義の主張を全面的に受け入れたことがある。したがって他方で，この「グループ学習」への名称変更は，それまでのB型学習下での教師と子どもによる「学習や活動の共同計画」（竹之下，1955，p.13）を前提に，問題解決としての討議法（学習者の話し合い）を重視する立場（竹之下，1952，pp.12-16）から，「子どもを計画の立案に参加させることは否定しないが（グループ学習の—筆者加筆）基本的立場としては子どもに計画を立てさせるのではなく教師の計画を子どもに移すことから学習指導を出発させる」（竹之下・岸野，1983，p.298）立場への変更も含んでいる。ここには，かつて教育の逆コースへの動きを警戒したいと述べ，自由時を含む体育の問題は「社会的性質のものが大部分」（竹之下，1952，p.16）であると取り引き，民主的人間形成や社会的態度の育成のために，授業やあるいは授業を超えた場面で，子どもの主体性や自主性を尊重することが何よりも重要であると考えた竹之下自身の体育観あるいは教科観の変化が明らかに読み取れる。

　この後，B型学習から発生したグループ学習論は，後述するように，1958（昭和33）年に実施される要領の国家基準化や教員の勤務評定実施に代表される教育の反動化政策の中で，教材単元を主にした系統主義の立場に立つ体育の実施とともに，あくまで1つの「指導法」として学校現場では定着していくことになる。と同時に，グループ学習論は全体研や同志会という民間教育研究団体の研究活動の中で，それぞれの団体の中で体育という教科の本質との関わりで発展していくことになる。

　ここではB型学習論の誕生の契機，およびその内容，そして批判の中で，本来人間形成を志向して誕生した学習論が，「指導法」として引き取られていく過程について明らかにしてきた。ここでみてきたようにB型学習論は，終戦後の混乱の中で，ともかくもアメリカ体育を模倣しながら，当時の日本の社会的課題の解決者の育成や，生活現実の変革の担い手の育成という課題を，体育という教科で真摯に受けとめ，民主的人間を形成することによって果たそうと考案された学習論でもあった。そういう意味ではB型学習論は画期をなすものであると同時に，戦後体育

の革新性を象徴するものでもあったと考えられる。

　しかし，もちろん当時の体育や教育をめぐる政治状況や体育の研究水準の未熟さを考慮に入れなければならないが，Ｂ型学習論の問題性は何よりも，竹之下や丹下の指摘を待つまでもなく，指導法と教材の結びつきを狭く固定的に考えたことにあった。だからこそ，民主的人間の形成を志向した学習論が，あくまで指導法の問題に還元されてしまうことになってしまったと思われる。と同時に，Ｂ型学習が設定した民主的人間という人間像が，教育の一般目標からそのままスライドしたものであったために，いきおい抽象的となり，したがって人間形成的学習を成立させる具体的な教授方略を生み出すことを困難にさせ，人間形成を実現するための教科論として発展することを阻害したように思われる。それは，Ｂ型学習論が教育の反動化政策の流れの中で，この学習論の根幹を支えた理念そのものをも急速に変質・衰退させていった歴史的事実が物語っているように考えられよう。

　では，ここでみたＢ型学習論の成果を引き取りながら，全体研と同志会という体育の民間教育研究団体の中で醸成された体育における学習集団論を対象に，教育の反動化政策や国家基準となった58要領の登場の中で，人間形成的学習を志向した体育の学習集団論であるグループ学習論がどのように生み出され，どのような成果や課題がもたらされたのかを抽出，検討する。

2 ｜ 体育の学習集団論にみる人間形成の試み

　一般に学習集団は，学習指導の効率化をはかることを目的に，学級をいくつかの小集団に分けた教授単位ないしは学習形態をさすといわれる。しかし，1950年代以降展開された，先にみた「Ｂ型学習（論）」やこれからみる「グループ学習（論）」等の体育における学習集団（論）は，ある時期には体育の中心的な問題として教科内容や教科目標との関連から盛んに論議が展開されたり，また，体育における人間形成のあり方と直接関連して議論されたり，さらに学習集団への取り組みが後の体育の

民間教育研究団体の誕生の契機となったりするなど，単に学習効率をはかるための学習形態（論）にとどまらない独自の意味をもっていた。

　確かに，学級をいくつかの小集団に分節し，学習効率をはかるという点では，戦前の学校体操教授要目下でも「分団学習」が存在したし，また，戦後の47要綱や1949年の小学校学習指導要領（49要領），1951年の中・高校要領（51要領）にも「班別指導」が「学習指導法」として取り上げられている。しかし，ここでの分団学習や班別指導は，体力の向上や技能習熟の効率化をはかるために，任意もしくは能力別（等質）の集団をその都度編成し，一斉指導ないし個別指導の補助的な手段として例示されたものであって，人間形成的学習を志向したものではないし，また教科としての体育の本質をめぐる論議を基盤にしたものでもないと考えられる。

　これに対し，1953年の要領（53要領）を端緒とし，1950年代半ばを前後して，「B型学習」や「グループ学習（論）」として展開された体育の学習集団論は，他教科の学習集団論がグループ・ダイナミクスに基づくアメリカの小集団研究やマカレンコに代表されるソ連・中共の特定のイデオロギーを内含した集団主義教育論の成果を受容して展開したものであるのに対し，それらの理論を受容したコア・カリキュラム連盟の集団論に影響されながら，戦後劇的な転換を遂げた体育の人間形成的目標（民主的態度の目標，53要領）や問題解決学習という学習方法論との関連から，あるいはコア・カリキュラムを理論的基盤とした「生活体育」との関連から，丹下保夫や竹之下休蔵らの先駆的な研究者を中心とした実践研究によって生み出されたものである。したがって，当時の学習集団論では学習形態論を超えて，体育ではどのような人間を形成すべきか，あるいは体育では何を教えるべきかといった体育の本質論や教科論が盛んに論議された。

　第2節では，B型学習論の終息とともに，体育の民間教育研究団体で展開されたグループ学習論を明らかにし，これを人間形成的視点から検討する（注24）。

(1) グループ学習論争と同志会（丹下保夫）およびる全体研（竹之下休蔵）のグループ学習論

　丹下が53要領に不満をおぼえ，歴史的・社会的生活課題の追求とその解決を可能にする生活体育のカリキュラムを求めて浦和市での実践研究に着手した頃，竹之下も53要領で示した，民主的目標の達成と団体種目に限定したＢ型学習によるグループ学習の新たな可能性を求めて，1954年から56年にわたって川崎市および静岡県韮山での実践研究に着手する。

　両者がグループ学習や生活体育に対してそれぞれ異なるスタンスをもちながら，新たな実践研究に向かう頃を起点として，そしてまた両者の実践研究の進展と平行して，先述したように，Ｂ型学習批判とそれが発展したグループ学習論争が起こるようになる。そして，グループ学習論争がグループ学習批判という形をとりながらも，実際には戦後の「生活体育」批判であったことと関連して，丹下はグループ学習（生活体育）批判の反批判を試みながら，また逆に竹之下は生活体育批判に同調しながら，それぞれの実践研究を遂行する。そして，グループ学習批判が終息する1960年頃には，両者ともそれぞれにグループ学習批判の論点を取り込み発展させながら，まったく異なるグループ学習論を形成していく。

　直接的には53要領批判として提起されたＢ型学習批判は，「技能のための指導法と人間関係のための指導法」である「Ａ・Ｂ型学習の区別，または個人的種目には等質グループで，団体的種目には異質グループでという区別」（竹之下・岸野，1983，p.297）の妥当性に向けられたものであった。そして，1955（昭和30）年頃からはそれまでの一般教育学における児童中心の問題解決学習を基盤とした経験主義に立つ「新教育」批判とも重なり，体育では系統主義の立場からの「生活体育」を俎上にのせたグループ学習批判がみられるようになる。

　丹下がいうように「昭和32年，33年ころにもっとも活発に行なわれた」（丹下，1964，p.21）グループ学習批判の「論議の中心は，グループづくりをめぐっての等質グループがよいか異質グループがよいかという問題，グループ学習は方法か内容かという問題，（グループ学習と－筆者加筆）一

斉指導・班別指導・系統学習との相違はどこにあり，教材や目標との関係はどうか，さらには集団の凝集性・排他性をどう考えたらよいか，リーダーの機能は，グループはいつ解体するのか，などなどで極めて多様であった」(中村, 1964, p.49)。しかし，笠井恵雄 (1957, pp.9-10) も指摘するように，論争の核心は「系統学習」と「グループ学習」の対立ではなく，運動技術の獲得を第一とする系統主義に立った「系統学習」と児童中心の問題解決学習を重視する経験主義に立った「生活体育」との論争であったと考えられる。

系統主義からの生活体育批判の背景には，一方で1955年の保守合同による戦後保守政治の確立や当時「逆コース」といわれた教育の反動化政策やそれに迎合して，系統的な運動技術の教授・学習を教科の本質に据えようとする側面があった。他方では，戦後初出場したヘルシンキ・オリンピック大会 (1952年) の惨敗を契機とした「スポーツ主義」からの要請を受け入れた (前川, 1959, p.7) 側面も考えられよう。しかし，系統学習の立場は，結局，技能の向上や体力づくりを教科の核心に据えるべきであるという主張であったと思われる。

丹下が同志会を，また竹之下が全体研の前身の全国グループ学習研究会を創設した1950年代半ばには，戦後，児童中心のコア・カリキュラム型の問題解決学習を基盤に生活体育の構築をともにめざした丹下や竹之下，あるいは生活体育に共鳴し，丹下の浦和の実践に参加した松田岩男，同志会の設立にも参加した宇土正彦らは，教科の本質をめぐり大きな見解の相違を示すようになる。例えば，竹之下の創設した全体研に宇土とともに参加した松田は全体研の立場を代弁し，丹下が提唱する生活体育論を次のように批判した (松田, 1958)。

① 生活体育は，体育を生活の一領域としてのレクリエーションの領域にのみ結びつけている。
② 生活体育は，体育の学習内容のすべてを行事の中に含めるが，それは実際には困難である。
③ 生活体育は，行事の計画，運営などが直接の目標になり，体育の学習の中核である運動の学習が従属的な地位におかれる。

④ 生活体育は，すべての単元が教科外の活動と関連するために，教師，子どもの負担が多い。
⑤ 生活体育は，単元の展開や問題解決がもっぱら子どもの手に委ねられるので，学習が非能率であり，内容的な知識や技術が軽視される。
⑥ 生活体育は，話し合いに多くの時間が費やされ，非能率である。
⑦ 体育でねらう社会性は，話し合いだけによって学習されるものではない。それは運動の学習と社会的態度の学習が同時に可能である形態において指導される必要である。

さらに松田は，竹之下を中心に活動を始めた研究会（後の全体研）のグループ学習が「かかる生活体育の立場をそのままとるものではない」(松田, 1958, p.19) と明言した。

この松田の批判に対し丹下は，集団主義教育の立場から，竹之下らのグループ学習を次のように批判した（丹下, 1959）。

① グループ学習が育成しようとしているのは，単に民主的な学習の方法や技術だけであり，民主的人間の形成や民主的態度の育成，運動生活の改善にはつながらない。
② 民主的態度の育成や運動生活の改善には，学校生活の民主化が何よりも必要であり，そのためには学校集団，学年集団，学級集団，教科時の小集団が全教師・全生徒の共通理解による同一の目標をもつべきである。
③ 教科時の学習が真の民主的人間形成に有効であるためには，運動を中心とした民主的集団づくりをめざすグループ学習を行うことが必要である。

元来系統学習派とグループ学習派の間にみられた論争も，丹下や竹之下がそれぞれの実践研究を通して異質集団によるグループ学習が団体種目のみならず，個人種目の学習にも有効であることを実証した1950年代後半には，グループ学習を通しての人間形成のあり方や教科内容，教科の本質をめぐる論争に様変わりしていく。そして58要領が，系統主義の

立場からグループ学習を吸収し，教科内容を運動領域でおさえ，方法としてグループ学習を示唆した頃には，グループ学習論争も急速に終息する。そして，このような論争や実践を経て全体研ではグループ学習を「学級を幾つかの小グループに分けて，それを学習集団とし，各グループができるだけ自主的に学習を展開するように，教師が計画的に指導する学習指導の方法」(傍点筆者) (松田, 1957, p.25) と捉えられていくようになる。グループ学習は一単元や一授業で，教師の指導の下に教師の計画を子どもにうつし，運動技術を中心とした教科内容を正しく身につけ，豊富な学習活動を保障する（正しい豊かな体育学習）ための指導法になっていくのである (竹之下・宇土編, 1982)。

他方，丹下を中心とした同志会では，「グループ学習を単に方法と考えるのではなく，子どもの課題解決していく力を高める『学習内容』としても捉えられ」(村上, 1995, p.7)，集団としての民主的関係を確立することが教科論の中核に据えられていく。したがって，同志会では全体研とは逆に，学習計画を教師と学習者である子どもの合意の上で作成するためにオリエンテーションに多くの時間をかけたり，子どもの自主性や主体性を育成するために子どもに教師の権限を最大限委ね，教師の指導性を後退させたりするなどの実践が展開されていくことになる（表3-3参照）。

系統主義に立つ58要領の施行によるグループ学習論争の終息とともに，また体力主義を標榜した68要領が出される中では，学習指導要領レベルや学校現場の体育実践では体育における人間形成に関わる実践は衰退していき，同時に同志会，全体研とも，グループ学習研究は研究の前面から姿を消し，前者では運動文化論の確立と技術の系統性研究がその中心になっていき，後者においても，教科内容の明確化や学習過程の研究に主力が移っていく。

第2項では同志会と全体研が1970年代以降，グループ学習論争の遺産を引き継ぎながらそれぞれ新たな形でグループ学習を発展させていく過程を明らかにしていく。

表3-3 同志会と全体研のグループ学習論

事項	同志会のグループ学習論	全体研のグループ学習論
グループ学習の位置づけ	◎グループ学習は民主的人間形成の体育にとっては必要不可欠 ◎学習指導法の側面と学習内容の側面	◎グループ学習は正しい（内容論）豊かな（刺激論）体育学習を実現するための方法 ◎学習指導法あるいは学習形態
学習計画の立案と学習指導	◎学習計画・目標・内容は教師が立案するが，それらを子ども達に批判・検討させ，場合によっては修正した上で，全体の合意の下で実行に移す ◎学習計画の「うつし」は，教師中心・一斉指導の変形であり強く反対	◎学習計画・目標・内容は教師が立案し，それらをグループに移すことから学習指導が始まる ◎教師の学習計画の「うつし」をグループ学習の基本とする
単元展開の手順	◎オリエンテーション（学習計画づくりと合意形成）→グルーピング→練習→試合（発表会）→反省（評価） ◎1時間の学習展開は「計画−実践−反省」 ・ソースボリューム（学習資料）は必要不可欠 ・「話し合い」の重視． ・リーダー会議，グループノートの活用	◎はじめの段階＝計画のうつしなかの段階＝内容のうつし（練習）まとめの段階＝ゲーム・テスト・反省 ◎基本的には単元展開も1時間の学習展開も同じ ・学習資料の活用
論争後の取り組み	◎子どもの主体性（要求）と客観的文化の体系性の統一への自覚 ◎グループ学習と子どもからみた技術の系統性の統一 →運動文化論へ（スポーツの主体者形成論へ）	◎運動の構造的特性の究明と学習過程の研究へ

(2) 同志会（出原泰明）の学習集団論と人間形成的学習

　民主的な学習集団の形成には，「技能のすぐれたものの発言や意図が集団をリードするのではなく，へたなもののねがいや要求を汲み上げ，彼もまた平等な集団の一員であることを具体的な行動の中で示す」（中村，1969，p.20）ことが何よりも必要であるが，現実には「一たび運動が開始されると，そこには依然として弱肉強食の世界が展開され」，グループ学習で「民主化を実現しようとしながら，学習内容でそれをつき崩している状況」があり，このような状況を克服するために，同志会では「教材それ自身に対する吟味」（中村，1969，p.21）を掲げ，1960年代から1970年代半ばにかけて運動技術の系統性研究が展開される。このような系統性研究の中から，水泳のドル平など（注25）の一定の成果が生み出されてくる。しかし，他方では1970年代中半以降，「技術の系統性は明らかになりつつあるのに集団の質を高めきれていない」（出原，1975，p.83）という強い批判が登場するようになる。

　このような「手続き問題」化（荒木，1977，p.4）したグループ学習に対する同志会内での強い批判は，一方では上述したように，技術の系統性と集団の質的向上が有機的に統一されていないという現実の授業実践の問題性の表明であり，他方では丹下の生活体育論を継承する中で，体育における人間形成の最終目標として掲げた，運動文化を変革することができる主体者の育成という運動文化論そのものに関わっての同志会のレーゾンデートル（存在意義）への懐疑の表明でもあったと考えられる。

　出原泰明はこのような批判を受けとめながら，体育における従来のグループ学習論を批判的に検討していく（出原，1978）。出原は，戦後の体育の学習集団論をグループ学習の手順や生活指導的な班づくりの手法だけが教科内容と関わりなく実践に持ち込まれ，方法論だけが先行したものであると総括し，真の学習集団形成のためには，集団の質的発展と技能習熟（および技術認識）の相関性に着目する必要があり，教科内容と関わりの希薄な「班」や「グループ」が，教科内容としての技術を習得し，技術認識を深めていけるように「学習集団」として組織されなければならないと指摘した。彼は全生研の学習集団論に学びながら，授業は教科

内容の指導が主軸であり（したがって，学習集団の指導は教科内容に従属的でなければならない），この位置関係が逆転すると授業における認識過程の論理性が著しく低下し，知育を主とする授業が訓育に従属させられるという立場（戸田，1973，p.34）で，一連の体育の学習集団研究（出原，1986，1991）を展開した。

　このような技術認識を中核とした教科内容を土台にしながら，集団として，教科内容に立ち向かっていき，それをわがものとしていく過程で集団としての方法を身につけ，自らを形成し，かつ自らが所属する集団を変革していくことができるという立場をとる出原の学習集団論は，その成立要件として技術学習の科学的系統性と技術の較差をもつ「うまい子」と「へたな子」のペアによる学習パターンの確立を挙げる（出原，1978，pp.109-114）。つまり，集団の中にうまいからへたまでの技能習熟の傾斜が存在し，この傾斜を前提に，集団の中に指導・被指導の関係をつくらせることが重要であると考えたのである。そして，①ペアによる相互観察・相互指導，②グループ内でのペアの交流，③グループ同士の交流と全体ミーティングによって教科内容としての技術認識の深化と技能習熟がはかられる時，集団も学習集団として再構成できるとした（出原，1981）。

　当初，教科内容の中核である技術認識の習得過程に関連して学習集団（集団認識）の発展過程（系列）を，①技術を背景としない「みんな観」に支えられた集団，②「自分だけの技術」認識に支えられた集団，③「『誰々の』を通しての自分の技術」認識に支えられた集団，④「みんなの技術」認識に支えられた集団（出原，1995，p.89）の順に考えていた出原も，深化とともに集団発展の系統を①グループ学習の学習スタイルを学ぶ段階，②「できる（習熟）」や「わかる（認識）」こと，「みんながうまくなること」を共通目標にしていく段階，③「できる」「わかる」「みんながうまくなること」を具体的な方法を伴って実現していく段階，④「学習集団」が「みんながうまくなること」の実現を課題化できるようになる段階の各段階をたどると整理するようになる。そして特に単元の早い時期に教師が，異質グループによるグループ編成・ペア学習，グループ内の役割分担などの学習スタイルを指導し，学習者に定着させるこ

とが重要であることを強調していく（出原, 1991, p.186）。

このように出原の学習集団論は，一方では従来の方法論だけが先行したグループ学習論の弱点を克服しようと，グループ学習における集団的・組織的活動の指導が人間関係の学習や「学習の規律」のためにあるのではなく，あくまで技能習熟や技術認識のための集団的取り組みの経験とそのシステムの習得を有効にするために行われるのである。したがってまた，技術認識を対象にした技術学習の深化や発展のためのものであることを明確に打ち出している（出原, 1991, p.183）。また他方では，表

表3-4　出原泰明のグループ学習の単元展開

〈文献21）および22）のpp.184-185を参照〉

1）オリエンテーション	◎単元の全体像を把握（技術学習の順序と単元の最後には自分やグループがどのように変革しているのかの見通し） ◎グループ学習を成立させ，グループ学習の質を高めるための学習スタイルの説明とその初歩的訓練
2）グループごとの学習	◎オリエンテーションでの技術情報をもとに，グループ独自で単元計画の立案（1時間ごとの計画を含む）を行い実行
3）中間オリエンテーション（教室で）	◎グループごとの学習の軌道修正・到達目標の再確認・新しい目標の提示 ◎上記の内容は子どもが前半の学習を自身で総括する中で，課題を自ら発見する
4）発表会・記録会・リーグ戦	◎技術学習の総括 ◎グループの交流による集団の質の変革
5）まとめ（教室で）	◎単元の総括と次の単元への展開 ◎各グループの技術的側面・集団的側面の反省と総括（発表・資料の作成など） ◎自己評価とグループ評価
特徴	◎グループ学習の単元は10時間以上の大単元をあてる ◎1時間の展開は「計画−実践−総括（反省）」のサイクルをとる

3-4の単元展開に端的にみられるように，丹下のグループ学習論を批判的に継承・修正する中で，グループ学習を通して，民主的な人間関係を基調とした運動文化（スポーツ）の変革を可能とする主体者を形成しようとするものであったと思われる。

このように技術の系統性や技術認識を，陶冶としての教科内容の中核に据え，陶冶内容の実現によってあくまで教科の中で人間形成という訓育がなされるべきであるとする点で出原の学習集団論は，従来のB型学習に代表されるグループ学習とは明確に一線を画していると考えられよう。

(3) 機能的特性論と全体研のグループ学習論

同志会の中でグループ学習の形骸化が指摘され，出原の学習集団論が登場するほぼ同じ頃，全体研の中でも竹之下がグループ学習の形骸化を指摘し（1974年第19回大会），形式的なグループ学習を打破して人間と運動の新しい関係から指導法の再考を促すようになる（1978年第23回大会）。

この指摘を受け，全体研では1980年を前後して教科論の大きな転換がはかられる（1980年第25同大会および1981年第26回大会）。その背景には，産業社会から脱工業化社会へ移行したことに伴う運動需要の変化やそのような新しい運動需要に対応するためには，運動の教育的価値を発達刺激と考え，運動を教育の手段とする「運動による教育」では対応できず，運動を教育の目的と考え，生涯スポーツにつながる運動生活を準備する必要がある，との考えがあった（竹之下，1980）。そのため，すでに述べてきたことであるが，従来の教科論を規定してきた運動の外在的価値に基づいた「効果的特性論」や「構造的特性論」を内在的価値に基づいた「機能的特性論」へと改め，運動の機能的特性を内容として運動への欲求の育成，運動の必要性の理解，欲求や必要充足の方法の学習を中心に，新たな教科論としての「楽しい体育」論と学習方法としての「めあて学習」が提唱されていく。

全体研における教科論の大きな転換は，それまでの「産業社会型の学習指導法」（永島，1981，p.60）であると総括したグループ学習を，新たに運動の機能的特性論から変更するよう促すことになる。そして，この過

程では，従来のグループ学習が，学習者の自主的・自発的な学習を異質・固定性をもつ小集団の組織によって生み出そうとしてきたが，そこでめざされたものは運動と関わりのない自主性・自発性であり，したがってまたグループ学習で育成しようとしてきた社会性や人間関係も，どのような種目の学習にも共通に要求される社会性一般や人間関係一般であったと批判される。そして運動を教育の目的や内容として考える「楽しい体育論（機能的特性論）」では，グループ学習をすべての学習者が運動に内在する機能的特性を協力的に学習できる学習形態と捉え，特性を

表3-5　全体研におけるグループ学習論の変化

〈文献111〉のp.18を参照〉

事項	従来のグループ学習論	新しいグループ学習論
社会的要求	◎仕事中心の産業社会が要請する学習形態 ◎レジャー中心の脱工業化社会が要請する学習形態	◎グループ学習は正しい（内容論）豊かな（刺激論）体育学習を実現するための方法 ◎学習指導法あるいは学習形態
教科論	◎運動による教育（身体活動を通しての教育） 「運動手段論」	◎運動の教育 「運動目的論」「運動内容論」
目的	◎正しい豊かな体育学習を実現するための学習指導法 ◎民主的社会の形成者の育成	◎各運動の機能的特性を学習するための学習指導法 ◎生涯スポーツを実行できる主体者の形成
内容	◎一般的な社会性 ◎運動と切り離した民主的人間関係一般	◎運動に直接関わる社会性 ◎運動と切り結んだ民主的な人間関係
方法	◎運動の構造的・効果的特性を実現できる学習集団の構成（構造的効果に応じた小集団） ◎教師の指導と「うつし」	◎運動の機能的特性に触れる学習集団の構成（機能的特性に応じた小集団） ◎異質グループと等質グループの併用

もった運動そのものに関わる社会性や民主的な人間関係が学習の内容となる必要があると考えられるようになる（表3-5参照）。

このように各運動の楽しさ（機能的特性）を内容とし，それに触れるための最適集団としてグループを編成しようとする全体研の新たなグループ学習では，各運動の特性や個人の「めあて」に応じてグループの性格が決められることになる。このことを「めあて学習」の一般的な授業にあてはめていえば，10時間程度の小単元の最初の3・4時間をあてる「めあて①」の段階では5・6人の異質グループで活動するが，さらに進んだ「めあて②」の段階では，個々の学習者が新たな特性を求めて最初の異質グループを解体し，同じ「めあて」をもった「めあて」別のグループ（選択グループ）を編成しなおすことになる（個人差教育研究会，1989）。この課題（めあて）別の選択グループは，別言すれば技能の習熟度別の集団であり，等質の技能レベルによる能力別集団でもある。

ここでみたように全体研のグループ学習論は，出原が大単元の下で，能力別の異質集団を構成し集団を長期間固定したのに比べ，基本的には小単元の下で，運動の機能的特性に応じて柔軟に集団を構成し，単元後半の学習の中心となる段階では，最初の異質集団を解体して技能の能力（習熟度）別等質集団を編成するなどの大きな違いがみられる。

(4) 体育における学習集団論の課題

これまで体育において人間形成的学習として実際に提起され実践が行われてきたB型学習（論）とグループ学習（論）をみてきた。これらの人間形成的学習として取り組まれた体育の学習集団論は，ある意味では体育の教科論に大きな影響を及ぼし，それを規定してきたともいえよう。また，丹下と竹之下のグループ学習への取り組みと彼らのグループ学習論は，それぞれ同志会，全体研に引き継がれ，出原の学習集団論や機能的特性に立脚したグループ学習論を生み出し，現在にあってもそれらは実践に多大な影響を与えている。

さて，ここからは出原および全体研の学習集団論を人間形成的視点から検討したい。第2項で明らかにしたように，出原の学習集団論は，教科内容との関連において学習集団（論）が構築されなければならないこ

とを指摘する点で評価できる。この点は，特に人間形成的学習が方法レベルで捉えられると問題があることを示唆するものでもある。B型学習論がこの点で大きな批判を浴びたことは重要な史的事実として学ばなければならないだろう。教科内容との関連が重視されず，人間形成に関わる方法がひとり歩きした場合，それは悪しき道徳主義であり，戦前の体育における訓練主義を基調とした調教に堕する危険性を孕むといえよう。

　しかし同時に，出原の学習集団論は次の疑問を生じさせる。第1に，出原の学習集団論では体育の教科内容をアプリオリに技術認識に限定することの妥当性である。体育の教科内容は何もスポーツの技術や知識に限定されるものではない。クルム（Crum, 1992, p.14）が指摘するように，体育の教科内容にはスポーツにおける社会的行動の形成やスポーツ集団の形成に関わる教科内容も想定されるだろう。本研究の序章で，体育における人間形成は，「体育という営みの中で，体育という教科に対応する文化領域の文化を媒体に，体育教師が学習者を対象に一定の価値的な人間像を目標にして，学習者のうちに社会性および道徳性が形成されるように働きかける営みである」と暫定的に規定した。本研究では，これ以降，クルムに倣って，体育という教科に対応する文化領域の文化をスポーツ文化と設定し，それをスポーツの技術やルールのみならず，スポーツの思想や考え方・規範，スポーツの制度や組織，スポーツの施設や用具，スポーツする身体も含んで考えていくことにする（注26）。この立場に立てば，この出原の学習集団論が提起するものは，体育における人間形成が，教科内容，ひいてはスポーツの文化的内容との関連から構想される必要があることを示唆すると理解できよう。

　第2の疑問は，出原の体育の学習集団論の理論的前提は，運動学習という体育の特異性を考慮することなく，一般教育学や他の認識教科（座学）と同じ地盤に立つとしているが，その妥当性の担保である。この疑問は，出原の学習集団論では，運動学習の中での社会的行動や社会的態度の形成という人間形成的学習を，結局は，体育の「理論学習」に押し込めざるを得ないのではないかとの危惧を生み出すであろう。何も体育における人間形成的学習は教室での「理論学習」で主に扱われる必要は

なく，後述するように，実際の運動場面で明示的なカリキュラムの下に運動場面に関連した教科内容で扱われた方が有効であるように思われる。

　出原の学習集団論は集団づくりの方法のひとり歩きを避けるために，集団づくりの方法を明示的なカリキュラムに示さず，具体的な集団づくりのスキルを学習者に学ばせない方法をとった。筆者らは出原の学習集団づくりを統制群として設定し，他方で学習集団形成の過程そのものをバスケットボールの技術学習と絡めて学習内容として明示的に設定し，中学校2年生女子クラスを実験群として実証的に研究を行った（注27）。その結果，学習集団形成のための人間形成的内容を明示的カリキュラムの中に位置づけ，人間形成的学習のための教授方略を教科内容に措定したクラス（実験群）の方が技能の習熟，および集団の凝集性の点でも有効であるとの結果を得た。この結果をもって一般化することに対しては慎重でなければならないが，少なくとも，この結果が意味することは，体育における人間形成的学習では，人間形成的内容を教科内容として設定し，人間形成的学習のための教授方略を行った方が技能の向上はもちろん，集団の凝集性や個人の社会的スキルの向上の点でも有効であることを示すものであると考えられる（注28）（注29）。

　以上みてきたように，学習集団（論）に関わる議論から，学習集団は方法レベルの問題ではなく，体育における人間形成のあり方や体育という教科の目標，教科内容と密接に関連する問題であることが明らかとなった。そうであるならば，機能的特性（楽しさ）という実体の把握しがたい教科内容から導かれる全体研のグループ学習論は，大きな問題を抱えていることになるだろう。また，戦後の体育の学習集団研究の成果や一般教育学における学習集団研究の成果は，能力別集団が集団本来の教育力を削ぎ，かつ人間形成上，多くの弊害をもたらすことを明らかにしてきた（注30）。それだけに個性化教育の推進を意図したものであっても，それが公教育で用いられることには問題があるように思われる。運動の楽しさ（機能的特性）のための集団論から育成される能力は，果たしてどのようにして集団的力量として結実し人間形成に貢献できるのか，疑問が残るように思われる。

3 人間形成的学習の系譜とスポーツの主体者形成論

　これまで第3章第1節および第2節では，体育における人間形成に関わる主要な研究・実践であるB型学習論とグループ学習論について考察してきた。これらは時々の政治状況や教育をめぐる情勢に規定されつつ，また第2章で考察した体育の学習指導要領に大きな影響を受けながら展開されてきたものであった。ここではまず，第2章の体育の学習指導要領における人間形成の検討および第3章第1節・第2節の考察を踏まえながら，日本における体育の人間形成的学習の系譜について明らかにし，その後，B型学習論やグループ学習論の反省的考察の上に立って提起された同志会のスポーツにおける主体者形成論について明らかにする。スポーツにおける主体者形成論は，B型学習論やグループ学習論の反省的実践に立って同志会で醸成された人間形成的学習の発展的成果であるが，体育における人間形成のあり方を，学習者とスポーツ文化（運動文化）との相互作用と捉える点で重要な示唆を含むものである。

(1) 日本における体育の人間形成的学習の系譜

　体育の教科目標の強調点は各時代の社会的な要請や背景によって異なるとはいえ，体育が近代学校教育制度の一環として取り上げられて以降，そこではなんらかの形で身体的な目標や内容，技術的な目標や内容に加えて，一貫して協力や公正などの社会性の育成に代表される人間形成的目標が掲げられてきたといえよう。当然そこには，意図的であれ非意図的であれ，人間形成に関わる教科内容や教育方法，教材が想定されたり，学習の成果として社会的・道徳的態度の形成や人間形成が期待されてもきた。

　これまで考察してきたように，戦後，民主的人間形成という教育の一般目標達成を標榜した日本の学校体育は，47要綱において，スポーツ教材の学習を通して「善良な公民としての社会的，道徳的性格」の育成をめざす人間形成的目標を掲げた。そして，時代による強弱はあっても，第2章でみたように，実践レベルではこの目標はその後一貫して他の主

要目標と並列して学習指導要領に取り込まれ，現在に至っている。

　戦前および戦時下の体育においては，富国強兵や臣民形成という訓育以外に教科目標あるいは教科内容として考えられることがなかった人間形成的学習は，戦後，当時の要領が試案ということもあり，1950年代半ば頃まで盛んに展開された体育のカリキュラム研究の中心的な問題として扱われるようになった。そして人間形成的学習に関わる実践は，先駆的な体育研究者の下で，アメリカの小集団研究の成果を吸収しながら民主主義の原理とスポーツの原理との結合を教科論の中で統一しようとした「生活体育」として結実していく。しかしながら，民主的な現実生活の改善を意図して，民主的人間関係の育成をねらってグループ学習による生活単元や行事単元を採用した生活体育は，国家基準となって1950年代半ば以降の一連の要領やその後の1970年代前後の体力的目標が前面に打ち出された要領の中で，学校体育から一部を除いて急速に衰退していくことになった。

　終戦後から1960年代以降，人間形成的学習が急速に衰退するまでのこの時期の人間形成的学習に関する研究と実践は，戦前の体育に対する強烈な反省があったとはいえ，子どもを取り巻く戦後の悲惨な生活状況を体育という場で克服しようとする旺盛な問題意識に突き動かされながら展開された。しかし，その問題意識を実現可能な人間形成的目標に置き換え，目標との有機的な関連のもとで具体的な教科内容と方法に還元するには至らなかったといえよう。このような人間形成的学習をめぐる状況は，当時の教科論の未熟さに起因して，異質グループによる集団学習や行事単元の採用，あるいはまた集団的スポーツを行いさえすれば自動的に人間形成的学習が行われ，スポーツマンシップや民主的人間が育成されるというチームスポーツ依存型や，逆に生活指導の論理をそのまま体育に持ち込むという生活指導依存型が中心でことに求めることができよう。

　このように要領レベルで，あるいは具体的な体育実践レベルでの人間形成的学習が衰退する中で，B型学習論やグループ学習論の反省的成果をもとに，丹下保夫の運動文化論を継承した同志会から，人間形成的学習が提起されるようになる。それは具体的には，1970年代半ば以降，ス

ポーツ権論と学力論を基盤に「スポーツ分野の主権者の育成」をめざした「スポーツにおける主体者形成論」である。

わが国で初めて，教科内容レベルで積極的に人間形成的学習を取り込んだ「主体者形成論」は，第4章で後述するように，アメリカ，ドイツの人間形成的学習の胎動期とまさに時を同じくするものであり，その背景には，スポーツが社会において文化として重要な位置を占めるに至ったという認識や1920年代以降の体育の有力な理論的基盤であった「運動による教育（education through physical activities）」概念への強烈な批判があったと考えられる。

(2) スポーツにおける主体者形成論

これまで述べてきたように，1960年代初頭以降急速に衰退していった生活体育やその中での人間形成的学習に対して，丹下は自ら創設した同志会〈1955（昭和30）年創設〉での集団研究を通して，生活体育に対する技術の系統性の軽視という系統主義からの批判を容認しつつ，生活体育の構造的な弱点を認めるようになる（丹下ほか，1960，p.55）。そして手段としての生活体育を自己否定する中で，体育は歴史性と社会性をもった独自の文化である運動文化を自己目的として学習することにおいてのみ人間形成に貢献し，また運動文化の継承・発展と国民的な運動文化の創造およびその体制の建設こそが体育の本来的な任務であると確信するようになる（丹下，1963）。

このような丹下の「生活生育論」から「運動文化論」への発展には，生活体育の中で，社会の変革を意図して民主的な人間関係づくりに配慮し，学習集団としての力量を高める指導をしても，個々の学習者の運動技術の獲得（学習権の実質保障）がその基底になければ，民主的な人間関係づくりに代表される人間形成的学習も不可能であるとの考えがあったと推察される。また同時に，もしそうでなければ，体育＝下請け論を超克できないとの自覚があったと思われる。この丹下の運動文化論には，明らかに社会に規定されつつスポーツが存在し，時代とともに変化していくというスポーツの可変性の認識が明確に位置づいていると考えられる。したがってまた社会に相対的な運動文化との有機的な関連の下で体

育を構想することによってはじめて，個々の学習者の人間形成およびスポーツの変革，民主的な社会体制の建設が可能となるという意図があったと思われる。

丹下の運動文化論を受けて，同志会では1960年代初頭以降，既存の運動文化の技術の系統性を疑いつつ，学習者の身体的・認識的発達に適合する技術の系統性研究が進められ，その研究の成果は「中間項理論」(注31)を経て先述したドル平などに結実していく。しかし，1970年代半ば以降，今度は逆に，技術の系統を重視した学習が「系統のひとり歩き」として問題視され，大きな疑問を生むようになる（村上，1995）。この疑問は，換言すれば，技術の系統的指導と人間形成的学習との統一が有機的になされていないことの表明であり，運動文化論がめざした社会変革という課題の希薄化の表れと理解できる。

同志会がこのような疑問に行き当たったわが国の1970年代は，各種公害裁判をめぐる住民運動の高まり，全国的な革新自治体の誕生，大学紛争，教科書裁判の杉本判決での国民の教育権と学習権の正当性の承認など，既存の価値観あるいは社会体制への疑義や変革が急速に進展した時代でもあった。またスポーツの領域では，文化としてのスポーツの隆盛と先進国を中心としたスポーツ・フォー・オール運動によるスポーツ権意識の高揚があった。このような社会の変化とスポーツ世界の変化を受けて，1980年代になってスポーツ権を基底に，国民運動文化の創造を担える主体形成を視座に据えた新しい教科論が提起されるようになる。

スポーツ分野における主体者形成を目的としたこの教科論は，丹下の運動文化論をより発展させ，具体的な体育の教科内容論，学力論のレベルから構想されたものである。主体者形成論に従えば，体育の教科内容はスポーツやプレイを行うのに直接必要な技術や知識（ルール・作戦・練習方法）のみならず，スポーツを成立させる施設・組織・財政制度などの社会的条件，スポーツの文化内容（スポーツの文化史を含む）であり，従ってまた，学力内容として①技術的・技能的能力，②スポーツの組織・運営管理能力，③スポーツに関わる社会的統治能力（スポーツの社会科学的認識を含む）が教科内容との関連で措定される（学校体育研究同志会編，1989，pp.220-223）。

このようにスポーツにおける主体者形成論は，単に技術認識の獲得や技能習熟だけをめざすのではなく，それらを基盤にスポーツ文化の変革・創造による社会体制の建設という，従来の日本の体育の教科論には存在しなかった人間形成的学習に収斂する独自の性格をもつものであると考えられる。と同時に体育における人間形成的学習は，学習者が教科の依拠すべき文化領域（スポーツ文化）との相互作用によってなされるものであることを示唆するものであるといえよう。

4 体育における人間形成研究の成果と問題点

　第3節では，第1項において第1節および第2節の考察をもとにしながら，日本における人間形成的学習の系譜を明らかにしてきた。その上で第2項では，同志会が提起したスポーツにおける主体者形成論について検討した。

　これまでみてきた体育における人間形成に関わる研究は，文部省の体育の要領と関連しながら体育の民間教育研究団体が提起してきたものであった。しかし，体育における人間形成研究は，個々の研究者によっても行われてきた。ここではそれらのうち，体育の民間教育研究団体に大きな影響を及ぼしてきた城丸章夫（シロマル・フミオ，1917年生～），体育学領域で倫理学をベースにしながら早い時期から体育における人間形成の重要性について指摘してきた水野忠文（ミズノ・タダフミ，1916年生～1991年没），体育における人間形成論を先行研究を総括しながら批判的に検討した久保正秋（クボ・マサアキ，1950年生～），身体論をベースに体育における新しい人間形成のあり方を提起した石垣健二（イシガキ・ケンジ，1969年生～）の体育における人間形成に関する諸論を取り上げ，それらを批判的に検討することにする。

（1）城丸章夫の体育の人格形成論

①――城丸の教育学研究と体育

　城丸は，戦後の日本の教育学のほぼ全分野にわたる多様な領域におい

て多くの著作を残し，教育学研究のみならず，民間教育研究団体の活動を通して，教科論・教材論のレベルから，生活指導等の実践レベルまで多大な影響を与えてきた。これらの業績の多くは『城丸章夫著作集』（全10巻＋別冊）にまとめられている。この著作集の内容構成は，生活指導論，人格形成論，自治活動論，集団づくり論，教科外活動論，幼児教育・家庭教育論，教育課程・授業論，平和教育論，軍隊教育等，非常に多岐にわたっており，城丸教育学とも呼べる独自の教育理論を展開している（注32）。これらの研究に加えて城丸は自らを「教育学を自分の専門と心得ている人間であって，体育・スポーツについてはしろうとにすぎない」と断りながらも，「1950年代後半以来，長期にわたって，私を友人と認めてくださった体育教師ならびに研究者の友情に」「こたえる仕事をと思って」（城丸, 1980, はじめに）体育・スポーツについて多く発言してきたが，これらの体育・スポーツにおける城丸の発言をまとめたものが著作集第7巻の『体育・スポーツ論』（城丸章夫著作集編集委員会編, 1993）である。この第7巻の『体育・スポーツ論』は，第1部に，1960年に城丸が体育分野で初めてまとまった著書として出版した『体育教育の本質』（明治図書）を収録し，第2二部では，1993（平成5）年の著作集刊行に先立って 1980（昭和55）年に『体育と人格形成―体育における民主主義の追及』と題し青木書店から刊行した著作を中心に，近代教育における身体論等の論考を加えて出版されたものである。ここで考察の対象とする城丸の体育における人格形成論は，主に著作集の「第3章，体育・スポーツの思想」の「第1節，体育・スポーツと精神の教育」で論述されているものである。また，1980年版では，「Ⅳ 体育・スポーツと平和・民主主義」の「1体育・スポーツと精神の教育」で論じられたものである。ただし，城丸の体育における人格形成論を考察するためには，城丸が体育・スポーツとの関連で意識的に人格形成の意義を冒頭の「Ⅰ体育・スポーツについての考察」で述べている1980年版の方が，著作集第7巻の「体育・スポーツ論」よりも適切であろうと考えられる。そこで本研究では，テキストとして主に青木書店から出版された1980年版の著書を用いるものとする。

1980年版は，上述したように城丸の体育・スポーツについての発言を

まとめたものであるが，具体的には，城丸が体育の専門誌である「体育科教育」（大修館書店）や全生研の機関誌「生活教育」（明治図書）や教科研の機関誌「教育」（国土社）に発表したものをまとめたものである（注33）。本書は全5章から構成され，書き下ろしの第1章では先述したように（注34），「体育・スポーツについての考察」と題し，体育およびスポーツの概念化，文化として体育・スポーツをみることの重要性，さらに体育・スポーツにおける権利要求の大切さを指摘している。第2章の「学校体育論」は，体育における技術指導や体力形成の問題について言及し，第3章の「学校における体育クラブ」では，いわゆる運動部の民主的なあり方について論じている。第4章の「体育・スポーツと平和・民主主義」では，スポーツの民主的価値や体育・スポーツと平和教育のあり方について述べ，第5章では「教育政策と体育」と題し，68要領小の批判的検討や戦後の体育のあり方と80年代への見通しを教育政策の観点から批判的に総括，展望している。

　ところで，城丸は1955（昭和30）年10月に「教育」誌上に，「体育の正しいあり方を考えるために－体育についてのうったえ」（城丸，1955，pp.6-14）を発表する。そこでは，自身の体育についての経験をもとに，「過去の体育については，私もウラミのかずかずがある」（城丸章夫著作集編集委員会編，1993，p.21）と告白し，体育における非民主的現状の打破と古い体育からの脱皮を辛辣に訴える。この論考が「読者の共鳴を得て…（中略）…日教組の教研集会や教育科学研究会の保健体育分科会に参加すること」になり，城丸と「体育との関係がいやおうなしに深くなった」（城丸章夫著作集編集委員会編，1993，p.17）のであるが，遂に1963（昭和38）年には，同志会と教科研の体育の実践者・研究者を中心に，日本の体育・スポーツの民主化を求めて「全国民間体育研究合同集会」が開かれるようになる。城丸はそこで，「民主体育について」を基調報告し，体育における「体つくりと文化つくり」（城丸，1980，p.239）の統一の中で，国民すべてのスポーツ権の保障の重要性を指摘するようになる。テキストの巻末には，この基調報告が資料として掲載されているが，城丸のこのような民主体育を希求してのさまざまな活動が体育関係者（体育の研究者・実践者）に多くの影響を与えていくことになった。

② 城丸の体育における人格形成論の概要

次に城丸の体育における人格形成論を明らかにしていきたい。

城丸は「スポーツとは，文化のあるジャンルをさすことばであ」り，「その基礎を系統的に教えようとするものが学校の体育科である」(城丸, 1980, p.9)とスポーツといわゆる体育を規定し，さらに「体育は，文化としての（スポーツの－筆者加筆）基礎の学習と，身体の全面的発達のための基礎的形成との二重の目的をもったものとして存在し，教師は，この二つをいわば複眼で見つめている必要がある」(城丸, 1980, p.10)と体育の役割を述べる。そして「もともと体育・スポーツは身体的行動の文化であり，また，他との交わりや組織的関係を不可避とする文化であるから，行動を通しての人格形成という点で大きな役割をもって」おり，「教育者はとりわけこの点に深い注意を払わないわけにはいかない」(城丸, 1980, p.53)と体育における人格形成における教師の役割の重要性を指摘する。

城丸は体力の形成について述べたところで，体力それ自体は教授－学習の対象ではなく，いわばひとりでに作られていくものであり，このような学習に伴って随伴的・平行的に形成されるものを「学習」と区別して「形成」という言葉を使い区別する。そして「形成」は「学習」に随伴・平行し，なおかつ教授－学習過程を超えて人間のあらゆる行動に随伴・平行すると述べ，身体形成の問題は人格形成の問題に含まれるという（城丸, 1980, p.79）（注35）。そして「形成もまた，〈指導〉されなければならない」(城丸, 1980, p.80)といい，体育における人格形成の意図的指導の必要性を示唆している。

先に城丸がスポーツを文化のジャンルとして捉えていることは述べた。そして城丸はテキストの中の多くの箇所で「自覚的で，目的的で，知的である」(城丸, 1980, p.25)とするスポーツを文化であると強調し，スポーツという文化が「人間と人間とが交流するためのたいせつな媒体であ」(城丸, 1980, p.47)り，スポーツという「文化が人間と人間とを交流させるさせ方は，労働や政治が交流させるさせ方と同じではな」く，「また，集団あるいは生活の所産だといっても，労働や政治が生み出すものと同じではない。どこまでも，そこには独自なものがあり，独自で

あることによって，結合の媒体としても有効なのである」(城丸, 1980, p.48) とスポーツのもつ陶冶性について述べる。

　城丸にとって，人間の「結合の媒体」たるスポーツとはいったいどのような存在なのであろうか。以下，テキストから城丸が述べるスポーツについての記述を要約しながら，城丸のスポーツの概念を抽出する。

◎　スポーツは人間が作り出し，改善し，維持してきたものであり，同時にスポーツを作り出し，改善し，維持してきたひとびとの思想の所産であり，スポーツは彼らの要求，彼らの理想を反映している。(城丸, 1980, p.148)

◎　スポーツはそのときどきの政治の道具とされたり，社会的・経済的差別と結合したり，これに反対する思想と結合したりしながら，さまざまな変遷をへてきている。しかし，その長い歴史のなかで，スポーツが大衆に愛され，普及してきたのは，スポーツのなかで民主主義が発展させられ，スポーツすることのなかに民主主義への夢がかくされていたからにほかならない。(城丸, 1980, p.148)

◎　スポーツは人間が平等である社会を仮定し，そのなかで何が発生するかを，お互いに演技しつつ，検討しあっているものである。(城丸, 1980, p.148)

◎　スポーツはほんらい，民主主義を内実とせざるをえないのである。スポーツの歴史は，さまざまなやり方で歪められてきたが，それにもかかわらず，民主主義のよりいっそうの徹底として発展してきたのである。(城丸, 1980, p.149)

◎　スポーツのルールは，歴史的には少しずつ改善されて，今日のようなものになったのだが，この改善を導いてきたものは，より公平に，より公正に，より安全に，そしてより面白くという原則である。(城丸, 1980, p.150)

◎　スポーツのなかで，公平・公正・安全・面白さをルールとして追求するということは，人間を対等，平等なものとしてみるということと，競技がルール以外の何ものにも支配されないということを意味する。(城丸, 1980, p.151)

◎ スポーツのルールは多かれ少なかれその社会の社会関係・人間関係のルールを反映しているが，たんなる反映ではなく，理想化された反映である。しかもその理想化が民主主義という方向性を持った理想化であるということは，まことに興味ある問題である。(城丸, 1980, p.152)

　以上，城丸が述べるスポーツについての記述を要約，抽出したが，ここに示された城丸のスポーツの概念は，換言すれば，城丸が考えるスポーツの陶冶可能性ということができるものであると考えられる。城丸にとってのスポーツは体育における人格形成の陶冶材であり，スポーツの発展史の中で，民主主義の原理を内包した，公平・公正・平等の理念を人間のうちに具現化する文化であるということになろう。
　先述したように，城丸は体育を文化としてのスポーツの基礎の学習と，身体の全面的発達のための基礎的形成との二重の目的をもったものであると考えているが，城丸にとっての体育は，別言すれば，身体の全面的発達による身体形成を「人格の重要な要素」(城丸, 1980, p.159)としながらも，究極的には「スポーツすることをふくめて」(城丸, 1980, p.156)包括的なスポーツの文化の学習によって，体育における人格形成がなされると考えているように思われる。
　城丸は，行動と思想形成，あるいは，人格形成の関係をみるためには，これを知識の学習と同一レベルでみることは誤りであるという。知識の学習は，情報の伝達や情報についての思考の訓練を主としているが，行動は情報や思考を重大なモメントとはしているが，それらに解消できるものではなく，意思や感情を伴う複雑な活動であるので，スポーツすることと思想や人格についての研究はトータルに把握する方法論を必要とすると述べる(城丸, 1980, p.156)。そしてスポーツのスポーツたるゆえんは，することにあるのだから，することがもつ民主主義的思想形成力と行動能力形成力を明らかにし，スポーツすることを自覚的に，民主的人格形成に寄与する方向に整備しなければならないとした上で(城丸, 1980, p.157)，体育における人格形成の原則として次の3つを挙げ(城丸, 1980, pp.157-158)，人格形成上の注意を喚起する。

① 「形成」と「達成」とを区別し，「形成」は「達成」の活動の中で，平行的作用として行われることに注意すること。「形成」と「達成」との混同や同一視は，スポーツの世界に悪しき「精神主義」を生む元凶となる。付言すれば，ここで城丸がいう「達成」は先に体力形成のところで述べた「学習」と同義のものであると考えられるものである。

② 「形成」が達成活動の中で，いわば当人の中にひとりで育ってくるような形をとること。このことは「働きかける者が働きかけられる」と要約できるが，次のようにも換言できる。
　1）主張する者こそが，その自分の主張に最大に説得され，誰よりもその主張を信じるようになる。
　2）人間は行動するにあたって彼が行使する諸手段は，行使する彼に行使方法を訓練し，その手段の効果と正当性とを確信させる。
　3）人間は差別することによって，差別の仕方と差別する思想を獲得し，民主的に行動することによって，民主的行動の仕方と民主的思想とを獲得するようになる。この原則は広く応用可能な原則である。

③ 働きかけは真空の中では起こらない。必ず一定の社会的関係や人間関係の下で行われる。したがって，行動はそのことによってある関係を創出・変更・維持している。逆に，人間関係はその行動がとるべき論理と基本の道筋を行動者に強要する。

　これらの人格形成の原則を述べた後で，人格を形成する道は，強固な認識をよりどころとしながら，世界観や人生観を作りあげることと信じられているが，強固な認識とは，実践によって繰り返し試された認識であり，世界観や人生観はこれらの認識をなんらかの論理を媒介にして総合したものであると指摘する。
　以上，城丸の体育における人格形成論の全貌を明らかにしてきたが，城丸の体育における人格形成論は次のようにいうことができよう。第1

に，人格形成の陶冶財であるスポーツの学習の中で身体形成を含んだ広義の人格形成がなされるということ。第2に陶冶財の学習である達成の結果，人格が形成されるのであり，達成と形成を明瞭に区別する必要があること。第3に，形成もまた，達成や学習と同様に，指導されなければならないということ。第4に，人格形成は真空の中で行われるわけではなく，社会関係や人間関係と相互規定的に行われるということ。

これらの城丸の体育における人格形成論は，体育における人間形成の具体的な方略を述べているわけでもなく，またスポーツ文化の陶冶可能性の批判的検討が十分になされているとは言い難い問題を孕んでいる。加えて，第3項で検討する久保の「体育における人間形成論」研究でも，久保によって問題点として指摘される点であるが，指導者ないしは教師の学習者への人間形成における「働きかけ」への具体的で詳細な言及が十分なされているとは言い難い。しかし，体育における人間形成論を構築するという課題をもった本研究にはいくつかの重要な示唆を与えてくれると思われる。それはまず，体育における人間形成論を構築する際，人間形成の陶冶財にスポーツ文化を想定する意義，人間形成が意図的に指導される必要性，学習者のスポーツ文化への「働きかけ」が体育の人間形成を構想する際に必要であるということである。

城丸は，スポーツをやってさえおれば，ひとりでに道徳的に優れたよい国民が生まれるとする，人間形成に対するスポーツへの「おぶさり主義」を強烈に批判するが（城丸章夫著作集編集委員会編，1993，pp.56‐57），城丸の体育における人格形成論は，たとえ不十分ではあっても，教師が意図的に人格形成を意識し実践することの重要性を指摘するものであることを再度確認しておく必要があろう。

(2) 水野忠文の克己体験主義

主として体育思想史を研究対象とした水野は，先述したように自らが文学部倫理学科を卒業したこともあってか，体育学領域で体育における人間形成のあり方を論じた先駆的存在であると思われる。

水野が体育における人間形成を論じたのは，主要には自らの研究関心が大きな要因と考えられるが，水野が最初に体育における人間形成のあ

り方を論じだした時代，つまり体育と道徳教育をめぐる1960年代特有の時代状況も大きな背景にあったと考えられる。周知のように，連合軍による占領政策が終わった1950年代初頭からいわゆる「愛国心」の養成をはじめとする「修身科」の復活論議が起こるようになる。具体的には，廃止された教育勅語に代わって，1951（昭和26）年に国民の道徳の基本を示した「国民実践要領」が当時の文相であった天野貞祐から提案されるが，これは世論の大きな反発によって撤回されることになる。しかし，逆コースといわれた教育の反動化政策の進展とともに1958（昭和33）年の小・中学校学習指導要領の改訂によって，いわゆる「道徳の時間」が特設されることになった。先にみたように，この時期には体育の専門雑誌をめぐって，一方では体育と道徳の関係の強化を一層推進すべきとする見解から，他方では体育における道徳教育の強調は戦前の軍国主義的体育への回帰であるとする反対論まで，さまざまな立場から多岐にわたって多様な議論が展開された。このような状況の中で水野は，「特設道徳」の設置以降，体育における道徳教育を歓迎する立場からいくつかの論考を発表するようになる（注36）。水野はこれらの論考をさらに発展させ，これ以降，自らが執筆する著書に「体育における人間形成」の重要性を主張する論考を執筆するようになる。それらの著書に現れた「体育と人間形成」に該当する目次を示すと以下の通りである（注37）。

　これらの3冊の著書が執筆された時期は，上記3冊のうち，最初に出

図3-1　水野忠文の著書目次にみる「体育と人間形成」（その1）

1. 水野忠文（1967）『体育思想史序説』世界書院,pp.111-132.

スポーツと道徳教育

1. 発展するスポーツの世界
1) オリンピック競技とクーベルタンの理念
2) スポーツ界の発展—記録の世紀・記録への挑戦の時代の出現
3) スポーツ発展の動因—それは〈スポーツが人間をつくる〉ことであって〈スポーツの記録の華々しさ〉がそれではなかった—

2. スポーツによる道徳教育の方法論的考察
1) 体育と人間形成
2) スポーツの場の単なる経験主義は道徳教育の方法として不十分である
3) 社会通念としてのスポーツの意味の多様性と限定されたスポーツの意味
4) スポーツは如何にして道徳教育として役立ち得るか―方法原理論―
5) スポーツの場が道徳教育に役立つための根本条件―二者択一における克己の実現―
6) スポーツにおける勝利追求の途

3. スポーツによる人格陶冶教育の完成―イギリスのパブリック・スクールにおけるスポーツによる人格陶冶教育とスポーツマンシップ―
1) ゲームは体操にまさり,運動場は体育館にまさる
2) 運動競技の生み出すもの―スポーツマンシップ―

4. スポーツによる人間教育の限界
1) スポーツによる人格陶冶教育の限界―B.ラッセルのスポーツ批判
2) スポーツ実施の場・施設から来る限界

5. 道徳教育における体育とスポーツ―体育の場はスポーツの場よりも広い―

図3-2　水野忠文の著書目次にみる「体育と人間形成」(その2)

2. 水野忠文・猪飼道夫・江橋慎四郎(1973)『体育教育の原理』東京大学出版会,pp.33-51.

体育と人間形成

1.　1) 人間形成と体育の問題
　　　2) 学習指導要領における体育の問題

2.　スポーツによる人格陶冶教育
1) T.アーノルドのスポーツの導入によるパブリック・スクールの改革
2) F.B.マリムのゲームによる人格陶冶教育論とスポーツマンシップ
　　①ゲームによる人格陶冶教育の原理
　　②運動競技が生み出すもの―スポーツマンシップ
3) B.ラッセルの学校競技批判とスポーツのあり方
　　①現代スポーツとの関連
4) 近代オリンピック競技精神と人間形成

3. 体育における倫理学的方法論
1) スポーツ体験主義批判
2) 人格陶冶教育における要点
3) 体育における徳育の展開

> **図3-3　水野忠文の著書目次にみる「体育と人間形成」（その3）**

3. 水野忠文（1977）「スポーツとは何か」朝比奈一男・水野忠文・岸野雄三編
　『スポーツの科学的原理』大修館書店, pp.45-56.

スポーツマンシップと人間形成

1. 校長マリムの競技論の要点
1) ゲームは体操に勝り, 運動場は体育館にまさる
2) 運動競技の生み出すもの―スポーツマンシップ
3) 学校スポーツと一般社会のスポーツの分岐点

2. スポーツによる人間形成―道徳教育の方法論に関するスポーツ倫理学的考察
1) 道徳教育における原理的認識と方法論的原則
2) スポーツの場の単なる体験主義は道徳教育の方法論としては不十分である
3) スポーツは如何にして道徳教育に役立ち得るか―方法原理論としての克己体験主義
4) スポーツの場が道徳教育に役立つための根本条件―二者択一における克己の実現
5) スポーツにおける勝利追求の途―勝利に関する動機論的意義の結果論的意義に対する優位

3. スポーツマンシップとカントの定言命法

された単著の『体育思想史序説』(1967年) から岸野雄三らとの共著になる『スポーツの科学的原理』(1977年) までで10年の歳月が経過しているが，目次をみればわかるように，その論旨はほぼ同じであり，体育におけるスポーツによる人間形成のあり方という点では，時代が下った方がより問題意識が鮮明になり，かつ主張がより明確に展開されるようになっていると思われる。そこで，ここでの考察の対象には，1977年の「スポーツの科学的原理」に執筆された「Ⅰ章 スポーツとは何か」の中の，「スポーツによる人間形成－道徳教育の方法論に関するスポーツ倫理学的考察」を取り上げることにする。

水野は日本の学校教育では，戦後の学制改革以来，要領の試案時代から体育における人格の陶冶や社会的性格の育成涵養が常に目標に掲げられ，公正，協力，責任，自己の最善を尽くす等の徳目が示されてきたと述べる。しかし，要領にも体育科（保健体育科）にも，目標として社会的性格が掲げられ，内容としてスポーツが導入されているにもかかわらず，それら徳目の習得方法についてはほとんど示されてこなかったと批判する。

そして，水野は本来道徳教育が善き意思をもつことと客観的判断の根拠の認識とその実践力を身につけることをねらいとすると元文相，天野の「道徳について」と題された論文から引用し（注38），道徳の原理的認識は倫理学によって，方法論的諸原則は教育学的あるいは心理学的考察によって示される必要があると述べる。したがって体育やスポーツの場で道徳教育を考える場合，例えば，「公正とは何か」を明確にすることは倫理学の仕事であるから体育の場では必要ではなく，体育では公正を実践の場で修練することが問題となるという。このように体育では方法論こそが問題の中心となると水野は考え，教科としての体育科は身体の育成と道徳教育との2本柱で成り立っていると述べる。

しかし，現実には体育では社会的性格の涵養が目標に掲げられ，戦後体育に全面的にスポーツを導入してきたにもかかわらず，「世人の顰蹙をかうようなスポーツ人の出来事が報道されない年はない」（水野，1977，p.49）し，スポーツ活動をしていれば誰もが社会的性格を身につけ人間形成がなされると考えるのは問題があり，スポーツの場の単なる体験主

義は徳育方法としては不十分であるとの結論を導く。つまり，スポーツの場の体験が不必要であるというのではなく，ただ，スポーツをやれば自然に人間ができるという考えが間違いであると指摘する。

スポーツを道徳教育に役立たせる方法について水野はプラトンの「法律篇」(Nomoi)の徳育の方法の記述を援用しながら(注38)，徳は場の体験における克己によって養われるから，徳が身につくためには，己に克つことがスポーツの場で繰り返し体験されなければならないと説く。つまり，単なる体験主義ではなく，「克己体験主義」に立つならば，スポーツの場を道徳教育の場にすることが可能であるという。

水野はこの「克己体験主義」という概念は，表現においては論語に用いられる「克己」という東洋倫理思想とプラトンの倫理思想の徳育方法論とを結合させたものであると述べ，己に克つことを繰り返し体験することによって行為のあるべき仕方を身につけさせるという考えをよりよく表せると考えたと述べる。勝利は幾度体験しても克己体験とはならず，たとえ失策があっても，動揺せず，自己のポジションを守りぬけば克己のよい体験になり，スポーツの場は練習，試合等修練する機会を多くもっており，道徳教育としてスポーツを役立たせようとすれば，スポーツの単なる体験主義が安易に採用されるべきでないと警鐘を発する。

さらに水野は，このような方法原理論としての克己体験主義をさら徳育に役立ち得るものにするためには，もう一歩克己を深める必要があるという。人間は本来根源的な自由をもち，そして人間の行為は必然の法則に支配されるものでもない。そのような人間は正も不正も行えるので，まさに人間は「ザイン(Sein)の法則」ではなく，人倫の法則である「Sollen(ゾレン)の法則」に支配されるのである。したがって人間は自らの判断に従って，自らの自由意志の選択によって行為の仕方を決定するのである。「己に克つ」とは己に負ける自分と，己に克つ自分との二者の対決において己に克つことをとることであるから，そこには二者択一(entweder oder)がすでに存在していなければならず，二者択一の窮地において己が己に克つことが克己の真の意味であり，克己体験主義は二者択一における克己の実現において真になるという。スポーツの場はまさに二者択一の決定を迫られる好個の機会を与えてくれ，スポーツの

場において「頑張る」とは，二者択一の窮地における克己の実現にほかならない。スポーツにおける道徳教育は，このような二者択一の窮地における克己の体験によって可能になる。

　水野は上述のように体育における人間形成の方法論を，二者択一における克己体験主義にあると述べた後で，スポーツにおける勝利追及は欠くことのできない要素であることを認めつつ，スポーツを道徳教育と関係させて考える場合には，勝利は追及すべきものとして認められるが，結果としての勝利の追及はスポーツを記録生産の場とみることであり，スポーツの「徳育論的有意義性」とは直接関わりがないと注意を促す。勝利を目的追及として「結果論的」にみるのではなく，勝利ということに対しては，クーベルタンが提唱した参加重視のような動機論的意義にこそ優位をおくべきであるという。

　以上が，水野による体育における人間形成論の構造の概要である。水野の体育における人間形成論の特徴は，前掲の目次に示したように，3冊ともその理論の背景には，アーノルドやマリムの事績の好意的紹介に示されるように，イギリスのパブリック・スクールのスポーツ教育を理想とする姿勢が看取でき，さらにクーベルタンのオリンピズムへの賛同もその背景にあると考えられる。また1977年刊行の『スポーツの科学的原理』では，スポーツの徳目であるスポーツマンシップ（注40）がよい行為であると考えられる根拠をカントの定言命法を使って説明するようになる。

　ただし，水野のそれぞれの論考は論理的一貫性が担保され執筆されているとは必ずしも言い難いところがある。体育における人間形成を論じながら，いつの間にか，運動部活動での試合や練習が議論の俎上にのせられたり，体育やスポーツの概念の明示もなく，文脈に応じてそれらが適宜使い分けられたり，またそれらの混同がみられたりする。文脈も明快であるとはいえず，内容を読み取りにくいところもある。これらの問題に加え，体育における人間形成論として論じられているにもかかわらず，教師の役割や教師の教育的機能についての言及はまったくない。また「スポーツをやればそれだけで立派な人間ができるというのであるならば何の苦労もない」（水野, 1977, p.49）と前項で検討した城丸同様，ス

ポーツへの「おぶさり主義」を批判はするが，克己体験主義の克己の内実を教師と学習者を想定して構造的に述べることもない。

このように水野の克己体験主義は多くの問題を内包しているが，体育という教科を対象に，スポーツの教育的可能性やスポーツによる人間形成の可能性を早い段階から体系的に述べてきたという点は高く評価すべき点であると考えられる。また，要領に示された人間形成的目標を達成するのに方法論が欠如しているとの明確な指摘とこれに基づく研究提案は，体育における人間形成論の先行研究について管見した限りでは，水野以外にはなく，本研究を遂行していく上で大きな示唆を与えるものであると考えられる。

(3) 久保正秋の「体育における人間形成」論

①──久保の「体育における人間形成」研究の概要

本研究の序章，第2節の先行研究の検討では，第2項で体育（およびスポーツ）の哲学的研究の先行研究について検討したが，日本においては，体育（およびスポーツ）の哲学的研究領域において「体育における人間形成」という主題は主要な研究テーマとなってきた。それらの先行研究の分析についてはすでに述べたので，ここでは繰り返さないが，これまでの日本における体育（およびスポーツ）の哲学的研究を言語分析の方法論に依拠しながら批判的に検討したものに，久保の一連の研究（久保，1999a，1999b，2001，2004，2006）がある。それらは学会誌に掲載されたこともあって，論理的かつ体系的に，これまでの「体育における人間形成」に関わる先行研究を検討しているが，本研究にとっては，これらの久保の一連の研究を批判的に検討することは，次の理由で大きな意義があると思われる。第1に，序章の先行研究の検討でも言及したが，特に体育（およびスポーツ）の哲学的・人文科学的研究においては，「体育と人間形成」をめぐっては，研究者個人の個人的なレベルでの人間形成への期待や思い入れで語られてしまうという問題を指摘したが，久保の一連の研究は，言語分析による明確な方法論に依拠して研究が行われ，査読審査がなされた研究論文という性格上，そこでの研究成果は信頼性が高いと考えられる。第2に，先行研究の検討で取り上げた研究の多くは，どち

らかといえば著書や体育の専門雑誌に書かれたものが多く，またそれらの多くは，体育における人間形成そのものを明確な研究の方法論を伴って直接の研究の対象に据えたものは少なかった。しかしながら，ここで取り上げる久保の研究は，論文のタイトルからも看取できるように，研究上の方法論を伴って「体育における人間形成」を直接の対象に据えたものである。第3に，久保の一連の研究は日本において行われてきた体育・スポーツにおける哲学的・人文科学的研究の主要なものをほぼ網羅しながら行われているために，これまでの研究を包括するとともに，これまでの研究において看過されてきた重要な問題点を抽出することが可能であると考えられる。そこでここでは，1999（平成11）年から2006（平成18）年の期間に学会誌に掲載された，全5編からなる久保の一連の研究について，それぞれの研究の概要を明らかにしたい。

東海大学（および大学院）で主としてスポーツ哲学を講じる久保は，これまで運動部活動における「指導」概念の研究やコーチング概念について哲学的な方法論に依拠して研究を蓄積してきたが，1999（平成11）年から2006（平成18）年にわたって，「『体育における人間形成』論の批判的検討」と題した論文を5回にわたり日本体育学会体育原理専門分科会（現「体育哲学専門分科会」）（注41）の機関誌「体育原理研究（現「体育哲学研究」）に発表している。

「『体育における人間形成』論の批判的検討1―『における』という言葉が表す『体育』と『人間形成』との関係―」（久保，1999a）は，久保の一連の研究の最初の論文である（注42）。そこにおいて久保は，「体育は人間形成である（べき）」という教育の規範的理論に関する論説を「体育における人間形成論」と名づけ，「体育」と「人間形成」とを結びつける「における」という言葉に着目し，「体育」と「人間形成」との関係の曖昧さを批判的に検討する。

久保によれば，辞書的解釈に従えば，「における」という言葉が意味する「体育」と「人間形成」の関係は，次の3つに分類できるという。（1）「体育」，そのなかにある「人間形成」，（2）「体育」，そのときにある「人間形成」，（3）「体育」，それに関連する「人間形成」である。そしてこれら3つの分類に従って，先行研究を検討した結果，先の3つ

の分類は次のようにいうことができると述べる。（1）「体育」によって「人間形成」を達成するという関係，（2）「体育」のときに「人間形成」が生起するという関係，（3）「体育」と「人間形成」には関連があるという関係である。さらに，先行研究の分析の結果，これら3つの関係では説明不可能な，「体育」と「人間形成」の多種多様で複雑な関係が考えられると指摘する。この両者の交錯した関係を前川峯雄（前川，1965，1970，1982），正木健雄（正木，1962），丹下保夫（丹下，1963，1965，1976）の著書の中からそれぞれ論述を引用しながら批判的に検討し，最終的に次の結論を示す。「体育における人間形成論」では「体育」と「人間形成」が単一の関係では論じられておらず，それらの関係が交錯していることが特徴的である。そのため，「体育における人間形成論」の先行研究では，「体育」と「人間形成」の関係の捉え方が論者によって異なり，その主張の内容は多種多様であることを明らかにしている。そしてこの両者の錯綜した関係を生み出す原因として久保は，「における」という言葉によって結合される「体育」と「人間形成」とは何を意味しているのかが不明確であることを挙げる。多くの論者によって「体育における人間形成論」が論じられる時，同じ「人間形成」という言葉を用いながらも，その形成される「人間」が異なるという蓋然性があると批判する。

　このように「体育」と「人間形成」の関係の曖昧さを批判的に検討した第1論文と同じ号の「体育原理研究」で第2論文である「『体育における人間形成』論の批判的検討2―形成される『人間』の分析―」（久保，1999b）が展開される。第2論文では，第1論文の検討結果を受けて，これまでの「体育における人間形成論」で論述されてきた形成されるべき「人間」を批判的に検討している。

　そこでは，体育原理関係の著書を中心としたこれまでの日本における先行研究を対象に，「体育」と「人間形成」に関連する記述を抽出し，そこにおいて形成されるべき「人間」がどのような「言葉」で語られているのかを分析する。そして形成されるべき「人間」に関する「言葉」を検討した結果，抽出された言葉を（1）形成されるものとして特定された意味を有する言葉，（2）形容詞，形容句，（3）形容詞，形容句によって修飾されることで形成される内容を意味している言葉，とに分類

する。

　具体的には，（1）の「形成されるものとして特定された意味を有する言葉」には，例えば，「正義」「責任」「公正」「体力」「身体技能」「創造性」「探究心」など，全部で50の言葉が挙げられる。（2）の形容詞，形容句には，例えば「真・善・美・聖・愛・権・健・利などにつながるよい（感情）」や「社会において他とともに生活しうるような（人間）」，「人生を豊かに生きていく（態度）」など，全部で34の形容詞や形容句が挙げられる。（3）の「形容詞，形容句によって修飾されることで形成される内容を意味している言葉」には，例えば「からだ」「身体」「パーソナリティ」「人格」「能力」など，全部で26の言葉が挙げられている。

　そして久保は，34の形容詞，形容句を，その意味を検討した上で，「価値志向性」「社会性」「生きる能力」「社会生活の能力」「人類愛」「運動生活の能力」「合理性・民主性」の7つの「形成されるものとして特定された意味を有する言葉」としてまとめ，「体育における人間形成論」として主張される，形成されるべき人間に関する言葉を「特質」および「能力」，「個人化」および「社会化」，「身体的側面」および「精神的側面」の次元から分類する。そして，それらの言葉を「態度的レベル」―「人格的レベル」―「気質的レベル」の位相を交えて分類することによって，「体育における人間形成論」が主張する「形成されるべき人間」について次の事柄を明らかにする。

　「体育における人間形成論」が主張する「形成されるべき人間」は，第1に，開放性や主体性あるいは，真，美，愛，忍耐力や自制心など特に精神的な「特質」，「価値」や「能力」を有した人間であり，これらは教育の具体的目標としては曖昧であり，これらの特質が形成されたか否かを確認・評価することは困難であるので目標として設定するのは不適切である。第2に，精神的な側面に関する言葉で語られることが多く，精神的側面に関する「特質」「能力」を形成することが過大に主張されている。第3に，具体的な行動を予測，説明できる言葉で語られておらず，どのような人間を形成しようとする主張なのか曖昧である。

　上述の結論を導き出した久保は，批判的検討を経た結果として，形成されるべき人間を抽象的かつ曖昧な精神的特質に一般化するのではな

く，身体運動やスポーツという対象に対する精神的，あるいは身体的な構えの特質（久保は例として「フェアにスポーツをプレイする態度」を挙げる）として設定すべきと述べ，「体育における人間形成論」は，態度的レベルの「特質」「能力」の形成を明確な言葉で主張する必要があると述べる。

　このような「形成されるべき人間」の精神性の重視，曖昧さの原因を各論者が述べる「体育」の意味が曖昧であることにあると考える久保は，第3論文である「体育における人間形成」論の批判的検討3－人間を形成する「体育」の分析－」で，「体育における人間形成論」における「体育」が何を意味しているのかの検討に向かう。

　第3論文では，「体育における人間形成論」の曖昧さが，「体育」概念の不明瞭さにあるとの前提に立って，「体育における人間形成論」が考察される。久保はまず，先行研究を分析しながら，「体育における人間形成論」の多くは，心理的・精神的側面の形成を多く主張していることを明らかにし，具体的には「…心」「…性」「…力」という言葉で表される人間の多様な特性，さらには真・善・美などの価値の形成が多く主張されていることを指摘する。そして，「人間形成」が観念的・抽象的な論述で示される限り，「人間形成」を曖昧なものとすると批判する。また，「体育における人間形成論」の主張には，「目的」とそれを具現化するために設定される具体的な「目標」の混同がみられ，本来「目的」である人間形成が，それが「目的」であるがゆえに観念的・抽象的レベルにおいて示されるのに，それを「目標」として具体的なレベルに設定するがために，そこに至る方法論の確立が困難となることを述べる。つまり，どのようにして「人間」の「形成」という「目標」に到達するのか，その方法が不明確なままになり，体育実践の中で可能性と限界の間をさまよう事態に陥る危険性があると指摘する。

　さらに，「体育における人間形成論」に現れた「体育」の意味の分析の結果，「体育」が「運動」あるいは「スポーツ（運動競技活動）」として語られていることを指摘する。そしてこれまでの「体育における人間形成論」の中では，往々にして「体育＝運動」をすると同義に捉えられ，「体育における人間形成論」を「身体運動による自己形成的実践」でも

って人間形成がなされると主張してきたことを挙げ，そこでは「体育＝教育」という関係性（教授－学習）が欠如しており，「人間形成」が学習者個人の自己形成に委ねられ，その関係性における「働きかける主体（教育の実践者＝教授する作用者）」が不在であると批判する。そして「身体運動による自己形成的実践＝体育」は人間形成であるという論理を補強するために一層「体育＝スポーツ（運動競技活動）」であると述べる。

「体育における人間形成論」で「体育」を「スポーツ（運動競技活動）」として論じることは，「人間形成」を語ることを容易にさせるが，それを「体育」という文脈で語ることは，「スポーツ（運動競技活動）」経験がすべての子どもに保障できるものではない以上，問題があると批判する。さらに，このような「人間形成」論の主張が「スポーツ（運動競技活動）」の経験者（体育の研究者）から「スポーツ（運動競技活動）」の経験者（体育の実践者）に伝承される構造にも問題があり，このような「論」の蓄積が内輪の論理として定着し，体育の独善を生み出す可能性があると指摘する。そして久保は最終的に，「体育」と人間形成の意味，その関係性に関する認識を不明確にしたままに「体育は人間形成である（べき）」と主張することは危険であると結論を下す。

第4論文，「『体育における人間形成』論の批判的検討4―忘れられた連関―」（久保，2004）では，久保はこれまでの「体育における人間形成論」に関する一連の自らの研究を総括して，「体育」において「人間形成」が論じられる時，「人間」を「形成」するところの「体育」を「運動」あるいは「スポーツ」の実践として論じてきたために，「体育」と「人間形成」の関係や「形成」されるものに関する論述が曖昧になってきたと批判する。そこで第4論文では，「体育」を「身体教育」として再認識し，教育という関係において「人間形成」がどのように位置づけられるのかを検討する。

本研究の第1章第2節では「体育」概念の検討を行い，特に第4項で「関係概念としての体育概念」の考察の際，佐藤の体育概念を用いたが（佐藤，1993，p.216），同様に久保も佐藤の体育の関係概念を用いながら，「体育における人間形成」の定義づけを試みる。先行研究のどの論者も，「人間形成」がなされるところの「体育」を，「運動」や「スポーツ」と

いう言葉で論じたとしても，それが「教育（身体教育）」であるとの認識で一致しているとした上で，「体育における人間形成」を，「体育」という関係様態において「運動・スポーツ」を媒体にして「働きかけるもの」が「働きかけられるもの」へ「人間形成」を目的・目標として「働きかけ」ることと定義する。そしてこの定義に照らしながら，島崎仁や友添秀則の論述を例示して，これまでの「体育における人間形成論」が，主にスポーツの媒体としての有効性を論じてきたり，「スポーツ」による「自己形成」を論じてきたと批判する。つまり，従来の「体育における人間形成論」では，教育は余計となり，「教師：働きかけるもの」という存在や「教育」という「働きかけ」が忘れられているという。そして「体育における人間形成」を論じるには，学習者に対するある種の「働きかけ」が教育という関係様態において特に重要だと述べる。

次に，この「働きかけ」と「人間形成」の関係に考察を進めながら，人間（学習者）が自ら「生成」する存在であること，そして教育（体育）という関係における「働きかけ」には，この「生成」ともう1つの「形成」という2つの観点があり，この両観点から考察する必要があることを指摘する。そしてこの考察を敷衍して，「体育における人間形成」においても，「スポーツ」によって人間が自己形成される「生成」と「人間」を「形成」することとは異なると述べる。つまり，身体教育である体育において，「働きかけ」によって意図的に「形成」することと，「自己活動」において生起した「スポーツ」の実践によって自ら「生成」されることとを明確に区分して考察する必要性を指摘する。

久保の「体育における人間形成論」研究の最後となった第5論文，「『体育における人間形成』論の批判的検討5—人間の『形成』と『生成』」（久保，2006）では，第4論文で区分した人間の「形成」と「生成」の相違に着目し，身体教育（体育）における指導者の「働きかけ」による人間の形成とならんで重要な次元を構成する人間の「生成」について考察を深める。

まず，教育哲学を専門とする矢野智司の教育の2つの視点，「発達としての教育（動物性を否定することによって人間化するプロセスの企て）」と「生成としての教育（有用な生の在り方を否定して至高性を回復する体験：否定

の否定)」を援用し，体育における人間の「生成」の次元について言及し，そこには矢野が述べるような有用性を完全に否定した，「溶解体験」と称される「非知」の体験とは異なる生成の次元があると述べる。確かに身体運動やスポーツの体験には認識不可能な「非知」の「溶解体験」があるが，それと同時に，「非知」ではないレベルでの体験があり，意味の生成が行われているのではないかという。例えば，鉄棒でくるっと回る瞬間，身体は「手の握り」や「筋肉の動き」，「身体の回転」が協調していることを感じとり，表現は難しくとも，これは認識不可能な体験ではないと述べる。また，技ができた瞬間，身体である自己は「できた」という達成感を得るが，それも「ああ」「おお」という言葉で表現したとしても決して，「非知」の体験ではないという。ここではくるっと回ることが目的であり，有用性に支配された体験ではない。そして身体運動やスポーツにはこのような体験が多くあることを例示しながら，身体教育の3つの次元を次のように設定する。

① 「形成」－「教える－学ぶ」関係による形成
　　：身体・体力・運動技能－身体の発達
② 「生成」－「自己形成的実践」による生成
　　：意思・精神力・態度－身体の体験
③ 「生成」－「溶解体験」による生成
　　：感情・情操・美－脱自体験

　①の「形成」の次元は，従来の身体教育の中心となるものであり，「発達」の次元であり，身体運動を手段として「体力」や「運動技能」の向上をめざし「身体」の発達を企図するところである。②の「生成」の次元は，従来「自己形成」と呼ばれ「形成」と混同されていた次元であり，自己経験と世界経験による「意味」が生まれる次元であるという。そしてこの次元は，これまでの「体育における人間形成論」の中で主張されてきた意思，精神力，態度などの形成がなされる次元であるという。③の「生成」の次元は，自己と世界の境界が溶ける体験の次元であり，感情や情操，美の形成はこの次元で行われるという。

そしてこの②の「自己形成的実践」による「生成」は「形成」としての教育とは異なり，ある意図（企て）をもって働きかけることはできず，学習者が何を体験し，どのような意味を生成するかは意図的に操作できないという。しかし，指導者は，「生成の体験」が生起する要件を整えることは可能で，媒体であるメディアを選択し，「生成の体験」が生起するように働きかけることが重要であると提言する。従来の「体育における人間形成論」の中で多く主張されてきた競技スポーツというメディアでは不十分であり，それの検討は今後の課題であるが，同時に「生成の体験」が開かれる「場」に注目することが肝要であり，場をデザイン／マネジメントすることが指導者の働きかけとなると述べて久保の「体育における人間形成論」の最終論文は終わる。

次にこれまで述べてきた各論文の概要をもとに，久保の一連の研究を簡潔に検討したい。

②――久保の「体育における人間形成」研究の批判的検討

これまで久保の「体育における人間形成」研究の概要について述べてきたが，久保は従来の「体育における人間形成論」を総括して，これらにおける「体育」と「人間形成」の捉え方が論者によってまちまちであり，人間形成が精神的形成を重視し，観念的，抽象的な論述となっていることを批判した。本研究でも，久保が一連の研究で扱った文献のほとんどをすでに概観し検討の対象としたが，そこでの検討を踏まえ，序章の第2節，第2項で，体育（およびスポーツ）の哲学的研究の先行研究の検討では，これらの研究における人間形成が「解釈」の域を出ることはできず，それぞれ無機的かつ固定的に捉えられ，抽象的かつ観念的で具体的な教科論や授業論に結びつくことがないと批判的に総括した。ただし，「体育における人間形成」に関する研究は，おおむねこのような傾向（観念性・抽象性）を免れないが，久保が研究の対象に据えた「体育における人間形成」研究は特に「体育原理（体育哲学）」領域のものであることを考えれば，哲学に依拠するという研究上の方法的な性格もあり，この傾向（観念性・抽象性・解釈的）もやむをえないものであろう。

また，久保が第3論文で批判する「体育」という概念の研究者による

恣意的解釈は，確かに「体育における人間形成」研究の性格を曖昧なものにしてきたと思われる。本研究でも久保の指摘を待つまでもなく，先行研究の検討を通して同様の批判を行い，第1章第2節で，本研究で用いる「体育」概念の検討を入念に行った。このように，久保が一連の研究で行った批判はおおむね首肯できるものである。

　これらの検討を踏まえ，久保の一連の研究で特に注目しておく必要があるのは次の事柄であると思われる。

　久保は第4論文で，先行研究のこれまでの批判的分析を通して，従来の「体育における人間形成論」が，主にスポーツの媒体としての有効性を論じてきただけであり，いわば，「スポーツ」による「自己形成」を論じてきただけであると強く批判する。つまり，従来の「体育における人間形成論」では，教育という営みは不在であり，「教師」や「教育」という「働きかけ」が欠如していると批判するのである。この点は，久保ほど明確ではないにせよ，先に検討した城丸も，教師が意図的に人格形成を意識し実践することの重要性を指摘しているが，久保にあっては，さらに意識的に，体育における人間形成の契機に，教師もしくは指導者による学習者への「働きかけ」が教育という関係様態において特に重要だと強調される。この教師もしくは指導者による意図的な「働きかけ」が，従来の「体育における人間形成論」には不在であるという批判的指摘は，体育における人間形成論の構築をめざす本研究にとっては，特に重要な示唆であろうと思われる。

　ただし，第5論文で久保は体育における人間形成の次元を3次元に設定し，第1次元を「教える－学ぶ」関係による「形成」として捉え，そこで「発達としての教育」の論理を用いて，身体・体力・運動技能などの身体の発達がなされると述べ，第2次元を「形成」とは区別した「生成」と置き，そこでは，第3次元の「溶解体験」による生成次元の中間として，「自己形成的実践」による意思・精神力・態度などの「生成」が身体の体験によってなされると述べる。果たして，このような設定は妥当かつ可能であろうか。

　本研究では第1章において，体育における人間形成は，体育という営みの中で，体育という教科に対応する文化領域の文化を媒体に（先の城

丸における考察の結果，この文化領域はスポーツ文化ということになる），体育教師が学習者を対象に一定の価値的な人間像を目標にして，学習者のうちに社会性および道徳性が形成されるように働きかける営みであると暫定的に規定し，また，体育の概念を以下のように規定した。

PE ＝ f (a, b, c ｜ P)

(PE：体育，a：作用項=教師(体育教師)，b：被作用項=学習者，c：媒体項=スポーツおよびスポーツ教材・運動教材=学校スポーツ教材，P：目的・目標，｜：条件)

　そして，この体育の関数的定義に従えば，体育は体育教師が体育という教科に対応するスポーツ文化を媒体に，学習者に意図的な目標を実現するために行われる教育的な営みということになる。そして，上記の式の中のaの作用項の教師（体育教師）を学習者自身に置き換えれば，そこでは「自己教育」も成立すると述べた。久保が第5論文で提案した第2次元の「自己形成的実践」による「生成」こそは，「自己形成」として，ほかならぬ「形成」のカテゴリーに入るものと考える方が論理的整合性を担保できるし，妥当であろうと思われる。また，何よりも，本研究の立論からいえば，体育は「学習者に意図的な目標を実現するために行われる教育的な営み」である以上，久保が指摘する第3次元の「生成」の重要性は認識しつつも，それは，一定の価値実現をめざした意図的な営みたる「体育」（傍点筆者）における人間形成の問題領域には入らないものであると考える方が妥当であろう。さらに，久保がいうように，意思・精神力・態度なるものが果たして「自己形成的実践」によってしか生成されず（筆者の言葉でいえば，「形成されず」），かつ感情・情操・美が第3次元の生成次元でしか生成されない（同様に，筆者の言葉でいえば「形成されない」）といえるのだろうか。

　体育における人間形成は，久保の指摘を踏まえつついえば，体育という意図的な教育的営みの中でこそ，また教師による「働きかけ」があってこそ，意思・精神力・態度・感情・情操なるものを学習者のうちに形成することができるのではないであろうか。もちろん，このことは体育における「溶解体験」を否定するものではないことはいうまでもない。

以上，久保の一連の研究の批判的検討から，次の大きな示唆をえた。つまり，体育における人間形成は，教師もしくは指導者による学習者への「働きかけ」が教育という関係様態において特に重要であり，学習者の自己形成も含め人間形成を考える必要があるということである。

(4) 身体論からみた人間形成論の検討

　前項では，久保の一連の研究を批判的に検討した。久保の「体育における人間形成」研究の第3論文が発表された段階で，久保の研究に触発されながら「体育原理研究」に発表されたのが，ここで検討の対象に据える石垣の「新しい『体育における人間形成』試論－道徳的問題の背後としての『身体性』の検討」(石垣, 2003)である。この論文は石垣がいうように「久保が言語分析的な手法によって展開した3批判論文を批判する，という形で論破しようとするのではなく」(石垣, 2003, p.42)，身体論に依拠しながら「自己省察的な方法」(石垣, 2003, p.42)によって進められるが，この身体論に依拠した視座は，久保が石垣論文の発表後に自らの第4論文以降で展開した身体の経験である「溶解体験」に代表される「生成」の問題に少なからず影響を与えたと推察され，従来の「体育における人間形成」研究では見落とされてきた「身体」そのものを考察の基底にしている。その意味では久保や従来の「体育における人間形成論」とはまったく異なる体育における人間形成を考察しようとした点できわめて独創的な研究である。石垣がこの論文を「新しい『体育における人間形成』試論(傍点筆者)」と題し，わざわざ「新しい」と付言した理由もこの点にあると推察できよう。

　本研究で石垣の論文を考察の対象に据えるのも，石垣が身体に着眼したまさにこの点にある。つまり，従来の「体育における人間形成論」が看過してきた「身体」を，人間形成の考察の基底に据えている点に，石垣の研究を検討する意義があると思われる。石垣は新潟大学で体育科教育学を講じているが，もともと体育哲学，体育原理を専門とする研究者である。特に体育の在り方を身体から考察したり，身体と道徳教育の可能性を探求したりする研究(注43)に特に近年は力を注いでいるが，最初にここで検討の対象に据える石垣の論文の概要について述べることに

する。

　石垣は，久保の研究や本研究の序章の先行研究の総括で取り上げた森田啓之の研究（森田, 1990）の検討を通して，体育における人間形成を可能にする根拠が曖昧であることを指摘しながら，また「体育は人間形成である」ことに非常に懐疑的な昨今の状況を憂いながら，あえて「体育は人間形成である」というその根拠を模索することが研究の目的であると述べる。石垣は考察を始めるにあたって，久保が文献上で語られる「体育」を分析し，あるいは森田が現実の「体育授業」を射程に据えているのに対し，文献上の体育でも，学校で行われている体育でもない，人間が「他者との関係性の中で，身体を動かす」ことを暫定的な体育の概念として位置づけ研究を進める。

　まず，この暫定的に設定した体育のあり方，「他者との関係性のなかで，身体を動かす」ことの意味を乳・幼児期の人間にとっての発達的初期段階に探る。そして乳・幼児が他者との身体による行為の共同化を通して，他者と「対象」を共有し，他者の「行為」「志向性」に対する内面性の共有化による「自他との同型性の貫徹」という欲求を根源的にもつことを明らかにしていく。このことと同時に，この身体による「自他との同型性の貫徹」の重要性が，認知心理学の佐伯胖（佐伯, 1992）が挙げる元プロ野球選手の江川卓投手の例や，鳥山敏子の対話の授業実践（鳥山, 1985a, 1985b）を例にして述べられる。

　さらに石垣は，人間の言語的なコミュニケーションの背後で身体的要因が深く関わることを明らかするために，斉藤孝（斉藤, 1999）がいう身体の「中心感覚」の衰退に着目しながら，ジョンソン（ジョンソン, 1987）の身体による「イメージ図式」の研究を参照して，「もっとも抽象的と思われる道徳的責任moral responsibilityなる観念さえもが」「身体的作用のイメージ図式」（石垣, 2003, p.46）を含んでいることを述べる。加えて倫理学者のシンガーの主張を敷衍して，身体感覚や身体的なイメージ図式こそが道徳的規範の基礎となる可能性を示し，身体性の問題が道徳的問題の土台的役割を担う可能性があると述べる。つまり，「身体の同型性を貫徹させていく」過程こそが道徳的規範を共有するための前提条件であり，身体について他者と相互に理解しあっていく新しい「体育」

が，いったい人間形成でなくて何になるであろうかと最終的に結論を下す。

他者との関係性において，身体を動かし，身体について他者と相互に理解しあっていくこと，つまり身体の同型性の貫徹こそが道徳的規範の共有の前提であり，これこそが体育であり人間形成そのものであるとする石垣のこの新しい体育のあり方について，石垣は自ら次の反論を想定し提示する。反論は，第1に，その新しい体育に専心すれば道徳的人間が形成されるのか，というものであり，第2に，今までの体育においても，道徳的人間は形成されなかったのではないか，というものである。これに対して石垣は後者の反論から次のように自答する。今までの体育は，他者とさまざまな感覚を相互に確認しあうものではなく，他者への関心という点において学習者にまかせきりだったのであり，道徳的人間へと向けた教授方法論がとられていなかったと述べる。そして自らの身体感覚について自覚させ，その感覚を通して他者へと関心を払わせるような，そしてまたそれらについて対話させるような方法論が考慮されなければならないと指摘する。前者の反論に対しては，この反論を「身体性を離れて純粋に道徳的な領域がある」「果たして，その領域にまでふみこむことが可能なのか」（石垣, 2003, p.49）と読み替える。この反論に対しては，ジョンソンの研究に立ち返りながら，純粋に道徳的な領域だと思われても，身体的な要因が潜んでいると応える。そして，ここではさらに，先の鳥山の対話の授業に学びながら，認識の根源である身体感覚を自覚的に捉え，バラエティに富んだ身体感覚を有することで，その感覚を通して他者へと志向したり，他者と対話できる身体を獲得させることが必要であり，そうした身体を獲得させることを体育の領域として受け入れるべきだと述べる。つまり，そのことは石垣によれば，「道徳・倫理の礎となりうる身体」（石垣, 2003, p.50）の教育として，体育を措定しなおすことであるという。

さて，これまで石垣の新しい「体育における人間形成」論の概要を述べてきたが，そこでは必ずしも，人間形成の全体構造が明確に示されるものではなかったし，また道徳的人間の形成をめざすとする主張は理解できるが，あるべき具体的な人間像が示されることもなかった。また，

論文の後半部分で，現行の「体ほぐしの運動」がこの石垣の提案する新しい人間形成にとって有効である可能性を示唆する記述はあるが，道徳的人間を形成するための方法論が示されるという点では十分であるとはいえないと思われる。このような石垣の研究は，人間形成的視点からみれば，いくつかの問題を有しているとはいえ，石垣が石垣の研究を通して一貫して提案したテーゼ，つまり身体性の問題が道徳的問題の土台的役割を担う可能性があるという点，換言すれば，体育の中で身体の同型性を貫徹させていく過程が道徳的規範を共有するための前提条件であるという提案は，傾聴に値するものであろうと思われる。従来の「体育における人間形成」論が見落としてきた点，つまり身体について他者と相互に理解しあっていく身体性への配慮は「体育における人間形成論」を構築する際には考慮に入れなければならないものであると考えられる。

　本章の第2節，第2項で出原の学習集団論を検討し，第4項で体育における学習集団論の課題について述べた際，出原泰明の体育の学習集団論は，運動学習という体育の特異性を考慮することなく，一般教育学や他の認識教科（座学）と同じ地盤に立つと批判したが，ここでの石垣の研究の検討を通していえば，次のように考えることが妥当のように思われる。それは，「体育における人間形成」は運動学習という方法の独自性と同時に，「身体」という対象でもあり，媒体という意味では方法でもある，ほかならぬ身体の独自性に立って人間形成論を構築していく必要があるということである。

　さて，これまで，日本の研究者によって提案された体育における人間形成論の諸論を概観し，批判的に検討してきた。ここで述べたように体育における人間形成論構築のための大きな示唆を得ることができたが，ただ，これらの研究者の諸研究は，人間形成実現のための具体的な方法論を伴ったり，教科論や授業論が示されるというものではなかった。実は，体育における人間形成のための教科論をベースにした方法論の提案は，アメリカを中心とする体育の先進諸国で1980年代以降，積極的に提起され，関連する実践が行われてきた。次の第4章では，アメリカを中心とした体育の先進諸国における「体育における人間形成論」について

みていくことにする。

4 体育における人間形成研究の成果と問題点

◉注釈

注1) 丹下保夫は1960（昭和35）年3月の同志会の研究大会で「生活体育とは何か」と題したワークショップを行い，運動文化概念を用いて体育のあり方を明らかにしている。丹下によれば，人間は自由な身体活動による喜びや快感を深化，拡大することを工夫し運動文化を生み出したのであり，運動文化の中核の運動技術の追求によって喜びは一層深化することになる。体育は運動文化を自己目的として追及する教育であり，かつ運動文化を媒介にしながら子どもの発達や生活が向上するという。この丹下の運動文化論はこの後，同志会の基本テーゼとなっていく。

なお，ワークショップの記録は下記の文献に復刻収録されている。
◎学校体育研究同志会編(1974)運動文化論. pp.188-192.〈非売品〉

また，丹下の運動文化論については次の文献を参照されたい。
◎丹下保夫(1963)体育技術と運動文化.明治図書.

丹下の運動文化論の戦後日本の体育における位置づけに関しては次の文献に詳しい。
◎学校体育研究同志会編(1989)国民運動文化の創造. 大修館書店. pp.107-121.

最近の研究では，高津勝が生活体育論から運動文化論への理論的な発展について下記の文献でまとめている。
◎高津勝(2004)生活体育論から運動文化論へ. 学校体育研究同志会編 体育実践とヒューマニズム―学校体育研究同志会50年のあゆみ. 創文企画, pp.45-70.

注2) 以下，本研究では体育のカリキュラムにおける人間形成に関わる学習を「人間形成的学習」という。

注3) 2006（平成18）年8月に開催された日本体育学会第57回大会（弘前大学）の体育哲学専門分科会のシンポジウムBのテーマは，「問いとしての体育学的人間形成概念」であった。

そこでは，日本の学校体育の中で論議されてきた人間形成のあり方や，教育哲学，体育哲学における人間形成概念について活発に論議された。
参照:日本体育学会第57回大会組織委員会編(2006)日本体育学会第57回大会予稿集. pp.24-25.

注4) この論争は一般に「グループ学習論争」と呼ばれることが多いが，実際には学習者の主体性を重視した経験主義教育の流れを汲むグループ学習と系統主義教育の立場から技術の構造的特性を重視した系統学習の論争であった。

注5) 終戦後に文部省から学校体育の軍国主義的色彩を一掃するよう各種の通牒が出されたが，なかなか戦前体育の指導法が一掃できなかったようである。1945（昭和20）年6月および翌年12月には，次の通牒によって命令，号令，行進，指示等の禁止が徹底して行われるよう通達がなされる。
◎「學校體錬科関係事項ノ處理徹底ニ関スル件」昭和20年12月26日．
◎「秩序,行進,徒手體操實施ニ関スル件」昭和21年6月28日．
参照：学校体育研究同好会編（1949）学校体育関係法令並びに通牒集．体育評論社，pp.102-103.およびpp.106-108.

注6) 前述の通牒によって，命令，号令，秩序・団体訓練が禁止されたが，具体的には，進駐軍の監視の下，校庭での朝の体操も体操隊形での号令による徒手体操等は厳しい懲罰の対象になったという。
参照：丹下保夫（1955）戦後10年の体育指導．学校体育，8（11）:28-33.

注7) ちなみに，この時点では，まだ「学習内容」と「教材」を区別する発想はまったくみられない。

注8) ここでいう「能力別の班別学習」は決して新しい指導法ではない。戦前の「学校体操教授要目」下でも，学習効率向上のために，分団学習として用いられることもあった。後述するように，この能力別の班別学習は，53要領では，「B型学習」に対する「A型学習」として引き継がれることになる。

注9) ただ，47要綱では戦前の主要教材であった「体操（徒手体操）」が「遊戯」とならんで，いまだ「内容」の2大領域を構成している。49要領では，教材名も児童尊重の立場から，「遊び」と「運動」となり，体操もスポーツ的に行うことを意図して「巧技（スタンツ）」と呼ばれるようになる。このような点からも具体的な実践研究の成果によって，「要綱」が作成されたというよりも，アメリカ体育の翻訳によりながら，表面的には戦前体育を払拭したかのようにみえても，実体的には戦前体育の残滓がなお連続しているように思われる。

注10) 例えば，鳥取市日進小学校，岡山県氷見小学校，大阪市北鶴橋小学校，京都市光徳小学校，東京第一師範附属竹早小学校，奈良女子高等師範附属小学校などが挙げられる。竹之下休蔵によれば，これらの先駆的体育実践校は伝統的な力をもつ附属小学校以外の学校が多く，また中学校に比べて圧倒的に小学校が多いという。そしてこれらの学校に共通する特色としては，他教科のカリキュラム研究の影響が多分にみられるという。
参照：竹之下休蔵・岸野雄三（1983）近代日本学校体育史．日本図書センター，pp.268-269．

注11) 皮肉な見方をすれば，ここには戦前の日本の体育が，スウェーデンやドイツの体育の全面的受容から始まったのと同様の，外国体育の無邪気なまでの好意的かつ全面的受容という同一の構造があるように思われる。さらにいえば，この構造は時代によってその濃淡は異なるとはいえ，現在に至るまでの日本の体育に一貫した構造であるのかもしれない。

注12) 本研究では，1947（昭和22）年発行の「学習指導要領――一般編――」は，原本の入手が困難だったために，前川の「戦後学校体育の研究」の「資料編」掲載のものによった。ここでの引用は下記による。
◎前川峯雄編（1973）戦後学校体育の研究．不昧堂出版．p.341．

注13) なお「教科課程」に代えて「教育課程」という用語が使用されるようになるのは，「学習指導要領　一般編（試案）」〈1951（昭和26）年7月発行〉からである。このことは，カリキュラム研究の一定の成果によって，この学習指導要領において「教科」の概念が初めて明示されたことと関連して，「教科課程」よりも広義な概念として「教育課程」を採用したためと考えられる。
参照：小原友行（1985）昭和20年代後期の教育実践の思想と運動．奥田真丈監　教科教育百年史．建帛社．p.1040．

注14) 例えば，以下の文献が挙げられる。
◎竹之下休蔵（1949b）コア・カリキュラムと體育．カリキュラム（6）:13 -16.
◎竹之下休蔵（1949c）體育のカリキュラム．学校体育，2（3）:14-20.
　　また，『体育のカリキュラム』出版前年にも，この著書や上記の論述で展開したと同様の要旨を，「学校体育」誌に発表している。
◎竹之下休蔵（1948）カリキュラムの構成．学校体育，1（8）:12-13.

注15) 竹之下休蔵は1956（昭和）31年に「グループ学習研究会（後に全国体育学習研究会と改称）〈略称「全体研」〉」を創設する。一方，丹下保夫もその前年の1955（昭和30）年に「学校体育研究同志会〈略称「同志会」〉」を創設している。

注16) なお，竹之下休蔵が試みた大田小学校での実践研究は，大田小学校の当時の教師達が書いた「神奈川縣中郡大田小學校（1952）農村の小學校體育―その一例―．カリキュラム（46）：68-72．」に詳しい。

注17) 浅井浅一のこの頃の研究成果は次の著書を参照されたい。
◎浅井浅一・大西誠一郎（1954）体育と人間関係．蘭書房．
◎浅井浅一（1956）体育と社会的人間．蘭書房．
◎浅井浅一（1957）体育と社会性．杏林書院．

注18) ただし，実践に結びついた「指導法研究」の一定の成果が生み出されてくるのは，昭和30年代初頭以降に始まる「B型学習批判」や「グループ学習論争」の中からである。

注19) 一般に「単元学習」は経験主義の経験単元，作業単元をさすのが通例であるが，ここで用いられた「単元」は明らかに「経験単元」ないしは「生活単元」をさしていると考えるのが妥当であろう。
参照：天城勲ほか編（1973）現代教育用語辞典．第一法規．pp.358-359．

注20) ここでの引用は，初出は以下の「現代教育科学」誌であるが，城丸章夫ほか編の『戦後民主体育の展開〈理論編〉』によった。
初出：現代教育科学74号「戦後教科教育論争史・第15回」．1964年5月．
丹下保夫（1964）体育科教育論争（中）．城丸章夫ほか編 戦後民主体育の展開〈理論編〉．新評論．pp.21-32．なお，ここでの引用頁は21頁である。

注21) 丹下保夫は1954（昭和29）年から1957（昭和32）年にかけて，埼玉県浦和市（現さいたま市）で自らが中心となって，東京教育大学体育学部教員と浦和市教育委員会との共同研究を行い，カリキュラムや指導法についての実践を行った。高橋健夫によれば，浦和の体育実践の歴史的意義は①大学，教育委員会，現場が一体となって共同で行った最初の研究であること，②アメリカ

体育の模倣段階を超えて，日本の現実に根ざした体育実践が展開されたこと，③体育実践に多大な影響を及ぼす同志会の創出の契機となったことを挙げている。

参照：高橋健夫（1995）浦和の体育実践．宇土正彦監修 学校体育授業事典．大修館書店，pp.617-621．

　なお，「浦和の体育実践」については，次の高橋の論考が研究の理論的・実践的側面を含めて概要を詳細に論じている。

◎高橋健夫（1997）浦和の体育研究．中村敏雄編 戦後体育実践論 第1巻 民主体育の探求．創文企画，pp.123-139．

注22）　竹之下休蔵らは，川崎市の臨港中学校と静岡県の韮山中学校を実験校にして，1956（昭和31）年の5月から6月にかけて，一斉学習とグループ学習の比較実験を行い，その結果を日本体育学会に発表している。そこでの結論は，異質グループ学習が社会的態度の形成のみならず，技能学習にも優れた成果を挙げるというものであった。以下に，その時の発表演題と発表者を示しておく。

◎都市と農村における学校体育の実証的研究（第3報 指導法に関する実験的研究）

　　竹之下休蔵・松延博・松田岩男・松本千代栄・宇土正彦．

参照：竹之下休蔵ほか（1957）体育学研究，2(7):38-43．

注23）　ここでの引用は，初出は以下の「新体育」誌であるが，城丸章夫ほか編『戦後民主体育の展開〈理論編〉』によった。

初出：新体育．第27巻第11号．1957年．

竹之下休蔵（1975）体育におけるグループ学習．城丸章夫ほか編 戦後民主体育の展開〈理論編〉．新評論，pp.65-72．なお，ここでの引用頁は66-67頁である。

注24）　なお，体育では「学習集団（論）」が具体的には「グループ学習（論）」として展開されたのを受けて，第2節では両概念を同義として用いることとする。

注25）　「ドル平」とは，手は平泳ぎのように，足はバタフライのように泳ぐ泳法であるが，従来の水泳の系統性を批判しつつ，「教育の現代化運動」に影響され，水泳の基礎泳法として同志会の中から提案されたものである。このドル平に代表されるように，この時期同志会では，運動技術の系統性研究が盛んに行われた。

参照:出原泰明(2006)教育内容の現代化. 日本体育学会監修 最新スポーツ科学事典, p.610.

注26) ここに挙げたクルムのほかにも，体育という教科が依拠すべき文化領域としてスポーツ文化を挙げる研究者は多い。例えば，現代のアメリカ体育を代表するイデオローグであり，体育の先進諸国の体育科教育学研究に影響を与えているシーデントップも，体育という教科の依拠すべき文化領域をスポーツ文化としており，スポーツは適切な指導があればプレイ能力の向上だけではなく，人格的成長や責任感といった重要な発達的経験をもたらし，体育の目標を達成するための優れた媒体であると述べている。
参照:シーデントップ:高橋健夫監訳(2003)新しい体育授業の創造−スポーツ教育の実践モデル. 大修館書店, p.3.

注27) この研究は出原泰明の体育の学習集団論に触発されて行ったものである。次の文献を参照されたい。
◎友添秀則・梅垣明美・近藤良享(1995)体育の学習集団に関する実践研究〜集団形成過程重視の試み. スポーツ教育学研究, 15(1):35-47.

注28) なお，先の「体育の学習集団に関する実践研究〜集団形成過程重視の試み」に新たなデータを補足し，学習者に意図的にラボラトリー・メソッドを用い，学習者のコミュニケーションスキル向上の観点から論文をまとめたことがある。次の文献を参照されたい。
◎友添秀則・梅垣明美(2003)コミュニケーションスキルを高める体育授業. 高橋健夫編 体育授業を観察評価する. 明和出版, pp.121-124.

注29) 体育における人間形成的学習では何よりも，人間形成的内容に関わる社会的スキルを教師が意図的に教えることが有効であると思われる。筆者らは「チャレンジ運動」の実践を通して小学校4年生を対象に人間関係スキルを学習させる研究を行ったが，教科内容として設定することの有効性を得た。詳細は次の文献を参照されたい。
参照:友添秀則・梅垣明美(2003)人間関係を豊かにする「チャレンジ運動」の実践. 高橋健夫編 体育授業を観察評価する. 明和出版, pp.115-120.

注30) 耳塚寛明は習熟度別学級編成と能力別学級編成は現実の実践形態でほとんど差がなく，習熟度別学級編成は能力別学級編成の一編制方法であることを明

らかにしている。また佐藤学によれば，習熟度別指導は成績上位者の一部には効果があるが，下位の者は疎外感をもち学習意欲をなくす，とアメリカの研究を例に述べている。さらに梅原利夫らは，習熟度別学習の具体的な問題点を挙げながら，多様な異質集団による学び合いの重要性を指摘している。
参照：
◎耳塚寛明(1990)学習指導の組織と機能. 黒羽亮一・牟田博光編 日本の教育5 教育内容・方法の革新. 教育開発研究所.
◎佐藤 学(2004)習熟度別指導の何が問題か. 岩波ブックレット. 岩波書店.
◎梅原利夫・小寺隆之編(2005)習熟度別授業で学力は育つか. 明石書店.
なお，梅原らの著書は習熟度別授業の歴史的経緯をコンパクトにまとめているので参照されたい。

注31) 当初，丹下保夫は「中間項」を喜びを高める運動技術の内容や方法と同義語と考え，ゲームと基礎練習の中間，あるいは運動のもつ本質的な魅力の発展を子どもの欲求を基本にして捉えたものと理解していた。1961年には，丹下は「中間項」をリードアップゲームとは異なり，①運動の本質的な技術を含み，②次の段階に向けて継続的に発展するものであり，③子どもの欲求・興味・関心に即応し，それをさらに発展させ，④ゲーム性を有するものであると述べ，運動文化の発展系列に属するものであると規定し，この後，運動文化論へ発展させていくことになる。
参照：
◎学校体育研究同志会編(1989)国民運動文化の創造. 大修館書店, pp.111-116.
◎学校体育研究同志会(2005)学校体育研究同志会の歩み. 2005年1月22日体育同志会50周年記念集会(東京武蔵野市・成蹊学園)配布資料, p.2.

注32) ちなみに，城丸章夫著作集の内容構成は以下の通りである。
◎城丸章夫著作集編集委員会編(1993)城丸章夫著作集. 青木書店.
〈第1巻 現代日本教育論. 第2巻 民主主義と教育. 第3巻 生活指導と人格形成. 第4巻 生活指導と自治活動. 第5巻 集団主義と教科外活動. 第6巻 幼児教育・地域と家庭の教育. 第7巻 体育・スポーツ論. 第8巻 教育課程論・授業論. 第9巻 平和教育論. 第10巻 軍隊教育と国民教育. 別冊 教育のちから:城丸章夫著作集の刊行によせる／城丸章夫著作集編集委員会編.〉

注33) 全生研（全国生活指導研究協議会）は生活指導運動を充実・発展させること

で，戦後の憲法と教育基本法の主旨である平和と民主主義をめざす国民教育の実現に努める（同会・指標）ことを目的に，1959（昭和34）年に設立された民間教育研究団体である。同会は機関誌「生活指導」（明治図書）を通して，学校における生活指導運動を推進し，日本の民主的教育を担ってきた。

一方，教科研（教育科学研究会）は，戦前，岩波書店が刊行した「講座教育科学」（阿部重孝・城戸幡太郎編，1931年〜1933年）および雑誌「教育」の執筆者を中心に1937年に結成された民間教育研究団体である。戦時体制に向かう中，弾圧を受け一度解体したが，戦後，1952（昭和27）年に教育学者の宗像誠也，勝田守一らを中心に再建された。憲法・教育基本法の理念を実現・発展させるために，10の部会と機関誌「教育」（国土社）とによって活発な教育研究活動を行っている。体育の研究者は古くから教科研に参加し，「身体と教育」部会では中心的に活動し，子どもの「からだ」の問題から体育のあり方への提言を積極的に行ってきた。

注34）テキストでは，ローマ数字による章立てになっている。

注35）本研究ではすでに第1章第3節第3項「体育における人間形成の暫定的概念」で述べたように，いわゆる「身体形成」を「人間形成」に含まない立場をとっていることを再度確認しておきたい。なお，このことに関しては，序章の注3）および第1章の注13）もあわせて参照して頂きたい。

注36）この時期，水野忠文が体育の専門雑誌に発表した体育（スポーツ）と道徳について論じた論考には以下のものがある。
◎水野忠文（1958）道徳教育と体育．体育の科学，8（2）：63-66．
◎水野忠文（1964）道徳教育の場としてのスポーツ．体育の科学，14（9）：507-511．
　なお，水野は後年，体育やスポーツにおける倫理や倫理教育に関して書かれたイギリスの体育・スポーツ史研究者のマッキントッシュ（McIntosh, P. C.）の"Fair play :Ethics in Sport & Education"，を翻訳出版する。
◎マッキントッシュ：水野忠文訳（1983）スポーツと教育における倫理学．ベースボール・マガジン社．

注37）ここでは，原典での章，節の番号，記号等を比較しやすくするために，1，1），①のように書き換えている。なお，ここに挙げる目次のうち，体育における人間形成について直接の言及がなされている箇所は「下線」で示して

いる.

注38) なお天野貞祐のこの論文は，次の文献に所収されている.
◎文部省(1959)新しい道徳教育のために. 東洋館出版社. なお,水野が引用した頁は7頁である.

注39) 水野忠文によるプラトンの引用は次のものである.「節制の徳は宴席において，勇気の徳は恐怖の場において養われる」.なお，水野の引用参考文献には引用文献として，プラトン：山本光雄訳. 法律論 第1巻. 近藤書店. とあるが筆者は原典の邦訳書を確認できなかった.

注40) 水野忠文は1977年刊行の『スポーツの科学的原理』では，スポーツマンシップの明確な概念規定をしていないが，1917年に出されたHaileybury Collegeの校長Malim，F．B．の論文を紹介し，そこに示されたゲームによって得られる諸徳目をスポーツマンシップとしていると文脈上読み取ることができる．ちなみに，それらの徳目は以下のものである．身体的勇気，忍耐心，自制心，没我，公正な手段，公正，統率力である．

注41) 日本体育学会体育原理専門分科会は，2006（平成18）年度に，その名称を日本体育学会体育哲学専門分科会と改めた．それに伴い，「体育原理研究」は2005（平成17）年度の通巻36号から「体育哲学研究」にその名称が変更された．「体育原理研究」および「体育哲学研究」は，論文掲載にあたっては，他の研究誌同様に査読委員による審査に合格しなければならない．なお，ここで取り上げる久保正秋の一連の研究は以下のものである．
◎久保正秋(1999)「体育における人間形成」論の批判的検討1―「における」という言葉が表す「体育」と「人間形成」との関係―. 体育原理研究(29):11-18.
◎久保正秋(1999)「体育における人間形成」論の批判的検討2―形成される「人間」の分析―. 体育原理研究(29):19-27.
◎久保正秋(2001)「体育における人間形成」論の批判的検討3―人間を形成する「体育」の分析―. 体育原理研究(31):1-8.
◎久保正秋(2004)「体育における人間形成」論の批判的検討4―忘れられた連関―. 体育原理研究(34):1-7.
◎久保正秋(2006)「体育における人間形成」論の批判的検討5－人間の「形成」と「生成」. 体育原理研究(36):1-7.

注42)　以下,公刊された5編の論文をそれぞれ公刊順に,第1論文～第5論文という。
注43)　ここで検討の対象とした論文のほかに,身体や道徳教育との関連で書かれた石垣健二の論文には以下のものがある。
　　　◎石垣健二(1999)「他者(の身体)になってみる」ことによる運動学習―「生きる力」と他者理解.体育思想研究(5):107-124.
　　　◎石垣健二(2002)体育学における「他者」の問題―道徳教育の可能性と自-他関係の解明にむけての検討.体育・スポーツ哲学究,24(1):25-42.

◎参考文献

1) 天城勲ほか編(1973)現代教育用語辞典. 第一法規.
2) 荒木豊(1977)グループ学習再考. 運動文化, 11(59). 学校体育研究同志会:pp.4-7.
3) 浅井浅一・大西誠一郎(1954)体育と人間関係. 蘭書房.
4) 浅井浅一(1956)体育と社会的人間. 蘭書房.
5) 浅井浅一(1957)体育と社会性. 杏林書院.
6) Crum, B. (1993) The Critical-Constructive Movement Socialization Concept Its Rational and Its Practical Consequences. International Journal of Physical Education 29 (1) : 9-17.
7) 学校体育研究同好会編(1949)学校体育関係法令並びに通牒集. 体育評論社, p.96.
8) 学校体育研究同志会編(1974)運動文化論〈非売品〉.
9) 学校体育研究同志会編(1974)運動文化論〈創立20周年記念〉. 学校体育研究同志会:p.17.
10) 学校体育研究同志会編(1989)国民運動文化の創造. 大修館書店.
11) 学校体育研究同志会編(1995)運動文化論 第1分冊(創立40周年記念). 学校体育研究同志会:pp.83-89.
12) 学校体育研究同志会編(2004)体育実践とヒューマニズム-学校体育研究同志会50年のあゆみ. 創文企画.
13) 学校体育研究同志会(2005)学校体育研究同志会の歩み. 2005年1月22日. 体育同志会50周年記念集会(東京武蔵野市・成蹊学園)配布資料.
14) 井上一男(1970)学校体育制度史 増補版. 大修館書店, p.371.
15) 石垣健二(1999)「他者(の身体)になってみる」ことによる運動学習-「生きる力」と他者理解. 体育思想研究(5):107-124.
16) 石垣健二(2002)体育学における「他者」の問題-道徳教育の可能性と自-他関係の解明にむけての検討. 体育・スポーツ哲学学会, 24(1):25-42.
17) 石垣健二(2003)新しい「体育における人間形成」試論-道徳的問題の背後としての「身体性」の検討. 体育原理研究(33):41-52.
18) 逸見時雄(1958)生活単元展開に於ける今後の課題-太田プランの実践と再検討から学ぶ-. 体育グループ 第7号. 学校体育研究同志会.〈学校体育研究同志会編(1974)運動文化論(創立20周年記念). 学校体育研究同志会:pp.93-100. 所収〉
19) 出原泰明(1995)技術指導と集団づくり. 学校体育研究同志会編 運動文化論 第1分冊(創立40周年記念), pp.83-89.〈出原泰明(1975)技術指導と学習集団. 運動文化 第51号 学校体育研究同志会. 初出〉
20) 出原泰明(1978)技術指導と集団づくり. ベースボール・マガジン社.
21) 出原泰明(1981)グループ学習の基本的な進め方. 体育科教育, 29(2):40-43.
22) 出原泰明(1986)体育の学習集団論. 明治図書.
23) 出原泰明(1991)体育の授業方法論. 大修館書店.
24) ジョンソン:菅野盾樹ほか訳(1991)心のなかの身体-想像力へのパラダイム変換. 紀伊国屋書店.〈Johnson, M. (1987) The body in the mind, The University of Chicago Press:Chicago and London.〉
25) 香川県教育委員会編(1970)香川の教育20年のあゆみ, p.32.

26) 神奈川縣中郡大田小學校(1952)農村の小學校體育−その一例−. カリキュラム(46):68-72.
27) 笠井恵雄(1954)体育指導における運動学習の特質. 学校体育, 7(6):16-22.
28) 笠井恵雄(1957)系統学習と体育科. 体育科教育, 5(12):9-14.
29) 小原友行(1985)昭和20年代後期の教育実践の思想と運動. 奥田真丈監　教科教育百年史. 建帛社, pp.1037-1049.
30) 個人差教育研究会編(1989)個人差に応じた新しい学習指導要領の展開8 体育. ぎょうせい.
31) 久保正秋(1999a)「体育における人間形成」論の批判的検討1—「における」という言葉が表す「体育」と「人間形成」との関係—. 体育原理研究(29):11-18.
32) 久保正秋(1999b)「体育における人間形成」論の批判的検討2—形成される「人間」の分析—. 体育原理研究(29):19-27.
33) 久保正秋(2001)「体育における人間形成」論の批判的検討3—人間を形成する「体育」の分析—. 体育原理研究(31):1-8.
34) 久保正秋(2004)「体育における人間形成」論の批判的検討4—忘れられた連関—. 体育原理研究(34):1-7.
35) 久保正秋(2006)「体育における人間形成」論の批判的検討5—人間の「形成」と「生成」. 体育原理研究(36):1-7.
36) 黒羽亮一・牟田博光編(1990)日本の教育5 教育内容・方法の革新. 教育開発研究所.
37) Laporte, W. R. (1951) The Physical Education Curriculum (a National Program). Parker & Company.
38) 前川峯雄(1950)体育のカリキュラム運動に寄せる. 学校体育, 3(12):2-8.
39) 前川峯雄編(1973)戦後学校体育の研究. 不昧堂出版, p.341.
40) 前川峯雄(1959)体育方法における二つの立場. 体育科教育, 7(5):6-11.
41) 前川峯雄・丹下保夫(1949)體育カリキュラム(上巻). 教育科學社.
42) 前川峯雄・丹下保夫(1949)體育カリキュラム(下巻). 教育科學社.
43) 前川峯雄(1965)現代体育の指導理念. 体育原理研究会編 体育の原理. 不昧堂出版, pp.107−117.
44) 前川峯雄(1970)体育原理. 大修館書店.
45) 前川峯雄(1982)体育学の原点. 大修館書店.
46) 正木健雄(1962)身体と教育. 岩波書店.
47) 松田岩男(1957)グループ学習とその指導法. 学校体育, 10(11):24-29.
48) 松田岩男(1958)生活体育を批判する. 体育科教育, 6(4):13-19.
49) マッキントッシュ：水野忠文訳(1983)スポーツと教育における倫理学. ベースボール・マガジン社. 〈McIntosh, P. C. (1979) Fair Play, Ethics in Sport and Education, London.〉
50) 水野忠文(1958)道徳教育と体育. 体育の科学, 8(2):63−66.
51) 水野忠文(1964)道徳教育の場としてのスポーツ. 体育の科学,14(9):507-511.
52) 水野忠文(1967)体育思想史序説. 世界書院, pp.111-132.
53) 水野忠文・猪飼道夫・江橋慎四郎(1973)体育教育の原理. 東京大学出版会, pp.33-51.
54) 水野忠文(1977)スポーツとは何か. 朝比奈一男・水野忠文・岸野雄三編 スポーツの科学的原理. 大修館書店, pp.45-56.
55) 文部省(1947)学校体育指導要綱. 東京書籍.

56) 文部省(1949)学習指導要領 小学校体育編. 大日本図書.
57) 文部省(1953)小学校学習指導要領 体育科編. 明治図書.
58) 森田啓之(1990)学校体育における目標としての「社会的態度」の再検討. スポーツ教育学研究, 10(1):25-31.
59) 村上修(1995)同志会四〇年の歩みと私たちの課題. 運動文化研究, 13:6-12.
60) 永島惇正(1981)グループ学習と効率. 体育科教育, 29(2):60-62.
61) 中村敏雄(1964)指導法をめぐって. 体育科教育, 12(11):48-51.
62) 中村敏雄(1969)オリエンテイションの転換に立って. 体育科教育, 17(4):20-22.
63) 中村敏雄編(1997)戦後体育実践論第1巻 民主体育の探求. 創文企画.
64) 夏目漱石(1966)現代日本の開化. 漱石全集第11巻 評論・雑篇. 岩波書店, p.334.
65) 日本体育学会監修(2006)最新スポーツ科学事典. 平凡社.
66) 日本体育学会第57回大会組織委員会編(2006)日本体育学会第57回大会予稿集.
67) 佐伯胖(1992)イメージ化による知識と学習. 東洋館出版, pp.77-93.
68) 斉藤孝(1999)子どもたちはなぜキレるのか. 筑波書房.
69) 佐藤学(2004)習熟度別指導の何が問題か. 岩波ブックレット. 岩波書店.
70) 城丸章夫(1955)体育の正しいあり方を考えるために―体育についてのうったえ. 教育, 10(5):6-14.
71) 城丸章夫ほか編(1975a)戦後民主体育の展開〈理論編〉. 新評論.
72) 城丸章夫ほか編(1975b)戦後民主体育の展開〈実践編〉. 新評論.
73) 城丸章夫(1980)体育と人格形成―体育における民主主義の追及―. 青木書店.
74) 城丸章夫著作集編集委員会編(1993)城丸章夫著作集 第7巻 体育・スポーツ論. 青木書店.
75) シーデントップ:髙橋健夫監訳(2003)新しい体育授業の創造-スポーツ教育の実践モデル. 大修館書店.〈Siedentop, D. (1994) Sport Education : Quality PE Through Positve Experiences. Human Kinetics Publishers Inc.〉
76) 髙橋健夫(1995)浦和の体育実践. 宇土正彦監修 学校体育授業事典. 大修館書店, pp.617-621.
77) 髙橋健夫(1997)浦和の体育研究. 中村敏雄編 戦後体育実践論第1巻 民主体育の探求. 創文企画, pp.123-139.
78) 竹之下休蔵(1948)カリキュラムの構成. 学校体育, 1(8):12-13.
79) 竹之下休蔵(1949a)体育のカリキュラム. 誠文堂新光社.
80) 竹之下休蔵(1949b)コア・カリキュラムと體育. カリキュラム(6):13-16.
81) 竹之下休蔵(1949c)體育のカリキュラム. 学校体育, 2(3):14-20.
82) 竹之下休蔵(1952)体育の指導. 学校体育, 5(4):12-16.
83) 竹之下休蔵(1955)B型学習の狙い. 体育科教育, 3(11):8-13.
84) 竹之下休蔵(1980)特別講演 学習指導の転換と全国体育学習研究会の役割―全体研における保守と革新―.〈中村敏雄編(1999)戦後体育実践論資料編 戦後体育実践主要論文集. 創文企画, pp.114-119. 所収〉
85) 竹之下休蔵監修・長野県学校体育研究会編(1986)体育の学習を子どものものに. 学習研究社, p.56.
86) 竹之下休蔵・宇土正彦編(1982)小学校体育の学習と指導. 光文書院, pp.243-244.
87) 竹之下休蔵・岸野雄三(1983)近代日本学校体育史. 日本図書センター.

88) 丹下保夫（1955a）B型指導をこう考える. 体育科教育, 3(11):14-19.
89) 丹下保夫（1955b）戦後10年の体育指導. 学校体育, 8(11):28-33.
90) 丹下保夫（1956）「話し合い」をどう指導するか. 体育科教育, 4(4):10-13.
91) 丹下保夫（1956）同志会のあゆみ. 体育グループ 第1号. 学校体育研究同志会.
92) 丹下保夫（1959）グループ学習とは何か. 体育の科学, 9(4):146-149.
93) 丹下保夫ほか（1960）教科としての「体育」の本質は何か. 生活体育, 12(10):53-60.
94) 丹下保夫（1963）体育技術と運動文化. 明治図書.
95) 丹下保夫（1964）体育科教育論争（中）.〈城丸章夫他編（1975）戦後民主体育の展開. 新評論, pp.21-32. 所収〉
96) 丹下保夫（1965）学校体育の現状と体育原理の課題. 体育原理研究会編 体育の原理. 不昧堂出版, pp.81-92.
97) 丹下保夫（1976）体育原理（下）. 逍遥書院.
98) 戸田輝夫（1973）学習集団を形成していく授業. 高校生活指導, 17:34.
99) 友添秀則（1997）B型学習論の背景. 中村敏雄編 戦後体育実践論第1巻 民主体育の探求. 創文企画, pp.229-246.
100) 友添秀則（1997）学習集団をめぐる論議過程. 竹田清彦・高橋健夫・岡出美則編 体育科教育学の探求. 大修館書店, pp.284-299.
101) 友添秀則・梅垣明美（2003）人間関係を豊かにする「チャレンジ運動」の実践. 高橋健夫編 体育授業を観察評価する. 明和出版, pp.115-120.
102) 友添秀則・梅垣明美（2003）コミュニケーションスキルを高める体育授業. 高橋健夫編 体育授業を観察評価する. 明和出版, pp121-124.
103) 友添秀則・梅垣明美（2000）荒れる子どもを変える・荒れる子どもが変わる体育. 体育科教育, 48(4):28-31.
104) 鳥山敏子（1985a）からだが変わる授業が変わる. 晩成書房.
105) 鳥山敏子（1985b）イメージをさぐる. 太郎次郎社.
106) 梅原利夫・小寺隆之編（2005）習熟度別授業で学力は育つか. 明石書店.
107) 宇土正彦（1981）運動の特性論とグループ学習. 体育科教育, 29(2):20-22.
108) 宇土正彦監修（1995）学校体育授業事典. 大修館書店.
109) 山崎晴作（1954）カリキュラムをいかに改正したか. 学校体育, 7(3):48-53.
110) 全国体育学習研究協議会（1980）第25回京都大会つみかさね, pp.8-9.
111) 全国体育学習研究協議会（1981）第26回東京大会つみかさね.

第4章 先進諸国における体育の人間形成論

　本研究ではこれまで，体育における人間形成論の構築をめざして，「人間形成」概念を規定し，さらにそれをもとにして「体育における人間形成」の操作的概念を設定して，日本の体育における人間形成のあり方を規定してきた体育の学習指導要領を人間形成的視点から批判的に検討，考察してきた。さらに，体育における人間形成に関わる民間教育研究団体の諸実践や主要な研究者による人間形成論も人間形成的視点から分析してきた。しかし，それらの多くは人間形成のための具体的な目標や教授方略（注1）についての言及はきわめて稀であったといえよう。

　しかし，欧米の体育の先進諸国では，1970年代中半から80年代にかけて，人間形成のための具体的な目標や教授方略を伴った体育における人間形成的学習が提起されてきた。この提起の背景には，高度情報化社会の到来とともに，産業構造の急激な変化を基盤とした世界経済のグローバル化に影響された社会そのものの変化や変動がある。さらに社会の変化や変動に対応して起こった1990年代初頭に始まる教育改革や，それに連動する形で起こった学校体育改革があるように推察される。一連の学校体育改革によって，それまで体育の理念や目標としては取り上げられ

ても，実際には顧慮されることがほとんどなかった体育における人間形成的学習が取り上げられるようになった。特にアメリカ，ドイツ，イギリス，オーストラリア，ニュージーランドといった体育の先進諸国では，後述するように，レジャーの準備教育としてのプレイ論に立脚した体育の教科論が批判され，教科としての体育の存在意義を技能習熟や体力形成のみならず，体育における人間形成に求めるようになったという背景があるように思われる（高橋，2001）（注2）。もっとも，経済不況や情報の氾濫，生活構造の変化に伴って，怠学や非行，暴力等，荒廃する子どもの増加への直接的な対処を体育における人間形成的学習で果たそうとしたという背景も看取できよう。

　第4章では第1節および第2節で，欧米の体育の先進諸国の中でも，アメリカやドイツにおける体育の人間形成的学習を明らかにし，検討，考察の対象にする。アメリカやドイツの体育にける人間形成的学習である体育の道徳学習論や社会学習論では人間形成的視点を含んだ理論的提案や具体的な教授方略の提案が行われてきた。第3章第2節第2項で検討した同志会の「スポーツにおける主体者形成論」が提起された1970年代中半以降，ほぼ同じ時期にアメリカやドイツでも形は異なるとはいえ，体育における人間形成論が提起されるようになる。その背景には，スポーツが社会において文化として重要な位置を占めるに至ったという認識や1920年代以降，先進諸国の体育の教科論の理論的基盤となった「運動による教育」（education through physical activities）への痛烈な批判があったと考えられる（注3）。

　まず，第1節では，このような「運動による教育」批判と社会の道徳的な荒廃を背景として登場してきた「体育における道徳学習論」について，その理論的構造や具体的な教授方略を明らかにする。第2節では，ドイツにおける体育の人間形成論として社会学習（Soziales Lernen）論を明らかにし検討する。ドイツではフランクフルト学派に影響を受け形成された批判的教育学（Kritische Pädagogik）から誕生した批判的スポーツ教育学（Kritische Sportpädagogik）の中で，社会学習（Soziales Lernen）論が提起されるようになるが，スポーツそのものの変革まで視野に含んだスポーツ教育学（Sportpädagogik）における社会学習論には，スポーツ文

化が可変的でありスポーツ文化の相対化が必要であるとの批判的認識や社会批判そのものの考え方がその根底にあるように思われ,「体育における道徳学習論」とは,その方向性は大きく異なるといえよう。そして,両者の人間形成的学習を比較すれば,前者のアメリカにおける体育の道徳学習論は主に学習者の道徳的発達を志向したものであるのに対し,後者のドイツにおける体育の社会学習論は学習者そのものの社会性や道徳性に関する発達的観点に主軸を置いたものというよりは,体育という教科を通して社会変革を志向する社会志向の強いものであるということができると思われる。

ところで,本研究では,第1章で人間形成とは,「個人のうちに社会的規範を内面化し,社会的行動力を生み出す社会性および倫理的規範の内面化と道徳的行動力を生み出す道徳性を形成する営みである」と規定した。体育における道徳性の形成は,本章(第4章第1節)の「体育における人間形成論としての道徳学習論」で扱うが,体育における人間形成的学習としての社会性の形成に主眼をおいた体育カリキュラムや体育プログラムも学校体育改革に伴って提起されるようになってきた。それらはニュージーランドの体育カリキュラムにみてとれるが,第4章第3節では,1999年に出されたニュージーランドの改訂体育カリキュラムに示された体育における人間関係学習の内実を明らかにし,それを対象に体育における社会性形成の問題を検討する。

さて,先進諸国では,前述したように1990年代初頭から大規模な教育改革を行っていくが,それに連動して,学校体育改革も行われていく。特にアメリカの学校体育改革では体育の教科としての存在意義が強く問われるようになるが,改革の成果として日本の学習指導要領に相当する体育のナショナル・スタンダード(NASPE, 1995)が作成される。このナショナル・スタンダードは初めて全米規模で体育の到達基準を示したものであるが,その中には身体的発達や認知的発達に関わる学習とならんで人間形成的学習に関わる内容も示されている。第4章第4節ではアメリカの学校体育改革の背景を明らかにしながら体育のナショナル・スタンダードの人間形成的学習に関わるものを抽出し,その内容を明らかにしつつ批判的に検討する。

アメリカでは，前述した体育における道徳学習論が社会の道徳的荒廃を契機に提起されるようになるが，これはその後，ヘリソン（Hellison）による「体育における責任学習論」（注4）に受け継がれていく。ヘリソンは1980年代以降，経済不況や学校荒廃の中で，子どもの非行や道徳的逸脱行動が増大する状況下で，体育という教科で人間形成を担う必要性を痛感し，身体活動を通して責任のとり方を教える「体育における責任学習論」を提起，実践するようになる（Hellison, 2003, pp.4-5）。ここにはもちろん，荒れる青少年を体育という場においていかに人格陶冶すべきかというヘリソン自身の問題意識が看取できるが，同時に1980年代から1990年代にかけての学校体育改革の中で体育という教科の存在意義や体育という教科のアカウンタビリティーを人間形成によって果たそうとしたヘリソンの強い意図もうかがえる。ヘリソンの体育における責任学習論は，必ずしも理論的に明瞭ではないにしても，学習者の道徳性および社会性の形成を前者を個人的責任（Personal Responsibility），後者を社会的責任（Social Responsibility）として引き取り，両者を具体的な教授場面では区別することなく責任をとることを教えることで，体育における人間形成的学習を行うことを提起する。ヘリソンの体育における責任学習論は実践ベースでの具体的な教授方略を伴っていることもあって，アメリカのみならず，イギリス，ニュージーランド等でも多くの追試が行われその有効性が明らかになっていくが（注5），第5節ではこのヘリソンの体育における責任学習論を明らかにし，批判的に検討していく。

　体育のナショナル・スタンダードにおける人間形成的学習やヘリソンの体育における責任学習論は教科論として提案されたものであるだけに，人間形成的目標も明確に示され，かつ具体的な教授方略の提案も行われている。それらを明らかにし，検討することは，体育における人間形成論の構築を目的とする本研究にとって特に意義深いことであると考えられる。

　本章で考察の対象に据える体育の先進諸国における人間形成的学習は，これまで日本の研究では解明されたり，考察されたりすることがほとんどなかったものである（注6）。体育における人間形成のあり方を構築することを目的にしている本研究にとっては，体育の先進諸国におけ

る人間形成論の理論的諸提案や実践提案を検討することはきわめて有効であろうと思われる。それでは次に，先進諸国の体育における人間形成的学習について明らかにしていくことにする。

1 体育における人間形成論としての道徳学習論

(1) 体育の道徳学習論の系譜

アメリカにおいて提起されてきた体育における道徳学習論は，1970年代中半以降の理論的研究を中心とした胎動期を経て，80年代以降，具体的な教授方略を伴った実践レベルで展開されるようになる。その基盤には，確かにアメリカの体育に伝統的な「新体育」以来の「運動による教育」（education through physical activities）理論があるが，他方では，当時のアメリカの特殊な時代的・社会的背景と合わせて，70年代以降，「運動による教育」批判の中で登場する「プレイ教育（play education）」や伝統的な「ムーブメント教育（movement education）」への痛烈な批判意識が存在する。ブレッドマイヤー（Bredemeier, 1983）やフィグリー（Figley, 1984）ら，体育における道徳学習の提唱者たちは，体育が教科目標や学習内容の次元で健康，体力，運動技術に偏向し，学習者の道徳的発達を促進する可能性を無視してきたという問題意識を体育における道徳学習の提唱の基盤に据えている。

道徳的発達とは，具体的には道徳性の発達のことを意味するが，道徳的に行動するためには道徳的判断を下すことができる認知的能力が必要となる。しかし，たとえ道徳的判断が下せても，実際に道徳的行動がとれるとは限らない。例えば，フェアプレイの精神を理解していても，実際のプレイではフェアにプレイするとは限らない。一般に道徳性には，感情的要素，認知的要素，行動的要素の3つの構成要素があるといわれるが（Auweele et al., p.323），理論的には道徳的発達を促進する道徳学習は，これらの道徳的感情，道徳的判断，道徳的行動の3つの発達を期して行われることを意味する。しかし，ここで取り上げるアメリカの体育における道徳学習論は，後述するようにピアジェやコールバーグの理論

に依拠して研究がなされたのであるが，このような観点から厳密に道徳的発達の3要素に沿って研究や実践が行われたわけではない。

また，本節（第4章第1節）で取り上げるアメリカの体育における道徳学習論は，次節（第4章第2節）で述べるドイツの社会学習論と比較して，あくまで学習者個人の体育での道徳的発達に焦点づけられ，ドイツの社会学習論のような社会背景や社会そのものへの批判的側面を理論的にも実践的にも含んでいない。加えて，ドイツの場合とは逆に，その後の国内（全米）的な体育カリキュラムに大きな影響を与えたとは言い難い。しかし，道徳的発達理論に依拠しながら，人間形成的学習の具体的な教授方略を提起した点では，新たな人間形成論の構築を目的にする本研究にとっては大きな示唆を与えると思われる。

(2) 体育における道徳学習論

1970年代中半以降提起されるようになった体育の道徳学習論は，一方では上述したように，直接には「プレイ教育」や「ムーブメント教育」への痛烈な批判意識の下に登場してくる。しかし，このような批判意識を生み出し，体育の道徳学習論を要請した背景には，次の2つの要因が関係していると考えられる。

その1つは，1960年代から70年代にかけてのアメリカの不安定な社会情勢に起因する倫理的・道徳的荒廃である。1960年代のアメリカは膠着状態のベトナム戦争に対する反戦運動の盛り上がり，黒人暴動，全米に広がる学生運動，ウーマンズリブ（女性解放運動），その後に続くウォーターゲート事件に対する一連の政治不信が社会問題化する時代でもある（友添ほか，1992, p.31）。このような社会状況は，規範的で実際的な倫理研究の必要性や学校における道徳教育の実施や強化を要請するようになった。

また他方，ほぼ同じ時期に商業主義や勝利至上主義がスポーツを徐々に変質させ始めるようになる。大学スポーツでは，有能な学生選手の獲得をめぐってアンダーグラウンド・マネー（非公式の契約金）が流行するようになったり，スポーツの世界でのバーンアウトによって多くの子どもが競技スポーツを避け，子どもの中に競技スポーツの弊害が心身とも

に顕在化するようになる。また周知のように,ステロイドに代表される筋肉増強剤によるドーピングが本格化し始めるのもこの時期である。このようなスポーツの変質化を前にスポーツ社会学やスポーツ心理学を中心に,スポーツの人格形成機能に関する研究が進められ,その後の体育の道徳学習論に継承される実証的な研究成果が蓄積され始める。

このような社会状況の中で,一般的には道徳教育を実施してこなかったアメリカの公立学校では,各教科の中で学習者の道徳的発達を促進するプログラムづくりが試みられ始めるようになる。しかし体育では,従来スポーツが子どもの人格形成を促進するか否かについての研究レベルでの論争があり,体育における道徳性や社会性の育成や形成に関する実際的な取り組みはほとんど行われていない状況にあったと思われる。

例えば,スポーツが子どもにとって人格形成によい影響を与えると考えず,健康や体力の育成が体育の主要な教科目標や学習内容であると考える教師は,学習者の道徳的発達を促進するプログラムをまったく用いようとしないという。また逆に,スポーツが人格形成を可能にすると考える教師は,それが体育における意図的な学習によってではなく,性格形成の過程が身体活動の反応として自然に生起すると考えていた。従って,体育で意図的に道徳教育のプログラムを構成するのではなく,道徳的発達を「ビドン・カリキュラム(潜在的カリキュラム)」に委ねている状況であったという(Weiss and Breadmeier, 1986, p.374)(注7)。このような時期に,人格形成の社会心理学的研究である社会的学習理論(Social learning theory)やピアジェ(Piaget)以降,コールバーグ(Kohlberg)に継承されてきた構造的発達理論(Structual development theory)の成熟とともに,体育領域でも道徳教育(道徳学習)が明示的カリキュラムとして準備される必要があることを提言する研究者が現われるようになる。

1980年代に入ると,体育の専門職団体であるアメリカ体育協会(AAPE・American Academy of Physical Education)は,上述の社会的要請を受けて,体育における道徳的発達を促進すべく次の勧告(Park, 1983)を出し,体育における道徳的発達の保障は体育の専門職分野の重要な目標であることを宣言する。

① 学習者の道徳的・倫理的価値の発達は,体育の教育課程の明白な目

的に設定されなければならない。
② 体育教師の養成課程は道徳的・倫理的価値を強調しなければならない。
③ 体育教師が学習者に道徳的・倫理的価値の指導を強調することは奨励される。
④ 体育の専門職は，教授すべき適切な道徳的・倫理的価値を選択するための基準を作成し，学習計画や評価法を開発しなければならない。

このような経緯を経ながら，体育における道徳学習は1980年代中半以降，次の第3項でみるように，一定の理論的基盤に依拠しつつ，具体的な教授方略の開発をめぐって実践研究が展開されるようになる。

(3) 社会的学習理論と構造的発達理論

1980年代以降展開される体育の道徳学習は，社会的学習理論と構造的発達理論に依拠して展開されるが，特に実践的研究では，構造的発達理論を基盤としつつ，それに修正を加えたハーン（Hann, 1977a, 1977b）の相互作用論が中心的に用いられる。

バンデュラ（Bandura, 1977）やアロンフリード（Aronfreed, 1968, 1976）に代表される社会的学習理論は，道徳的発達が社会化の広範な過程で有能な他者との相互作用を通して，モデリング（模倣）や強化（reinforcement）の結果として生じると考える立場である。従って道徳的行動は，社会的要求や社会規範に従う活動であり，道徳性も一定の社会的行動が社会規範に一致するかで判定される。

一方，このような道徳性の認知構造や情緒的構成部分を考慮しない社会的学習理論の立場に対して，道徳的発達が各自の道徳的推論（思考・認識過程）能力や認知的役割取得能力に依存してなされるとするピアジェ，コールバーグ，ハーンに代表される構造的発達理論がある。ピアジェ（Piaget, 1965，ピアジェ, 1978, 2005）は子どもの遊びを通じた実証的研究を通して，子どもが大人の命令や権威に服従する拘束道徳性から，仲間との互恵的相互作用による共同道徳性へ発達する構造の変化が，認知的不均衡と仲間との相互作用に規定されることを明らかにした。子どもが

表4-1 ピアジェによる認知的発達の段階（注8）

年齢	段階	特徴
0〜2歳	感覚運動段階 The sensorimotor stage	幼児は感覚を通して，また実際に運動することで世界を発見していく。感覚的な経験と運動は知的・認知的発達の基盤である。幼児は物体が存在することを学ぶ。つまり物体が自分の視野にない時であっても物体が存在していることを理解する。しかし，この段階にいる子どもは言語やシンボル（symbol）を用いることはできない。
2〜7歳	前操作的段階 The pre-operational stage	この段階の初期にシンボル機能が出現する。子どもは他の事柄を表現するために別のものを用いることができるようになる。彼らは物や出来事を頭の中で絵，イメージ，言葉で表現する能力を獲得する。言語は時空間（here and now）を超えることを可能にするようになる。また彼らは行動を観察して，その後，それを模倣できる。象徴遊びはこの段階の典型的な活動である。言語の使用は子どもの認知的発達を驚くほど促進するが，彼らの思考は大人の基準からするとまったく不十分である。例えば，彼らは連続したり，分類したり，保存することはできない。彼らは同時にいくつかの次元に配慮することなく，見た目で物事を判断しがちである。就学前の子どもの思考は不可逆的で自己中心的である。
7〜11歳	具体的操作段階 The concrete operational stage	この段階の子どもは可逆的に精神を操作できる。彼らは具体的な物事や出来事，経験に関して論理的かつ体系的に考えることができる。保存や連続性，分類はこの段階でできるようになる。しかし，この段階の子どもは抽象的に物事を処理できず，仮定的な状況について思考することはできない。
11・12歳以降	形式的操作段階 The formal operational stage	青年期はこれまでの段階の限界を克服し始める時期である。彼らは仮定的問題と理論的な命題について推論する能力を発達させる。彼らは思想について考え，科学者の仮説や演繹的推論を理解できるようになる。

新しい経験に遭遇して，すでに存在する自身の構造に新しく経験したことが同化できない場合，認知的不均衡が生じ，他者との社会的相互作用によって認知的均衡を再興する時，段階ごとの認知的発達に関連して道徳的発達が生じるとする立場である（表4-1参照）。自己中心性から，一般化された他者の把握に至る認知的発達の段階説に立つピアジェの認知論は，その後コールバーグに継承され，拡大・修正されるようになる。

　コールバーグ（Kohlberg, 1981, 1984, コールバーグほか, 1987）は，道徳的行動が行動の背後にある道徳的推論に規定されるとする認知論の立場から，オープンエンドの仮説的な道徳的ジレンマ問題を子どもに解かせることによって，道徳的推論を自己中心的な前慣習的水準（第1・2段階），社会規範の維持を重視する慣習的水準（第3・4段階），普遍的な公正の原理を至上とする脱慣習的水準（第5・6段階）の3水準6段階に区分し，誰もがこの順次性で道徳的発達を遂げることを明らかにした（表4-2参照）。

　慣習以前のレベル（前慣習的水準）では，子どもは「善い」「悪い」「正」「不正」といった子どもを取り巻く文化の中で意味づけられた規則や言葉に反応し，言葉の意味を行為がもたらす結果や快・不快の程度で考えたり，規則や言葉を発する当該の人の物理的力によって考えるという。第1段階では，行為の善悪はその行為がもたらす物理的結果によって決定される。罰を避け，権威や力への絶対的な服従が善や価値あることと考えられる。第2段階では，正しい行為は，自己の必要と，時に他者の必要を満たす行為であるという。正義や善は，物理的な有用性を有するか否かによって決定される。

　慣習的レベル（慣習的水準）では，個人が所属する家族，集団，国家の期待に添うことが，当該の行為がどのような結果をもたらすかに関係なく，価値があると認識される。社会的な権威や秩序への忠誠のみならず，秩序や権威を維持し，正当化することが正しいこととされる。第3段階では，善い行動は，人から承認される行動である。また行動は，しばしばその動機によって判断され，動機の正しさが初めて重要になる。第4段階では，権威，規則，社会秩序等への志向が強くなる。正しい行動は，義務を果たし，権威を尊重し，秩序を秩序のためだけに維持することである。

表4-2 コールバーグの道徳的発達におけるレベルと段階および体育授業場面例(注9)

社会道徳的視座	レベル(水準)	段階	特徴
具体的・個人的視座	前慣習的水準	第1段階〈罰と服従志向〉	罰を避け,権力に従うことによって正しい行為を行う。他律的道徳性(自己中心的)。 ●**体育授業場面で** ゲーム中,審判からの罰を避けるためにルールを遵守する。
		第2段階〈道具主義的相対主義者志向〉	正しさは相対的。各自の関心に応じて行動し,他者にも同じように行動させることが正しさである。具体的・個人的道徳性。 ●**体育授業場面で** 他者もそうすると思い,自己利益のためにルールを破る。
社会の一員としての視座	慣習的水準	第3段階〈対人関係調和志向〉	他者からの役割期待に添う行為が正しい行為である。他者関係による相対的道徳性。 ●**体育授業場面で** ルールは守るべきと理解していても自分が所属するチームの利益のためならルールを破る行為は正しいと考える。
		第4段階〈「法と秩序」志向〉	正しい行為は,責任に支えられて義務を果たすことである。また正しい行為の理由は,既存の制度を存続させ社会の秩序や体制を崩壊させないことにある。法と義務に支えられた道徳性。 ●**体育授業場面で** 他の参加者とゲームをするためには,どのような場面でもルールに従うことが正しい。

社会道徳的視座	レベル（水準）	段階	特徴
超社会的視座	脱慣習的水準	第5段階〈社会契約的遵法主義志向〉	正しい行為の理由づけは，すべての人の権利を守る法に対する義務感である。時に法と道徳の対立があり，それらを統合することが困難な場合がある。 ●**体育授業場面で** すべての参加者の楽しみを支えるために進んでルールに従う。
		第6段階〈普遍的な倫理的原理志向〉	行為の正しさを決定するのは，自ら選択した倫理的原則にのみ基づく。多くの法は，倫理的原則に基づいているために有効であると考える。法が倫理的原則に反する場合は，個人が信じる倫理的原則に基づいて行動する。正しい行為の理由は，普遍的な道徳の原則に照らして妥当であるかである。普遍的な倫理原則と道徳の自律性。 ●**体育授業場面で** チームのメンバーから求められ，たとえ審判から許されても，倫理的原則に基づけばファウル（反則）をしない。

脱慣習的レベル（脱慣習的水準）では，道徳的価値や道徳原理を妥当性をもったものとして適用されるよう明確な努力がみられる。第5段階では，功利主義的傾向がみられ，正しい行為は批判的に吟味され，かつ合意された基準によって規定される傾向がある。個人的見解や個人的価値の相対性が認識され，合意に至るための手続き上の規則が重視される。法の観点が重視されるが，社会的効用を合理的に勘案して，法の変更の可能性も重視される。法のカテゴリー外では，個人の自由意志に基づく合意と契約が，義務の要素となる。第6段階では，正しさは倫理的包括性，普遍性，一貫性の観点から自らが選択した倫理的原理に一致する良心の決定によって規定される。この倫理的原理は具体的な道徳律ではなく，定言命法のように抽象的，倫理的なものであり，換言すれば，正義を構成する普遍的諸原理である。

　コールバーグは，上述の道徳的発達段階を規定する道徳的推論の段階を上げるには，仮説の道徳的ジレンマによって認知的・道徳的不均衡をもち，また道徳的不均衡に類似した役割取得の機会をもつことが道徳的発達を促進する上で重要であるとした（注10）。このコールバーグの認知論に立つ道徳発達の段階説は，文化差や性差を考慮していないというギリガン（Gilligan, 1982）の批判や，仮説の道徳的ジレンマの使用は，現実の道徳的ジレンマに対してかえって道徳的発達を制限するという批判が生まれ，ハーンはコールバーグ理論に修正を加え，相互作用論を提起するようになる。

　ハーン（Haan, 1977a, 1977b）によれば，コールバーグとは逆に，普遍的な公正の原理を措定して，演繹的推論を想定するのではなく，構造主義の立場から帰納的道徳的構造を基盤に道徳的判断がなされるという。したがって，道徳性は現実の道徳的ジレンマに対して道徳的均衡や合意を形成する過程として捉えられ，道徳的発達は道徳的均衡や合意形成を可能にする対話（dialogue）によって生じることになる。そしてコールバーグの段階説を修正して，相互作用的道徳性の発達段階を次の5水準によって示した。

●――ハーンの相互作用的道徳性の発達段階
① 自己中心的で利己主義的な「力の均衡」段階
② 自己利益と他者との妥協の必要性の認識が生じる「自己中心的均衡」段階
③ 自己利益を得るために利他的行動が生じる「調和の均衡」段階
④ 客観的で公正な形式的規則の要求と遵守が生じる「共通利益の均衡」段階
⑤ 他者利益を効率的に最大にする利他的行動が生じる「相互利益の均衡」段階

　このような構造的発達理論に立つハーンの相互作用論から，次のような道徳的成長を促進するための教授方略が導かれるようになる。それらは，①役割取得の機会，②道徳的葛藤の実際の経験，③道徳的対話，話し合いの機会の提供，④合意の形成であり，実践的な教授過程では実際の道徳的ジレンマの状況，ジレンマ解決の機会，対話と道徳的均衡の確認が，先に示したハーンの道徳的発達段階の水準の各レベルと照合されながら進められる。
　1970年代後半以降，ハーンの相互作用論に依拠した体育における道徳学習の実践研究が展開されるようになるが，そこでの介入条件は，体育授業に道徳的ジレンマを意図的に組み込むために，練習の機会を不平等にしたり，不公平なプレイ（ボールの独り占め）を仮定的に容認したりする程度であり，具体的な教授方略が開発される段階までには至らなかった。

(4) 体育における道徳学習論の教授方略

　ハーンの相互作用論が体育領域に浸透するにつれ，70年代後半以降，体育の道徳学習論も活発な実践的かつ実験的研究が展開されるようになる。ジャンツ（Jantz, 1975）は，体育における道徳学習は構造的発達理論に依拠することが有効であることを，バスケットボールのルール学習を通して実証した。また，ブレッドマイヤーら（Breadmeier et al., 1984）は，5～7歳の被験者を対象に，構造的発達理論，社会的学習理論に依拠し

た教授方略，伝統的な教授方略のそれぞれの有効性の比較を目的に介入実験を行った。介入実験の結果では，構造的発達理論および社会的学習理論に依拠した実験群では，道徳的推論に著しい向上がみられたが，伝統的な教授方略を用いた統制群では変化がないことを明らかにした。

これらの研究を通して，体育において学習者の道徳的発達を促進したり，道徳的自律を促すには，役割の受容や学習者間の対話，仲間同士の相互作用，道徳的葛藤を経験するジレンマ，共同作業の機会等，いわゆる社会的相互作用が必要であることが明らかとなっていく（Kahila, 1993, Kurtines et al., 1987）。さらに，体育における教師の学習者への技術的なフィードバックに加え，学習者自身の道徳的行動や社会的行動に対する教師の積極的フィードバックも道徳性の発達に大きく関与することが明らかとなった（Telama, 1999, p.335）。以上を要約すると，体育における学習者の道徳性の発達は，体育授業で教師による道徳的行動や社会的行動に関する積極的フィードバックの下に，仲間との社会的相互作用や対話が頻繁に行われ，かつそのような学習を生み出す形態や指導法がとられる場合に促進されるということができよう（注11）。

アメリカの体育における道徳学習では，上記の道徳的発達の観点から，構造的発達理論に依拠する下記のような教授方略が開発されていく。ここではそれらの中から，ロマンス（Romance et al., 1986）らによって提起された代表的な教授方略をみることにする。

●─体育における道徳学習の教授方略

① ジレンマを組み込んだ対話（Built-in dilemma/dialogue）
　体育の授業場面では道徳的ジレンマを経験する練習やゲームを用意し，対立・葛藤場面を作り出しながら，ジレンマについての討論を行わせる。

② ジレンマを組み込んだ問題解決（Built-in dilemma/problem-solve）
　学習者に小グループで道徳的ジレンマを組み込んだゲームや練習に参加させ，グループ内で合意が形成されれば，彼らがいつでもゲーム（ルール）や練習の方法を変更してもよいことを伝えておく。そして道徳的ジレンマ（ゲームのルールの不平等さ）について討論させ，

ルール変更の合意を作らせそれに従わせる。ゲーム後の討論では，変更前のルールと変更後のルールが各自の必要性と興味にどのように関係し，グループ全体にとっての意味がどのように変わったかに焦点をあてさせる。
③ 自分に最適なゲームづくり（Create your own game）
小グループで誰もがプレイでき，楽しめ，成功の機会をもてるゲームを作らせる。ゲーム実施後にそのゲームのルール・平等性・グループの組織について焦点をあてた討論を行わせる。
④ 2通りの思考方法（Two cultures）
1つのゲームや練習を2つの異なった方法で学習者に与える。例えば，ソフトボールのゲームでツーストライクの後，絶対に打たなければならないルールと普通のルールあるいは同一のゲームを，ルールを変更して競争的に行うのと，協力的に行う場合。ゲーム後，挑戦することの必要性，それぞれのゲームのメリット・デメリット等について2通りのゲームの比較に焦点をあて，賛否両論の討論が行われる。
⑤ リスニングベンチ（The lisning bench）
ゲーム以外で道徳的に対立している学習者は，リスニングベンチに座るよう指示される。そしてテープレコーダーをつけ，教師があらかじめ用意したガイドラインに沿ってジレンマを討論する。
⑥ 帰納的訓練（Inductive discipline）
スポーツのルールは誰が作ったのか，ルール違反に適用する処罰は誰が決めるのか，なぜある方法で活動に従わなければならないのか等を討論させ，スポーツのルールや意味が変更可能であることを学習させる。

　上述の個別的な教授方略とは別に一般的な原則として，単元の導人段階で学習者自身の権利と責任に関する指導を行い，単元の進展と並行的に対話の技術と道徳的均衡の解釈の指導を行うことが重要であると強調される。
　このような構造的発達理論に依拠する教授方略の開発とともに，ゴウ

ルド（Gould, 1984）やマッカンら（MaCann and Prentice, 1981）は，社会的学習理論に依拠した教授方略が体育における道徳的発達を促進する上でも有効であることを実証している。

このように，1980年代以降の諸研究の基盤には，体育が学習者の道徳的発達にとって，共同作業や役割取得を提供する理想的な機会であるとの考えがあり，体育は健康や体力，運動技術のみならず，学習者の道徳的発達を促進すべきであるとの考えがあるように思われる。そしてこのような体育における道徳学習は後述するヘリソンの責任学習に発展していくと考えられる。

2 体育における人間形成論としての社会学習の展開

(1) 体育における人間形成論としての社会学習論の系譜

一般に体育における人間形成学習は，第4章第1節でみた体育における道徳学習や次節（第4章第3節）でみる体育における人間関係学習のように，学習者個人の道徳性や社会性の形成をめざして行われるものが中心である。このような事情はこれまで検討してきた日本の場合も同様であった。しかし，これから検討するドイツの体育における社会学習は個人の道徳性や社会性の形成を考慮しつつも，スポーツを包含する社会そのものの変革やスポーツそのものの文化変革を中心的テーマとしている。ただし，スポーツという文化の変革主体を形成するという意味において，このドイツの社会学習論は優れて体育における人間形成的学習の意義をもつものであろうと考えられる。

周知のように，1960年代来から70年代にかけての旧西ドイツは，1960年代に国家政策として展開された「ゴールデンプラン」や「第二の道」の成果による大衆スポーツの普及・定着をみるようになる。このような時代状況の中では，スポーツが社会や文化の重要な一領域として人々に認識され，学校体育の存立基盤も従来の人間形成を志向する陶冶論的体育教授学から社会的承認を得たスポーツを教科の対象とするスポーツ教育学（Sportpädagogik）へと移行し，同時に体育の教科名も体育科

(Leibeserziehung) からスポーツ科 (Sportunterricht) へと変更されていく (注12)。

このような時期に，フランクフルト社会研究所を拠点とした後期マルクス主義哲学者（フランクフルト学派）に影響を受け形成された批判的教育学 (kritische Pädagogik) を基盤に，批判的スポーツ教育学 (kritische Sportpädagogik) が登場する。ここで取り上げる社会学習 (Soziales Lernen) 論は，批判的スポーツ教育学の理念的目標を実践的に展開するための方法概念であるとともに，批判的スポーツ教育学の根幹をなすものである。当初，強烈な社会批判や支配的スポーツ・イデオロギー批判を含んで主に理念的側面で展開された社会学習論は，1980年代以降，社会批判やイデオロギー批判を後退させ，「スポーツの行為能力 (Handlungsfähigkeit im Sport)」論という具体的なカリキュラムレベルで議論されるようになる。また，社会・文化現象としての既存のスポーツを批判の対象に据えた社会学習論は，カリキュラム構成上の認識学習とならんで教科内容としての社会学習領域を定着させていくことにもなる。

(2) 批判的スポーツ教育学における社会学習論

1970年代初めの教科名変更の時期と前後して，批判的スポーツ教育学を標榜する一連の重要な著作が公刊された (Böhme, 1971, Rigauer, 1969, Vinnnai, 1972)。これら一連の著作に共通する問題意識には，従来の西ドイツのスポーツ理論が，スポーツの競争原理を肯定し，資本主義体制下の支配的な社会関係を維持する機能を果たすものであること，また同様に，学校体育は批判意識を育てず，社会的抑圧に適応する人間を育成してきたという強烈な批判的見解が挙げられる。そして，現実の社会的抑圧を解放し，個人の力で社会を変革させていく学習の可能性を備えたものとして体育における社会学習が提起されるようになった。

このようにスポーツを社会変革の手段と考える批判的スポーツ教育学の背景には，1960年代に，ホルクハイマー，アドルノ，マルクーゼ，ハバーマスらを中心として，すでに思想的一大潮流となっていたフランクフルト学派の「開放 (Emanzipation)」概念があると考えられる（丸山, 1992）。「開放」概念は，何よりも①近代の不合理な社会政治的，経済的，

文化的支配や抑圧からの個人の解放，②資本主義体制下にあって，歴史的に継承されてきた偏見や規制からの解放，③部外者による意志決定の排除，④すべての個人の完全な同権の保障，を規範的定理として，既存の社会や文化への無批判な適応や受容よりも，それらを批判し，変容させ，新たに創造させる必要を喚起した。このような「解放」概念は，モレンハウワー（Mollenhauer, 1970）やクラフキ（Klafki, 1971）らによって批判的教育学や批判的スポーツ教育学に積極的に吸収されていった。

このような経緯で登場した批判的スポーツ教育学は，「支配のないコミュニケーション」と「解放」を社会変革の主要概念としたハバーマスに負うところが大きい。ハバーマス（Habermas, 1968）によれば，社会的抑圧や制約が人間の不完全な発達をもたらし，その結果，自由なコミュニケーションが阻害されるという。そして現実の社会状況に生起する疎外過程と抑圧過程を対象に据え，イデオロギー批判を加えることによって，必然的に「解放」の理論が起こり，「解放」をめざした社会変革によって抑圧と支配のない自由なコミュニケーション社会が構築されるという。

ハバーマスを代表とするフランクフルト学派のネオ・マルキシズムやクラフキを代表とする批判的教育学に影響されて登場した批判的スポーツ教育学は，現代スポーツに対する批判的意味の理解を重視する解釈学のアプローチをとる。つまり一方では，支配の強制や疎外のある社会を，他方では能力主義に染まった社会の一領域としての現代スポーツをテクストとして，イデオロギー批判による分析を加え，帰納的解釈として次のようにスポーツの意味が理解されるようになる。

労働では得られがたい見せかけの成功経験を保障する現代スポーツは，現実の不公平や不公正を隠蔽し，資本主義体制下の社会的不平等や抑圧を中和する代償機能を担うものであり，それは「業績社会のモデル」であると同時に「支配体制維持機能を発揮する制度」と解釈される。そしてこのように措定された現代スポーツの定理から，スポーツの領域における解放をめざした理論的・実践的アプローチとして，スポーツ教育における社会学習の理念および目標が設定される。

(3) スポーツ教育学における社会学習論

前述したように，強烈な社会批判を方法的武器とした1970年代の社会学習論は，教科のカリキュラムレベルで，あるいはまたスポーツ科の中で，具体的に実践が展開されたというよりも，理念的な側面が主であったといえよう。というのも，現実の社会の諸状況をテクストとして，イデオロギー批判の分析を加えるハバーマスの解釈学的アプローチを採用した批判的スポーツ教育学も，フランクフルト学派と同様に，方法論として経験科学に依拠する実証主義を，社会に支配的なイデオロギーを前提とする現状肯定の科学であるとして徹底して批判し，排除したからである。

このような背景の下に提起された70年代の社会学習論は，現実の業績社会の補完機能を果たすスポーツの競争原理を廃棄し，学習者が運動自体の喜びを獲得すること，スポーツ授業を通して「自律と共同参加の能力，批判力，判断力，行動力，批判的に変化を遂げる能力，創造性，交わりをもつ能力」（クラフキー，1984, p.245）を育成することを目標とした。換言すれば，従来のスポーツ技能の習熟を至上とする考え方に代えて，学習者が社会との関連で，どのような問題意識をもち運動やスポーツに習熟すべきかという批判的学習が重視されたのである。

そしてこのような目標を具体化するために，次のように要約できる方法レベルでの提起がなされた（ベーメ，1980, pp.209-215）。

① 運動の習熟過程での仲間づくりの重視，特に集団力学による集団の変化過程への考慮
② 学習内容とカリキュラムに対して学習者が意見を主張する権利を認め，その決定に際しては学習者に決定権を与えること
③ 授業の目標に社会的抑圧からの解放や民主化の原理がどのように配慮されているか検討すること
④ スポーツ授業からの競争行為の意識的排除

ここで意図された社会学習は，既存のスポーツをすべて廃棄すること

が目的ではなく，上部構造の一環をなすスポーツが社会の部分領域として変革可能であり，スポーツの意味の相対化を通して，スポーツ科の授業の中で新たにスポーツを社会的解放に貢献するものとして創造することである。

スポーツを社会的解放のための手段と考え，先鋭的な理念面が強調された上述の社会学習論に対して，1970年代中半以降，実践面を視座に据えた批判が登場してくる。ハートマン（Hartman）は，問題意識と批判意識だけが先行した社会学習論では，スポーツ授業の実践への具体的展開が難しいこと，スポーツの技術の系統性や習熟過程が考慮されていないこと，技術学習と社会学習が統合されていない点等を批判し，スポーツ授業の実践的視点を含んだ社会学習論を提起した。スポーツ授業が「社会的解放」という目標を実現するためには，解放的行動に結びつく社会的・自治的能力の育成が重要であり，スポーツ授業では「相互作用能力」に限定した自由なコミュニケーション能力を保障することが目標として掲げられた。そして授業における相互作用能力や自由なコミュニケーション能力の保障は，学習者が問題意識をもって自主的，創造的にスポーツへ参加することを可能にするための必須要件であるとの立場を強調した。

また同様にツァッハイ（Cachay, 1976, pp.291-310）も，理念的側面を強調した社会学習に批判的な立場から，戦術や技術等の具体的な教科内容と関連させ，スポーツ場面で生じる諸問題（例えば，ゲームの勝敗をめぐるトラブル）と切り結んだテーマを設定し，グループ・ダイナミクスの方法を導入した社会学習を提起するようになる。そこでは学習者に一定の役割を演じたり，拒否する能力の獲得のみならず，社会構造を変えることによって新しい役割を生み出す能力を獲得することがめざされる。つまり，既存の役割行動の前提となる社会制度そのものへの批判的対決も学習の対象に据えられる。このような社会学習論は，必然的に従来の教師中心の授業の転換を要求するようになった。

1970年代の後半から80年代以降，スポーツ教育における社会学習論（Phuse, 1994, Singer, 1984, Ungerer-Rohrich, 1993）は，社会批判の側面を大きく後退させながら，具体的な実践への展開を考慮する中で，現実のスポ

ーツ参加に必要とされる能力（スポーツの行為能力）の育成に焦点化して展開されるようになる。

　主に1980年代になって，実践レベルで展開された「スポーツの行為能力」論は，イデオロギー批判を脱落させ，スポーツが普遍的なものではなくあくまで相対的なものであること，既存のスポーツに適応するだけではなくスポーツを行うのに必要な諸条件（実技能力を含んだ社会的条件）を自ら変革・創造していける能力の育成に主眼をおき，社会学習を自らの教科内容に位置づけるようになる。特にそこでは，スポーツ場面で，①全メンバーに感情移入できる能力，②自分の要求が満たされなくとも寛容でいられる能力，③ゲームの構造を柔軟に維持できる能力，④コミュニケーション（対話）能力の育成が意図される（岡出, 1994）。

　ここでみたように1980年代以降の社会学習論は，「スポーツの行為能力」論として実際の授業で運動学習との関連で展開されるようになってきた。しかし現時点でも，実際には社会学習が認識の変革を中心とした理論学習のレベルで行われることがいまだ中心である。今後，技能習熟の保障との関連からどのような授業が展開できるのかといった課題が検討される必要があろう。しかし，このような課題を考慮した上でなお社会学習論は，体育における人間形成論を構築する上で大きな示唆を与えると考えられる。社会学習論は既存のスポーツの可変性やスポーツという視点から，スポーツそのものおよび社会一般の文化変革の視点を提起したが，体育における人間形成論は，スポーツそのものの可変性を認識し，より好ましい人間の文化としてのスポーツの変革主体者を形成することをその根幹に位置づけるべきであることを示唆する点で，非常に重要であろうと思われる。

3 ｜ 体育における人間関係学習と社会性形成

　第1章で述べたことであるが本研究では社会性（sociality）を繁多進（繁多, 1991, p.11）の論考に学びながら，広義には当該の社会や集団が支持する生活習慣や，価値規範，行動基準等に沿った行動をとることができ

るための社会的な適応性をさし，狭義には他者との円滑な対人関係を営むことができる人間関係能力をさすと規定した。具体的には，ここでいう人間関係能力とは，他者とコミュニケーションを営んだり，集団へ参加したりする能力のことであるが，1999年に改訂されたニュージーランドの体育カリキュラム（注13）は，特に人間関係能力に代表される学習者の社会性の形成を強く意図したものである。第3節では，ニュージーランドの体育カリキュラムに焦点をあて，体育における人間関係学習を基盤とした体育における社会性形成について検討する。

(1) ニュージーランドの体育カリキュラムにおける人間関係学習

学校体育改革の一環でニュージーランド（以下，「ニュージーランド」を「NZ」と表記する場合がある）の文部省から1999年に出された体育の改訂カリキュラム（注14）では，体育が果たすべき達成目標として次の4つを定めている（Ministry of Education, 1999, p.7）。

① 個人の健康や身体的発達を維持したり高めたりするために必要とされる知識，理解，スキル，態度を発達させる。
② 運動技能を習熟させたり，運動についての知識や理解を獲得したり，身体活動に対する肯定的な態度を発達させる。
③ 他者との相互作用や人間関係を円滑に保つための理解やスキル，態度を発達させる。
④ 責任のある批判的な行動をとることで，健全なコミュニティーや環境を創造することに参加する。

上記の4つの達成目標のうち，4番目のものは主に健康教育に関わるものであるが，身体的発達，運動技能の習熟とならんで，他者との人間関係能力の向上・発達は体育の主要な目標として位置づけられていることが理解できよう。

この3番目の「他者との人間関係」領域は，さらに次の3つの下位目標に区分される（Ministry of Education, 1999, p.9）。

① 人間関係
　人間関係の本質を理解する。
② アイデンティティー，感受性，尊敬
　アイデンティティーを理解し，他者への感受性や尊敬の気持ちを発達させる。
③ 対人関係スキル
　人間関係を円滑にするために対人関係スキルを有効に用いること。

　このような人間関係能力の向上，発達を意図する「他者との人間関係」領域は，学習者がプレイやレクリエーション，スポーツ，労働，文化的行事に参加する中で，授業や学校やコミュニティーで有効な人間関係を学習することを意図して設定されている。この領域では，人間関係がいかに他者の幸福に影響を与えるか，あるいは自分自身のとる態度や価値や行為や他者への欲求が，いかに他者に影響を与えているかについて考えることを学習者に要求する。また，この領域では学習者は，他者とうまく相互作用できる知識や対人関係スキルを発達させることがめざされる。同時に，社会的，経済的要因が人間関係に与える影響，具体的にいえば，特にジェンダーや民族性，年齢，経済的背景，性的志向，文化的信念，能力等の違いによって人を固定観念でみたり，差別することが，実際に人間関係にどのような影響を及ぼすかを冷静に評価することも学習する（Ministry of Education, 1999, p.10）。

　ところで，ニュージーランドの体育カリキュラムでは，達成目標は年

表4-3　ニュージーランドの体育カリキュラムにおけるレベルと学年との対応関係

レベル	各レベルに対応する学年	レベル	各レベルに対応する学年
1	1～5年	5	6～13年
2	1～6年	6	8～13年
3	2～9年	7	9～13年
4	4～11年	8	10～13年

齢に応じた8つのレベルによって区分される。そしてこれら8つの各レベルは，学習者の小学校から高校卒業までの13年間の発達段階や成長段階に応じて，緩やかに配列される。具体的な学年段階と各レベルの対応関係はおよそ次のように考えられている。なお，学年は小学校1年生からの通算学年である（表4-3参照）。

　体育カリキュラムは，先述したように，4つの目標領域，具体的には①健康および身体的発達領域，②運動技能および運動認識領域，③人間関係領域，④健全なコミュニティーおよび環境領域のそれぞれにおいて学習すべき目標や具体例を挙げているが，これらの内容は，次の体育授業を支える4つの基本コンセプト（Ministry of Education, 1999, p.30）と密接に関係し，これらの基本コンセプトから導かれることになる。

● ──**体育を支える4つの基本コンセプト**

① 幸福（Well-being）
　　身体的幸福，精神的・情緒的幸福，社会的幸福，スピリチュアルな幸福
② 健康の促進（Health promotion）
③ 社会や環境に配慮した展望（Socio-ecological perspective）
④ 態度と価値（Attitude and values）

　上記の基本コンセプトのうち，特に人間形成的学習に関係する「態度と価値」の内容を次にみておきたい。体育カリキュラムでは，学習者が体育の学習を通して次のような態度と価値が発達するとしている。

　まず，他者や自己を正当に評価し，自らの考えを進んで反省し，誠実さや責任感，忍耐，勇気を強化することで，身体的，精神的，情緒的，社会的幸福をもたらす肯定的で責任ある態度を発達させるようになる。また，他者の能力を認めたり，自分とは異なった視点を受け入れたり，寛大さや偏見のない広い心で，他者の権利を尊重するようになる。さらに，協力や同情，思いやり，建設的な挑戦や競争，主体的な関わりをもちながら，コミュニティーでの他者や環境への配慮と関心を示すようになる。そして，学習者は体育を通して，社会的な正義観を発達させ，フ

ェアネスや差別をしない行為を行うことができるようになる（Ministry of Education, 1999, p.34）。ここに挙げられた態度や価値は，一方では体育における人間形成的学習と大きく関係し，他方では次の第2項で検討する人間関係学習を支える理念となるものである。

今，みてきた「態度と価値」をはじめとする体育を支える4つの基本コンセプトは，次にみる「学習の主要領域（Key Areas of Learning）」と呼ばれる7つの学習領域と関連づけられながら，かつ，先にみた体育の4つの達成目標と有機的に統合され体育の理論的，構造的枠組みが設定されている。

●──ニュージーランドの体育カリキュラムにおける学習の主要領域

（Ministry of Education, 1999, p.35）
① メンタルヘルス
② 性教育（Sexuality education）
③ 食育（食品と栄養）
④ 身体的ケアと身体的安全
⑤ 身体活動
⑥ スポーツ・スタディーズ
　　（スポーツの技能を高めるだけではなく有能で熱意あるスポーツ実践者になることをめざす。スポーツと社会的，経済的，文化的要因との関係の理解等。）
⑦ 野外教育

以上，ここまでみてきたように，ニュージーランドの体育カリキュラムは，幸福（Well-being），健康の促進（Health promotion），社会や環境に配慮した展望（Socio-ecological perspective），態度と価値の4つを基本理念としながら，7つの学習領域を通して，学習者の身体的発達（Personal Health and Physical Development），運動概念の認知的な理解や運動技能の獲得（Movement Concepts and Motor Skills）とならんで他者との関係（Relationships with Other People）の構築，健全なコミュニティーや環境の創造という目標を達成しようとしていることが理解できるが，特に，本

研究の関心からいえば、他者との関係に焦点づけられた人間関係学習を体育の主要な領域として位置づけている点は非常に大きな特徴ということができるように思われる。

次の第2項では、「他者との関係」領域の年齢段階別の達成目標とその具体的な内容をみていくことにする。

(2) 体育カリキュラムにおける人間関係領域の達成目標とその内容

体育カリキュラムでは、①健康および身体的発達領域、②運動技能および運動認識領域、③人間関係領域、④健全なコミュニティーおよび環境領域の4つの目標領域で、かなりの頁を割いて、各目標領域の各レベルに対応した達成目標とその具体例について述べている。

これは、体育のみならず、各教科のカリキュラムがナショナル・カリキュラムとしての性格をもち、実際にカリキュラムを参照しながら、各学校で教師が実際の授業を展開できるようにしたためである。体育カリキュラムの場合も同様に、実際に教師が体育授業を構想・実施するためのガイドとして参考にするが、日本の学習指導要領のような法的な拘束性があるというわけではない。しかし、国の達成基準としてカリキュラムが設定されている性格から、その影響力は大きいと考えられる。

次に体育カリキュラムに示された人間関係領域である「他者との関係」をみていくことにするが、「他者との関係」領域は、次の3つの事柄が学習者に達成されることを最終的な学習目標としている。

◎ 学習者は他者との関係の本質を学ぶようになる。
◎ 学習者は自己のアイデンティティーを一層理解したり、他者への尊敬や配慮を発達させる。
◎ 学習者は人間関係を円滑にするスキルを用いるようになる。

●1999年ニュージーランド改定学習指導要領にみる
「他者との関係」領域の段階（レベル）別の達成目標と具体例

■──レベル1（1年〜5年）
① **人間関係**
◎ 他者との関係がどのようなものかを探るとともに，関係の築き方に関するアイデアを共有する。
具体例）友人，クラスメイト，年少・年長の子どもたち，祖父母，特別な配慮を必要とする生徒と快・不快等の多様な感情を経験しながら共有する。
② **アイデンティティー，感受性，尊敬**
◎ グループ内で協力するために必要なスキルを実際に発揮する。
具体例）身体活動，遠足，家庭，教室，運動場で発揮する。
③ **対人関係スキル**
◎ 自分自身の考え方や欲求ならびに感情を効果的に表現するとともに，他者のそれらに耳を傾ける。
具体例）自信をもって話したり，肯定的に応答したり，「私」という主語をしっかりと使ったり，アイデアを表現する動きを適切に行ったり，安全や危険を感じる状況をはっきりと説明することを学ぶ。
（Ministry of Education, 1999, p.14）

■──レベル2（1年〜6年）
① **人間関係**
◎ 各々の関係やグループ内の関係を維持したり，それをより豊かなものにする方法を実際に活用したり　することができる。
具体例）家庭や教室，クラブ，文化的な集団で，協力的な活動やゲーム，食べ物を分けあうことを通して，また，自分の行動が他者にどのように影響し，あるいは他者の行為が自分にどのように影響するかを分析することによって学ぶ。

② **アイデンティティー，感受性，尊敬**
◎ 個人やグループが自分たちの特徴を共有する方法について記述できる。
  具体例） 年齢や文化的背景が異なったり，能力，外観，ジェンダーが異なったりする人たちと共通のゲームについて話し合う時等。
③ **対人関係スキル**
◎ 自分のアイデアや感情，要求をはっきりと表現し，他の人々のそれに注意深く耳を傾け，確認する。
  具体例） 危険な時，挨拶を交わす時，適切なやり方で怒りを表す時，仲間のもめごとの仲裁を通して，自己主張するための基礎的なスキルを用いることによって。
（Ministry of Education, 1999, p.16）

■——**レベル3（2年～9年）**
① **人間関係**
◎ 人との関係を築いたり，関係の変化に対処する方法について知り，比較する。
  具体例） 友達になる時，友達が病気の場合にサポートする時，ゲームをプレイする時，家族の中で新しい役割を引き受ける時，学校を変わる時，集団に加わったり集団を離れる時。
② **アイデンティティー，感受性，尊敬**
◎ 差別を認識し，差別されている人の権利を責任をもって支援し，それらの人の感情に対応する。
  具体例） いじめやジェンダーへの偏見に関して，障害のある生徒に対して，身体の外観について，文化の違いについて，フェアプレイ，仕事やプレイやゲーム中に起こるすべてのことに関して。
③ **対人関係スキル**
◎ 他者との関係に影響を与えるプレッシャーを確認し，それに対処するために必要な自己主張を行う基本的なストラテジーを活用する。
  具体例） 仲間からのプレッシャー，感情や身体的な限界，他者の態

度や行動，メディア，チームの仲間，文化的集団，ジェンダーグループ，特別な配慮を必要とする人たちの集団に関して。
(Ministry of Education, 1999, p.18)

■—レベル4（4年～11年）

① **人間関係**

◎ 状況の変化，役割ならびに責任が人との関わりに与える影響について知るとともに，それらへの適切な対処法を記述する。
具体例） 思春期，病気の時，友情，兄弟の世話，リーダーシップの役割，家族構成の変化，スポーツへの興味，文化的な期待等。

② **アイデンティティー，感受性，尊敬**

◎ 差別を認識し，差別されている人の権利を責任をもって支援し，それらの人の感情に対応する。
具体例） 嫌がらせ，性の枠にはめること，スポーツにおける暴力，閉鎖性，フェアプレイの不足，あるいは，病気や精神的な疾患や文化的相違に根ざした差別の場合。

③ **対人関係スキル**

◎ 他者との適切な相互作用を可能にするような自己を主張できるスキルと過程について知り，それらを実際に活用する。
具体例） 断定，交渉，仲介，もめごとの解決，うまく怒りを静めること，積極的な意思決定，他者への支援の明確化を通して。
(Ministry of Education, 1999, p.20)

■—レベル5（6～13年）

① **人間関係**

◎ 人間関係に関わる問題を明らかにするとともに，肯定的な成果を導き出すために必要なオプションを提案する。
具体例） 友達を作ったりなくしたりすること，異性としての魅力を感じること，もめごと，支配，信頼，自らの行為や知覚・他者，家

族との別離，権利や責任，喫煙や食べ物の選択，チームワークや競争と関わって。

② **アイデンティティー，感受性，尊敬**
◎ 異なるものに対する態度や価値観が自分自身や他の人々の身の安全に与える影響について理解する。
　具体例）いじめ，嫌がらせ，人種差別，性差別，同性愛差別，レイプを考えることを通して。そしてまた身体活動やスポーツの選択に関わって。

③ **対人関係スキル**
◎ 多様な状況の中で自分自身や他の人々の安全確保に必要な行動を選択することを可能にする一定範囲内の対人関係スキルや過程を実際に活用する。
　具体例）問題を解決したり，交渉したり，身体活動，スポーツや野外教育活動で自己主張したり，性の健康（sexual health）を促したり，他者を支援したり，薬物使用や栄養食品について決定する時。
（Ministry of Education, 1999, p.22）

■──**レベル6（8〜13年）**

① **人間関係**
◎ 人々の行動や信念，意思決定ならびに自己の尊厳に対する感覚によって個人やグループの関係がどのような影響を受けるのかを理解する。
　具体例）力の不均衡，仲間からのプレッシャー，大衆文化，宗教団体，広告，リーダーシップ，友情，チームワークを通して。

② **アイデンティティー，感受性，尊敬**
◎ 社会的状況の中で危機を回避したり，最低限におさえるために，個人や他人の権利や責任を認識できるようにする方略（ストラテジー）を工夫し，その妥当性を評価する。
　具体例）飲酒や車の運転，レイプ，戸外での追跡，嫌がらせ，薬物使用，差別，スポーツ活動，性的活動に巻き込まれた状況で。

③ **対人関係スキル**

◎ 挑戦的な状況内で適切に対応できるために必要な対人関係スキルを工夫し，実際にそれを活用する。
具体例） 他者の身体的，情緒的欲求に対応する時，配慮を必要とする生徒とともに活動する時，チームの戦略を考えたり野外活動の計画を立てる時。

(Ministry of Education, 1999, p.24)

■―レベル7（9〜13年）

① **人間関係**

◎ 有意味な対人関係の特徴やそこから得られる便益を分析する。
具体例） 例えば，緊密な友情やパートナーシップ，チームのメンバーシップ。

② **アイデンティティー，感受性，尊敬**

◎ ステレオタイプ化した思考や役割期待を強化する信念や価値観ならびに実践を分析し，個人，グループならびに社会のレベルで人々の選択に際してそれらを共有する方法を明らかにしていく。
具体例） 社会的相互作用，人との関係，キャリア，スポーツ，フィットネス，レクリエーション，クラブ，興味，趣味，食べ物，衣服に関する人々の選択に関して。

③ **対人関係スキル**

◎ 争い事や競技，変化する関係に効果的に対処するために情報を評価し，合意を得られる意思決定を下し，対人関係スキルを活用する。
具体例） 身体的挑戦，別れ，死別，深い悲しみ，関係の解消，リーダーとしての役割の履行，失望への対処の仕方に関して。

(Ministry of Education, 1999, p.26)

■──レベル8（10～13年）
① **人間関係**
◎ 一定の社会的な文脈の中で，効果的な関係が生み出されるダイナミックな過程を分析する。
　具体例）学校でのリーダーシップ，スポーツやレクリエーション的活動に基づいた関係，個人的関係や職場での関係について考える。
② **アイデンティティー，感受性，尊敬**
◎ 争い事の解決に寄与する態度や価値観ならびに行動を批判的に分析するとともに，より調和のとれた関係の構築に向けて必要な方法を明らかにする。
　具体例）スポーツでの不正行為，メディアイメージ，人種に関する紛争，政治とスポーツ，貧困と失業，解決不能の深い悲しみ，子どもの養育，スポーツ・暴力団・家庭における暴力について考える。
③ **対人関係スキル**
◎ さまざまな状況内でコミュニティーのメンバーとしてコミュニティーに効果的かつ完全に関わることを可能にする価値観や対人関係スキルを分析，評価する。
　具体例）寛大な態度，多様性の容認，他者への配慮と関心，社会正義の観念，相談するためのスキル，コミュニケーション・スキル，学校で特殊な役割を引き受けるスキル，異年齢の人たちとうまく作業するスキル，スポーツ環境や文化的環境で積極的に貢献するスキル。
（Ministry of Education, 1999, p.28）

　以上，体育カリキュラムで取り上げられた人間関係領域である「他者との関係」の各レベルごとの内容を詳細にみてきたが，年齢の発達段階に対応して，3つの下位目標ごとにその内容や具体例が詳細に示されている。このことは，体育における人間関係学習や社会性形成学習に際して，当該領域の学習目標と内容の系統性が明確に示されていることを意味することであり，学習者の側に立っていえば，学習の順次性が明確化

されているということでもある。もちろん，社会性形成のための目標と学習内容の系統性は多くの追試を重ねた上での実証的な研究の裏づけによって導出されたり，確定されたりすることが必要であろうが，そしてまた認識論レベルでの体育における人間形成論の構築をめざしている本研究の立場からいえば，実証的明晰さを備えた社会性や道徳性形成のための目標・内容論の提示は，本研究の範囲を超え今後の課題でもあるが，ニュージーランドの体育カリキュラムが示す人間形成的学習は，体育における人間形成論構築にあたって，形成されるべき道徳性や社会性の系統性や学習の順次性が考慮される必要性を強く示唆するものであると理解できよう。

さらに各レベルごとに示された人間関係学習の下位目標や具体例は，実際の授業場面や仲間，学校，家庭，コミュニティーで学習者自身が実践できるようになることを強く意図しており，それらは対人関係スキルが1つの下位目標に挙げられていることからもわかる。また人間関係学習に関わる内容がスキルレベルで記述されているということは，それらのスキルが日常の生活に転移し，活用されることを期待してのことであり，人間関係学習の基底に体育という教科のプラグマティズム的性格が看取できるように思われる (注15)。

また，ここに示された人間関係構築に関わる内容は，体育における人間関係をはるかに超えた多様な場面を想定したものであることが理解できる。つまり，体育カリキュラムに記載された人間形成的（社会的）学習内容は，人間関係，つまり狭義の社会性の内容にとどまるものではなく，例えばレベル8の日本でいえば，高校3年生から大学1年生に相当する年齢では，多様性の容認や社会正義の観念の涵養が挙げられたり，レベル5（日本の中・高校生に相当）では性差別や人種差別に対する偏見を正す価値観の形成が挙げられたりしているが，これらは社会性というカテゴリーというよりも道徳性形成そのものに関わるものであるともいえよう。

先に体育における道徳性形成のための「体育における道徳学習」について述べたが (注16)，ヨーロッパ・スポーツ心理学連盟 (European Federation of Sport Psychology) のプロジェクトの近年の研究成果は，体

育が学習者の道徳性の発達に影響を及ぼすことを明らかにしている（Auweele et al., 1999, pp.321-342）。特に体育における個人の道徳性の発達は，体育授業での仲間や教師との討議や交渉，和解等の社会的相互作用が大きく影響し，役割を獲得したり受容する相互関係が道徳性の発達を規定していることを明らかにしている（Auweele et al., 1999, p.316, p.340）。この研究成果に従えば，社会的相互作用や役割受容は，ここでみた人間関係学習そのものによって行われるわけであるが，体育における学習者の道徳性の発達と社会性の発達は，理論レベルはともかく，具体的な授業実践レベルでは相互に規定しあう関係にあり，これら両者の発達は融合しているといえるように思われる。実際，すぐ後で述べる（第4章第4節）ヘリソンの「体育における責任学習論」では，体育で形成されるべき道徳性と社会性を相互補完的かつ一体的に捉え，体育における人間形成論の理論体系を構築するとともにその実践を展開している。

　以上，ここでみてきたニュージーランドの体育カリキュラムにおける人間関係学習は多くの示唆を与えてくれるが，他方で，人間形成的視点から検討した時，いくつかの問題も孕んでいるといえよう。

　いうまでもなく，社会性は社会的規範を内面化し，社会的行動力を生み出すことにその意義を有し，そのためにスキルレベルでの実践可能性が重要になるわけであるが，すでにみてきたように，ニュージーランドの体育カリキュラムにおける人間関係学習は，体育を通して，社会的スキルや協力，コミュニケーション能力，問題解決能力，自己管理能力等の育成や形成が謳われているが（Ministry of Education, 1999, pp.48-49），それらは実現可能性を考慮して挙げられているというよりはむしろ，単に多くの目標と多岐にわたるさまざまなスキルの達成がスローガン的に挙げられている傾向があるように思われ，かつて新体育や「運動による教育」を理論的支柱とした体育の教科論が，多目標，多プログラムを列挙するだけで，学習者の能力保障の点で大きな批判を浴びたと同様の問題点があるように思われる。

　さらに，人間形成的視点からみた場合，確かに上述の問題点はあっても，人間形成を実現することを意図した教科論が示されているが，そこではめざされるべき人間像が示されておらず，加えて，社会性形成のた

めの具体的な方法論や教授方略が示されていないことが問題点として挙げられるように思われる。

4 ナショナル・スタンダードにおける人間形成的視点

　1980年代以降，アメリカでは経済における国際競争力の低下を受けて，何よりも競争力を備えた人材の育成が教育改革の主要契機となった。他方，1970年代の「教育の人間化」運動によってもたらされた学力低下と学校荒廃もアメリカの教育改革の原動力となったと推察できる。このような教育改革と密接に連動しながら，1990年代の初頭以降，アメリカの学校体育改革が本格的に始まるようになる。

　第4章第4節では，先述したように，このアメリカの学校体育改革の動向と関連させながら，学校体育改革の成果として出され，その後全米の体育に大きな影響を与えた体育のナショナル・スタンダードを対象に，その中に記述された体育における人間形成的学習に焦点をあて，その内容を明らかにするとともに検討，考察する。そのためにここでは，次の手順で考察を進めることにする。①まず，アメリカの教育改革および学校体育改革の輪郭を明確にするために，アメリカの教育システムの特徴について述べる。②次に，アメリカの教育システムの特徴を踏まえた上で，教育改革の背景と動向について述べる。③その後，教育改革と連動させながら，学校体育改革の経緯と改革の基準となった体育目標について述べる。④この体育目標は，具体的には全米の体育の到達基準となる体育基準書（NASPE, 1995, 2004）（注17）（以下，「体育基準書」を「体育スタンダード」という場合がある）の目標になっていくが，次に，この体育基準書の特徴について述べる。⑤最後に，体育スタンダードに示された体育における人間形成的学習を明らかにするとともに批判的に考察する。

(1) アメリカの教育システムの特徴

　アメリカの場合，連邦政府（教育省）は，教育に対する実質的な権限をほとんどもたず，教育に関わる情報の収集，分析，あるいは研究的な

内容に関わる情報の提供等が主要任務であるといわれる。これらのほかにマイノリティー対策等,全米に関わる教育機会の均等化が加わる程度である(文部省,1995, p.292)。また,すぐ後で述べるように,各州の教育委員会にさえ実質的な教育の権限はなく,このような意味でアメリカという国は,文字通り,徹底した教育の地方分権化を行っている国である。この徹底した教育の地方分権の国で,後述する教育改革や学校体育改革が,従来とは異なって,連邦政府のリーダーシップの下に全米的な合意を得て始まった。

このようにアメリカでは,連邦政府が教育の実際的な権限をもたず,各州が独自に各州の実態に応じた教育制度をもつことになる。そして実質的な教育の主体は,原則的に各州にある"school district"と呼ばれる「学区」が州からの委託を受けて担っている。この学区は全米に1万5千から6千あるといわれ,一般行政区とは別に,ハワイ州を除いて,市町村レベルのものから郡レベルのものまで実に多様な規模で存在している(文部省,1995, pp.293-294)。この学区が初等・中等教育に関するほとんどすべての権限を行使しており,例えば,初等中等の学校の設置者もこの学区教育委員会であるし,校長や教員等の教職員の任命,学校の設置・維持・管理に必要な学校税(いわゆる固定資産税に相当)の徴収も学区が学区住民から行うことになる。したがって,学区やコミュニティーの住民サイドからは,納付した税金が眼前の学校でどのように使われ,どのような成果を上げているのかということが常にみることができ,また逆の立場からいえば,公金にみあった教育成果が上げられているのかどうかという,教育のアカウンタビリティーが地域の納税者から常に直接,シビアに問われるという現実が生じてくる。

このような学区に依存する教育システムは,一方ではプラス面もあるが,他方,学区ごとの教育サービスの違いや学力の格差を生むことが多い。そのため,学校現場に教育の規制緩和に伴った市場原理の導入が行われたり,あるいは学区の格差是正をめざして,自由な学校選択を前提とした近年のチャータースクール(charter school)やマグネットスクール(magnet school),あるいは教育バウチャー(voucher)制度が生み出されたりしてきたともいえる(注18)。

ところで，このような教育システムの多様性は，多様な学校教育制度を生み出すことにもなる。日本では6－3－3制が一般的であるが，アメリカでは，8－2－4制，あるいは8－4制が主で，先述したように「初等中等教育」という言葉を用いているのも，この学校教育制度が実に多様で，日本のように学年だけで中学生や高校生といえないということに原因があるからである。そのため，アメリカの学校制度では幼稚園をKと表記し，後は，2年生，7年生，9年生等と通算学年で呼ぶのが一般的である。以下，本研究でも体育スタンダードに示された人間形成的内容を示す場合，通算学年で表記することにする。

(2) アメリカの教育改革の動向と学校体育改革

1990年代の初頭から本格化する学校体育改革は，1980年代初頭から始まった一連の教育改革に大きな影響を受けたものである。さらにいえば，学校体育改革は教育改革自体に直接連動して起こったという方がよりふさわしいと思われる。つまり，アメリカの学校体育改革は，教育全般にわたって行われた教育改革の一環であると考えられるものである。従って，学校体育改革の動向について述べるためには，まず何よりもこの教育改革の動向について述べておかなければならないであろう。

そこで，ここでは最初に，アメリカの教育改革の背景を，歴史社会的な視点から簡潔に述べておきたい。表4-4は，主として近年のアメリカの教育改革の流れと学校体育改革の経緯を示している。この教育改革は1970年代後半から，その必要性が声高に叫ばれるようになる。それまでの教育の地方分権の伝統を括弧にくくってでも，全米的な教育改革を行うに至った理由は主に2つあり，1つはこの時期に，国際競争力の低下とともにアメリカ経済がかげってきたということであり，他の1つは，極端な学力の低下が顕在化し，読み書き計算の3Rsさえ十分にできない子どもたちが増え，学校の荒廃現象が全米でみられるようになったことが挙げられる。

周知のように，1970年代末，自動車や鉄鋼等に代表されるアメリカ経済を支えてきた基幹産業の国際競争力は著しく低下するようになる。そしてこの影響を受け，失業率の上昇や所得格差の拡大がもたらされ，経

表4-4　アメリカにおける教育改革および学校体育改革の経緯

年代		内容
1950～1960年代		教育の科学化
1960年代後半～1970年代		教育の人間化　学校教育の危機・学力の低下
1960年代後半～1970年代		基幹産業の国際競争力の低下＋教育荒廃
1980年代はじめ		教育の卓越性をめざす教育改革（国際競争力を備えた人間の育成）
	1983年	「危機に立つ国家」（連邦政府報告書）刊行 州を主体に教育改革が拡大（主に中等教育）→教育の多様化の是正 ●SATの得点の著しい低下の指摘 17才人口の13％は日常生活の「読み書き能力」に欠けると指摘→ハイスクールの卒業要件の厳格化・授業日数の延長
1980年代末		冷戦構造の終決　経済のグローバリゼーションの一層の進展
	1989年	教育サミットの開催　（大統領＋全米州知事） 全国共通教育目標策定の合意形成
1990年代	1990年	全国共通教育目標の発表
	1991年	教育改革戦略「2000年のアメリカ」の発表 教育改革促進のための補助金交付と広報活動の本格化
	1992年	NASPE（成果検討委員会）「優れた体育プログラムの成果」発表 「身体的に教養を備えた人」を体育の到達目標にして，5つの基準と20項目からなる下位基準を設定
	1994年	「2000年の目標：アメリカ教育法」の制定
	1995年	体育スタンダード（体育基準書）の刊行
	1996年	第2回教育サミットを連邦政府の最重要課題として位置づける
2000年代	2004年	体育スタンダードの改訂版の刊行

済という軸から，将来のアメリカ社会への不安が人々の間に増大するようになっていく。そしてこのようなアメリカの国際社会での地位の低下への懸念は，国際競争力に勝つ人材の育成を強く求めるようになり，換言すれば，まさに強いアメリカ人が教育改革による学力向上で創られなければならないということになった。

　他方，同じ時期，学校教育は危機的状況に陥る。周知のようにアメリカの教育は，教育の人間化（humanization）と卓越性（excellence）の間を周期的に振り子のように揺れ動いてきたということもできるが，ちょうど1970年代後半から1980年代初頭にかけては，1960年代から70年代の「教育の人間化」が臨界点に達し，さまざまな問題が噴出しだした時でもあったと思われる。

　第2次大戦後の1950年代初頭から60年代にかけて，スプートニク・ショックもあって，ブルーナー等の教育内容の現代化運動の影響も受けつつ，アメリカの教育は理数系の教科を重視した「教育の卓越性」を志向するものへと転換するようになる。しかし，この卓越性の追求をめざした教育は，ドロップアウトする多くの子どもや人間の疎外状況を生み出し，1960年代後半から70年代末まで，再度，教育の公正さ（equality）をスローガンに，人間中心の教育を志向した「教育の人間化」がめざされていくようになる。ちょうど1970年代末から80年代はじめにかけて，この頃のアメリカの体育の教科論も「教育における人間化」の影響下，体育におけるヒューマニズムを唱え，「ヒューマニスティック体育（Humanistic Physical Education）」と呼ばれたことがあった。しかし，この人間中心の教育は再度，学力の低下をもたらし，今度は，ドラッグや暴力が学校中を席巻するようになった。ちょうどこの時期が先述した，1970年代末，つまりアメリカ経済が衰退していった時期と重なり，この時期以降，子どものニーズに対応した甘いカリキュラムは姿を消し，最初は，「基礎に帰れ（Back to Basics）」をスローガンに３Ｒｓの底上げが教育の重要課題となっていく。

　この卓越性をめざした教育の流れは，1980年代に入ると本格化し，さらに加速化するようになる。連邦政府は1983年に教育長官諮問委員会報告書「危機に立つ国家」(注19)を出し，教育が直面している危機的状況

を訴える。この発表を契機として，ほとんどの州が教育改革に向けた独自の取り組みを始めるようになる。1989年には，当時のブッシュ（Bush, G. H. W.）大統領が全米50州の州知事を招いて，初めての教育サミットを開催する。ここで全国共通教育目標を作成する合意がはかられ，全国共通の教育目標をもつということが初めて全米的な規模で合意されることになった。このことは，先述したように，実際の学校現場でのカリキュラムが，学区ごとに異なったり，あるいは各学校によってさえ違うことが多いというそれまでのカリキュラムのあり方とは，大きく一線を画する方向転換であると思われる。

さらに翌年の1990年，全米知事会から6項目からなる「全国共通教育目標」が発表される。これは主として学力向上に向けての目標であるが，この目標を達成するための方略として，1991年，教育内容や学力の基準となる「教育スタンダード」の策定等を柱とする「2000年のアメリカ」が発表される。この時期に体育では，全米で推進されだした教育改革の後押しを受けて，アメリカ・健康・体育・レクリエーション・ダンス連合（the American Alliance for Health, Physical Education, Recreation & Dance, 以下，「AAHPERD」と略す）を構成する全米スポーツ・体育協会（National Association for Sport and Physical Education, 略称「NASPE」）が中心となって体育の成果を検討する委員会が設けられ，その成果検討委員会から「優れた体育プログラムの成果（the Outcome of Quality Physical Education Programs）」が発表されるようになる（表4-5参照）。ここで後述するいわゆる体育スタンダードの目標となる"A Physically Educated Person"，いわゆる「身体的に教養を備えた人」が5つの項目で初めて示された。この5項目はさらに20の下位の項目を備え，教育改革がアカデミックな教科の学力向上を第一の目的においたこともあって，「優れた体育プログラム」に示された体育目標の内容は，認識的な内容を非常に重視したものであるといえる。

1994年には，州知事として「全国共通教育目標」のイニシアチブをとったクリントン（Clinton, W. J.）の政権下で，先述した「全国共通教育目標」に2項目を追加した「2000年の目標：アメリカ教育法」が制定される。そこでは，州が英語や数学，理科等のアカデミックな教科に関

表4-5　the Outcome of Quality Physical Education Programs

体育の目標 ── 身体的に教養を備えた人

1. さまざまな身体活動を実践するのに必要な技術を学習している。
・身体感覚や空間知覚，努力や人間関係等の概念を用いて運動する。
・さまざまな操作，移動，移動のない技術の能力を発揮する。
・個人や他者と共同での操作，移動，移動のない技術を組み合わせた能力を発揮する。
・多様な身体活動の形態に能力を発揮する。
・いくつかの身体活動の形態で習熟した力を発揮する。
・新しい技術の学び方を学んでいる。

2. 適度な体力（フィットネス）を保っている。
・体力を評価し，高め，維持する。
・トレーニングやコンディショニングの原理に従って，安全で個人に応じた体力づくりのプログラムを計画する。

3. 身体活動を定期的に行っている。
・1週間に少なくとも3回は健康増進のための身体活動を行っている。
・生活に適した身体活動を選び，定期的に行っている。

4. 身体活動を行うことの意味やそれから得られる利益を知っている。
・身体活動を定期的に行うことに伴って生じる利益や負担，責務を認識している。
・身体活動を行うことに伴う危険性や安全性の要因について認識している。
・運動技術の上達に概念や原理を適用する。
・ウェルネスが体力（フィットネス）を単に保つ以上の意味をもっていることを理解している。
・選んだ身体活動についてのルールや戦術，適切な行動の仕方を知っている。
・身体活動への参加が多文化的，国際的な理解に通じるものであることを認識している。
・身体活動によって楽しさや自己表現，交流の機会が得られることを理解している。

5. 身体活動やそれが健康的なライフスタイルへ利益をもたらすということに価値を見い出している。
・身体活動に参加することによって生じる人間関係の価値を認めている。
・生涯にわたる健康や幸福の追求に定期的な身体活動が果たす役割を尊重している。
・身体活動を定期的に行うことから生じる感覚を大切にしている。

して教科内容のスタンダードを設定し，これに対応した学力評価を行うことが規定されるようになった。体育では学力テストを課すことは定められなかったが，到達基準が初めて定められた。このような教育改革の波に押されながら，NASPEの「基準・評価に関する特別委員会 (Standard and Assessment Taskforce)」が中心になって，1995年に体育のナショナル・スタンダード，つまり体育基準書が作成され公表されるようになった。

このような教育改革はいわゆるアカデミック教科の学力水準の向上が主であったので，アカデミック教科ではない体育は，1980年代以降，特に厳しい逆風の中にあったということもできよう。NASPEの1992年の調査では，体育の履修率が9年生（日本でいえば中学校3年生）で，34.3％，10年生で25.7％，11年生で15.1％，12年生で10.9％であるとの報告もある（Vicker, 1992）。同じくNASPEの1997年の調査では，大半の高校生が9年生から12年生のうち，1年だけしか体育の授業を受けていないと報告されている（NASPE, 1997）。また，別の国家機関の調査によれば，高校生全体の40％が体育の授業を受けていないとの報告もある（CDC, 1997）。表4-6は，1997年時点でのNASPEの調査による各州の体育の履修状況の一部である（井谷，1999, p.22）。体育が成績に含まれなかったり，他の教科に振替可能だったり，授業時間がカウンティー（郡）や町に委任されたりなど，この表からも，体育が必修科目や選択科目から削減されている状況を読み取ることができる。

次に，なぜ，このような教育改革の嵐の中で体育が軽視されるに至ったのか，これを明確にすることが重要だと思われる。実際，教育改革の中で，体育は甘い教科の事例の1つに挙げられ，学習者のニーズに対応しただけの，学習とは呼べない，周辺的なフリル（見栄えはいいが中身がないという意味）の教科として低い地位に置かれた。学習者のニーズに対応するだけの，スポーツ中心のカリキュラムは，課外活動や学校外のスポーツクラブで十分だとの認識が，体育の批判の基底に存在しているように思われる（井谷, 2000）。例えば，シーデントップは社会的，国家的にフィットネスの価値が高いのに，それにさえも対応できない体育は学校外からの嘲笑の的だとの痛烈な批判を行っている（Siedentop, 1992）。

表4-6 各州による体育の履修状況（○＝州による要求あり，×＝要求なし）

〈文献29〉のp.22から一部抜粋

	州	幼稚園・小学校	中学校	高等学校	備考（成績，振替）
1	Alabama	○毎日30分(K-8)	○毎日30分(K-8)	○卒業認定1単位，毎日60分	成績に含まれる，振替可
2	Alaska	×	時間は地方委任	○卒業認定1単位，時間は地方委任	成績に含まれる，振替可（地方委任）
3	Arizona	○	○	地方委任	成績に含まれる，振替可
4	Arkansas	○時間要求なし(k-4)	○9週間(5-8)	○卒業認定0.5単位(9-12)	成績に含まれる，振替不可
5	California	○10日に200分	10日に400分	○卒業認定2単位，10日に400分	成績に含まず，振替可
6	Colorado	×	×	×	地方委任
7	Connecticut	○週60-100分（低学年），週80-120分（高学年）	○週3時間	○卒業認定1単位	成績（地方委任），振替不可
8	Delaware	毎日30分(K-6)	○1学期間を毎日または1年間を1日おき(7-8)	○卒業認定1単位（2年で獲得）	成績に含まれる，振替不可
9	Florida			○卒業認定0.5単位(9-12)	成績に含まれる，振替可
10	Georgia	○年間60時間	○年間60時間	○卒業認定0.5単位	成績に含まれる，振替不可
11	Hawaii	○州120分(K-3)，週90分(4-6)	○1単位(7-8)	○卒業認定1単位(9-12)	成績に含まれる，振替不可
12	Idaho	○(1-8)	○(1-8)	○卒業認定保健1単位	成績○に含める，振替不可
13	Illinois	○毎日（全学年）	○毎日（全学年）	○毎日（全学年）	成績（地方委任），振替可，卒業認定単位は学区で異なる

結局，高邁な体育の理念や教育的価値を誇示しても，現実の体育の授業がいいかげんで学習内容の貧困なものであれば，貴重な税金が投入される体育という存在自体が不要というように考えられるのであろうと推察される。このような状況を誤解を恐れずにいえば，高邁な理念の割に，技能習熟や体力の向上維持，人間形成を含めた学習がほとんど行われない貧弱な体育実践が現実の体育という教科の姿ということになるであろう。

(3) 体育のナショナル・スタンダードの特徴

 アカデミックを志向した教育改革が進展し，それに伴って体育に対する批判が大きくなる中で，体育のナショナル・スタンダードである体育基準書が刊行される。表4-7は1995年版の体育基準書の内容と構成を示しているが，この体育基準書の序文の最初に，体育基準書を刊行する2つの目的が書かれている。それは，1つにはまず，体育のプログラムを学んだ成果として「生徒が何を知り，何ができるようになるべきか」ということの基準を明らかにすること。2つめには，評価の役割を確認し，体育基準書に示された内容基準を評価するための教師用のガイドを作成することとある。つまり，この体育基準書では体育で学ぶべき学習内容としての内容基準を明確に示し，それが学習者にどれだけ学力として定着したかを，多様な評価方法を用いてアセスメントするということが冒頭で明示されているのである。

 ところで，先述したNASPEの成果検討委員会から出された「優れた体育プログラムの成果」に示された「身体的に教養を備えた人（A Physically Educated Person）」という体育目標が，この体育基準書でも教科の目標に掲げられる。そしてこの体育目標は体育基準書では，表4-8に示したように，体育における「内容基準（コンテントスタンダード）」として，具体的に7項目で示されるようになる。ここに示された体育の内容基準は，スポーツの技能的目標に関わるものから，認識に関わるもの，生涯スポーツ，フィットネス，人間形成的学習，多文化学習，体育の実存性（価値）の学習までを含んで，実にバランスのとれた基準が示されている。実際，この体育基準書は，NASPEの中の10人ほどで構成され

表4-7 体育基準書(体育スタンダード)の内容と構成(1995年版)

〈文献68〉のp.69を参照

未来への行動──体育のナショナル・スタンダード:内容と評価の手引(pp.1-125)

◎序文
 (刊行の背景・体育の目標「身体的に教育された人」について)
◎序論
 (教育改革と本書の関連・内容基準と評価・評価の新しい考え方)
◎体育における内容基準
 (本書の目的・体育の目標に基づいた内容基準についての概念説明)
◎基準についての一般的記述(総論)
 (7項目の基準についての具体的説明)
◎幼稚園, 2, 4, 6, 8, 10, 12年生についての基準と評価
 (7項目の基準ごとに, 強調点, 目標とすべき水準の例, 評価の事例, 評価基準の記述)
◎付録
 付録A(アカウンタビリティーと評価に関する具体的資料)
 付録B(参考文献)

表4-8 体育における内容基準(1995年版)

〈文献46〉のpp.2-4を参照

1. 多くの形態の運動能力を持ち,いくつかの運動で熟練している。
   (運動やスポーツの技能的目標に関する内容基準)
2. 運動技能の上達や学習に際して,運動の概念や運動法則を適用できる。
   (運動やスポーツの認識的目標に関する内容基準)
3. 身体的に活動的なライフスタイルを示す。
   (生涯スポーツ志向の内容基準)
4. 健康を高める体力をつけたり,その体力を維持したりできる。
   (健康関連体力向上に関する内容基準)
5. 身体活動の場で,責任ある個人的・社会的行動がとれる。
   (社会性の育成に関わる社会的目標の内容基準)
6. 身体活動の場で,人々の違いに理解と配慮を示す。
   (多文化<民族>や人々の多様性<性・障害>の学習に関わる内容基準)
7. 身体活動が喜び,挑戦,自己表現,社会的相互作用の機会を与えることを理解する。
   (体育における実存的目標に関する内容基準)

た委員会で作成されたのだが、作成過程では、小学校、中学校の体育の専門職者団体はいうに及ばず、体育科教育学の研究者団体、校長会等多くの団体や組織と綿密な協議を重ねて作られており（NASPE, 2004, v）、このような過程があればこそ、バランスのとれた内容基準を作ることができたのだと思われる。と同時に、この体育スタンダード作成の重要な契機は、これまで述べてきたように、体育をめぐる逆風の中で体育という教科の存在意義を示すことにあったと思われる。

体育スタンダードの記述は、具体的には、7つの内容基準に照らして、幼稚園から2, 4, 6, 8, 10, 12年生までの隔年の学年ごとに、発達段階に応じた強調点や具体的な到達すべき目標の水準の事例を示し、その後で、学年ごとに多様な評価事例や具体的な評価基準が示される。例えば、6年生では、ネット型やバスケットボール型のゲームの初歩的な戦略がわかり、実際にパフォーマンスとしてできるようになること、また健康を促すような活動になんらかの形で毎日参加すること、そして協同的で競争的な活動では、ルールやエチケットを守って、目標達成のためにグループで協力し合って生産的に活動できること等、これらは基準の中のごく一部であるが、このように多様な側面から具体的な到達基準が示される。また、このような基準と同時に、多様な評価方法も示されている。そこでは教師の観察による評価、学習者による相互観察、記録のとり方、筆記テスト、学習者の日誌による評価、インタビュー、ポートフォリオの文書化等、実際の学習者の行動を観察・分析する評価方法の再認識が行われている。体育基準書に示されたこういった評価は、従来の客観性を最大限重視した、例えば体力テスト等の方法が結局、学習へのモチベーションをなんら生み出すものではないという批判から生まれてきたものである。

次に示す表4-9は、2004年に刊行された改訂版の内容と構成である。序文で1995年版の作成過程や2004年版の改訂過程について述べ、序論では、体育スタンダードの意義や役割、近年の教育状況やNCLB法（the No Child Left Behind Act of 2001, 2002年1月法制化）と体育との関係、米国疾病管理予防センター（the U. S. Centers for Disease Control and Prevention, 略称 CDC）の1999年度および2000年度のデータをもとに子どもや若者の身

体や健康についての危機的状況に関して言及している。さらに体育授業の目標と指導，評価の一貫性の重要性について述べている。また，改訂版でも体育という教科の目標は「身体的に教養を備えた人」の育成であることが確認され，質の高い体育が，この目標を達成する上で必要であり，特に学習機会（具体的には体育の授業時間の確保）の保障，施設・設備等のハードウェアの充実，有資格の体育教師の確保が重要であることを

表4-9 体育スタンダード改訂版の内容と構成

〈文献48〉を参照〉

	頁
序文（Preface）	V
序論（Introduction）	1
スタンダード改訂の説明	9
体育のナショナル・スタンダード	11
スタンダードの概要	12
スタンダード1：さまざまな身体活動を実践するのに必要とされる運動技能と運動パターンで有能さを発揮する	15
スタンダード2：身体活動の学習やパフォーマンスに適用できる運動の概念，原則，戦術，作戦（tactics）を理解する	21
スタンダード3：定期的に身体活動に参加する	27
スタンダード4：健康でいるために必要な体力をつけたり，その体力が維持できる	33
スタンダード5：身体活動の場で自己と他者を尊重できる責任ある個人的・社会的行動を示す	39
スタンダード6：健康，楽しみ，挑戦，自己表現および社会的相互作用のための身体活動に価値をおく	45
付録：　評価リソース	51
用語解説	53
参考文献	55
NASPEリソース	57

指摘している。これらに加えて，体育の授業では意味のある内容が提供されなければならないことが強調される。

序論ではさらに，次の事柄が提供されれば，身体能力の育成，健康関連のフィットネスの向上，自己責任感の育成，身体活動の楽しさを増すことができると述べられる。それらは，技能の育成，定期的で健康によい身体活動，工夫されたフィットネス，科学・数学・社会科等，他教科との連携，健康・安全・フィットネスに対する責任を育成する機会，モラルの育成に影響を与える判断力，身体活動がストレスの減少に有効であることの経験，仲間関係の育成，自尊心の育成，目標設定の経験である。

スタンダード改正の説明では，体育スタンダード改訂委員会 (The K-12 National Physical Education Standards Revision Committee) での検討の結果，学習者は何を知るべきで何をできるようなるべきかを説明するために，K-12学年用の6つのスタンダードが確定され，学習者の各学年レベルでの行動例が示されることが述べられている。

改訂版では，体育の目標は，「生涯にわたって健康的な身体活動を楽しむことができる知識，技能，自信をもった身体的に教養を備えた個人を育成することである」(NASPE, 2004, p.11) と明記され，表4-9に示した6つのスタンダードに沿って，各スタンダードの説明の後，スタンダード1から順にK-2，3-5，6-8，9-12の学年ごとにその学年で学習の結果として期待されるレベル，具体的な行動例が示される。さらに，付録の後には，用語の解説が添えられ，「評価」や「コンテントスタンダード」「スタンダード」「パフォーマンススタンダード」「運動パターン」等，改訂版で用いられる17の特殊な用語の詳細な説明が行われる。そして最後に，NASPEが刊行している関連文献が紹介されている。

ここに示したように，1995年版と2004年版の大きな違いは，内容基準（スタンダード）が前者では7項目であるのに対し，2004年版では6項目に絞られていることである。つまり，2004年版では，1995年版で第6番目のスタンダードとして示された「身体活動の場で，人々の違いに理解と配慮を示す」という民族や性・障害の有無といった人々の多様性に関わる学習が，削除されていることである。ただし，この多様性に関わる

学習は，表現を変えながら，2004年版の他のスタンダードに吸収されている（主にスタンダード5）とみることもできる。また，スタンダードを示す学年が，K－2，3－5，6－8，9－12と変更され，1995年版よりも学年の幅を広くとるようになっている。これら2つの変化は，1995年版が発刊された後，全米規模で実際にそれが使用され，また各州でも実際に州の体育スタンダードとして使用された結果，批判的検討を経て整理修正されたものと考えられる（注20）。

さて，このような体育基準書の特徴は，要約すれば，次のようにいうことができよう。第1に内容的には，誰からも正当な社会的評価を得られるような非常にバランスのとれたものになっている。第2に，教師用のガイド，つまり具体的な実践のための手引書をめざしただけに，非常に具体的で詳細な記述がなされている。そして，第3に，体育の学力の定着を意図しているだけに評価に力点を置いたことと，このことと関連して，体育基準書で示された体育の目標－内容－評価の一貫性は，何よりも体育のアカウンタビリティーをかなりの程度意識したものであるということである。第4に，教育改革がアカデミック志向であったために，体育基準書もかなり知的側面を重視したものになっている。このことは，運動学習に際して，運動の概念や原理の適用を求めた基準に表れているだけではなく，全体を通して認知的・認識的学習の色彩が色濃く保たれていることから理解できる。第5に，体育基準書は自立的な学会が自らの意志で広範な論議を経て作成したものであり，決して強制力をもったものではなく，あくまで教育の地方分権制度を維持することを前提に，優れた体育授業をめざすためのものであるということである。さらに，大きな特徴として第6に，体育という教科でめざすべき人間像が明確に示されたことである。第7に，本研究の問題関心からいえば，それまでのレジャーの準備教育としてプレイ性に着目した，スポーツの内在的価値（intrinsic value）や楽しさ経験を重視した体育から，外在的な価値（extrinsic value）に着目することによって人間形成的学習のスタンダードを設定することによって強調した，これまでの体育にはみられない大きな変化がみられることである。具体的には，1995年版では，内容基準の5，6，7で身体活動における社会性や道徳性について発達段階に対応

して詳細に記述がなされ，また2004年の改訂版でも，スタンダードの5，および6で詳細に論じられている。

そこで，次に体育スタンダードに示された人間形成的学習について明らかにしていくことにする。

(4) ナショナル・スタンダードにおける人間形成的学習

前述したように体育スタンダードにおける人間形成的学習は，1995年版では内容基準（スタンダード）の「5．身体活動の場で，責任ある個人的・社会的行動がとれる」，「6．身体活動の場で，人々の違いに理解と配慮を示す」および「7．身体活動が喜び，挑戦，自己表現，社会的相互作用の機会を与えることを理解する」で示されている。また2004年版では，スタンダード5の「身体活動の場で自己と他者を尊重できる責任ある個人的・社会的行動を示す」およびスタンダード6の「健康，楽しみ，挑戦，自己表現および社会的相互作用のための身体活動に価値をおく」で示されている。以下，1995年版の内容基準の5および2004年版のスタンダード5を「個人的・社会的行動」と表記し，1995年版の内容基準の6を「理解・配慮」と表記する。さらに，1995年版の内容基準の7および2004年版のスタンダード6を「体育における価値」と表記する。ここでは，1995年版および2004年版に示されたこれらの人間形成的学習に関する内容を示すことにするが，ここではテキストそのものをそのまま記載するのではなく，適宜文脈に沿って筆者が要約ないしは意訳したものであることを断っておく（**注21**）。

①――個人的・社会的行動

■――1995年版

1）**幼稚園児**（NASPE, 1995, pp.11-12）
◎　体育館の中での参加と運動場での参加のルールを知ることができる。

- ◎ 他者と衝突することなくグループの環境で活動できる。
- ◎ 注意のための教師の合図に反応することができる。
- ◎ 一度気づかされたルール違反に反応することができる。
- ◎ クラス全体の活動のためにクラスに与えられた指示に従う。
- ◎ 使わない時，片付けることで用具を安全に扱う。
- ◎ 一式の用具を使う時交替することができる。
- ◎ 体育館のルールを「運動場のルール」に転移することができる。

2）**2年生**（NASPE, 1995, pp.25-27）
- ◎ 体育の授業を受ける際の約束事や手順を知っていて，それらを自分で行うことができる。
- ◎ 活動をやめる合図ですぐに活動をやめることができる。
- ◎ 友達と協力して割り当てられた簡単な課題を達成できる。
- ◎ 先生の指示に従うことができる。
- ◎ ルール違反をした時に，（注意されたことを素直に聞くことができる。
- ◎ 活動の結果を先生に正直に報告できる。
- ◎ チームメートやクラスの友達に，練習の順番を譲ってあげることができる。
- ◎ 用具や空間を安全かつ適切に使うことができる。
- ◎ 安全に練習する大切さを知っていて，実際に誰の力も借りずに安全に練習できる。

3）**4年生**（NASPE, 1995, pp.39-40）
- ◎ 体育の授業を受ける際の約束事や手順の目的を知っていて，それらに従うことができる。
- ◎ パートナーとまたは小さな集団で，互いに協力しながら生産性を高めることができる。
- ◎ 比較的短い時間，1人である課題に従事できる。
- ◎ 学習の行い方や運動技術を友達に真剣に教えることができる。
- ◎ パートナーをよりうまくするために，パートナーと協力することが

できる。
◎ ルール違反した友達に否定的な態度をみせずに，そのルール違反に対する先生の決定を素直に受け入れることができる。
◎ 友達を責めることなく，パフォーマンスを正しく評価できる。
◎ 活動場面で必要に応じて安全に行動できる。
◎ 安全に用具の準備ができる。

4） **6年生**（NASPE, 1995, pp.53-55）
◎ 体育の授業を受ける際の約束事や手順を自分たちで決めることができる。
◎ 練習の時間を無駄なく有効に使うことができる。
◎ 自分たちによりふさわしいゲームのあり方を提案できる。
◎ 先生の指示がなくとも，自分たちでグループに課された課題に従事できる。
◎ 一緒に高めあえるパートナーを選ぶことができる。
◎ 友達や他のチームと練習スペースをうまく共有できる。
◎ 勇気ある行動と向こうみずな行動を区別できる。
◎ 自分で計画する活動に安全性を配慮できる。

5） **8年生**（NASPE, 1995, pp.69-71）
◎ ルールや約束事の範囲内でプレイできる。
◎ ゲームや練習でもめごとが起こった時に行動の選択を迫られた場合，結果を熟考できる。
◎ 他者の権利や感情に配慮して，個人の間に起こった衝突を解決できる。
◎ けんかせずに，話し合いで衝突やもめごとを処理できる。
◎ 仲間に流されることなく，自立するための積極的な方法を見つけることができる。
◎ グループに自分を合わせるのではなく，自己を確立しながら，グループにうまく従属できるようになる。
◎ 自分と他者の安全に基づいた選択ができる。

- ◎ 公式な議論の決定を受け入れることができる。
- ◎ 活動を通して，適切な自己管理とよいスポーツマンシップを示すことができる。
- ◎ チームメートや対戦相手に，援助行動を示すことができる（倒れた生徒を助け起こす，言語的・非言語的フィードバック等を通して示す）。

6）**10年生**（NASPE, 1995, pp.83-85）
- ◎ すべての身体運動の場面で，ルールや約束事，エチケットを守ることができる。
- ◎ 仲間からのプレッシャーに左右されずに公平に行動できる。
- ◎ 適切な方法で衝突を解決できる。
- ◎ 相手にケガを負わせない方法で適切にプレイできる（野球のホームベースの滑り込み）。
- ◎ 友達がいるからという理由ではなく，楽しむという理由で活動を選択できる。
- ◎ 言葉による言い合いの場面から離れることができる。
- ◎ 競争の中で，相手のすばらしいプレイを認めることができる。
- ◎ 衝突の際，すべての立場の人に耳を傾けてから行動を起こす。
- ◎ 審判の役割と決定を受け入れることができる。
- ◎ 自分たちで審判する試合で，試合後，フェアプレイや援助行動について話し合い，それらを賞賛できる。
- ◎ すべての身体運動の場面で，安全に練習することができる。

7）**12年生**（NASPE, 1995, pp.97-99）
- ◎ すべての身体運動の場面で，自立した責任ある行動をとることができる。
- ◎ 責任あるリーダーの役割を果たすことができるとともに，グループの目標を達成するために自ら進んでグループの約束事に従うことができる。
- ◎ 身体活動の参加場面で，潜在的な危険を予想できる。
- ◎ 活動の目標を自ら設定することができ，その達成に向けて自ら活動

できる。
◎ 自分をコントロールしながら，扇情的な状況に対処できる。
◎ 参加者とうまくコミュニケートしながら，潜在的な摩擦を発散したり，回避できる。
◎ 技能練習のために自ら安全な環境を作ることができる。
◎ 活動場面で援助行動をとることができる。
◎ 相手のすばらしいパフォーマンスに声援を送ることができる。
◎ 衝突を引き起こす要因について認識できる。
◎ 建設的な結果になるように，適切な勧告ができる。
◎ 衝突を解決する方法として，仲裁が果たす重要性を理解できる。

■―2004年版

1) **幼稚園児〜2年生**（NASPE, 2004, p.40）
◎ 練習の終わりの教師の合図まで，指示された技能を練習できる。
◎ クラス全体の活動でクラスに与えられた指示に従うことができる。
◎ 他者を助けることで他者への思いやりを示すことができる。
◎ 使わない時，離れたところに置くことで用具を安全に扱うことができる。
◎ 用具とスペースを安全に適切に使うことができる。
◎ 活動の結果を正直に報告できる。
◎ 他者を妨害することなく，さまざまなグループの場で活動することができる。
◎ 順番を繰り返す前に，1つの器具で彼／彼女の順番になるように仲間に勧めることができる。
◎ 練習中のパフォーマンスについて観察をすることで，パートナーを助けることができる。
◎ 運動課題を探求する間，1人で参加を楽しむことができる。
◎ 個人の相違点（例えば，民族，性，障害）に関係なく，すべての遊び仲間を受け入れることができる。
◎ 運動場で参加している間，他者を思いやることを示す。

◎ 授業中，社会的に受け入れられるやり方で，衝突を解決することができる。

2） 3～5年生 (NASPE, 2004, p.41)
◎ 授業のめあてを学習するために，練習するのに適切な方法でサッカーの用具を安全に用意できる。
◎ 活動や技能を彼または彼女のチームに教える役割を真剣にとることができる。
◎ 順番を代わったり，用具を共有したりすることですべてのクラスのメンバーと協力的に活動できる。
◎ プロセスの詳細な図表（diagram）に従い，一続きのダンスパフォーマンスを改善するため，パートナーと生産的に活動できる。
◎ 他者に対して否定的な反応を示さずに，個人のルール違反に関する教師の決定を受け入れることができる。
◎ 他者を責めることなく，自分自身の問題行動を評価し，責任をとることができる。
◎ 仲間の活動の選択で，類似と相違を認め，正しく評価することができる。
◎ さまざまなダンスフォームについて学級で討論する時，異なる文化背景の仲間の意見に敬意を示すことができる。
◎ 言葉と非言語（nonverbal）での励ましと手助けで，車椅子の仲間に敬意と気遣いを示すことができる。
◎ 定期的に他者を励まし，こき下ろしの発言を控えることができる。

3）6～8年生 (NASPE, 2004, p.42)
◎ 時間を使うこと，ルールを適用すること，下された決定に従うことについて責任ある決定をする。
◎ すべてのメンバーを参加させるため，サッカーの試合を修正する決定をする。
◎ グループ活動で教師の注意深い監視なしに課題にとどまることができる。

- ◎ オリエンテーリングの活動中，自己と他者の安全に気を配ることができる。
- ◎ 否定的な仲間の圧力に直面した時，さまざまな選択の結果を考慮することができる。
- ◎ 試合や活動のルール内でプレイする。
- ◎ 関係者の賛否両論の決定を受け入れることで自己管理を示すことができる。
- ◎ 他者の権利と感情に思いやりをもって個人間の衝突を解決することができる。
- ◎ 同じような，また異なる背景の他者を知り，理解するようになる中で，試合，スポーツ，ダンスの役割を認識することができる。
- ◎ 言葉と非言語（nonverbal）の行動を通して，性，人種，民族，身体活動の場での能力が異なる仲間と協力できる。
- ◎ 技能，能力が少ない仲間を助け，一緒に参加し，敬意を表すことができる。

4）9～12学年 (NASPE, 2004, p.42)

- ◎ 友達が参加しているという理由からではなく，個人の楽しみで活動に参加することを選択する。
- ◎ 決勝戦で負けにもかかわらず，相手のエアロビクスチームの力強いパフォーマンスを認めることができる。
- ◎ 試合を進めている間，衝突で行動を起こす前に問題のすべての側面に耳を傾けることができる。
- ◎ 幅広い多様なメンバーの協力的な学習グループにうまく参加することができる。
- ◎ 授業の前の準備活動に技能の劣った生徒を誘う。
- ◎ 活動のワークショップ（例えば，ピックルボール）を放課後6年生のグループに伝えるためにイニシアチブをとることができる。
- ◎ 危険な地域でのクラスハイキングを誘導するために安全な手順を組み立てることができる。
- ◎ 試合中，衝突を分散させることでリーダーシップを示すことができ

る。
◎ 守備側の選手にケガをさせないようなマナーでベースにスライディングする。

②―理解・配慮

■―1995年版

1）**幼稚園児**（NASPE, 1995, p.13）
◎ 遊びを共有する喜びがわかる。
◎ 個人的な違い（例えば，人種，性，障害）に関わらずクラスの子どもたちと積極的に相互に影響しあうことができる。
◎ 1人で，また他者と参加を楽しむことができる。
◎ 個人的な違い（例えば，人種，性，障害）に関係なく遊び友達を選ぶことができる。
◎ グループの課題で他者と協力できる。

2）**2年生**（NASPE, 1995, pp.27-28）
◎ 個人の違い（性，民族，障害の有無）に関係なく運動や遊ぶことができて，協力できる。
◎ 運動や遊びの間，他者を尊敬をもって扱うことができる。
◎ 社会的に受け入れられるやり方で，摩擦を解決するポイントがわかる。
◎ 共同と協力を含んだ活動を正しく確認し，理解できる。
◎ ゲームや活動をより協力的なものにする方法を提案できる。

3）**4年生**（NASPE, 1995, pp.40-42）
◎ 身体活動への参加を通して，文化的/民族的な自己のアイデンティティーを確認できる。
◎ 違いのある個々人がグループ活動にもたらすことができる特質を理

解できる。
◎ 国，文化，民族がもとになった活動に参加することで，背景の異なった人たちの類似点と相違点を経験する。
◎ 身体活動で他者の類似点と相違点を認識できる。
◎ 言語的/非言語的行動を通して，他者の技能と能力を受け入れ，認めることができる（能力の劣る友達を認め受け入れることができる）。
◎ 車椅子バスケットボールを行い，感じたことや失望したことを文章に書いて説明する。
◎ 目の見えない人が目の見える人と平等に競技できるゲームをつくる。このゲームをつくる過程で遭遇する課題を説明する。
◎ 聴力に障害をもつ人が行えるダンスをつくる。ダンスをつくる過程で遭遇する課題を説明する。

4）**6年生**（NASPE, 1995, pp.55-57）
◎ 異なった性，文化，民族，障害の人々の行動における違いを認め，両方の類似点や相違点についてより理解を深めることができる。
◎ 障害をもった仲間や異なった性，人種，民族の人たちと協力できる。
◎ 技能の優れた仲間や劣った仲間の両方と協力して活動できる。
◎ いろいろな違いをもった人たちと知り合い，相互に理解する上で，ゲーム，スポーツ，ダンスが重要な役割を果たすことを理解できる。
◎ 言語的/非言語的行動を通して，異なった性，人種，民族の人たちと身体活動場面で協力することができる。
◎ 同じ技能レベルの人たちや異なった技能レベルの人たちを探し出し，一緒に活動し，尊敬を示すことができる。
◎ 進んで他者を助けるために自分の技能を使うことができる。
◎ 誰もがチームに貢献できることを理解し，口頭で，あるいは筆記でそれを表現できる。
◎ 身体活動で身体的にハンディのある人を参加させる方略を確認する。
◎ 身体活動で身体的にハンディのある人が参加する時，直面する課題を確認できる。

5) **8年生**（NASPE, 1995, pp.71-72）
  ◎ 現代文化におけるスポーツ，ゲーム，ダンスの役割を認識できる。
  ◎ 身体活動の場における援助的で包括的な行動がわかる。
  ◎ 身体活動の場で，異なる文化や民族，人種の人たちに加わることができる。
  ◎ スポーツやダンスがアメリカ文化にどのように影響を与えるかを理解できる。
  ◎ 他者と相互作用している時，他者の感情に気遣いをみせることができる。
  ◎ 自分と他者の体やパフォーマンスの限界を尊重できる。
  ◎ 賞賛に値する肯定的なスポーツの著名人と否定的な行動が一般に知られているスポーツの著名人の行動の違いやその意味が理解できる。
  ◎ スポーツのヒーローによってもたらされる文化の変容を確認できる。
  ◎ 他者の行動に関して，競技者がもっていると考えられる効果を認識できる。
  ◎ 身体活動や授業場面での排他的な行動を確認できる。
  ◎ 包括的な行動を最大限にする方略を明確な形で表すことができる。
  ◎ 異なる性，文化，人種，運動技能の人たちに気遣いの証拠を与えることができる。

6) **10年生**（NASPE, 1995, pp.85-86）
  ◎ 多文化主義を理解する上でのスポーツと身体運動の価値がわかる。
  ◎ 違い（例えば，性，民族，障害）のある他者を個人的に楽しめる身体運動に加わるように要請できる。
  ◎ スポーツや身体運動で，バックグラウンドの異なる他者と出会い，協力することの満足を楽しむことができる。
  ◎ アメリカの1960年以降のスポーツにおける女性の役割が理解できる。
  ◎ スポーツにおける女性のパイオニアのいくつかの例を挙げることが

できる。
◎ 異なった世界や違う人々の間でのスポーツと身体活動の役割を理解し，分析することができる。
◎ スポーツの歴史，国際大会（五輪・ワールドカップサッカー・パンアメリカンゲーム）の目的，社会におけるプロスポーツの役割を調べたり，多文化主義を象徴するダンスの有効性等を通して，スポーツと身体活動が異なった人々に有効であることの洞察力を身につける。

7）**12年生**（NASPE, 1995, pp.99-100）
◎ 文化的・民族的・身体的相違点の正しい認識を育てる身体活動で，参加することの影響を理解できる。
◎ レジャー追求型の身体活動で，異なったバックグラウンドの人たちを含める方略を立てることができる。
◎ 年齢，性，社会経済的地位，文化のバックグラウンド等の要因が，身体活動への参加選択に影響を及ぼすことが理解できる。
◎ 若年者，中年，老年での身体活動の選択に年齢，性，社会経済的地位，文化のバックグラウンド等の要因がいかに影響するかを確認できる。
◎ 身体的にハンディのある人たちのために，応用したスポーツやゲームを構成することができる。
◎ 身体的にハンディのある参加者の異なった技能レベルとバックグラウンドに配慮できる。

③―体育における価値

―1995年版

1）**幼稚園児**（NASPE, 1995, pp.14-15）
◎ 身体的な活動に従事できる。
◎ 積極的な感情を身体活動の参加に関係させることができる。

- ◎ 新しい運動や技能を試すことができる。
- ◎ １人での参加や他者との参加を楽しむことができる。
- ◎ 身体活動に参加することで起こる感情を確認できる。
- ◎ 体育の授業を楽しみにする。
- ◎ 喜んで計画に参加することができる。
- ◎ 楽しめるいくつかの活動を確認することができる。

２）**２年生**（NASPE, 1995, pp.28-29）
- ◎ 運動で楽しみを増やす能力を身につけることができる。
- ◎ 運動技能を上達させることが楽しみを生み出すことを理解することができる。
- ◎ 身体活動で（の中で），身体活動に関する感情を表現できる。
- ◎ 身体活動を通して，友達と相互作用を楽しむことができる。
- ◎ 共同と協力に伴う便益を正しく評価できる。
- ◎ 身体活動で，チャレンジ，成功，失敗の結果起こる感情を受け入れることができる。
- ◎ 進んで新しい活動を試みるように努めることができる。
- ◎ 感情を伝えるために運動を使うことができる。
- ◎ 身体活動に参加することで起こる感情を言葉で表現できる。

３）**４年生**（NASPE, 1995, pp.42-44）
- ◎ 身体活動に参加する間，楽しみを経験する。
- ◎ 技能を向上させるために，練習することを楽しむことができる。
- ◎ グループ活動への参加を通して，友達と相互に影響しあうことができる。
- ◎ 自己表現の手段として，身体活動を使うことができる。
- ◎ 身体活動がもたらす結果としての肯定的な感情を経験する。
- ◎ 自分の成功や達成と同じように，他者の成功や達成を喜ぶことができる。
- ◎ グループに参加するメンバーとしてグループに貢献することができる。

- ◎ クラスで他者と感情を共有できる。
- ◎ 興味があり，価値のある活動を選択できる。

4） 6年生 （NASPE, 1995, pp.42-44）
- ◎ 身体活動が社会やグループの相互作用の肯定的な機会として有効であることがわかる。
- ◎ 身体活動に参加することで楽しみを表すことができる。
- ◎ 身体活動での成功は仲間から承認される機会であることを認識する。
- ◎ 感情を表すために身体活動を使うことができる。
- ◎ 身体活動で個人で挑戦する経験をもつことができる。
- ◎ 自分と他者を理解する上でのゲーム，スポーツ，ダンスの役割がわかる。
- ◎ 体育の授業で身につけた技能や知識を授業以外の身体活動で使うことができる。
- ◎ 冒険やリスクのある活動の後で，活動中に経験した感情を記述できる。
- ◎ 冒険やリスクのある活動で，他者と協力し，コミュニケートできる。
- ◎ 冒険やリスクのある活動で，経験した共通の感情を認識できる。
- ◎ 身体活動で他者が表した感情を受け入れ，個人の感情を他者が経験した感情へと関係づけることができる。
- ◎ 身体活動での個人の感情を他者の状況へと関係づけることができる。
- ◎ 達成したい適切な目標を確認できる。
- ◎ 目標を達成するための現実的な計画をつくることができる。
- ◎ 身体活動に参加した時に経験する感情を確認できる。

5） 8年生 （NASPE, 1995, pp.73-74）
- ◎ 身体活動への参加を楽しむことができる。
- ◎ 身体活動に参加する社会的便益を理解できる。
- ◎ 新しい魅力的な活動を進んで試みることができる。

- ◎ 自己表現の伝達手段として身体活動を認識できる。
- ◎ 身体活動に従事する時満足できる。
- ◎ パフォーマンスの美的側面と創造的側面とを楽しむことができる。
- ◎ 新しい活動を学ぶことを楽しむことができる。
- ◎ 自分の気に入った活動で技能をより高めることができる（例えば，戦術学習等で）。
- ◎ チームスポーツの社会的側面と個人スポーツの社会的側面の違いを確認できる。
- ◎ スポーツ／身体活動に参加する時（体育の授業中・授業外）に，気持ちよくさせた出来事と不快にさせた出来事を確認できる。
- ◎ スポーツ／身体活動で，自分が他者と肯定的な経験をどのように作るかの詳細を記述できる。
- ◎ ストレスを和らげる運動の価値を認識できる。
- ◎ ストレスを和らげるのに，どのような時に運動が助けになるかがわかる。
- ◎ 身体活動が仲間との競争の肯定的なはけ口を与え，他者の尊敬と認識を獲得する手段であることを理解する。
- ◎ 身体活動が参加の新たな楽しみを発見するにつれて，自己満足と自尊の感情を増すことができることがわかる。
- ◎ 身体運動でさまざまな感情の認識を経験するにつれて，ダンス，体操，多様なスポーツ活動によって与えられた自己表現の手段は一層重要になることが理解できる。

6) 10年生 （NASPE, 1995, pp.86-88）

- ◎ 競技やレクリエーションの場で，多様な身体活動に参加することを楽しむことができる。
- ◎ 新しい活動を1人であるいは他者と追求することができる。
- ◎ 共通の目標を達成するために，スポーツで他者と活動することを楽しむ。
- ◎ 身体活動が他者と活動する上で，肯定的な社会環境を提供できることがわかる。

- ◎ 身体活動が楽しみや自己表現に貢献する要因を確認できる。
- ◎ チームの達成にさまざまな意味で貢献できる。
- ◎ 身体活動への参加理由として，楽しみと挑戦があることを理解できる。
- ◎ 身体活動が否定的な側面よりも肯定的な側面の方が多いことを確認できる。
- ◎ 身体活動に参加するいくつかの便益を確認できる。
- ◎ 競技で，目標を達成するために他者と一緒に活動することを通して肯定的な感情を経験することができる。
- ◎ 個人の目標を追求している間に満足と楽しみを経験することができる。

7) **12年生**（NASPE, 1995, pp.100-102）
- ◎ 身体活動で定期的な参加を楽しむことができる。
- ◎ 身体活動が肯定的な社会的相互作用の機会を与えることができることがわかる。
- ◎ 新しい活動を学ぶことを楽しむことができる。
- ◎ ひとりで，または他者と身体活動に参加することで得られる肯定的な感情が認識できる。
- ◎ 競争や身体活動に自発的に入ることができる。

■──**2004年版**

1) **幼稚園児〜2年生**（NASPE, 2004, p.46）
- ◎ 楽しさを言葉と体で表すことができる。
- ◎ 進んで新しい運動と技能を試みることができる。
- ◎ 最初の試みでうまくいかない時も参加し続けることができる。
- ◎ 楽しむことができるいくつかの活動を確認する。
- ◎ 新しい技能を学習する間，進歩したことに対して個人の感情を表現することができる。

2） **3〜5年生** (NASPE, 2004, p.47)
◎ 身体活動への参加に関連した積極的な感情を確認することができる。
◎ グループの身体活動に参加することを選択する。
◎ 技能が運動と身体活動の楽しみをもたらすことを説明することができる。
◎ 身体活動の課題を助けることで他者と相互作用することができる。
◎ どのような改善が必要かについて技能を選択し，練習することができる。
◎ 身体的活動の便益を守ることができる。

3） **6〜8年生** (NASPE, 2004, p.48)
◎ アイデアや感情を伝達するために体と運動を使う方法を説明することができる。
◎ 社会的相互作用やグループの相互作用のための積極的な機会として身体活動を認識することができる。
◎ 他者や自己の熟練したパフォーマンスの美的局面と創造的局面の真価を認めることができる。
◎ 課題として新しい活動や技能を学習することを理解する。
◎ 努力と練習を通してもっと熟達することを楽しむ。
◎ 能力に関係なく，身体活動に参加するよう全員の生徒を誘う。
◎ 社会的便益，感情の便益，健康の便益のために選択した身体活動を分析する。

4） **9〜12年生** (NASPE, 2004, p.49)
◎ 身体活動に参加するための理由（例えば，健康，楽しみ，挑戦，自己表現，社会的相互作用）を確認することができる。
◎ スポーツ活動で共通の目標を達成するために他者と一緒の活動を楽しむことができる。
◎ 身体活動の健康の便益についてパンフレットを作る。
◎ 個人のフィットネス／身体活動の目標を達成することで，自分自身

を褒める。
◎ 選択した身体活動に参加することを選択する理由をよく考えることができる。

④——批判的検討

さて，これまで体育のナショナル・スタンダード（体育スタンダード）における人間形成的学習について述べてきたが，幼稚園児から日本でいえば高校終了段階まで，発達段階に応じて人間形成的学習に関する到達基準（いわゆるスタンダード）が詳細に述べられており，本章第3節で述べたニュージーランドの体育カリキュラムにおける人間関係学習よりも，より広範な内容になっている。また先述したように，2004年版は1995年版を実際の学校での体育実践の検証を経ながら，かつ広範な体育の専門家の意見を集約して修正したものであるだけにより一層精緻なものになっていると考えられる。

先のニュージーランドの体育カリキュラムを論じた際にも触れたことでもあるが，人間形成学習の系統性の点からいえば，体育スタンダードはニュージーランドの体育カリキュラムよりも一層，学習内容の系統性や学習の順次性を備えた社会性や道徳性形成のための目標および内容（注22）の提示がなされているともいえると思われる。

ところで，第1章で人間形成とは，「個人のうちに社会的規範を内面化し，社会的行動力を生み出す社会性および倫理的規範の内面化と道徳的行動力を生み出す道徳性を形成する営みである」と規定したが，ここでみた体育スタンダードにおける人間形成的学習は，実際の学習場面でいわゆる学習者の社会性や道徳性を分離することなく，一体として扱っており，理論レベルではともかく，実際の学習場面では社会性の形成および道徳性の形成を一体として扱うことの有効性を示唆していると思われる。つまり，体育の場において，ある契機から道徳的感情や道徳的判断が個人のうちに生まれ倫理的規範が形成され，それをもとに一定の道徳的行動が発現するわけであるが，この道徳的行動が他者との相互作用で

行われる時，そこにはいわゆる人間関係が生じ，他者との相互作用によって生じた社会的規範の内面化作用とともに，社会的行動力が生まれるようになる。この社会的行動力が具体的な形で行使されたものが社会的スキルといわれるものであるが，本章第3節の第2項で述べたことと考えあわせれば，具体的な体育における人間形成的学習では道徳性の形成と社会性の形成は相互規定的に行われると考えるのが妥当であろう。と同時にこのような社会性や道徳性は学習されなければ形成されないということである。

しかし，理論的・認識論的レベルでいえば，ここに挙げられた人間形成的学習の到達基準や学習者からみた学習内容は，いささかランダムに挙げられている傾向があり，体育における人間形成的学習を教科論レベルで構成する際には問題があるように思われる。具体的にはそれぞれ社会性や道徳性の形成に関わる内容が，用具の準備や教師の指示に従う等の常規的活動のカテゴリーに属するものから，他者との協力等の社会的スキルまで，互いに次元の異なるものが混在して扱われ，また1995年版では日本との文化的コンテキストの違いからか，人種，民族の相違を受け入れることまで体育の人間形成的学習の内容に含まれている。これらは授業の中での学習可能性（ラーナビリティ）という点からはやはり問題があるといわなければならないだろう。また，学習可能性の側面からいえば，体育スタンダードにはスタンダードの提示という性格を差し引いても，教材や学習指導レベルでの人間形成的学習の教授方略の記述がま

表4-10　体育スタンダードに示された人間形成的学習の内容分類

倫理的規範	社会的規範
●運動・スポーツの公正さの規範 ●社会的ルールの遵守に関する規範 ●責任の履行に関する規範 ●安全の確保に関する規範	●人間関係に関する規範 　（自己抑制，協力，援助，違いへの配慮，共感等） ●問題解決（問題回避）に関する規範 ●価値的規範（愛好的態度） ●常規的活動に関する規範

ったくみられないのも問題点として挙げなければならい。

体育スタンダードに示された人間形成的内容は, 具体的にはいくつかの規範的カテゴリーに分類が可能であろう。具体的には, 道徳性に関係する倫理的規範と社会性に関係する社会的規範である。例えば,「活動の結果を先生に正直に報告する (傍点筆者) (1995年版, 4年生)」, あるいは「すべての身体運動の場面で, ルールや約束事, エチケットを守る」(1995年版, 10年生) 等は倫理的規範に属するものであり, 他方,「衝突の際, すべての立場の人に耳を傾けてから行動を起こす (1995年版, 10年生)」, あるいは「順番を代わったり, 用具を共有したりすることですべてのクラスのメンバーと協力的に活動できる (傍点筆者) (2004年版, 3〜5年生)」等は社会的規範に属するものである。前述した体育スタンダードに示された人間形成的学習の主な内容は, おおむね以下のカテゴリーのどこかに属するものであると考えられよう (表4-10を参照)。

ただ, 今述べてきたような問題点を差し引いても, 体育スタンダードにおける人間形成的学習は大きな示唆を含んでいる。

第1に, 今後多くのさらなる実証的研究による妥当性の検証の必要はあるが, 学習者の発達段階に対応して人間形成的学習に関わる到達基準や学習内容を明確に示している点は, 何よりも重要であろう。第2に, 人間形成的学習にあたっては, 道徳性および社会性の形成が相互規定的である点に着目したことも重要な示唆である。第3に, 体育における人間形成的学習の内容が, 具体的には「倫理的規範」や「社会的規範」に属するもので構成され, それらが上に示したカテゴリーに含まれることを暗示した点は, 本研究にとって極めて意義深いものがあると考えられる。

それでは次に, 道徳性の形成と社会性の形成を相互規定的と捉え, 具体的な教授方略を伴って提起されたヘリソンの体育における責任学習論の考察に移ることにしよう。

5　ヘリソンの体育における責任学習論の意義

(1) 体育における責任学習論の主題

　現在，ヘリソンはアメリカのシカゴにあるイリノイ大学教育学部の教授として勤務しているが，AAHPERD，NASPE，高等教育における全米体育協会（NAPEHE），IOC等の組織から，彼の体育における青少年への教育実績に代表される多大な貢献に対して，学会賞や栄誉賞を贈られている。ヘリソンはシーデントップとならんで現代のアメリカを代表する体育科教育における最も著名な研究者であると同時に実践者（教育者）でもある。ヘリソンは1970年から非常勤教員として大学以外の学校でも，青少年に体育を教えるようになり，特にここ20年ほどは，暴力や非行等の問題を抱えた子どもを対象に体育を教え，その教育実践の中から，本章で考察する「身体活動（スポーツ〈sport〉や運動〈exercise〉）」を通して，個人的責任や社会的責任をとることを教える体育（**注23**）のあり方を提起してきた。

　ヘリソンは，これまでの体育には体育の学習をしておけば，自動的に学習者の人間形成がなされると考える楽観論があると批判し，そのように考えること自体が危険であると警鐘を発する（Hellison, 2003, p.7）（傍点筆者）。というのも，現代のアメリカにおける青少年に関するデータは，決して少数とはいえない青少年が犯罪，暴力，セックス，薬物使用に関与していることを示しているし，公立学校の教師の多くは，生徒の自殺未遂，不登校に加えて犯罪，暴力，セックス，薬物使用の段階的な拡大に直面している状況があるからである（Hellison, 2003, p.9）。だからこそ体育では，個人的，社会的発達を促すために，特別な目標，教授方略，教師の資質が必要であると述べ，同時に技能習熟や体力形成，人間形成等の多くの目標を掲げた体育授業よりも，達成されるべき目標を厳選した体育の方が効果的に学習できると述べる（Hellison, 2003, p.18）。体育における責任学習論は，このようなヘリソンの問題意識から創られ，何よりも体育における学習者の人間形成が，楽しさ等の情緒的目標の達成や，技能習熟，体力の形成といったいわゆる体育の一般的な目標より

も重視されるようになる。具体的にいえば，体育授業で身体活動と責任学習の統合に70パーセント程度が使われなければならないという(Hellison, 2003, p.56)。

さて，体育における責任学習は授業や単元，身体活動に一貫性を与えるために4つの主題をもっている。それらの理念は，①責任学習と身体活動との統合に関するもの，②体育の授業から日常生活への責任の転移に関するもの，③授業の権限委譲に関するもの，④教師と学習者との関係に関するものの4つである。次に，これらのそれぞれの理念についてみていくことにする (Hellison, 2003, pp.18‐22)。

第1の責任学習と身体活動との統合とは，身体活動の授業に責任学習を組み込むことである。体育では，身体活動や運動技能を教えるだけではなく，学習者に個人的・社会的責任をとることができるように体育の目標を設定し，また教授方略を採用しなければならないということである。さらにいえば，体育における責任学習では，個人的・社会的責任をとることを教える人間形成的学習が中心に据えられるということである。また，このことを逆の側面からいえば，責任のとり方を教えること，それ自体が決して独立して行われるということではなく，あくまでスポーツや運動の学習の中で行われてこそ，有効であるということを意味している。

第2の責任の転移は，学習者が体育館や運動場で責任学習を学んだ結果，個人的・社会的責任をとることが体育館や運動場の外側，つまり学校生活全体や家庭，さらには日常生活へ転移することをめざして行われなければならないことを意味する。転移は決して自然に行われるものではなく，体育授業で意図的に学習されなければならないものである。なお，この転移に関しては，1995年版の初版 (Hellison, 1995) では構想されておらず，(注24)，2003年刊行の第2版ではじめて登場する。

第3の権限委譲は授業のイニシアチブを徐々に学習者に委ねていくことを意味する。責任の内容には，自己抑制や意欲，自主性があるが，これらを育成するには権限委譲が重要な役割を果たす。教師は，直接的な指導から方針 (guidance) を示すことに変えることで，分別のある個人的，社会的，道徳的な決定を学ぶ学習者を助け，そしてそれを自分の考

えで実行する機会を与えることができる。

第4の教師と学習者との関係は、責任学習を行う上での学習者を処遇する留意事項である。具体的には、学習者の1人ひとりが長所をもっていることを自覚し、その長所を見分ける必要があること、性別、民族性、スラングに関係なく、あくまで個人として彼らを認めることが重要であること、教師が知らないことを生徒1人ひとりが知っていると考え、彼らの意見を聞き、彼らの立場を尊重する必要があることを意味する。このように学習者の特質を理解し、彼らを尊重することで、「教師は作られるものではなく、生まれつきのものである」とか、あるいは「教師にはカリスマ性が必要である」といった主張を否認する根拠が得られるのである。

これらの体育における責任学習の4つの主題は、以下,次にみる責任学習の目標（レベル）（注25）や具体的な教授方略を規定するようになる。

(2) 体育における責任学習論の理論枠組み

ヘリソンはおよそ20年にわたる教育困難校での自らの体育実践を通して、体育における人間形成的学習としての責任学習を考案していく。学習者に体育を通して個人的・社会的責任をとることを学習させるには、彼らにとって責任とは何か、また彼らが何に対して責任をもてるように

表4-11　責任のレベルの変化を示す一連のカテゴリー

〈文献26)のp.26を参照〉

カテゴリー	レベル	
初級	レベルⅠ	尊重する
	レベルⅡ	参加する
中級	レベルⅢ	自己決定
	レベルⅣ	他人に配慮する
最上級	レベルⅤ	授業外でも同じ行動ができる

するべきかを明確にする必要があると考え，責任の系統性を次のように考えるようになる。

　ヘリソンは，私たちがまず他者に対して最低限できることは，他者の権利や感情を尊重することであると考える。同様に自分自身に対して最低限できることは，自己の課題に取り組むことでもあると考える。そして次に，自らのことを自らが決めることができるようになることは，個人として責任が果たせるようになる一歩進んだ段階でもあると考える。また他者に対して，適切な配慮ができて，他者を援助できることは，私たちができる最も高度な事柄であると思考する。長い体育実践の中で自らが考えたこのような責任の系統をベースに，ヘリソンは責任の系統を下表（表4-11）に示すように，5つのレベルとしてまとめる。

　ここで示されている各レベルは，体育における教授・学習過程の進歩が緩やかであることと尊重すべき価値観の上下関係の双方を考慮して設定されている。さらにヘリソンは，責任のレベルの変化を次の視点を活かしながら，まとめていくようになる。
①簡潔かつ手短に表現すること。
②個人的な責任と社会的な責任のバランスをとること。
③必ずしも厳密である必要はないが，進歩していることを示すこと。
④基本的には暫定的なものであること
(Hellison, 2003, p.25)

　ここでいう暫定的とは，あくまで責任学習で示される責任のレベルが，学習者がそれを受容したり，拒否したり，また修正することで，妥当性がより保障されるものに変化していく可能性をもつことを意味している。表4-12はヘリソンの体育における責任学習で用いられる責任のレベル表である。学習者は，下位のすべてのレベルを基礎として各レベルが成り立っていることを学習していく。また責任学習における各レベルは，教える側からいえば，責任学習において教えるべき内容をさし，学習者の側からいえば，学習の進歩を表している。

　レベル0は，無責任な態度や行動がとられることを示している。レベル1は，授業の活動に参加しなくとも，他人の権利や感情を尊重できる

表4-12 体育における責任学習の各レベル

レベル	レベル指標	行動指標	行動項目	行動
0	無責任		・無責任な行動 ・利己的 ・他者への非難, 攻撃	いい訳をしたり, 他人の行動を非難したりする。また, 自分ができるかどうかに関係なく, 自分の行動に責任をもとうとしない。
1	尊重	他者の権利や感情の尊重	・自己の抑制 ・争いの平和的解決 ・仲間への帰属	生徒たちは, 日々の活動に参加することもなければ, 学習内容を完全に習得したり, 自らの能力を向上させることができるわけではない。しかし, 他の生徒が学習する権利や教師が学習指導を行う権利を妨げない程度の行動をとることができる。彼らは教師から頻繁にさされたり, 常に監視されていなくとも, このような行動をとることができる。
2	参加	参加と努力	・意欲 ・努力や新しい課題への取り組み ・最後までやり遂げる勇気	他者に対する最低限の尊重を示せるだけではなく, 教師の監督の下であれば, 喜んでプレイしたり挑戦したりするし, 運動技能の練習や体力を高めるためのトレーニングに喜んで取り組む。
3	自己管理	自己の主体的管理	・主体的な課題への従事 ・主体的な目標設定 ・仲間からの圧力の回避	単に他人を尊重したり, 活動に参加することができるだけではなく, 直接監督されなくとも行動できる。彼らは, 自分自身が何を望んでいるのかをはっきりと自覚できるし, 体育の授業プログラムを自分たちで立案し, 実際にそれを展開できる。
4	配慮	他者への援助とリーダーシップ	・配慮と思いやり ・感受性と共感 ・精神力	他者を尊重したり, 活動に参加したり, 主体的に行動できることに加え, 人と共同したり, 他者を援助したり, 他者に関心を示したりすることを通して責任感を高めようとする。
5	転移	日常生活での責任ある行動	・体育の授業以外でも責任ある行動の遂行 ・模範的な行動の実行	運動場や体育館以外でも, 他者に対して模範となる行動を行うことができる。

段階を示している。しかし，この段階では主体的に行動することも他人を思いやることもできない。レベル1の子どもたちは，最低限の社会的責任を発揮できる状態ではあっても，個人としての責任ある行動がとれる状態ではない。レベル2は，誰かの監視の下で活動に参加し，他人の権利や感情を尊重できる状態を示している。レベル3は，他人を尊重でき，活動に参加し，また主体的に行動できる状態を示している。レベル4は，レベル1から3までの特徴に加えて，他人を援助したり，リーダーシップを発揮できる状態を示している。レベル5は，子どもたちがレベル2，3，4の行動を体育の授業以外の場でも発揮できる状態を示している（Hellison, 2003, p.27）。ここに示した各レベルのうち，レベル1とレベル4は人間の品位や良識の追及であり，他方，レベル2とレベル3は自己自身の開発に関わるものである（Hellison, 2003, p.92）。

　次に各レベルの内容について立ち入ってみていくことにする（注26）。

　レベル1は，他者の権利や感情を尊重することをめざす段階である。自分自身を管理できない生徒や他人を尊重できない生徒を想定したものであり，体育の授業で学習者が心身ともに安心できる場を提供することを意図したものである。レベル1では，他者への悪態，身体的暴力，おどし，いじめ，場所や用具の独り占め，他者の学習や遊びを中断させるといった問題への対処が企図される。レベル1には，相互に関連しあっている次の3つの構成要素がある。第1は自己管理であり，他者の権利や感情を尊重するに際して，自分の行動や態度をうまくコントロールすることである。第2の要素は，争いを平和的に解決する権利である。この要素は，子どもたちが争いを平和的かつ民主的に解決する重要性を学ぶことを支援する。第3の要素は，技能レベルの違いや人種，民族，性の違いにも関わらず，誰もがゲームに参加する機会が保障されるというものである。このようにレベル1は，他者に対して最低限実施すべきことを示しているが，他者の視点に立つ感情移入は次のレベル2から導入される。

　レベル2は「参加と努力」を特徴とするものである。レベル1では子どもの非社会的な態度や行動，価値観を変容させようとすることがめざされたが，レベル2では，体育で肯定的な経験が得られるように支援す

ることが意図される。参加することを学習することで，授業で何もしないという消極性や意味のある学習を否定する自滅的な態度や行動が修正されることが可能になる。同時に，このレベル2では，体育の授業だけでなく，日常生活でも，自らを向上させていくために努力することが重要であることを一層理解できるようになることをねらっている。

　レベル2では最初に，学習者が自分自身を動機づけるようにする。例えば，ある課題が終わったら次の場に移動するように促すことが考えられる。このように，たとえわずかずつであっても，技能練習や体力を高める運動を行っている場面で生徒が果たすべき責任を彼ら自身に委譲していくことで，彼らの自分自身に対する動機づけは飛躍的に高まっていく。単純に参加させることが，過去の非参加状態を越えていく最初のステップになる。その後に徐々に，トレーニングや練習といった考え方がそこに組みこまれていくことになる。体育の授業で技能や体力が実際に向上していくためには，努力することが必要になる。そしてレベル2では，生徒に意味のある「成功」の判断基準を内在化させていくために，「成功」についての多様な考え方を紹介していくことも必要になる。初期段階で最もわかりやすい成功の判断基準は，競争に勝利することであるが，学習が進むと，向上していくことや，個人的な目標を達成していくこと，あるいは努力することさえ成功とみなすことを学ばせていくことができる。レベル2では，成功の決め手はまずは，自分自身が努力することに求められることを理解させる。

　レベル3は「自己管理ができるようになる」段階である。レベル3の最初の段階は，レベル2の段階の教師の指示に従う形式から離れて，自立的に活動することを学ぶことである。例えば，練習の場で教師の監視がなくとも1人で課題に従事することができることが挙げられる。これができるようになると，次の段階は，自ら目標を設定することを学ぶことである。生徒が目標設定のやり方を理解できるまでは，教師が生徒のために目標を設定することも可能である。最終的には生徒たちが，自分自身が取り組む身体活動の計画を作成でき，かつ実施できるようにならなければならない。自分自身のために目標を設定し，それを実行し，その実現状況を評価するためには，自分自身についての知識と（例えば，

運動技能を改善する際にフィードバックが果たす役割といった）概念的な枠組みに関する知識を身につけておく必要がある。

　さらに，真の意味で自己管理ができるようになるためには，自立性を身につけていく必要があるが，そのためには生徒たちは自分自身の内面と向き合い，省察していくことを学ばなければならない。自分自身が抱えている問題点に向き合い，それを解決していく計画を立案していくことで，多くの生徒たちは自分自身に対して肯定的な感情を抱くことができるようになっていく。

　レベル4は，批判的，独善的になることなく他者の話に耳を傾けたり，反応できる対人技能を身につけることや，傲慢な態度を示すことなく人を援助したり，他者が求めた場合にのみ援助できること，さらには他者がトラブルを平和的かつ民主的に解決できるように支援するための学習が求められる。もちろん，これらの行動は外的な報酬によってなされるものではない。レベル4の生徒たちは，他者もまた，自分と同じような欲求や感情をもっていることを認識する必要があるし，他人の立場になって物事をみることを学習しなければならない。さらにレベル4では，リーダーとして成長していくために内面的な強さを身につけていくことが求められる。この強さとは，仲間からの圧力や自己中心的な要求に抗して行動する勇気をさしている。リーダーシップを発揮する際には，グループのメンバーが抱いている関心やグループにとって必要な事柄とグループに求められた課題のバランスをとる能力も同時に求められる。そのためには，傲慢にではなく，自信をもって振る舞うことが求められるとともに，場合によっては外的な圧力に抗して戦う能力も求められる。

　レベル4では，最も広範な意味での自己利益（self-interest）を超えさせることができるかが論点になる。先にみたレベル1では他人に危害を及ぼさないことが教えられ，レベル4では他人に肯定的に関わっていくことが教えられる。レベル4では，他者が心身ともに健康になれるように貢献していくように強調される。これにより，レベル3で時折選択されている自己中心的な目標とのバランスがとられることになる。

　レベル5は，学校や家庭，地域といった，実際にプログラムを適用する場以外でこれまでみてきた4つのレベルをどのように活用するのかが

問われることになる。図4-1は、小学校段階において、責任学習の4つのレベルを日常のさまざまな場面にどのように活用するのかを示したものである。ここでは、各レベルに対応した行動例が体育の授業だけではなく、家庭や遊び場、教室でのそれぞれにおいて示されている。つまり、体育授業から、それ以外の場への転移の可能性が示唆されている。

レベル4は、生徒たちが転移の可能性を自覚し、それについて論議するように促すものである。例えば、自己管理が個人の技能の向上に役立つだけではなく、学校生活にも役立つことを子どもたちに学習させるようにする。

レベル5では、体育の授業以外の生活場面の実態について論議されることになる。生徒に4つのレベルがどのような意味をもつのかについて、教師が意識的に話しかけたり、生徒同士のグループで話し合わせたり、あるいは体育の授業外の場面で考える機会を提供することで、これらの問題について論議することはできる。最終的には、レベル5は、他者に対する模範的なモデルとなるという性格を備えている。子どもたちに、モデルを探すよりは、自分が模範的なモデルになるよう求めることが重要であろう。体育における責任学習は、子どもたちがそのような模範的なモデルになれるための1つの方法だといえよう。

以上、ヘリソンの体育における責任学習の理論的枠組みを構成する責任学習の各レベルに立ち入ってみてきたが、これらの各レベルは、学習者の発達段階に応じて、彼らに理解可能な表現で図4-1にみたような図やレベル表として、体育館や運動場の一定の場所に掲示され、後述するように毎時間、学習者に体育授業における重要な目標として、あるいは学習内容として理解される。もちろん、ここでみた尊重、参加、自己管理、配慮ならびにプログラム外への転移といった5つの各レベルは、それらとは異なるさまざまな言葉で表現することも可能であるし、削除したり、再修正したり、分割したり、補足したりすることも可能である。

先にみた体育における責任学習の主題とここでみた理論枠組み（責任学習の各レベルとそれを構築する理論）は、具体的な教授方略を生み出すようになるが、次に体育における責任学習における教授方略をみていくことにする。

図4-1　小学校（体育）での責任学習の各レベル

〈文献27）のp.35を参照〉

あなたはどのレベル？

レベル0：無責任

家庭…………	いろいろな問題に対して兄弟（姉妹）を非難する。
遊び場………	友達の名前を大きな声で呼び捨てにする。
教室…………	先生が指導している時に友達とおしゃべりする。
体育の授業…	道具を取る時に他の子どもを押しのける。

レベル1：自己規制

家庭…………	本当に腹を立てている時でも，我慢して弟をぶったりしない。
遊び場………	他の子どもが遊んでいるのを黙ってみていられる。
教室…………	友達と話してもよい時まで，おしゃべりを我慢できる。
体育の授業…	練習はするが，いつもするわけではない。

レベル2：参加

家庭…………	夕食の食器洗いを手伝う。
遊び場………	他の子どもと一緒に遊ぶ。
教室…………	クラスの活動に耳を傾けたり，行ったりする。
体育の授業…	文句を言ったり，「できない」等と言わないで，新しいことにトライする。

レベル3：自己責任

家庭…………	言われなくても部屋の掃除をする。
遊び場………	休み時間のうちに，道具を返す。
教室…………	割りあてられた課題でなくても，自ら進んで取り組む。
体育の授業…	授業以外でも，資料を用いて新しい技を学ぼうとする。

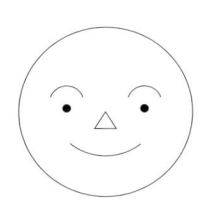

レベル4：思いやりのある行動

家庭…………	ペットや年下の子どもの世話をする。
遊び場………	遊びにまぜてもらうために，誰にでも（友達でなくても）お願いできる。
教室…………	算数の問題で困っている子に教えてあげる。
体育の授業…	クラスの誰とでも，進んで一緒に活動する。

(3) 体育における責任学習論の教授方略

第2項でみた責任学習における各レベルの目標や学習内容を達成・習得するために，体育における責任学習論では多様な教授方略が用いられる。これらの教授方略は大きくは次の2つに大別される。1つは体育の単元構成や学習過程に関わる教授方略で，日々の体育実践の常規的活動(注27)に含まれるものである。もう1つの教授方略は，責任学習を組み込んだ，体育授業での身体活動に関わる学習指導の中で用いられるものである。具体的にいえば，第2項でみたレベル1からレベル5までの各レベルに対応して用いられる教授方略である。

最初に，常規的活動としての教授方略からみていくことにする。そしてその後で，身体活動の中で各レベルに対応して用いられる教授方略について述べていく。

①——常規的活動としての教授方略

体育の責任学習では，表4-13に示すように，通常，「授業の導入段階」におけるアウェアネストーク，「授業の展開」段階におけるグループ討議，「授業のまとめ（整理）段階」におけるリフレクションタイムの順で教授方略が用いられる。またこのほかに，主に授業外で行われる教授方略として，カウンセリングタイムがある。

表4-13　責任学習の常規的活動としての教授方略

①授業前か授業後,あるいはその他の時間に行う**カウンセリングタイム**。
②授業開始時に行う**アウェアネストーク**。
③授業について学習者が意見や感想を述べあう**グループ討議**。
　グループ討議は授業の後半に行われる。
④授業の最後に,授業での個人的・社会的責任について自己評価する**リフレクションタイム**。

●──**カウンセリングタイム**

　カウンセリングタイムとは，授業前もしくは授業後，あるいはその他の時間に，たとえ短い時間であっても，生徒と1対1でやりとり（言葉かけや意見交換）することである。責任学習をうまく機能させるためには，教師と生徒の良好な関係が重要で，このカウンセリングタイムで生徒との人間関係を構築することが課題となる。このやりとりは，授業前後が難しいのであれば，授業中に運動場で，あるいは昼食の時間に行っても構わない。また生徒が自主的に各運動の場で学習をしたりゲームに取り組んいる時，あるいは個人的な目標や計画を実行している時に，カウンセリングタイムを実施することもできる。

　この簡単なやりとりで教師は，生徒の個性や能力を認め，それらを尊重する態度を示すために生徒の長所や努力等についてコメントする。体力や技能の向上についてコメントすることは可能であるが，他教科での学力の向上のような体育以外の領域に各レベルを関連づけて話すことも可能である。またカウンセリングタイムでは，さまざまな点で努力している生徒に気づくことも重要である。さらに，生徒の意思決定能力を認識し，それに対する尊重の態度を示すために，彼らが行った選択に対してコメントすることも必要である。

　このようにカウンセリングタイムは，責任学習を円滑に行うために，教師が生徒と1対1で直接やりとりし，彼らの個性や長所を認め，教師と生徒の信頼関係を築くために用いられる教授方略である。

●──**アウェアネストーク**

　授業の導入で行われるアウェアネストークは，生徒を1カ所に集め，先述した5つの責任の各レベルについて，学習者の発達段階や学習段階に対応して簡潔に指導するものである。例えば，アウェアネストークではどのような状況でも，まず尊重することと努力することについて指導を始め，やがて自己管理と他者への援助について指導する。さらにこれらの指導が終わった後で，各レベルを体育館の外へと転移させるように，徐々に指導を加えるようにする。別言すれば，アウェアネストークは，生徒に，彼らのその日の授業における責任（レベル）について気づかせ

る場を提供することでもある。

　アウェアネストークをより円滑に行うには，例えば，生徒が簡単にみられるように，体育館の壁に各レベルについてのレベル表を貼りだすことも有効である。このレベル表は発達段階に応じた言葉を用いたものを使用する。また，授業の中での経験を，各レベルと関連づけることも有効である。さらに，アウェアネストークでは各レベルの本質を説明する1行（もしくは2行）の簡潔でわかりやすい言葉を用いることも特に有効である。

　さらに生徒の気づきを深める1つの方法は，彼らにクラスのメンバーを尊重するルールを考えさせることである。例えば，彼らはどのように扱われたいのか，みんなはどのように扱われるべきなのか，悪口をいうことに問題はあるのか，ゲームには，チームのメンバーみんなが参加すべきなのか，チームのメンバーがある葛藤を抱えている時，その葛藤について直接触れることは認められるべきか，等について意見を出し合い，議論することができる。生徒はこれらの問題について議論しながら，彼ら全員が納得できるいくつかのリスペクトルール（他者を尊重するルール）を考え出す。この時の要点は，生徒に相手を尊重することに関わる問題について考えさせ，彼らの中にその問題を十分に気づかせ，意識させることである。

　このようにアウェアネストークは主に授業の最初に，その授業で学習する責任レベルについて気づかせる教授方略である。

● ――グループ討議

　グループ討議は，授業の終わり近くに，授業の残り時間によっては，教師の周りに立ったり，あるいは座ったりした姿勢で，集合して行われる。グループ討議の目的は，生徒がどのように活動したのか，また教師の指導とリーダーシップがどの点で有効だったのかといった，その日の授業について生徒の意見を表明する機会を保障することにある。グループ討議で生徒は問題を提起したり，解決の可能性を示すことができる。逆に，教師から解決策を示唆し，アドバイスを与えることもできる。つまり，先述したカウンセリングタイムやグループ討議で，生徒が抱えて

いる問題について議論することができる。その際，他者を非難することがグループ討議や授業においては不適切であることを繰り返し強調する必要がある。さらに，グループ討議の重要な目的は，生徒にグループでの意志決定の練習をさせ，意思決定のプロセスを通して彼らが相互に違う感情をもつということを経験させることにある。グループ討議をうまく用いれば，生徒の意志決定能力は徐々に改善され，彼らは実践場面で，グループで意志決定したり，責任学習に関わるプログラムを評価・改善したりするためのアイデアを提案するようになってより有能になるだろう。

　グループ討議という教授方略は，はじめにレベル1とレベル4に焦点をあてている。それは，レベル1では妨害や葛藤，虐待といった他者の尊重に関する問題を主に取り上げるからであり，レベル4ではグループメンバーへの配慮に関する問題が扱われるからである。

　時折，クラス全体に注意をする必要が生じた時，グループ討議を設定することが必要になる。しかしたいていの場合，授業の終わりのリフレクションタイムの前にグループ討議を設定する方が，その日の授業で理解したことを共有するのには適している。

　授業の終わりのグループ討議やチーム討議，葛藤を解決するための話し合い等，すべての討議のルールは，レベル1を基本に行われる。例えば，議論の中で協力して話し合わなかったり，他者を責めたりするような非尊重的な態度はとらないこと，みんなを議論に参加させること，葛藤を平和的に解決する等のルールを遵守させることが必要である。

●――リフレクションタイム

　リフレクションタイムは，生徒が運動場や体育館を離れる前の授業の最後に，責任学習の各レベルに関連する彼らの態度や意志，行動について評価させるものである。グループ討議が生徒にプログラムを評価する能力を与えるのに対し，リフレクションタイムは生徒が彼ら自身について反省し評価するために行われるものである。彼らがどのようにうまく他者の権利と感情を尊重したか，授業中の自分自身への動機づけをどのように高めたか，自己管理はうまくいったか，他者に貢献し，みんなが

肯定的な経験ができるように行動をしたか，プログラム外の実践においてもこれらのいくつかを設定できたかどうか，といったことを自己評価させるための教授方略である。

　リフレクションタイムにおける自己評価の方法は，多様なものが利用できよう。最も簡単な方法には，各レベルに応じて親指を立てたり，下げたりするハンドサインが利用できる。例えば，教師が「体育館に来てから，問題を起こした人はいなかったか」と質問をすると，子どもは親指を立てる（「問題を起こしていない」），横にする（「小さな問題を起こした」），下げる（「問題を起こした」）というように回答する。レベル2に進む前に，みんなが親指で意思表示をしているかを確かめたり，またその日のレベルに関連して授業中，自分たちをどのようにみていたか等を確かめてみることもできる。このように，「はい」や「いいえ」をハンドサインで示すことは，きわめて簡単な評価システムだといえる。また，簡単な日誌をつけることは，生徒の自己評価や彼らの思いを記録することを可能にする。そして，生徒の学習プロセスの妥当性を確かめるために，教師は彼らのコメントを読み，返答をしなければならない。

　体育館の外に生徒の価値観を転移させるレベル5では，「最後に会ってから，あなたは授業以外で各レベルを実践しただろうか。もししたのであれば，どのようにしたのか」といった，若干異なる課題が生徒に求められる。転移へのアプローチとして，体育授業以外の彼らの生活の中で，どのように1つもしくはそれ以上のレベルを用いたかという主体的取り組みの事例を尋ねてみることも有効である。

　生徒は，彼らの生活のほかの場面に各レベルを転移させる方法を理解するのに困難を感じるかもしれない。また生徒は，いつも彼らの態度や行動の理由や結果について考察してみる必要がある。彼らの態度や行動の結果に注意を焦点化する1つの方法として「君は今日，君自身のために何をしたか。また，なぜそのようなことをしたのか／しなかったのか」といったことを尋ねてみるのも有効であろう。もし彼らが，教師を支援的で信用できる人間であると認めていなければ，グループ討議の時に，普通は正直さと反省を促す内省は生じないだろう。

　各レベルを記したレベル表（表4-12参照）やレベル図（図4-1参照）は，

リフレクションタイムで用いることのできる簡便な自己評価システムを提供する。例えば，もし生徒が授業中の活動で，他の仲間と同じように他者を尊重していると自分自身を捉えるのであれば，その生徒は自分自身にレベル2をあてはめるだろう。もしその生徒が，参加はするけれども他のプレイヤーを罵ったりすることがあるのであれば，レベル1の基準に見合わず，自分をレベル0と評価するだろう。

　例えば，体育館を出る時には，生徒は体育館の入り口に貼ってあるレベル図や表に彼らが達成したレベルに手で触れるように指導できる。教師は，レベル0もしくはレベル1に触れた生徒にだけ話しかけることもできる。というのもこの彼らの行動が，彼らがよくない授業（あるいは1日）を過ごしたことを物語っているからである。あるいはまた，その日の終わりの自己評価が，教師の観察の印象と大きく異なる生徒に話しかけることもできる。例えば，仲間を助けたことに気づかない場合や自己管理ができたことに気づかない場合があり，そのような場合，その生徒に肯定的なフィードバックができる。

　先述したように，一般にリフレクションタイムは，生徒が各レベルに関連する活動へどう参加したのかを評価できるように，授業終了後に行われる。しかし時には，教師が生徒に課した特定の選択について反省させたい時や反省が必要な出来事が生じた時には，授業中に行うのも有効である。

　以上，これまで体育の責任学習における常規的活動としての教授方略についてみてきたが，常規的活動としての教授方略を実際の授業で行うのには，時間がとられ，技能や体力の向上のための指導時間が減ることになろう。しかし，教師のみならず学習者自身も，責任学習の意義を理解し教授方略に習熟していくと，学習者自身が徐々に自ら意思決定できるようになり，より技能や体力の向上がはかられるようになるという。

②──各レベルに対応した教授方略

　前述したように，責任学習を成立させる上で最も重要な点は，身体活動そのものと責任学習を統合することにあるという。ヘリソン自身もこの点に責任学習の成否がかかっていると考え，責任学習を身体活動にう

まく組み込み，成功裡に学習を終えるために，責任の各レベルに対応したいくつかの教授方略を考案している。

ところで，ヘリソンによれば，身体活動のタイプの相違は，学習者に異なる機会を提供するという（Hellison, 2003, p.57）。例えば，球技に代表されるゲームはリーダーシップ，チームワーク，フェアプレイ，身体的・言語的葛藤のような社会的責任を教える機会を多く提供し，体づくりや体力形成を目的としたフィットネスでは，個人的で非競争的な個人的責任を学習する機会が多く提供されるという。また，学習者の発達段階にもよるが，いわゆるチャレンジ運動や共同的なゲーム，アドベンチャー教育（注29）よりも，スポーツの方が学習者にとっては魅力的な活動であり，責任学習を行う上でより効果的であるともいう。

これらの点に留意しながら，以下，体育における責任学習の各レベルに対応した教授方略をレベルごとにみていくことにする（注30）。

●──レベル1に対応した教授方略

他者の権利や他者の感情を尊重することを行動指標とするレベル1では，まずチーム分けに教授方略が用いられる。「公平なチームをつくること」という教師の要求の下に，チーム分けの責任を生徒コーチ（student coach）に与えることが必要であるという。権限を生徒の中のリーダー（生徒コーチ）に委譲し，彼ら自身によって技能レベルが均等になるように，公平な観点からチーム分けを行わせる。公平なチーム分けを行うには学習者相互でさまざまな方法を用いて話し合う必要があり，公平とは何かを考える機会にもなる。

次に，実際の身体活動の場面で，他者の権利や他者の感情を尊重するためには，みんなが参加する権利をもっていることを理解させることが必要である。誰もが尊重され，参加する権利をもっていることを理解させ，かつ学習させるにはインクルージョン（注31）の考え方に立ったゲーム（inclusion game）を用いるようにする。具体的には，バスケットボールでチームの全員がボールに触れるまでシュートできないという，「オールタッチルール」を採用したゲームが考えられる。また，バレーボールであれば，一方のチームのボールコンタクトの回数を2回にした

り，あるいは，もしボールがネットを越えないようであればサーバーは前に移動してサーブしてもよい，といったこと等が考えられる。オーバーハンドサーブが難しいのであれば，アンダーハンドサーブにルールを修正することもできる。

ソフトボールでは，バッターがボールを打った後，すべての野手が（あるいは野手の数だけ）ボールに触らなければならないといったルールの変更が考えられる。もしバッターがベースを回って得点する前にこれを達成できれば，バッターがアウトになる（この場合は体力の向上を促進させる効果もある）。さらに，例えばピッチャーが投げたボールを打つのが難しい生徒がいる場合には，ティーを使うことで，ボールを打ってプレイを始める機会をどのバッターにも提供できるようになる。バッターの能力に合わせて，教師がボールのスピードをコントロールしながらピッチャーを務めることもできる。

ドッヂボールであれば，技能の低いプレイヤーがすぐにコート外に出され，その後はゲームに参加できないという問題が起こる。しかし，ボールに当たったプレイヤーが相手コートに移動して（相手チームとして）参加できるように，簡単にルールを変更することができる。そうするとやがて一方のサイドは人数がどんどん減って，そこには技能の高い子どもだけが残るようになり，彼らはさまざまな方向から飛んでくるボールを受ける技術を試されることになる。これらの事例から，統合の考えに立って，ルールを変更したり条件を緩和したりする教授方略を用いれば，学習者は他者の権利や感情の尊重の重要性を学ぶだけではなく，彼らのスキルや体力も改善することができる。

●―レベル2に対応した教授方略

レベル2の教授方略は，学習者に徐々に授業の権限を委譲していき，自発的かつ主体的に授業に参加できる能力を高めるための初期段階として，学習者が授業で新しい活動に参加したり，挑戦したり，達成したりすることに学習者自ら動機づけを行えるように促すことを目的にしている。ここでの教授方略として，「課題の修正（Modifying Tasks）」，「各自の学習ペースを重視した学び（Self-Paced Challenges）」，「成功の再定義

(Redefining Success)」「強度尺度（Intensity Scale）」の 4 つの教授方略が用いられる。

　「課題の修正」とは，授業での運動技能の指導場面で，学習者自身に適切に挑戦課題を修正させる教授方略である。例えば，バスケットゴールのより近い／遠いところに移動したり，バレーボールのトスを低く／高く上げたりする等である。また教師自らが，設定された課題の難度を高めたり低めたりする例を示すことで，生徒の学習を促進させることもできる。挑戦課題を自ら修正するという個人的な関わりによって，学習者は自分自身について追求し，彼らの限界を見つけることに責任をもつようになる。自らの能力を向上させるには，彼ら自身の他者との関わりや努力が大きく影響することを学習者に気づかせることが肝要である。

　「各自の学習ペースを重視した学び」とは，学習者が特定の目標と課題の系統性に従って，各自のペースで学習を進めることを認めるという教授方略である。この教授方略には例えば次のものがある。

◎　ある目標を含んだ運動の場をつくり，生徒個々人が目標を達成した時，彼／彼女は次の場に移動する。
◎　徐々に難度が高くなる課題のリストを作る。例えば，バスケットボールやサッカーのドリブルのドリルでは，難度が高くなる障害を設定したり，制限時間を設けたりすることができる。学習者が最も初歩の課題をクリアしたら，彼らは課題の系統性に従って，できる限り多くの課題を自らのペースで学習して回る。
◎　ペアをつくって，前後に10回ずつアンダーハンドパスを続ける。次にできる限り多くパスを続ける。
◎　学習カードに（ドリブル，パス，シュート等の）異なるスキルで難度が徐々に高くなる課題のリストを書かせる。そしてそれをそれぞれの運動の場の壁に貼ったりしながら，そのリストに沿って各自のペースで学習させる。

　さらに，この「各自の学習ペースを重視した学び」の教授方略に，例えば運動の回数や距離を修正する等，先に示した「課題修正」の教授

方略を取り入れることも可能である。

「成功の再定義」とは，学習者自身が保持している「成功」に対する考え方を修正させる教授方略である。つまり，学習者自身に成功は十分な努力によって到達することができるものであると再定義させることを意味する。これは，勝ち負けが生じる機会を排除することを意味するものではないし，全員に報酬を与えることを意味するものでもない。成功の再定義は，最高のプレイヤーや勝者になろうとすることに限定されないオプションを，生徒に与えることを意味している。生徒の成功の再定義に有効な教授方略には例えば以下のものがある。

◎ 改善は成功の1つの尺度であることに気づかせる。そのためには，生徒が腕立て伏せの回数や達成した課題の数，課題に従事した時間量等を記録するための日誌やワークブックを用意する。これは彼らの努力に対する自己評価の機会を提供する。
◎ もし彼らが排除されている参加者と一緒に活動しているのであれば，レクリエーションとしての一連のゲームや協同的なゲーム，スポーツのスキル練習等，3〜4の選択できるオプションを設定する。
◎ 個人目標として創造性を強調するために，表現的な活動を用いる。ラップミュージックのリズムにのって踊るような「非日常的な場」を設定する。

「強度尺度」とは，学習者の参加と努力に関する能力を高めるための教授方略である。学習者が特定の活動に快く取り組める運動強度（努力の度合い）を最も適切に示している数値が10（オールアウトする回数）から0（努力しない）の間のどれにあてはまるか，まず生徒に尋ねてみる。そしてこの回数を，例えば，以下に示すように，いくつかの方法に利用することができる。

◎ 学習者に，3〜4の活動グループのどこかに加わることを選択させ，それぞれのグループには，強度8〜10のグループ，強度4〜7のグループ，強度1〜3のグループといったように，最大と最小の強度

を明示させる。この方法は，快くみんなが同じような努力を費やす子どもを育てる。また，「挑戦しない」「勝ちたくない」という生徒の問題を軽減し，すべてのグループに，より支援的な環境を提供することができる。
◎ ゲームに参加するかどうかを決めるために，ゲーム参加に必要な最小限の人数（前述の例では例えば，8人，4人，もしくは1人）と彼らの人数を生徒に比較させる。この過程で，グループの活動はメンバーの参加や努力に依存しているので，生徒はメンバーの確かな努力が必要だが，個人的な課題では，あまり努力しなくても，それはその人にだけしか影響を与えないということを学習する。
◎ ある活動後に，彼らの実際の努力を評価させるようにする。そして彼らの予測と実際の回数を比較させる。自らの活動を振り返ることによって，生徒は，より正確に予測することを学び始める。例えば多くの生徒は，彼らが参加し始めるまで動機づけられていることを感じない場合が多い。

●―レベル3に対応した教授方略

　レベル3の教授方略は，個人的な意志決定の範囲をより拡大するために用いられる。学習者が十分に自己管理を経験するためには，彼らのニーズ（発達や改善のためのニーズ）と興味関心（楽しみを得る，友達と取り組む等）を扱う個人の計画を作成し実行する機会を必要とする。身体活動の場面で個人的・社会的スキルを改善するために計画を作成させ，それを実行させることがレベル3に対応した教授方略の目的である。具体的には，「主体的な課題従事（On-Task Independence）」と「発展的な目標設定（Goal-Setting Progression）」「個人の計画（Personal Plan）」の3つの教授方略がある。

　「主体的な課題従事」とは，教師による直接指導がなくても，教師が設定した場等で，教師から割り当てられた課題に生徒自らを取り組ませることである。この教授方略を促進させるために，意志決定の基礎となる学習者自身のニーズや興味関心を評価する方法について，学習者と簡単に話し合ってみる必要があろう。

「発展的な目標設定」とは，学習者が主体的に課題に従事するようになったら，次に身体活動の場面で，学習者に目標を自ら設定・実行させ，それを評価させる教授方略のことである。目標は，はじめは短期間を対象とし，徐々にその期間を延ばすようにする。目標の意味を生徒に理解させることも必要である。最初は教師が目標を設定することができるが，その目標は彼らにとって重要なもの，あるいは，彼らが自分たちでは取り組まないものがよい。目標は生徒がコントロールできる現実的な目標を設定する。例えば「他者に勝つ」という目標は，個々人が理解するだけでは不十分であるが，フリースローの成功率を高めるという課題であればかまわない。また目標は，量的（カウントできる）か質的（記述できる）かのどちらかで測定できる方がよい。

　「個人の計画」とは，生徒に自分で学習の目標，活動内容，自己評価の計画を立てさせる教授方略である。個人の計画の作成の形式には次のものがある。実際に行ったストレッチの種類やバスケットボールのフリースロー等の回数を記録するチェックリスト，友達の活動の妨害をしないといった，教師との口頭での契約（oral contract），文書による契約（written contract）あるいは学習目標や学習活動について記述させるもの等がある。この計画には，他者の尊重や援助，学習における自己の努力，自ら作成した計画そのものへの自己評価を含んでもよい。

●―レベル4に対応した教授方略

　レベル4の教授方略は身体活動場面で，相互信頼のもとに協力し，互いに援助して助け合い，リーダーシップを共有することを学習させるために用いられるものである。具体的な教授方略として，主に「援助とリーダーシップの役割（Helping and Leadership Roles）」や「グループ目標（Group Goals）」が用いられる。

　「援助とリーダーシップの役割」の基本的な教授方略には，ペアでの教え合いがある。運動課題の学習に際して，ペアで相互に教えあうことは，相手への適切なフィードバックの与え方を学ぶ機会を提供する。ペアのうちの1人はコーチ役になり，相手の生徒の運動を観察する役割をもつ。数回行った後で役割を交代する。両方が役割を遂行したら，どの

ように相手が彼らをコーチしたのか，意見を共有しあう。コーチの関わり方は肯定的だったか，コーチは役に立ったか，プレイヤーとしてではなくコーチとして，パフォーマンスについて話したかどうか，に着目させる。また，ペア学習における教え合いに加えて，仲間同士の教え合い（ピア・ティーチングおよびピア・コーチング）も貴重な経験を提供する。これまで，コーチやリーダーに選ばれる人はスキルレベルの高い生徒が一般的であったが，この教授方略では，よい競技者である必要はない。むしろコーチやリーダーに求められるのは思いやりと配慮，豊かな感受性，みんなをまとめあげていく精神的な強さである。

　この教授方略を適用する時には，優れたリーダーになるために習得すべき事柄を，すべての生徒に知らせる必要がある。と同時に，誰もがリーダーとして活動できるということを明確にしておく。さらに，レベル4の活動の内容を生徒に教えるのを手助けするようにする。リーダーシップを発展させていく方法には以下のものがある。

Ⅰ．1対1で助け合う。
Ⅱ．2～3人の生徒にリーダーシップを発揮する。
Ⅲ．授業中にチームにコーチする。
Ⅳ．責任学習の各レベルや授業の進め方を新しい生徒に教える。
Ⅴ．異年齢の指導をする。

　次の教授方略である「グループ目標」とは，グループに一定の目標を設定させ，グループで協力してその目標を達成させようとする教授方略である。例えば腹筋の回数，なわとびの時間，バレーボールのオーバーハンドでの壁パスの回数といった活動で，グループの目標を決める。生徒は，彼らができることで貢献しながらグループ目標の達成に取り組む。重要なのは，各自がグループの目標達成のために努力し達成に貢献することである。例えば腹筋60回が目標であれば，グループのメンバーはできる限りの回数腹筋運動を行い，その後は目標回数に達するまで，まだできるメンバーが回数を重ねる。グループ目標を設定するこの教授方略は，他者への配慮というレベル4の経験を促進させる上で有効である。

●──レベル5に対応した教授方略

　レベル5は，体育の授業外でも責任ある行動をとったり，授業で自分よりも年下の異年齢の子どもたちの指導を行うことができるようになったりすることがめざされる。経験のある生徒のリーダーが，彼らが学んだことを，より小さな小集団の子どもたちに教える異年齢指導は，レベル4からレベル5の経験への移行に有効であると思われる。

　このような「異年齢への指導」という教授方略では，具体的には，中学生あるいは高校生が，小学校4年生と一緒にアウェアネストーク，身体活動，グループミーティング，リフレクションタイムを行うことができるようになることを目的にしている。この教授方略には次のような方法がある。最初に，生徒がお互いに指導しあうような模擬授業を行い，その授業をビデオに録画し，検討する。その後，幼い子どもたちのクラスで「1授業単位」の指導を行う。生徒は一度でも幼い子どもを指導すると，授業後，教師であることについて話すようになり，レベル5の経験について振り返るようになる。

　以上，体育における責任学習の教授方略を「常規的活動」と「各レベル」という2つの視点から詳細にみてきた。ここに示したようにヘリソンが提起した体育の責任学習における教授方略は，責任学習における各レベルの目標や行動を，スポーツや運動のスキルの獲得と統合して達成・習得させるために，さまざまな教授方略が考案されてきたことが理解できよう。

(4) 体育における責任学習論の総括

　さて，本節ではヘリソンの体育における責任学習論の詳細をみてきたが，本節の最後に，体育における責任学習論を批判的に検討することにする。

　まず，第一に指摘すべきは，体育における責任学習論は本研究でこれまでみてきた，日本および先進諸国の体育における人間形成的学習に比べて，そのどれよりも人間形成的学習に関わる具体的かつ詳細な目標や

内容が示されている。個人的・社会的責任をレベル1〜レベル5までのいわゆる責任の系統性で示し，同時に具体的な達成すべき行動指標を示し，かつこれらの行動指標を達成するために，単元や授業構成に関わって常規的活動としての教授方略や身体活動と責任学習の統合を可能にする各レベルに対応した教授方略が考案されている。このような責任学習論は，これまでスローガンや目標として掲げられることはあっても意図的になされてきたとはいえない，体育における人間形成的学習の画期をなすものといっても過言ではないであろう。

ただし，いくつかの問題点も看取できる。確かに人間形成的学習に関わって具体的な目標や教授方略についての詳細は示されているが，人間形成の全体構造が示されているとは言い難い。ヘリソンは，先述したように，チャレンジ運動や共同的なゲーム，アドベンチャー教育のようないわゆる人為的・意図的な運動よりも，スポーツの方が責任学習を行う上でより効果的であると述べるが，責任学習論の全体構造の中で，文化としてのスポーツと学習者たる人間や教師がどのような関係の下に人間形成という契機が起こるのかという体育における人間形成の全体構造が必ずしも示されているとは言い難い。また，レベルごとに行動指標が示され，例えば，それらを要約していえば，他者の権利や感情を尊重し，身体活動に進んで参加し，自己管理に努め，他者への配慮がなされる資質を備えた人間が責任学習のめざされるべき人間像であるともみてとることができるが，ヘリソン自身は体育における責任学習でめざされるべき人間像を明確にしているわけではない。

このような問題点はあっても，体育における責任学習は，体育における人間形成のための具体的な方法論や人間形成を実現するための教科論あるいは授業論が示されており，この点において高く評価すべきものであろうと思われる。

以上，第4章では体育の先進諸国における体育の人間形成論の諸論を詳細に検討，考察してきたが，次の結章では，序章から第4章までの研究の総括を行い，残された問題を明確にし，さらに本研究の目的である体育における人間形成の構造について理論的に明らかにしていく。

◉注釈

注1）　先進諸国における体育の人間形成論を考察するにあたり，すでに序章で述べたことであるが，「教授方略」の意味を再度確認しておきたい。本研究で用いる教授方略は，広義には体育における人間形成的学習を志向した教材および教材観（教材編成観を含む），学習者観，指導のあり方の総体をさし，狭義には人間形成的学習を志向した教材および教材観（教材編成観を含む），学習者観，指導のあり方のそれぞれをさすものとする。なお，「教授方略」の詳細については序章の注10）を参照されたい。

注2）　体育の先進諸国では，「運動による教育」（education through physical activities）批判の後，レジャーの準備教育としてプレイ論に立脚した体育（いわゆる「運動目的論」に立つ体育）を行ってきたが，その後，フィットネスの重視や技能の習熟を意図した体育への転換が行われ，人間形成的学習も重視されるようになる。

注3）　「運動による教育」（education through physical activities）概念はアメリカの新体育の理論的基盤となり，その後先進諸国の体育の教科論の理念となったが，実際の体育カリキュラムでは多くの目標を設定し，かつ多様なスポーツ教材を使って多くのプログラムを提供すべきとしたために，体育の目標実現の可能性に対して多くの疑念が寄せられるようになった。1970年代中半以降提起されるようになった，第3章で取り上げた同志会の「スポーツにおける主体者形成論」や第4章第1節で取り上げるアメリカにおける体育の道徳学習論および第2節で扱うドイツにおける体育の社会学習は，それぞれの国の体育を取り巻く状況は異なるとはいえ，「運動による教育」への批判がその提起の根底にあったと推察できる。また，上記，注2）でも触れたが，教科論としての「運動による教育」理念の批判は，1990年代以降生起するようになったプレイ論に立脚した体育の教科論の批判へと引き継がれていく。

注4）　ヘリソンはアメリカ・イリノイ大学の教授で，体育や身体活動を通しての人間形成に関する実践や理論的提案を積極的に行っている。本研究では彼の主著 "Teaching Responsibility Through Physical Activity"，を第4章第5節で批判的に検討するが，彼の体育における人間形成論は，身体活動を通して個人的・社会的責任を果たすことを学習者に教授することにあるが，本研

究ではヘリソンの体育における人間形成論を責任（Responsibility）に着目して「体育における責任学習論」ということにする。なお，筆者はすでに下記に挙げた原著論文や雑誌論文，著書等でヘリソンの体育における人間形成論を「責任学習論」と表記して述べている。

参照：
◎友添秀則(2005)体育はなぜ必要か 体育の存在意義を考える 人間形成の立場から．体育科教育, 53(10):62-65.
◎梅垣明美・友添秀則ほか(2006)体育における人間形成プログラムの有効性に関する研究．体育科教育学研究, 22(2):11-22.
◎友添秀則(2006)体育における人間形成．永島惇正ほか編 デジタル版 新しい小学校体育授業の展開．ニチブン, pp.24-39.
◎友添秀則(2006)体育における人間形成．永島惇正ほか編 デジタル版 新しい小学校体育授業の展開．ニチブン, pp.24-39.
◎友添秀則・梅垣明美(2007)体育におけるに人間形成論の課題．体育科教育学研究, 23(1):1-10.

　なお，本章（第4章）で扱うヘリソンのテキストは"Teaching responsibility through physical activity"であるが，この著書は1995年に初版が刊行され，その後大きな改訂を経て，第2版が2003年に出版されている。両者にはヘリソン自身も認めるように大きな内容の違いがあり，第2版は初版を下敷きにしてその後の研究成果を盛り込んで執筆されている。そこで，ここでは第2版をテキストにして進めていくことにする。

参照：
◎Hellison, D. (2003) Teaching responsibility through physical activity (2nd ed.). Human Kinetics.
◎Hellison, D. (1995) Teaching responsibility through physical activity. Human Kinetics.

　参考までに2003年版と1995年版の目次（章のみ）を挙げておく。

■――**2003年版**

Part I. Ideas
　Chapter 1. What's Worth Doing?
　Chapter 2. Themes for Teaching Personal and Social Responsibility
　Chapter 3. Levels of Responsibility
Part II. Strategies

Chapter 4. Lesson Plan

Chapter 5. Integrating Responsibility With Physical Activity Content

Chapter 6. Strategies for Specific Problems and Situations

Chapter 7. Teacher-Student Relationship

Chapter 8. Assessment

▰――1995年版

Part I. Framework

Chapter 1. Teaching Personal and Social Responsibility

Chapter 2. Beginning Strategies for Teaching Responsibility

Chapter 3. Empowerment Strategies

Chapter 4. Instructor-Student Interaction

Part II. Implementation

Chapter 5. Public School Programs

Chapter 6. Extended-Day Programs

Chapter 7. Diversion and Organized Sport Programs

注5) ヘリソンの責任学習モデルはアメリカ,イギリス,ニュージーランド,スペインでも追試が行われその有効性が明らかになっているが,筆者らも大学生に責任学習モデルを適用し実証的研究を行いその有効性を明らかにしたことがある。次の文献を参照されたい。

参照:梅垣明美・友添秀則ほか(2006)体育における人間形成プログラムの有効性に関する研究. 体育科教育学研究. 22(2):11-22.

なお,ヘリソンは2002年にWalsh, D. と共同して,過去の責任学習モデルを適用した26研究をクエスト(Quest)でレビューしている。そこで取り上げられた責任学習モデルを適用した研究は,1970年代の1研究,1980年代の2研究,1990年～1995年の6研究,1996年～1999年の11研究,2001～2002年の6研究の計26研究であるが,そのうち21研究が事例研究であり,26研究のすべてが責任学習モデルのプログラム評価であったいう。これらの研究は体育授業での適用はもちろん,始業前,放課後,昼休み,夏休みにも適用が行われたものであり,ヘリソンらがそれらの研究を分析した結果,青少年だけではなく小学生にも有効であることが実証されたという。詳細は省くが,責任学習モデルの適用の結果,授業での積極的参加,努力や協力,自己管理の改善,コミュニケーションスキルの改善,対人関係の改善等,多くの有効な

改善や効果がみられたという。ただし，日常生活への転移に関しては強い証拠は得られなかったという。
参照：Hellison, D. and Walsh, D. (2002) Responsibility-based youth programs evaluation : investigatings the investigations. Quest (54) : 292-307.

注6) 例えば，先に示したように，体育の先進諸国の体育カリキュラムの紹介・報告や井谷惠子が行ったように，ナショナル・スタンダードをフィットネスの視点から考察したものはみられても，先進諸国における体育の人間形成的学習に焦点を絞り検討，考察したものはみられない。
参照：井谷惠子(2005)体力づくりからフィットネス教育へ—アメリカの体育教育と身体づくりへの責任. 明石書店.

注7) 筆者は以前，体育におけるヒドン・カリキュラム（潜在的カリキュラム）の問題を人間形成的視点から述べたことがある。次の文献を参照されたい。
◎友添秀則(1998)潜在的カリキュラムについて. 成田十次郎・川口千代・杉山重利(監修)永島惇正・高橋健夫・細江文利(編)「中学校体育・スポーツ教育実践講座 第1巻 新しい時代を切り拓く中学校体育のカリキュラム」. ニチブン. pp.137-144.

注8) 表4-1に示した「ピアジェによる認知的発達の段階」は，下記の文献から筆者が訳出したものである。
◎Auweele, Y. V., Bakker, F., Biddle, S., Durand., and M., Seiler, R., (Eds.) (1999) Psychology for physical educators. Human Kinetics, p.296.
ただし，ここで引用訳出したピアジェの段階表は下記の文献が出典である。
◎Shaffer, D. R. (1994) Social and personarity development. (Pacific Grove, CA : Books/Cole)

注9) 表4-2に示した「コールバーグの道徳的発達におけるレベルと段階および体育授業場面例」は表のパラダイムを下記の文献①の"Table 13. 1 Kohlberg's Levels and Stages of Moral Development and Three Sociomoral Perspectives (p.324.)"を参考にした。また「段階」「特徴」および「体育授業場面例」の記述も下記①の文献を参照して作成した。なお，「段階」に記述した段階ごとの道徳性の特徴は下記②の文献を参照し，引用した。
①Auweele, Y. V., Bakker, F., Biddle, S., Durand., and M., Seiler, R., (Eds) (1999) Psychology for physical educators. Human Kinetics, p.324.

②コールバーグほか：岩佐信道訳（1987）道徳性の発達と道徳教育―コールバーグ理論の展開と実践．麗澤大学出版会，pp.171-173．

注10）　コールバーグの道徳的発達段階の理論枠組みは，スポーツ倫理学研究にも大きな影響を与えた．例えば，スポーツ倫理学者のフレイリーは，競争的スポーツにおける人間の道徳的成熟をコールバーグの道徳的発達段階を用いて述べている．
◎Fraleigh, W. P. (1984) Right actiono in sport : Ethics for contestants. Human Kinetics, pp.193-194.

注11）　筆者らは，2人の教師のロールプレイによって，学習者の中にジレンマと対話を生起させ，子どもの人格の発達を促す授業実践を行ったことがある．次の文献を参照されたい．
◎友添秀則，梅垣明美，木村彰伸（1999）子ども達のスポーツ観と友だち観をゆさぶる授業実践―技術学習と社会学習の統一をめざして―．学校体育，52（5）：54-60．

注12）　米ソが対立した東西冷戦下の旧東西ドイツは，西ドイツはいわゆる資本主義陣営に属し，他方，東ドイツは社会主義陣営に属していた．このような国家体制の違いはイデオロギーそのものの違いを生んだといえる．体育の教科名も西ドイツでは"Leibeserziehung"，東ドイツでは"Körpererzieung"であり，身体をマルキシズムに立脚した唯物論によって把握するか否かによって，その呼称や内容も異なった．しかし，1970年代になってスポーツが社会的認知を得て，社会に大きな位置を占めることになると，多少の時間差はあっても，東西ドイツともに体育の教科名をスポーツ科に変更することになった．
参考：友添秀則（1987）スポーツ教育．中村敏雄・高橋健夫編　体育原理講義．大修館書店，pp.209-213．

注13）　ここで扱ったニュージーランドの体育カリキュラムについては，筑波大学大学院・岡出美則教授から資料を提供頂き，かつ貴重な情報をご教示頂いた．ここに記して感謝申し上げたい．

注14）　ニュージーランドの体育カリキュラムは，正確には，日本の学習指導要領と同様に健康教育（いわゆる保健）を含んだものであり，かつ一部，家庭科（Home Economics）の内容も含んだ一種の相関カリキュラムの性格を有し

ている。

注15）筆者らも，小学校4年生を対象に，チャレンジ運動を教材にして，学習者に人間関係のルールや人間関係スキルを発見させる授業を研究的に行ったことがある。次の文献を参照されたい。
参照：友添秀則・梅垣明美（2003）人間関係を豊かにする「チャレンジ運動」の実践．高橋健夫編 体育授業を観察評価する．明和出版, pp.115-120.

注16）第4章第1節で，アメリカにおける体育の道徳学習論の系譜や体育における道徳学習論について述べた。

注17）全米の学校体育改革に伴って，1995年にNASPE（National Association for Sport and Physical Education）から刊行された体育のナショナル・スタンダードである体育基準書は，体育の到達基準を示したものである。この体育スタンダードは2004年に1995年版を修正した改訂版が出されたが，ここでは2004年版も合わせて検討する。

注18）教育力が低下した公立学校の改革のために，学校選択を促進する方策として公設民営学校であるチャータースクール（charter school）やマグネットスクール（magnet school），あるいは就学期の子どもをもつ親に一定額の公費の支払保証書を交付した教育バウチャー（voucher）制度が生み出された。クリントン政権下のこれらの動向については下記の文献を参照されたい。
参照：橋爪貞雄（1999）21世紀に橋を架ける80～90年代の改革動向．佐藤三郎編．世界の教育改革．東信堂, pp.21-23.

注19）連邦政府報告書の「危機に立つ国家」については以下の文献を参照されたい。
◎西村和雄・戸瀬信之（2004）アメリカの教育改革．京都大学学術出版会, pp.5-44.
　なお，原文は下記URLでアメリカ教育省のホームページからみることができる。
A Nation At Risk Archived Information A Nation At Risk, April 1983.
　http://www.ed.gov/pubs /NatAtRisk/risk.html

注20）1995年に出された体育スタンダードは，さらに各州で作成されることになった州の体育スタンダードの原型となった。おおむね各州で作成された各州の

体育スタンダードは，1995年版を州の実情に合わせながら簡便なものにする傾向があるように思われる。なお，コネチカット州の州体育スタンダードについて次の文献で詳細に述べたことがある。参照されたい。

◎友添秀則（2003）アメリカ．国立教育政策研究所 体育のカリキュラムの改善に関する研究―諸外国の動向―.「教科等の構成と開発に関する調査研究」研究成果報告書(14)：1-20.

ところで，1995年版は実際に用いられながら，2002年の夏にNASPEの体育スタンダード改訂委員会（The K-12 National Physical Education Standards Revision Committee）で再考され，改訂草案が検討，作成された。さらにこの文書は，2003年のAAHPERD国際会議での公開討論会（open forum）に付され，最終的な改正文書として2004年版が作成された。

注21）1995年版および2004年版の人間形成的学習に関するここでの記述は，必ずしもテキストの記載そのままではない。1995年版では学年によっては，サンプル基準（Sample Benchmarks）のみならず，評価例や評価基準等の記載も含んで述べている。2004年版に関しては，主にsample performance outocome（パフォーマンスの具体例）を中心に述べた。またテキストでは，両版とも平叙文で表記されているが，ここでは到達基準の色合いを明確にするために「できる」という文体を採っていることを断っておく。

注22）スタンダードは到達基準のことであるが，これは，学習者がおおむね達成すべき基準，いわゆる目標のことでもある。また学習者からみれば，学ぶべき学習内容でもあるといえよう。

注23）以下，ヘリソンが提起したこのような体育を「（体育における）責任学習」という。また上記の注4）で，本研究ではヘリソンの体育における人間形成論を責任（Responsibility）に着目して「体育における責任学習論」ということにすると述べたが，具体的には，体育における責任学習の理論的側面および教授方略等の総体をさして用いる場合，「（体育における）責任学習」と区別して「（体育における）責任学習論」という。

注24）ヘリソンが1995年の第1版で示した責任レベルは下表の4つのレベルであるが，ここには，転移の責任レベルは構想されていない。しかし，第1版出版後，ヘリソン自身が教師生活の中でおよそ20年間責任学習を行った後で，転移が子どもたちに個人的・社会的責任をとることを教える根本的な課題であ

るとわかった時に，究極的な責任レベルに転移を加えなければならないと考えるようになったと述べている（Hellison, 2003, p.19）。

Ⅰ. 他者の権利と感情の尊重
Ⅱ. 努力
Ⅲ. 自己管理
Ⅳ. 配慮と援助
(Hellison, 2003, p.6, Fig.1.1 より引用)

注25) ヘリソンは，表4-12に示した，尊重，参加，自己管理，配慮，転移の5つの各レベルを目標（goal）とも表現している（Hellison, 2003, p.16）。

注26) 以下，ここで述べる各レベルの内容は，下記のテキストの第1部第3章（特にHellison, 2003, pp.29-36）を参照していることを付記しておく。

注27) ここで「常規的活動」と表現したものの英文での表記は，"daily format"である。責任学習の日々の授業で常に行われる活動ということの内容を勘案して，ここでは常規的活動と訳出，表現したことを断っておきたい。

注28) 以下，ここで述べる体育の責任学習における常規的活動としての教授方略は，ヘリソンのテキストの第2部第4章（特にHellison, 2003, pp.43-45 およびpp.47-53）を参照していることを付記しておく。

注29) チャレンジ運動や共同的なゲーム，あるいはアドベンチャー教育は非競争的な活動を特徴とし，参加者の共同の活動や協力を前提にして活動が成立するものである。この点で競争を本質的な特徴とするスポーツとは大きく異なるものである。ヘリソンはこのような共同的な活動よりも競争を中核とするスポーツの方が，学習者に魅力的で，責任学習の身体活動における教材として適していると述べる。なお，チャレンジ運動や非競争的なゲームについては下記の文献を参照されたい。

◎ダニエル・W. ミドゥラほか〈高橋健夫監訳〉（2000）チャレンジ運動による仲間づくり—楽しくできる「体ほぐしの運動」．大修館書店．
◎アルフィー・コーン〈山本 啓ほか訳〉（1994）競争社会をこえて—ノー・コンテストの時代．法政大学出版局．

注30) 以下，ここで述べる体育における責任学習の各レベルに対応した教授方略は，ヘリソンのテキストの第2部第5章（特にHellison, 2003, pp.58-79）を参照していることを付記しておく。

注31) 一般に，教育場面で用いられるインクルージョン（inclusion）とは，「統合」と訳され，障害児と健常児を区別しないで，通常のクラスで学習する機会を作ることをいうが，ここでは，誰もが等しく平等にスポーツや身体活動に参加する権利を有することをさしている。

◉参考文献

1) アルフィー・コーン:山本 啓ほか訳(1994)競争社会をこえて―ノー・コンテストの時代. 法政大学出版局.
2) Aronfreed, J. (1968) Conduct and conscience : The socialization of internalized control over behavior. New York Acdemic Press.
3) Aronfreed, J. (1976) Moral development from the standpoint of a general psychological theory. In : Lickona, T. (Ed.) Moral development and behavior : Theory, Reseach, and social issues. Holt, Rinehart, & Winston. pp.54-69.
4) Auweel, Y. V., Bakker, F., Biddle, S., Durand., and M., Seiler, R., (Eds.) (1999) Psychology for physical educators. Human Kinetics.
5) Bandura, A. (1977) Social learning theory. Prentice Hall.
6) Böhme, J. (1971) Sport im Spatkapitalismus.
7) ベーメ: 唐木國彦訳(1980) 後期資本主義社会のスポーツ. 不昧堂出版.
8) Breadmeier, B. J. and Shields, D. L. (1983) Body and balance : Developing moral structures through physical education. Microfilm Publications : University of Oregon.
9) Breadmeier, B. J., Weiss, M. R., Shields, D. L. and Shewchuck, R. M. (1984) Promoting moral growth in a summer sport camp : The implementation of theoretically grounded instructional strategies. Journal of moral education.
10) Cachay, K. und Kleindienst, C. (1976) Soziale Lernprozesse im Sportspiel. Sportwissenschaft, 6 (3) : 291-310.
11) Centers for Disease Control and Prevention (1997) Guidelines for school and community programs to promote lifelong physical activity among young people. CDC.
12) ダニエル・W. ミドゥラほか:高橋健夫監訳(2000)チャレンジ運動による仲間づくり―楽しくできる「体ほぐしの運動」. 大修館書店.
13) Figley, G. (1984) Moral education through physical education. Quest 36 : 89-101.
14) Fraleigh, W. P. (1984) Right actiono in sport : Ethics for contestants. Human Kinetics.
15) 藤田英典(1997)教育改革. 岩波書店.
16) Gilligan, C. (1982) In a different voice : psychological theory and women's development. Harvard University Press.
17) Gould, D. (1984) Psychosocial development and children's sport. In : Thomas, J. (Ed.). Mortor development during childhood and adolescence. Burgess : pp.212-234.
18) Haan, N. (1977a) Coping and defending : Processes of self-enviroment organization. Academic Press.
19) Haan, N. (1977b) A manual for interactional morality. Unpublished manuscript.
20) Habermas, J. (1968) Erkenntnis und Interesse. pp.227-262.
21) 繁多進(1991)社会性の発達とは. 繁多進ほか編 社会性の発達心理学. 福村出版, pp.9-16.
22) Hartmann, H. (1975) Schwache Schuler im Sportunterricht. Heinweis zur Entwicklung kooperativen und sozial-integratiben Handelns im Sportunterricht. Zeitschrift fue Sportpädagogik, 1 (4) : 404-424.

23) 橋爪貞雄(1999)21世紀に橋を架ける80～90年代の改革動向. 佐藤三郎編. 世界の教育改革. 東信堂.
24) Hellison, D. (1995) Teaching responsibility through physical activity (2nd ed.). Human Kinetics.
25) Hellison, D. and Walsh, D. (2002) Responsibility-based youth programs evaluation : investigatings the investigations. Quest (54) : 292-307.
26) Hellison, D. (2003) Teaching responsibility through physical activity (2nd ed.). Human Kinetics.
27) 石坂和夫(1999)教育課程の質を高めるナショナルな目標基準. 佐藤三郎編. 世界の教育改革. 東信堂, pp.47-63.
28) 井谷惠子ほか(1999)アメリカにおける体育の履修と指導者資格の状況. 京都教育大学紀要 (94):17-27.
29) 井谷惠子(2000)アメリカにおける1980年代以降の教育改革の進行と教科体育の危機教育実践学論集 第一号, pp.53-65.
30) 井谷惠子(2005)体力づくりからフィットネス教育へ―アメリカの体育教育と身体づくりへの責任. 明石書店.
31) Jantz, R. K. (1975) Moral thinking in male elementary pupils as reflected by perception of basketball rules. Research Quarterly,46 (4) : 414-421.
32) Kahila, S. (1993) The role of teaching method in prosocial learning-developing helping behavior by means of the cooperative teaching method in physical education. Studies in sport, physical education, and health, 29. Javaskyla, Finland : University of Javaskyla.
33) Klafki, W. (1971) Erziehungswissenschaf. Eine Vorlesungsreiheder Philipps-Universitat Marbur.
34) クラフキー:小笠原道雄監訳(1984)批判的・構成的教育科学. 黎明書房.
35) Kohlberg, L. (1971) Stages of moral development as a Basis for moral education. in Beck, C. M., Crittenden, B. S. and Sullivan, E. V., eds., Moral education : Interdisciplinary approaches. University of Tront Press.
36) Kohlberg, L. (1981) The philosophy of moral development : Moral stages and the idea of justice. Harper & Row.
37) Kohlberg, L. (1984) Essays of moral development : Vol.2. The psychology of moral development. Harper & Row.
38) コールバーグほか:岩佐信道訳(1987)道徳性の発達と道徳教育. 麗澤大学出版会.
39) Kurtines, W. M. & Gewirtz, J. L. (1987) Moral development through social interaction. New York : Wiley.
40) 丸山真司(1992)ドイツのスポーツ教育学における社会学習論. 運動文化研究, 10 : 172-178.
41) McCann, D. and Prentice, N. (1981) Promoting moral judgment of elementary school children : The influence of direct reinforcement and cognitive disequilibrium. The journal of genetic Psychology, 139 : 27-34.
42) Ministry of Education (1999) Health and physical education in the New Zealand

43) Mollenhauer, K. (1981) Erziehung und Emanzipation. Munchenn : Juventa.
44) 文部省(1995)諸外国の学校教育(欧米編). 大蔵省印刷局.
45) 中留武昭(1999) リストラを進めるアメリカの学校経営. 佐藤三郎編. 世界の教育改革. 東信堂, pp. 27-46.
46) NASPE (1995) Moving into the future-national physical education standards : A guide to content and assessment.
47) NASPE (1997) Shape of the nation report, NASPE : Reston.
48) NASPE (2004) Moving into the future. National standards for physical education. Second edition.
49) 西村和雄・戸瀬信之(2004)アメリカの教育改革. 京都大学学術出版会.
50) 岡出美則(1994)西ドイツにおける「スポーツの行為能力」論の形成過程. 愛知教育大学教科教育センター研究報告, 18:57-66.
51) Park, R. (1983,january). Three major issues : The Academy takes a stand. JOPERD, 59-53.
52) Phuse, U. (Hrsg.) (1994) Soziales Handeln im Sport und Sportunterricht. Hofmann.
53) Piaget, J. (1965) The moral judgement of the child. Free Press.
54) ピアジェほか:赤塚徳郎ほか訳(1978)遊びと発達の心理学. 黎明書房.
55) ピアジェ:大伴茂訳(1988)遊びの心理学. 黎明書房.
56) ピアジェ:芳賀純ほか監訳(2005)ピアジェの教育学 子どもの活動と教師の役割. 三和書籍.
57) Rigauer, B. (1969) Sport und Arbeit : Soziologische Zusammenhange und idiologische Implikationen. Frankfurt am Main : Suhrkamp.
58) Romance, T. J., Weiss, M. R., & Bockoven, J. (1986) A program to promote moral development through elementary school physical education. Journal of teaching physical education, 5 : 126-136.
59) Shaffer, D. R. (1994) Social and personarity development. (Pacific Grove, CA : Books/Cole.
60) Siedentop, D. & O'Sullivan, M. (1992) Preface-Secondary school physical education. Quest, 44 (3) : 285-286.
61) Siedentop, D. (1994) Sport education quality PE through positive sport experiences. Human Kinetics.
62) Singer, R. u. and Ungerer-Rohrich, U. (1984) Zum Problem des "Sozialen Lernens" im Sportunterricht. In : Hachfort, D. (Hrsg.) Handeln im Sportunterricht. bps-Verlag, pp.37-66.
63) 高橋健夫ほか(2001)日本および諸外国の学校体育カリキュラムの実情と課題. 平成11年度〜平成12年度 科学研究費補助金(基盤研究A(1))研究成果報告書.
64) 友添秀則(1987)スポーツ教育. 中村敏雄・高橋健夫編 体育原理講義. 大修館書店, pp.209-213.
65) 友添秀則ほか(1992)スポーツ倫理学の研究方法論. 体育原理専門分科会編 スポーツの倫理. 不昧堂出版, pp.26-50.
66) 友添秀則(1998)潜在的カリキュラムについて. 成田十次郎・川口千代・杉山重利(監修)永島惇

正・高橋健夫・細江文利(編)「中学校体育・スポーツ教育実践講座 第1巻 新しい時代を切り拓く中学校体育のカリキュラム」. ニチブン, pp.137-144.
67) 友添秀則・梅垣明美・木村彰伸(1999)子ども達のスポーツ観と友だち観をゆさぶる授業実践―技術学習と社会学習の統一をめざして―. 学校体育, 52(5):54-60.
68) 友添秀則(2001)アメリカにおけるカリキュラム改革の動向. 高橋健夫ほか 日本および諸外国の学校体育カリキュラムの実情と課題, 平成11年度～平成12年度 科学研究費補助金(基盤研究A(1))研究成果報告書, pp.39-119.
69) 友添秀則(2002)アメリカにみる学校体育カリキュラム改革の動向. スポーツ教育学研究, 22(1):29-38.
70) 友添秀則(2003)アメリカ. 国立教育政策研究所 体育のカリキュラムの改善に関する研究―諸外国の動向―.「教科等の構成と開発に関する調査研究」研究成果報告書(14), pp.1-20.
71) 友添秀則(2005)体育はなぜ必要か 体育の存在意義を考える 人間形成の立場から. 体育科教育, 53(10):62-65.
72) 友添秀則(2006)体育における人間形成. 永島惇正ほか編 デジタル版 新しい小学校体育授業の展開. ニチブン, pp.24-39.
73) 友添秀則(2007)アメリカ合衆国 体育・保健体育(体育分野). 山根徹夫 諸外国の教育課程(2)-教育課程の基準及び各教科等の目標・内容構成等-「教科等の構成と開発に関する調査研究」研究成果報告書. pp.44-48.
74) 友添秀則・梅垣明美(2007)体育におけるに人間形成論の課題. 体育科教育学研究, 23(1):1-10.
75) 友添秀則(2008)体育における認識学習を考える. 女子体育,50(1):30-35.
76) Ungerer-Rohrich, U. (1993) Sozialerziehung im Sportunterricht-Ein Beitrag zum Abbausozialer Probleme und zur Verbesserung der Interaktion. Leibesübungen-Leibeserziehung, 47 (1) : 11-14.
77) 梅垣明美・友添秀則ほか(2006)体育における人間形成プログラムの有効性に関する研究. 体育科教育学研究, 22(2):11-22.
78) Vinnai, G. (Hrsg.) (1972) Sport in der Klassengesellschaft.
79) Vicker, J, N. (1992) While Rome burns-meeting the challenge of the reform movement in education.JOPERD, 63 (7) : 80-87.
80) Weiss, M. R. and Breadmeier, B. J. (1986) Moral development. In : Seefeldt, V. (Ed.) Physical activity & well-being. AAHPERD.
81) Widmer, K. (1974) Sportpädagogik. Hofmann.

結章

体育における人間形成論の構造

　第1節では，第1章から第4章までのそれぞれの総括を行うとともに，加えてここまでの本研究の総括を行う。さらに，研究の総括の過程で残された問題について抽出する。第2節では，残された問題であると同時に本研究の最終目的である体育における人間形成論においてめざされるべき人間像および体育における人間形成の構造を明らかにする。第3節では，今後の課題と展望について述べ，本研究を終わることにする。

1 ｜ 本研究の総括および残された問題

(1) 第1章の総括

　第1章では，本研究のテーマである「体育における人間形成に関する研究」を行うのに必要となる，「スポーツ」および「体育」の概念の規定，ならびに研究遂行上でのキー概念となる「人間形成」概念の規定および「体育における人間形成」概念の暫定的規定を行った。
　第1節では，スポーツ概念の多義性について述べた上で，本研究で対

象とするスポーツの概念について考察した．その結果，本研究では，スポーツを広義に捉え，オリンピック種目となった国際スポーツから，各民族に伝承されてきた伝統スポーツ，またニュー・スポーツ等を含み，かつ学校体育の教材である体操，体ほぐしの運動，ダンス，武道等も含めて広くこれらをスポーツとして扱うことにした．そして，本研究が扱うスポーツの概念を次のように規定した．本研究でいうスポーツとは，近代スポーツが保持してきた資本の論理，自由競争の論理，平等主義の論理，禁欲的な倫理観，モダニズム等のスポーツ独自の論理を中核にしながら，人類が長い歴史的過程の中で醸成してきた可変性をもった人間の身体運動に関わる文化の総体である．

　第2節では，最初に戦後の体育・スポーツの人文・社会科学的研究を代表する3人の論者の体育概念に検討を加え，その後「体育」概念に関する辞書的定義について検討，考察した．これらに加えて，木下秀明等の先行研究を参照しながら，日本における体育概念の歴史的系譜について明らかにした．これらの考察から，体育は教育という範疇で，身体の教育，運動による教育を行う一領域を構成することを明らかにした．しかし，時代や社会，地域に左右されない体育概念の深層構造を確定する必要から，佐藤臣彦の関係概念としての体育概念に着目し，本研究で用いる「体育」概念を第1節のスポーツ概念の検討を踏まえ，次のように措定した．つまり，本研究で用いる「体育」の概念は，教育の範疇に属し，前もって設定された目標に条件づけられながら，小・中・高等学校等の学校で体育科および保健体育科という正課時に体育教師が学習者にスポーツを媒体にして成立する教育的な営みをさすものである．

　第3節では，主に教育学（教育哲学）における「人間形成」概念について批判的検討を加え，人間形成を生物学的な概念としてのヒトが，人間が創造した社会の中で，人間の創造した文化を媒介に，さまざまな教育的契機によって，一定の価値的な人間像を目ざしてヒトの人間化がなされていく一連の過程として捉えた．さらに，山邊光宏の2つの人間形成の形式を参照しながら，人間形成を社会の永続発展を可能にする人間像を実現するために，個人のうちに社会的規範を内面化し，社会的行動力を生み出す社会性および倫理的規範の内面化と道徳的行動力を生み

出す道徳性を形成する営みであると確定し，規定した。これらの考察を経て，体育における人間形成を，体育という営みの中で，体育という教科に対応する文化領域の文化を媒体に，体育教師が学習者を対象に一定の価値的な人間像を目標にして，学習者のうちに社会性および道徳性が形成されるように働きかける営みであるとの暫定的概念を明確にした。そしてこの暫定的概念をもとに，体育における人間形成論の分析視点として，①人間形成の全体構造の提示の有無，②めざされるべき人間像の提示の有無，③社会性および道徳性形成のための方法論の提示の有無，④人間形成実現のための教科論・授業論の提示の有無を明らかにした。

(2) 第2章の総括

第2章では，日本で施行されてきた学習指導要領が体育においてどのように人間形成に関わる内容を示し，またそれとの関係でどのような人間像を示してきたのかを明らかにした。特に考察の過程で，戦前に遡って現在までの体育の理念的変遷も明らかにし，合わせて体育の教科目標を手がかりに，体育の学習指導要領における人間形成内容を分析，検討した。その際，分析，検討の枠組みとして「生活体育」「体力主義体育」「楽しい体育」の3つの時代区分を設定した。そして，体育の学習指導要領における人間形成内容の分析，検討を通して体育の学習指導要領における問題点を抽出し，学習指導要領からみた戦前・戦後の体育における人間形成の総括を行った。

第1節ではまず，学習指導要領の作成過程について言及し，合わせて学習指導要領の位置づけを明らかにするとともに，体育の学習指導要領の変遷について明らかにした。学習指導要領は，1947（昭和22）年に発行された「学習指導要領一般編（試案）」が最初であり，その後社会の変化に対応して，ほぼ8年から10年おきに改訂され現在に至っていること，1958（昭和33）年の学習指導要領から国家基準として告示され，法的拘束力をもつようになったことを述べた。また体育の学習指導要領は1947（昭和22）年に発行された学校体育指導要綱から現行の1998（平成10）年に出された体育の学習指導要領まで，6度の大きな改訂を経てきており，小・中・高等学校を合わせて全部で20回の改訂があったことを述べた。

そして，基本的には小学校の学習指導要領が先に施行され，年次進行で中学校，高等学校が施行されていき，改訂の基本的方向は小学校の学習指導要領に特徴的に示されることになることについても言及した。

第2節では，体育の目標が，学習者の教育上の発達課題や学問的成果等の体育への教育学的要請，体育が対象とする運動やスポーツの特質，運動学習を主とする学習方法の独自性，そしてその時々の社会的要求によって決定される構造を明らかにした。また体育の学習指導要領に現れた教科目標を，新体育の目標，体力づくりを重視した目標，楽しさを重視した目標のそれぞれの時代ごとの枠組みで考察し，1947（昭和22）年の学校体育指導要綱から1998（平成10）年の学習指導要領までの要領に現れた体育の目標は，時々の時代で体育の理念は変化しても，社会的態度の形成をめざす人間形成的目標は，身体的目標や技能的目標と並列して，一貫して掲げられてきたことを明らかにした。

第3節では，体育の学習指導要領のすべてを対象に，そこに記載された教科目標および人間形成内容に関して，人間形成的目標，教材，指導法の観点から分析，検討を行った。その結果，生活体育実践を集約した1953（昭和28）年に出された学習指導要領が，人間形成に関する学習において一定の体系を備えたものであることを明らかにした。しかし，この後に続く，体力主義体育，「楽しい体育」の時期においては，学習指導要領における人間形成に関わる目標，教材，指導法の記述は徐々に形式的になり，1970（昭和45）年に出された学習指導要領では，人間形成的目標が教科目標からなくなり，学習指導要領レベルでは人間形成に関わる学習が徐々に軽視されていくようになることを明らかにした。また，「楽しい体育」の時期から，人間形成に関わる内容は「態度」に一元化されるとともに，授業効率を高めるための常規的活動の一環として捉えられるようになったことについても明らかにした。

第4節では，体育理念や体育の教科目標の変遷を踏まえ，さらに第3節で行った体育の学習指導要領における人間形成内容の検討をもとにして，第1章での考察で明らかにした体育における人間形成論の分析視点に立って，学習指導要領からみた戦前・戦後の体育における人間形成を総括した。その結果，戦後の体育でめざされてきた人間像が，一般的な

人間像から，スポーツの実施主体者というスポーツ場面に特化した人間像への変化が読み取れることを明らかにした。しかし，体育の学習指導要領には人間形成の全体構造が示されることがなかったこと，まためざされるべき人間像についても決して明確に示されることがなかった点について述べた。さらに，体育における社会性および道徳性の形成のための具体的な方法論や目標との一貫性も生活体育の時期をピークに後退し，さらに体育においてめざされるべき社会性および道徳性の内容も授業の効率化のための常規的活動の一部と考えられたり，「態度」の領域に組み込まれたりするようになったことを明らかにした。

(3) 第3章の総括

第3章では，第2章の体育の学習指導要領における人間形成内容の検討および分析に引き続いて，戦後日本で提起された体育における人間形成論の諸相についてその全貌を明らかにし，批判的に検討した。具体的には教科論や授業論として提起され，実践されたB型学習論や体育における学習集団論を取り上げ，その全貌を明確にしながら批判的に検討，考察を行い，それらの成果や課題を抽出した。また，これらの考察の後，日本における人間形成的学習の系譜を明らかにし，同志会から提起されたスポーツの主体者形成論を明らかにした。他方で，これらの教科論や授業論のレベルから提起された体育における人間形成論とは別に，個々の研究者によって提起されてきた体育における人間形成論についても明らかにし，批判的に検討，考察を行い点と成果を明らかにした。

第1節では，B型学習論が終戦後の混乱の中で，アメリカ体育を模倣しながら，当時の日本の社会的課題の解決者の育成や，生活現実の変革の担い手の育成という課題を，体育という教科で受けとめ，民主的人間を形成することによって果たそうと考案された学習論であることを明らかにした。しかし，このようなB型学習論は同時に次の問題点も内包することを明らかにした。つまり，指導法と教材の結びつきを狭く固定的に考えたために，民主的人間の形成を志向した学習論が，指導法の問題に還元されてしまうことにもなったことである。またB型学習が設定した民主的人間という人間像が，教育の一般目標からそのまま設定された

ために，抽象的となり，したがって人間形成的学習を成立させる具体的な教授方略を生み出すことを困難にさせ，人間形成を実現するための教科論として発展することを阻害したことを明らかにした。

第2節では，第1節で明らかにしたB型学習論の成果を引き取りながら，丹下保夫と竹之下休蔵のグループ学習への取り組みと彼らのグループ学習論が，それぞれ同志会，全体研に引き継がれ，出原泰明の学習集団論や機能的特性に立脚したグループ学習論を生み出したことを明らかにした。そして，出原および全体研の学習集団論を人間形成的視点から検討することによって，人間形成的学習が方法レベルで捉えられると問題があること，教科内容との関連が重視される必要があることを明らかにした。さらに，体育における人間形成が，教科内容，ひいてはスポーツの文化的内容との関連から構想される必要があること，加えて，体育における人間形成は，体育という営みの中で，体育という教科に対応するスポーツ文化という文化領域の文化を媒体に，体育教師が学習者を対象に価値的な人間像を目標にして，学習者のうちに社会性および道徳性が形成されるように働きかける営みであることを確認した。ここでの検討を踏まえ，学習集団は方法レベルの問題ではなく，体育における人間形成のあり方や体育という教科の目標，教科内容と密接に関連する問題であることを明らかにした。と同時に，運動の機能的特性（楽しさ）を教科内容として措定する全体研のグループ学習論は，問題を有することを指摘した。

第3節では，第1節および第2節の考察をもとに，日本における人間形成的学習の系譜を明らかにしつつ，同志会の提起したスポーツにおける主体者形成論を明らかにした。具体的には，スポーツにおける主体者形成論は，単に技術認識の獲得や技能習熟だけをめざすのではなく，それらを基盤にスポーツ文化の変革・創造による社会体制の建設という，従来の日本の体育の教科論には存在しなかった人間形成的学習に収斂する独自の性格をもつものであることを明らかにした。さらにここでの考察を通して，体育における人間形成的学習は，学習者が教科の依拠すべき文化領域（スポーツ文化）との相互作用によってなされるものであることを明らかにした。

第4節では，体育における人間形成に関する理論的研究を行ってきた個々の研究者の成果を検討した。具体的には，城丸章夫，水野忠文，久保正秋，石垣健二の体育における人間形成に関する諸論である。

　教育学者の城丸の体育における人格形成論の検討の結果，そこにはいくつかの問題はあるものの，体育における人間形成論を構築する際，人間形成の陶冶財にスポーツ文化を想定する意義，人間形成が意図的に指導される必要性，学習者のスポーツ文化への「働きかけ」，つまり，教師が意図的に人格形成を意識し実践することの必要性の示唆を得ることができた。また水野の体育における「克己体験主義」からは，体育で人間形成的目標を達成するためには，何よりも方法論が必要不可欠であることの示唆を得ることができた。久保の一連の研究からなる体育における人間形成論からは，体育における人間形成が，教師もしくは指導者による学習者への「働きかけ」が教育という関係様態において特に重要であり，学習者の自己形成も含め人間形成を考える必要があるという貴重な示唆を得ることができた。石垣の身体論からみた人間形成論からは，「体育における人間形成」は運動学習という方法の独自性と同時に，「身体」という対象でもあり，媒体という意味では方法でもある，ほかならぬ身体の独自性に立って人間形成論を構築していく必要があるという示唆を得ることができた。

　以上，第3章では，戦後日本の体育における人間形成論の諸相について批判的に考察したが，日本の人間形成論は，それが教科論や授業論としての提起であっても，また個々の研究者による理論的研究・提案であっても，どちらかといえば具体的な方法論を備えたものではなかったことを結論として得ることができた。

(4) 第4章の総括

　本研究の第1章および第2章では，体育における人間形成論の構築をめざして，「体育における人間形成」の暫定的概念を設定し，日本の体育における人間形成のあり方を規定してきた体育の学習指導要領を人間形成的視点から批判的に検討，考察してきた。さらに第3章では，体育における人間形成に関わる日本の民間教育研究団体の諸実践や日本にお

ける主要な研究者による人間形成論を人間形成的視点から分析してきた。しかし、これらの体育における人間形成に関わる研究では、人間形成的学習の具体的な目標や方法論、いわゆる教授方略についての言及はきわめて稀であったことが明らかとなった。そこで第4章では、1970年代中半から80年代にかけて、アメリカやドイツにおいて提起されてきた、人間形成のための具体的な目標や教授方略を伴った体育における人間形成的学習を対象に、それらを明らかにし批判的に検討した。さらに、1990年代初頭以降、先進諸国では、大規模な教育改革に連動して学校体育改革が行われたが、そこで提案されたニュージーランドとアメリカのナショナルカリキュラムに示された人間形成的学習を明らかにし批判的に考察した。また、進展する情報化や国際化の中で、大きく変動する社会と経済不況に影響され、道徳的に荒廃する子どもが増大するアメリカ社会の状況下で、体育という教科で子どもの人間形成を担う「体育における責任学習論」が提起、実践されるようになるが、第4章の最後では、この「体育における責任学習論」の内実を目標と学習内容、教授方略の点から明確にし、詳細に検討した。

　以下、第4章の考察の結果、明らかになった点を中心に述べることにする。

　第1節ではまず、「運動による教育」批判と社会の道徳的な荒廃を背景として登場してきたアメリカの「体育における道徳学習論」の理論的構造や教授方略の原理を明らかにした。その結果、1980年代以降、アメリカで展開された体育の道徳学習論は、社会的学習理論と構造的発達理論に依拠して展開され、特に実践的研究では、道徳的発達が各自の道徳的推論能力や認知的役割取得能力に依存してなされるとするピアジェ、コールバーグに代表される構造的発達理論を基盤としつつ、それに修正を加えたハーンの相互作用論が用いられることを明らかにした。また具体的な教授方略の原則として体育における①役割取得の機会の保障、②道徳的葛藤の実際の経験、③道徳的対話の提供、④合意の形成が必要であること、加えて実践的な教授過程では実際の道徳的ジレンマの状況、ジレンマ解決の機会、対話と道徳的均衡の確認が重要であることを明らかにした。このような教授方略の原則に立って、体育におけるジレンマ

学習の教授方略が開発されるが，体育における学習者の道徳性の発達は，体育授業で教師による道徳的行動や社会的行動に関する積極的フィードバックがあり，仲間との社会的相互作用や対話が頻繁に行われ，かつそのような学習を生み出す形態や指導法がとられる場合に促進されること，また体育が学習者の道徳的発達にとって，共同作業や役割取得を提供する理想的な機会であることを明らかにした。

　第2節では，体育という教科を通して社会変革を志向したドイツの「体育における社会学習論」を取り上げ，その内容を明らかにするとともに批判的視点から考察した。ドイツの社会学習論は第1節で考察したアメリカの「体育における道徳学習論」と比較して，学習者個人の体育での道徳的発達に焦点づけられるものではなく，社会背景や社会そのものへの批判を中核にしたものである。当初，強烈な社会批判や支配的スポーツ・イデオロギー批判を含んで主に理念的側面で展開された社会学習論は，80年代以降，社会批判やイデオロギー批判を後退させ，「スポーツの行為能力」論というカリキュラムレベルで議論されるようになることを述べた。

　具体的には，1970年代に提起された社会学習論は，現実の業績社会の補完機能を果たすスポーツの競争原理を廃棄し，学習者が運動自体の喜びを獲得すること，スポーツ授業を通して自律，共同参加の能力，創造性，社交に関する能力等を育成することを目標としたことを明らかにした。またこの時期の社会学習論は，特に学習者が社会との関連で，スポーツの学習を通して社会に対する問題意識をもち批判能力をもつことが重視されたことを明らかにした。このような社会学習を通して，上部構造の一環をなすスポーツが社会の部分領域として変革可能であり，スポーツの意味の相対化を通して，スポーツ科の授業の中で新たにスポーツを社会的解放に貢献するものとして創造することがめざされたことを明らかにした。

　このようなスポーツを社会的解放のための手段と考えた社会学習論も，70年代中半以降，実践面を視座に据えたものに変化するようになる。スポーツの授業が「社会的解放」という目標を実現するためには，解放的行動に結びつく社会的・自治的能力の育成が重要であり，スポーツ授

業では「相互作用能力」に限定した自由なコミュニケーション能力を保障することが目標として掲げられるようになる。またスポーツの戦術や技術等の具体的な教科内容と関連させ，スポーツ場面で生じる諸問題と関連したテーマを設定し，グループ・ダイナミクスの方法を導入した社会学習が提起されるようになる。1970年代の後半から1980年代以降，スポーツ教育における社会学習論は，社会批判の側面を大きく後退させながら，現実のスポーツ参加に必要とされる能力（スポーツの行為能力）の育成に焦点化して展開されるようになることを述べた。さらに，社会学習論が発展して1980年代になって展開された「スポーツの行為能力」論は，イデオロギー批判を脱落させ，スポーツが普遍的なものではなくあくまで相対的なものであること，既存のスポーツに適応するだけではなくスポーツを行うのに必要な諸条件（実技能力を含んだ社会的条件）を自ら変革・創造していける能力の育成に主眼をおき，社会学習を体育の教科内容に位置づけるようになることを明らかにした。さらに，1980年代以降の社会学習論は，「スポーツの行為能力」論として実際の授業で運動学習との関連で展開されるようになってきたことを述べた。

　第3節では，体育における人間形成的学習としての社会性の形成に主眼をおいたニュージーランドの改訂体育カリキュラムに示された体育における人間関係学習の内実を明らかにし，それを対象に体育における社会性形成の問題を検討した。その結果以下のことを明かにした。

　ニュージーランドでは学校体育改革の一環で1999年に文部省から，体育の改訂カリキュラムが出されるが，この体育カリキュラムの4つの達成目標のうちの1つとして，「他者との人間関係能力の向上・発達」が重要な目標として位置づけられ，発達段階に対応した一定の学習内容を備えた1つの領域として確立されていることを述べた。そして，この「他者との人間関係」領域は，さらに①人間関係，②アイデンティティー，感受性，尊敬，③対人関係スキルの3つの下位目標に区分されていることを述べた。さらに，この「他者との人間関係」領域は，学習者がスポーツや労働，文化的行事に参加する中で，授業をはじめとする多様な場で有効な人間関係を学習することを意図して設定されていることを明らかにした。次に，「他者との関係」領域の年齢段階別の達成目標と

その具体的な内容を明らかにした。その結果，年齢の発達段階に対応して，3つの下位目標ごとにその内容や具体例が詳細に示されていること，体育における人間関係学習や社会性形成学習に際して，当該領域の学習目標と内容の系統性が明確に示されていることを明らかにした。さらに，ニュージーランドの体育カリキュラムが示す人間形成的学習から，体育における人間形成論構築にあたって，形成されるべき道徳性や社会性の系統性や学習の順次性が考慮される必要性が示唆された。

加えて，ニュージーランドの改訂体育カリキュラムにおける人間関係領域の批判的検討から，体育における学習者の道徳性の発達と社会性の発達は，理論レベルはともかく，具体的な授業実践レベルでは相互に規定しあう関係にあり，これら両者の発達は融合していることを明確にした。また他方で，ニュージーランドの改訂体育カリキュラムにおける人間関係学習は，実現可能性を考慮して挙げられているというよりはむしろ，多くの目標と多岐にわたるさまざまなスキルの達成がスローガン的に挙げられている傾向があるという問題点を指摘した。と同時に，めざされるべき人間像が示されておらず，加えて，社会性形成のための具体的な方法論や教授方略が示されていないことが問題点として挙げられることを明らかにした。

第4節では，アメリカの学校体育改革の動向と関連させながら，学校体育改革の成果として出され，その後全米の体育に大きな影響を与えた体育のナショナル・スタンダードを対象に，その中に記述された体育における人間形成的学習に焦点をあて，その内容を明らかするとともに検討，考察した。その結果以下のことを明らかにした。

まず，1980年代初頭から始まったアメリカの教育改革の経緯およびそれに連動して起こった学校体育改革の経緯，輪郭を明確にした。学校体育改革では，具体的には，NASPEが中心となって体育の成果を検討する委員会が設けられ，その成果検討委員会から1992年に「優れた体育プログラムの成果（the Outcome of Quality Physical Education Programs）」が発表されるようになることを述べた。この文書では，後の体育スタンダードの目標となる「身体的に教養を備えた人"A Physically Educated Person"，」を体育の到達目標にして，5つの基準と20項目からなる下

位基準が設定され，この「優れた体育プログラム」に示された体育目標の内容が，認識的な内容を重視したものであることを述べた。次に1995年版および改訂版である2004年版の体育スタンダードの内容と構成を明らかにしながら，それぞれの体育スタンダードにおける内容基準の異同を明確にした。最後に，1995年版と2004年版の体育スタンダードに示された人間形成的学習についてその内容を明らかにした。具体的には，1994年版の内容基準の「5．身体活動の場で，責任ある個人的・社会的行動がとれる」，「6．身体活動の場で，人々の違いに理解と配慮を示す」および「7．身体活動が喜び，挑戦，自己表現，社会的相互作用の機会を与えることを理解する。」で示されているもの，および2004年版のスタンダード5の「身体活動の場で自己と他者を尊重できる責任ある個人的・社会的行動を示す」，スタンダード6の「健康，楽しみ，挑戦，自己表現及び社会的相互作用のための身体活動に価値をおく」で示されているものについて明確にし，検討した。

　体育スタンダードにおける人間形成的学習は，実際の学習場面でいわゆる学習者の社会性や道徳性を分離することなく，一体として扱っており，理論レベルではともかく，実際の学習場面では社会性の形成および道徳性の形成を一体として扱うことの有効性を示唆していることを述べた。このことから，具体的な体育における人間形成的学習では道徳性の形成と社会性の形成は相互規定的に行われるのが妥当であること，加えて社会性や道徳性は体育の場で学習されなければ形成されないということについて言及した。また，体育スタンダードにおける人間形成的学習にはいくつかの問題点があることについても述べた。体育スタンダードに挙げられた人間形成的学習の到達基準や学習者からみた学習内容は，ランダムに挙げられている傾向があり，体育における人間形成的学習を教科論レベルで構成する際には問題があるように思われる。具体的にはそれぞれ社会性や道徳性の形成に関わる内容が，常規的活動のカテゴリーに属するものから，社会的スキルまで，互いに次元の異なるものが混在して扱われ，授業の中での学習可能性（ラーナビリティ）という点から問題があることを指摘した。加えて，教材や学習指導レベルでの人間形成的学習の教授方略の記述がみられないのも問題点として挙げなければ

ならないことを指摘した。最後に体育スタンダードにおける人間形成的学習が，学習者の発達段階に対応して人間形成的学習に関わる到達基準や学習内容を明確に示している点，および人間形成的学習にあたっては，道徳性および社会性の形成が相互規定的である点に着目したことの意義について述べた。加えて，体育における人間形成的学習の内容には，「倫理的規範」「社会的規範」に属するもので構成されることを示した点は，極めて意義深いことであることを言及した。

第5節では，1980年代以降アメリカにおいて社会問題化した，子どもの非行や道徳的逸脱行動への対処として提起された，ヘリソンの「体育における責任学習論」を明らかにし，批判的に検討した。

体育における責任学習は授業や単元，身体活動に一貫性を与えるために，①責任学習と身体活動との統合，②日常生活への責任の転移，③授業の権限委譲，④教師と学習者との関係に関する4つの主題をもっている。さらに，これらの責任学習の4つの主題は，責任学習の目標（レベル）や具体的な教授方略を規定するようになる。そしてヘリソンは，約20年にわたる自らの体育実践を通して，学習者に体育を通して個人的・社会的責任をとることを学習させるには，責任の系統性を明確にする必要があると考え，それを5つのレベルでまとめるようになる。第5節では，ヘリソンが提起した責任の各レベルについて明確にしながら，それらのレベルにはレベル0（無責任），レベル1（他者の権利と感情の尊重），レベル2（参加と努力），レベル3（自己管理），レベル4（他者への援助と配慮），レベル5（責任の転移）があり，これらの責任の系統に沿って，具体的な行動指標，行動項目，期待される行動があることについて詳細にその内容を明らかにした。

体育における責任学習論では，責任学習における各レベルの目標や学習内容を学習者に達成・習得させるために，多様な教授方略が用いられる。これらの教授方略は単元および授業構成において常規的活動として用いられる教授方略と体育授業での学習指導の中で用いられる各レベルに対応して用いられる教授方略があることを明らかにし，そのそれぞれの教授方略について具体的かつ詳細に述べた。そして，体育における責任学習論を批判的に検討することで，体育における責任学習論はこれま

でのどのような研究よりも，人間形成的学習に関わる具体的かつ詳細な目標や内容が示されており，非常に意義深いものであることについて言及した。しかし，文化としてのスポーツと学習者や教師がどのような関係の下に人間形成という契機が起こるのかという体育における人間形成の全体構造が示されていない点を問題点として指摘した。加えて，体育における責任学習でめざされるべき人間像が明確にされていない問題点があることも指摘した。

ただし，このような問題点はあっても，体育における責任学習論は，体育における人間形成のための具体的な方法論や人間形成を実現するための教科論あるいは授業論が示されており，この点は高く評価されるべきものであろうと思われる。

以上，第1項から第4項までで，第1章から第4章までの各章の総括を行ってきたが，次の第5項では，ここまでで行った第1章から第4章までの各章の総括をまとめる形で，本研究の全体的な総括を行い，残された問題を明確にしていきたい。

(5) 本研究の総括と残された問題

前項までで本研究の各章の研究の総括を行ってきた。それらは次のように要約できよう。第1章では，人間形成概念を社会の永続発展を可能にする人間像を実現するために，個人のうちに社会的規範を内面化し，社会的行動力を生み出す社会性および倫理的規範の内面化と道徳的行動力を生み出す道徳性を形成する営みであると確定した。そして，体育における人間形成を，体育という営みの中で，体育という教科に対応する文化領域の文化を媒体に，体育教師が学習者を対象に一定の価値的な人間像を目標にして，学習者のうちに社会性および道徳性が形成されるように働きかける営みであるとの暫定的概念を明確にした。また，体育における人間形成論には，①人間形成の構造，②めざされるべき人間像，③方法論（目標および教授方略），④教科論ないしは授業論が必要であることを明らかにした。

第2章では，日本の体育の学習指導要領には人間形成の構造やめざされるべき人間像が示されていないこと，人間形成的目標や人間形成に関

わる方法論（教授方略）が示されていない問題点を明らかにした。

　第3章では体育における人間形成が，体育という教科に対応するスポーツ文化という文化領域を媒体に，体育教師が学習者を対象に価値的な人間像を目標にして，学習者のうちに社会性および道徳性が形成されるように働きかける営みであることを明らかにした。加えて，体育における人間形成は，学習者が教科の依拠すべき文化領域（スポーツ文化）との相互作用によってなされるものであることを明らかにした。また同時に，体育における人間形成論を構築する際，学習者の自己形成も含めて，教師が意図的に人格形成を意識し実践することの必要性を明らかにした。

　第4章では，体育が学習者の道徳や社会性を発達させる人間形成的学習の有効な機会であるためには，人間形成的学習を生み出す教授方略がとられる必要があること，体育における学習者の道徳性の発達と社会性の発達は，相互に規定しあう関係にあること，ヘリソンの研究をもとに体育における人間形成的学習に要請される人間形成的目標と教授方略の詳細等を明らかにした。また，体育における人間形成論はスポーツを自ら変革・創造していける能力の育成に主眼をおき，スポーツ文化を相対化していくことができる能力が求められることについても言及した。

　これらの本研究における総括をもとに，本研究を進めるにあたって，第1章で暫定的に規定した「体育における人間形成」の概念を再度検討することにしたい。

　本研究では，「体育における人間形成」を「体育という営みの中で，体育という教科に対応する文化領域の文化を媒体に，体育教師が学習者を対象に一定の価値的な人間像を目標にして，学習者のうちに社会性および道徳性が形成されるように働きかける営みである」と暫定的に規定してきたが，次のように修正することが妥当であろう。つまり，体育における人間形成は，体育という営みの中で，体育という教科に対応するスポーツ文化という文化領域を媒体に，一定の価値的な人間像を目標にして，体育教師が学習者を対象に人間形成的目標や人間形成に関わる教授方略を用いながら，学習者のうちに社会性および道徳性が形成されるように意図的に働きかける営みであるということができよう。そして体育における人間形成にあっては，スポーツを自ら変革・創造していける

能力の育成や，スポーツ文化を相対化していくことができる能力が求められる。

　さて，ここに至ってようやく，体育における人間形成の暫定的概念が修正されることになった。しかしこれで体育における人間形成論の構築という本研究の目的が達成されたわけではない。もう一度確認しておきたいが，体育における人間形成論を厳密な意味で構築するには，人間形成に関わる目標・教授方略等が提示されなければならないが，本研究では確定的な目標や学習内容，教授方略を示すことは研究の限界として断念したことはすでに序章で述べた。と同時に，このこと（確定的な人間形成的目標・人間形成的内容・教授方略の提示の断念）は，教科論ないしは授業論レベルでの体育における人間形成論の提示の断念も意味することである。しかし本研究ではここまでの考察から，すでに提案されたり実証されたりしてきた，体育における人間形成に関わる教科論ないしは授業論レベルにおける人間形成的目標，行動指標，学習内容および教授方略等については明らかにするとができたと考える。したがって，本研究で残された問題は，体育における人間形成の構造について理論レベルで明らかにすることであるといえよう。さらに付言すれば，この構造の問題と関連して，体育における人間形成論構築の際に必要と考えた4つの人間形成的視点のうち，2番目に挙げた「めざされるべき人間像」が示されねばならないと考える。

　これまで考察してきた体育における人間形成の諸論では，アメリカの体育のナショナル・スタンダード以外には，体育においてめざされるべき人間像はまったく示されることがなかった。次の第2節では本研究において残された2つの問題，具体的にいえば，めざされるべき人間像と体育における人間形成の構造を，これまでの考察をもとに明らかにしていきたい。

2 ｜ 体育における人間形成論の構築

(1) 体育の人間形成論における人間像

さて，いよいよ本研究の最終課題の解明に向かうことになった。体育の人間形成論におけるめざされるべき人間像は，先述したようにアメリカの体育スタンダード以外では示されることはなかった。もっともヘリソンの体育における責任学習論の責任レベルの各レベル指標や行動指標を敷衍して考えれば，他者の権利や感情を尊重し，身体活動に進んで参加し，自己管理に努め，他者への配慮がなされる資質を備えためざされるべき人間像が浮かび上がってはくるが，ヘリソン自身は決してこういった人間像を演繹的に確定しているわけではない。

　他方，アメリカの体育スタンダードでは，体育の目標として，換言すれば，体育において形成されるべき人間像として「身体的に教養を備えた人 "A Physically Educated Person"」を定めている。そこでは，先述したように，運動技能に関わる能力，体力に関わる能力，定期的に身体活動に参加する能力，身体活動の意味の理解能力，身体活動の便益の理解能力の5つ（の到達目標）を備えた人間像がめざされる。ただし，いうまでもなく，このめざされるべき人間像は「体育という教科」全般に関わってのことである。そして，既述したことではあるが，この人間像から導出された下位目標にあたる「体育における内容基準」の2項目で体育における人間形成的学習が行われる。したがって，厳密にいえば，アメリカの体育スタンダードにおいても「体育の人間形成論における『めざされるべき人間像』」は示されることはなかったということができよう。

　しかし，これまでの本研究の総括およびアメリカの体育スタンダードに示された体育においてめざされるべき人間像から，体育の人間形成論におけるめざされるべき人間像として以下の人間像が提示できるように思われる。つまり，体育の人間形成的学習においてめざされるべき人間像は，「スポーツを学ぶことを契機として，身体的に道徳的・社会的教養を備えた人 "A Physically Educated Person in the Moral and Social Aspects by Learning Sports"」ということである。この人間像をさらに具体的にいえば，体育における人間形成的学習を通して道徳的，社会的に教育され，その結果形成される身体的に道徳的・社会的教養を備えた人間ということである。ここでは，このめざされるべき人間像に関す

る2つの表現について説明しておくべきであろうと思われる。1つは「身体的に"Physically"」という表現についてであり，もう1つは「社会的教養」という表現についてである。まず前者について説明することにしたい。本研究の「第3章第2節第2項」で出原の学習集団論を批判的に検討した際，出原泰明の体育の学習集団論は，運動学習という体育の特異性を考慮することなく，一般教育学や他の認識教科（座学）と同じ地盤に立つと批判した。また「第3章第4節第4項」で石垣健二の研究を批判的に検討した結果，「体育における人間形成」は運動学習という方法の独自性と同時に，「身体」という対象でもあり，媒体という意味では方法でもある，ほかならぬ身体の独自性に立って人間形成論を構築していく必要があることを指摘した。この「身体的に"Physically"」という表現はまさに，体育における人間形成は，スポーツの学習を通して（運動学習という独自性に立って）身体そのものへの働きかけによってなされるものであるということを含意するものである。

　次に後者の「社会的教養」について説明することにする。これは「道徳的教養」とも関連する問題である。道徳性と社会性については既述したので省略するが(注1)，「道徳的教養」が「道徳性に関する教養」であるのと同様に，社会的教養も「社会性に関する教養」のことである。広義には社会的に容認された価値規範や行動基準等に沿った行動をとったり，狭義には他者と円滑な対人関係を営むために必要とされる教養である。

　さて，ここで示しためざされるべき人間像は，人間の長い生涯にわたってスポーツに主体的・自立的に取り組み，意義深いスポーツライフを実践し，人間の文化としてのスポーツを不断に創造するために，スポーツや身体活動の場で，責任ある個人的・社会的行動がとれ，人々の違いに理解と配慮を示すことができ，かつスポーツや身体活動が自尊心を高めたり，社会的相互作用の機会を与えたりすることを理解している人である。もちろん，スポーツや身体活動の場で身につけた道徳性や社会性について理解し，それをもとに日常生活でも道徳的行動や社会的行動がとれるように努力できる人でもある。そしてさらに，人間の価値ある文化として，スポーツ文化を不断に創造・発展させることができる人間の

形成もこのめざされるべき人間像の根幹に含まれるものである。

(2) 体育における人間形成の構造

①――主―客の弁証法的相互作用としての体育における人間形成

　第1項では，本研究の考察の成果に依拠しながら，体育の人間形成論においてめざされるべき人間像を演繹的に考察し，確定した。このめざされるべき人間像の提示により，これまでの体育における人間形成の概念はさらに次のように修正されることになろう。

　体育における人間形成は体育という営みの中で，体育という教科に対応するスポーツ文化という文化領域を媒体に，身体的に道徳的・社会的教養を備えた人間像をめざして，体育教師が学習者を対象に人間形成的目標や人間形成に関わる教授方略を用いながら，学習者のうちに社会性および道徳性が形成されるように意図的に働きかける営みである，ということができる。そして体育における人間形成にあっては，スポーツを自ら変革・創造していける能力の育成や，スポーツ文化を相対化していくことができる能力が求められる。

　さて，次に体育における人間形成の構造について理論レベルで明らかにする必要があろう。これまでの考察で，体育における人間形成は，体育の場でスポーツ文化を媒体に，上述した人間像をめざして，体育教師が人間形成的目標や意図的な教授方略を用いて学習者に働きかけることであることを明らかにした。しかし，体育における人間形成の構造の中核となる，人間形成そのものの機序については述べてこなかった。

　既述してきたように，これまで展開されてきた体育における人間形成論は，「スポーツ文化」と「人間」とのダイナミカルな相互作用によって人間形成がなされるという視点が欠如していた。このことをより具体的にいえば，具体的な社会諸関係と切り結んだ一個の人格たる「人間」が，体育の中で，具体的な「スポーツ文化」に働きかけることによって，「スポーツ文化」それ自体も新たに創造・変革されていくという視点や，人間とスポーツ文化との相互作用の過程の中でこそ，人間が形成されていくという視点が欠けていたといえよう。

　具体的な体育の場における，「人間」の「スポーツ文化」への関わり

や，あるいは「スポーツ文化」と関わる中でなされる人間の形成は，実際には，スタティックなものとして捉えられるものではない（注2）。主体としての「人間」は，日々体育の授業場面で，めざされるべき人間像の下で，体育教師が用いる意図的な教授方略のもと，客体としての「スポーツ文化」に働きかけるという創造的行為を繰り返しているのであり，そこでは，一方では，主体が客体たる「スポーツ文化」のうちに自己を実現するという「主体の客体化」が行われており，他方そのことと並行して，主体が客体をわがものとして獲得するという「客体の主体化」も同時に行われているのである。つまり，主体が客体たるスポーツ文化に主導的に働きかける中で，スポーツ文化の中に自己を実現しつつ，同時に客体たるスポーツ文化をわがものとして獲得する一連の過程の中で，主体は自己自身を変革し自己を形成しているのである。このような過程を客体たるスポーツ文化の側からみると，主体の主導的な働きかけによって，スポーツ文化そのものも変容・変革され，そして新しく創造されていくのである。そして変容・創造された成果（所産）としてのスポーツ文化は，また新たな1つの客体として主体の前に対峙するようになる。

　このようにめざされるべき人間像と体育教師の意図的な教授方略のもとで，「スポーツ文化」と具体的な「人間」の相互作用による弁証法的相互作用の中で，「人間」の形成がなされるのであり，また同時に所与としてのスポーツ文化それ自体も人間の主体的な働きかけによって弁証法的に創造・変革されていくのである。まさに，このようなスポーツ文化と人間の相互連関の中でなされる体育における人間形成は，それ自身が1つの創造であり1つの過程でもあるといえる。

②──体育における人間形成の構造とスポーツ文化

　先行研究の批判的検討で示したように，スポーツ文化と乖離しての人間形成に関する論議は，論者の恣意性や独断が混入したり，過去の歴史が示すように体育という教科が歪められ利用されるという誤りを犯す危険性を孕む原因になった。上記で示した，人間とスポーツ文化とのダイナミカルな弁証法的相互作用による人間の形成とスポーツ文化の弁証法的創造の関係構造は，この点を問題意識の根幹に置いている。

上記で示した，体育における人間形成の構造を説明するにあたっては，「スポーツ文化」の概念を提示しなければならないが，本研究では次の点だけを確認しておけば十分であろうと考える。すでに第1章でスポーツの概念を明らかにしたが（注3），スポーツは，近代という特定の時代に，西欧という特定の地域で，資本主義という特定の社会システムの中で，新興ブルジョアジーという特定の階級によって，中世以降の伝承的な運動遊戯が合理化・洗練化され発展してきたものである。したがって，スポーツは，近代市民社会のエートス（自由，平等，公正，資本の論理，効率〈勝利〉の追求，優勝劣敗主義等）を内包している。そしてここで挙げた近代市民社会のエートスは，スポーツ文化を構成する重要なエレメントでもある。それらのエートスは，具体的には①スポーツのルールや技術，スポーツの技術の系統性，あるいはそれらを成立させる思想性，科学性，歴史性の総体，②スポーツに関わる集団，組織の存在様態やその存在様態を規定する総体に反映し，スポーツ文化を形成することになる。ただ，スポーツ文化も，重層的な文化の構成要素の1つである限りは，それ自体も決してスタティックなものではなく，主体である人間との弁証法的相互作用によって，創造・変革されていく相対的なものであると考えられる。

　さて，具体的な社会的人格を有する「人間」が，めざされるべき人間像の下，体育教師による人間形成に関わる意図的な教授方略を媒介にして，スポーツ文化に働きかける時，所与としてのスポーツ文化の総体は，主体たる人間に何物かを迫り，主体とその活動をスポーツ文化の総体に巻き込もうとする。そこでは，一方では主体は客体たるスポーツ文化の総体のうちに自己を実現し，他方ではスポーツ文化の総体の何物かをわがものとして獲得しようとする。この際，所与としての客体たるスポーツ文化の総体は，それ自身に含まれている優れて価値的で，可能的な発展的内実が，人間の具体的なスポーツ行為を通して，個人の自己変革の契機を提供しながら，人間の形成を現実のものとするようになる。

　このように体育における人間形成は，本研究で明確にした，めざされるべき人間像の下で，体育教師による人間形成に関わる意図的な教授方

略を媒介にしながら，学習者が主体として客体たるスポーツ文化の総体に働きかけ，そこに自己を対象化し，主－客の弁証法的相互作用の中で，スポーツ文化の総体の中から，例えば，自由，平等，フェアプレイの精神〈公正の精神〉，勝利至上主義，スポーツマンシップ等のスポーツ文化の内実を批判的に吟味しながら，それらをわがものとして獲得し，自己を変革・形成する活動であり，同時に新たな客体（新たな対象＝新たなスポーツ文化）を創造していくという一連の相互作用的な社会的過程ということができよう。そして体育における人間形成にあっては，スポーツを自ら変革・創造していける能力の育成や，スポーツ文化を相対化していくことができる能力そのものも求められると結論づけることができる。

3 今後の課題と展望

　本研究の目的は，体育における人間形成の構造について理論レベルで明らかにすることであった。人間形成に関する，あるいは体育における人間形成論の多くの先行研究や先行実践を批判的に検討し，多くの考察を重ねることによって，ようやくこの目的を達することができた。しかし，同時に多くの課題が残されたことも事実である。

　体育における人間形成の構成契機は，スポーツ文化の総体と人間との相互作用が，ただそれだけで優れて人間を形成する機能をもっているというわけではない。スポーツ文化の総体と人間との相互作用が価値的に有意味な契機であるためには，何よりもスポーツ文化の総体に含まれる，優れて価値的で，可能的な発展的内実を人間が洞察し，それを取捨選択し，さらに選び取ったものを発展させていく原理が問われなければならないだろう。同時に，スポーツ文化の総体と人間との相互作用を意味あるものにする多様な教授方略が開発されなければならない。また，実際に体育における人間形成の契機を担う体育教師の資質が問われるし，体育の人間形成的機能に着目した体育教師のカリキュラム開発や養成方法も緻密に検討されていかなければならないだろう。さらに，体育におけ

る人間形成論を教科論ないしは授業論として展開させるためには，体育という教科の陶冶財（スポーツ文化の総体）を具体的で学習可能性をもったレベルのものに変換していくことも重要であろう。

最後に，今後の体育における人間形成論の研究の発展を期すために，体育における人間形成の構造について，教科論（授業論）のレベルでラフスケッチを描いておきたい。

図結-1はスポーツ文化に依拠した体育における人間形成の構造を暫定的に示した試案である。ここでは図示したように，スポーツ文化に関わる「陶冶財（客体）」を3つの異なる次元で構成している。第1の次元は「スポーツの『知』」であり，第2の次元は学習主体とスポーツ文化との弁証法的相互作用に必要な「人間形成スキル」であり，第3の次元は「スポーツの社会的・道徳的行動規範」である。これら3つの次元は，「アニミズム」「世代間倫理」「地球主義」というそれぞれの視点に支えられた人間形成の原理を基盤に，それぞれの次元が図に示したように円環で結合しつつ，学習主体のスポーツ行為やスポーツ参加による弁証法的相互作用によって全体構造が統合・形成されることを描いている。

「スポーツの『知』（以下，「スポーツ知」と略す）」は教科固有の「スポーツの社会科学的・自然科学的知識」のことであり，この知識は「スポーツの中での／スポーツに関する知識（knowledge in/about sport）」ということもできるが，これは学習主体の認識方法の相違によって，換言すれば身体をどの程度媒介とするのかによって，2つの極をもった階層化したレベルの構造を形作る。つまり，この2つの極は，一方ではスポーツ行為そのものの中で感知する，言語化不能の身体感覚や身体意識に関わる身体知（暗黙知＝tacit knowledge）のレベルから，他方では，いわゆる科学論を基盤とするスポーツの専門諸学（Sport Science, Sportwissenschaft）の成果を学習主体の学習能や認知レディネスに代表される教授学的視点によって再編した知識のレベルまでで構成される。

そしてこの「スポーツ知」とは別に，体育という教科を超えて，あるいは他の教科と共有する人間形成に必須な「人間形成スキル」がある。これは，「スポーツ知」を座学で具体的に学ぶ過程で，あるいはスポーツの実技（運動）学習の中で獲得されるものである。例えば，運動学習

の場面では，ジレンマに遭遇した時，それをどのように解決していくのか，競争や協同にはどのような自己認識と他者認識，自己抑制と自己表現，援助行動が必要なのか，といったコミュニケーション技術や人間関係技術に必要なスキルを学んでいく。

体育における人間形成の構造を構成する3つめの次元は，客体であるスポーツ文化の総体から直接規定され，学習生体の「態度と価値」に関わる「スポーツの社会的・道徳的行動規範（以下，「スポーツ規範」と略す）」である。これは言語化されたものというよりも先の「スポーツ知」の学習や「人間形成スキル」が土台となって，学習主体の「人間形成」に作用する規範群である。別言すれば，体育授業における主体者の見方（価値）や態度を規定し構成するのは，学習主体の関心・意欲に支えられた「スポーツ知」であり，経験的・情動的アプローチによって獲得された「人間形成スキル」なのである。ここに挙げた規範群が学習主体に内面化され，学習主体の行動や態度の変容がなされる時，体育における人間形成が可能となるのではないだろうか。

もちろん，現時点ではここ述べたラフスケッチはあくまで構想のレベルのものであり（注4），今後の実証的研究との往還によって，より精緻なものが構築されていく必要があることは言を待たない。

いずれにせよ，「体育における人間形成」に関する研究は，従来の恣意的な研究の段階を脱して，理論的かつ実証的な研究段階に入ったといえる。本研究では多くの今後の課題が残されたが，これらのさまざまな課題は，本研究の今後の可能性を暗示しているものでもあろう。規範的な考察を重ねるとともに，科学的・実証的な研究成果が着実に蓄積されていく時，体育という教科のこれからの人間形成のあり方が一層精緻になっていくように思われる。

図結-1　体育における人間形成の構造試案

スポーツの「知」

（スポーツの社会科学的・自然科学的知識）
- スポーツの発展史
- スポーツの文化論
- スポーツの倫理学
- スポーツの政治・経済学
- スポーツの運動学（技術系）
- スポーツのバイオメカニクス
- スポーツの身体論（身体知）

主体
スポーツ行為
スポーツ参加

人間形成スキル

- ジレンマの解決能力
- 協力
- 寛容
- 参加
- コミュニケーション能力
- 批判的思考
- 問題解決能力
- 情報処理（学び方）
- 想像力
- 主張能力
- 意見表明能力
- 意志決定能力
- 集団自治能力

スポーツの社会的・道徳的行動規範（態度と価値）

- スポーツ参加における共感・共生
- スポーツ参加における連帯
- スポーツ参加における自尊心の形成
- スポーツ参加における他者尊重
- スポーツ参加におけるオープンマインド
- フェアプレイ精神への関心
- スポーツパーソンシップへの関心

| アミニズム | 世代間倫理 | 地球主義 |

結章　3　今後の課題と展望

◎注釈

注1) 「道徳性」と「社会性」については，第1章，第3節，第2項でそれぞれの概念について述べた。参照されたい。

注2) 以下，ここで展開される「スポーツ文化と人間形成」をめぐる考察は，直接的に岩崎の次の論文に負っている。

◎岩崎允胤(1975)文化と創造. 唯物論(9):27-63.

岩崎は上の論文で，「人間形成」に関してまったく言及していないが，ここで以下に展開する人間とスポーツ文化との「主－客」の弁証法的相互作用によるスポーツ文化の創造の重要性に関して，また，人間形成を1つの過程と考えることについて，岩崎の論文から大きな示唆を得たことを断っておきたい。同時に，ここでは岩崎が彼の論文中で用いた「主体の客体化」「客体の主体化」「スタティック」「発展的内実」等の用語をその都度，注釈せず用いていることも断っておきたい。

このように，ここでは彼の論文から多くの示唆を得てはいるが，彼の論文の後半部で展開される「主体の客体化」「客体の主体化」の歴史過程への適用による人間の歴史の法則性の正当化（史的唯物論）への論証は，論理の飛躍が感じられ，同意しかねるものがある。むしろ彼にあっては，ここでの考察にあたって直接的に大きな示唆を得た前半部の論述は，後半部の史的唯物論の正当性を論証するためのあくまで手続きであったようにも思われ，筆者は前半部と後半部の論理の飛躍を感ぜざるをえない。

以下，ここで展開される「主－客」の弁証法的相互作用による人間形成論は，もちろん岩崎から大きな示唆を得てはいるが，一方では，わが国における武道にみられる伝統的な技術学習における人間形成論にも（もちろん，文化の積極的な創造という視点は欠落してはいるが），大きな示唆を得ている。実は，岩崎の上述の論文を未見の段階で，筆者はわが国の伝統的な武道にみられる「主－客」の弁証法的相互作用による人間形成について論じたことがある。次の文献を参照されたい。

◎友添秀則ほか(1993)Implication of the learning theory of Edo era martial arts to a new ethical paradigm of sports(英文). スポーツ教育学研究, 13(1):45-54.

注3) 「第1章第1節第4項」で本研究で用いるスポーツの概念を下記のように確定した。再掲しておく。

「本研究が扱う広義のスポーツの概念は次のようになる。近代スポーツが保持してきた資本の論理，自由競争の論理，平等主義の論理，禁欲的な倫理観，モダニズム等のスポーツ独自の論理を中核にしながら，人類が長い歴史的過程の中で醸成してきた可変性をもった人間の身体運動に関わる文化の総体である。ただし，この広義のスポーツの概念に対して，戦前の体操科等の教科で採用されたり，あるいは戦後日本の体育の学習指導要領で規定されたり，また欧米の学校体育で教材として採用されているスポーツを『学校スポーツ』と呼んで区別する場合がある。」（本書, p.37）

注4) なお，このラフスケッチについての詳細は以下の文献を参照されたい。

◎友添秀則(2000)「体育における人間形成論」研究序説. 近藤英男・稲垣正浩・高橋健夫編 新世紀スポーツ文化論. タイムス, pp.344-364.

◎友添秀則(1999)「態度」「学び方」を育てる「知」を考える. 体育科教育, 47(15):26-28.

◎参考文献

1) 岩崎允胤(1975)文化と創造. 唯物論 No.9, pp.27-63.
2) Tomozoe, H. and Wada, T. (1993) Implication of the learning theory of Edo era martial arts to a new ethical paradigm of sports（英文）. スポーツ教育学研究, 13(1):45-54.
3) 友添秀則(1995)体育と人間形成. 体育原理専門分科会編 体育の概念. 不昧堂出版, pp.215-229.
4) 友添秀則・梅垣明美・近藤良享(1995)体育の学習集団に関する実践研究. スポーツ教育学研究, 15(1):35-47.
5) 友添秀則・木村彰伸・梅垣明美(1999)子ども達のスポーツ観と友だち観をゆさぶる授業実践. 学校体育, 52(5):54-60.
6) 友添秀則(1999)「態度」「学び方」を育てる「知」を考える. 体育科教育, 47(15):26-28.
7) 友添秀則(2000)「体育における人間形成論」研究序説. 近藤英男・稲垣正浩・高橋健夫編 新世紀スポーツ文化論. タイムス, pp. 344-364.
8) 友添秀則(2005)体育はなぜ必要か 体育の存在意義を考える 人間形成の立場から. 体育科教育, 53(10): 62-65.

◎資料1. ──学習指導要領における人間形成に関する記述一覧

発行年／校種………47要綱（昭和22年）／小学校・中学校・高等学校,試案			
教科目標	人間形成的目標（※1）	内容（※2）	特記事項
体育は…（中略）…人間性の発展を企図する教育である。それは…（中略）…社会生活における各自の責任を自覚させることを目的とする。(p.2)	（二）精神の健全な発達 ・勝敗に対する正しい態度 （三）社会的性格の育成 ・明朗 ・同情──他人の権利の尊重 ・礼儀 ・誠実 ・正義感──フェアプレー ・團体の福祉…（中略）…に対する協力 ・克己と自制 ・法及び正しい権威に対する服従 ・社会の責任を果たす能力 ・情況に応じてよい指導者となり、よい協力者となる能力 （pp.2-3）	［教材に関する記述］ 小学校低学年（7～9歳） ・團体の精神を助成する簡単な運動 ・自己統制を発達させる運動 小学校中学年（9～10歳） ・社会性の発達を促す運動 小学校高学年（10～12歳） ・自己統制の訓練を含む運動 ・同情、従順、名誉心、正義感を養う運動 中学校（13～15歳） 男 ・活動的、團体的、競争的運動 ・勇気を養成する運動 女 ・明朗性を與える運動 ・過度に感情を興奮させない運動 ・感情の自己統制を要請する運動 高等学校（16～18歳） 男 ・明朗性を與える運動 ・自治的 團体的 競争的運動 ・胆力をねる運動 女 ・明朗性を與える運動 ・自治的 團体的 競争的運動 （pp.4-15） 指導法に関する記述はない。	・中学校の「体育理論」に「スポーツマンシップ」の項目 ・高等学校の「体育理論」に「スポーツマンシップ」の項目 「四, 指導指針」に以下の記述がある。 ・遊戯及びスポーツを中心とする指導を行いスポーツマンシップを養う ・團体競技の指導では特に社会生活に必要な徳性を養う ・体育の重要事項として不断に校内競技会を催し、健全な競技を普及し学友間の親和とスポーツマンシップの向上をはかる。 （pp.19-20） ＊体育における人間形成に関する内容は、「身体の健全な発達」「精神の健全な発達」の目標とならんで「社会的性格の育成」として掲げられている。 ＊社会的性格を育成するための具体的な目標は、社会性や道徳性に関わるものが羅列されている。 ＊具体的な指導法の例示はなく、スポーツを行うことによってこれらの社会的性格が育成されるとする記述になっている。

※1 「人間形成的目標」は、人間形成に関する具体的目標を抽出したもの。
※2 「内容」は人間形成に関する教材, 指導法について抽出したもの。

資料1　学習指導要領における人間形成に関する記述一覧

発行年／校種		49要領（昭和24年）／小学校,試案	
教科目標	人間形成的目標	内容	特記事項
体育科は教育の一般目標の達成を…（中略）…内容とする教科…（後略） 「一,健康で有能な身体を育成する」 「二,よい性格を育成し,教養を高める」 （pp.2-3）	二,よい性格を育成し,教養を高める。 ・責任感を高め,完行の態度を養う。 ・他人の權利を尊重し,社会生活における同情の價値を理解実践させる。 ・礼儀について認識を高める。 ・勝敗に対する正しい態度を養う。 ・正義感を高め,正義にもとづいて行動する態度を養う。 ・情況に応じてよい指導者となり,よい協力者となる態度・能力を得させる。 ・寛容の態度を養う。 ・法および正しい權威に対して服従する態度を養う。 ・自制の能力を得させる。 （p.3）	［教材に関する記述］ 　各教材の「目標と指導上の留意点」に「社会性の発達」「社会的情緒的発達」「協力の態度や責任ある行動の能力」の発達の記述がある。 （pp.18-22） ［指導法に関する記述］ ・（前略）…班別の指導者を生徒の中から出し,適宜交替させることは指導力と協力の態度を育成する上で効果がある （p.22）	・「第1章 第七節 体育における考査」に「態度の検査」の項目があり,「態度の検査」について次のように述べる。「各教材で目標とする態度がどの程度養われたかを見るための検査であって,記述尺度法でいろいろな場面における行動を評價する」とある。そして「体育で重要な協同性」を例に挙げている。協同性の観察項目は次に示すものである。 1.団体競技で仲よく気を合わせてやるか 2.運道具の出・入れやそうじなど力を合わせて一生懸命やるか 3.共同のものをぞんざいに取り扱うか 4.よろこんで順番を待つか 5.割り当てられた役割で満足して最善をつくすか （pp.15-16） ＊体育における人間形成に関する内容は,「健康で有能な身体を育成」するという目標とならんで「よい性格を育成し,教養を高める」として掲げられている。 ＊社会的性格を育成するための具体的な目標は,社会性や道徳性に関わるものが羅列されている。 ＊教材の実施例は詳細であるが,人間形成に関わる具体的な指導法の例示はない。また目標と具体的な教材と指導法,評価の一貫性もない。教材を行うことでよい性格が育成されるとする立場にたっている。

発行年／校種………51要領（昭和26年）／中学校・高等学校,試案			
教科目標	人間形成的目標	内容	特記事項
体育は身体活動を通して教育の一般目標達成に貢献するものである。 1. 正常な身体的発達をはかる。 2. 知的・情緒的発達をはかる。 3. 社会的態度を発達させる。 4. 安全についての発達をはかる。 5. レクリエーションについて発達をはかる。 （p.2）	［体育の目標の具体化］ 指導力・協力・積極性・勇気・自制・礼儀・正直・寛容・忍耐,正しい権威に従う,同情・忠誠等の社会生活に必要な態度を発達させる。（p.3） 学校段階での強調すべき目標 中学校 ・社会的態度を発達させる 高等学校 ・社会的態度を発達させる	［教材に関する記述］ 教育目標に対して教材評価を行う。 教材別に5つの教育目標に応じて10点満点で配点。巻末に付表として掲載。 社会的発達の項目で評点が8点以上の種目は以下のものである。 中学校男子 ・バスケット　9 ・サッカー　9 ・バレー　8 ・スピードボール8 （サッカーのルールを基本とし,バウンドボールは手で扱うことが可） ・ラグビー　8 ・ハンドボール　8 ・軟式野球（ソフトボール）8 ・アイスホッケー　8 ・水球　9 中学校女子 ・バスケット　9 ・バレー　9 ・スピードボール8 高等学校男子 ・バスケット　9 ・サッカー　9 ・バレー　8 ・スピードボール8 ・ラグビー　9 ・ハンドボール　8 ・軟式野球（ソフトボール）8 ・キャンプ　8 ・タッチフットボール　8 ・ホッケー　8 ・アイスホッケー　8 ・ホッケー　8 高等学校女子 ・バスケット　9 ・バレー　8 ・ダンス　8 ・キャンプ　8	●「第5章　4.学習効果の評価」の項目に「（3）態度および社会的性格」が記述されている。 「前略…態度および社会的性格の評価は,検査や測定では困難である。社会人としての態度や社会的性格の育成は,教育の大きな目標の一つであるが,それは個々の生徒の全体的な姿として具体的な場面における行動によって表現されるものである。 　具体的で,社会的な行動場面を多く持つ体育の場は,望ましい態度や社会的性格の育成のための重要な場であると同時に,それらの評価のための貴重な場を提供する。…（後略）」 （pp. 47-48） 「第7章　10.体育理論」の「2.体育の目標」の項目に下記の内容の記述がある。 (1) スポーツマンシップの意義 ① スポーツとスポーツマンシップ ② スポーツマンシップとフェアプレー ③ スポーツマンシップの発揚された多くの例話 　Ⅰ イギリス人のスポーツマンシップ 　Ⅱ アメリカ人のスポーツマンシップ 　Ⅲ 日本人のスポーツマンシップ (2) スポーツマンシップをどのように養うか (3),(4)については略 (5) スポーツマンシップと民主社会生活について

教科目標	人間形成的目標	内容	特記事項
		(pp. 226-239) [指導法に関する記述] 「3. 自由時の体育 (1) 校内競技 　校内競技は…(中略)…スポーツマンシップの向上に資するものである。…(後略)」 (pp. 23-24)	＊体育における人間形成に関する内容は、5つの目標のうちの1つとして「社会的態度を発達させる」として掲げられている。 ＊社会的性格を育成するための具体的な目標は、社会性や道徳性に関わるものが羅列されている。 ＊教材の実施例は詳細であるが、人間形成に関わる具体的な指導法の例示はない。また目標と具体的な教材と指導法、評価の一貫性もない。教材を行うことでよい性格が育成されるとする立場にたっている。 ＊教材を社会的発達の観点から評価し評点を与えているが根拠が不明。また、評価の高いものには球技が多く、チームスポーツをすれば社会的性格が育成されるとする発想がある。

発行年／校種………53要領（昭和28年）／小学校，試案				
教科目標	人間形成的目標	内容	特記事項
(1) 身体の正常な発達を助け，活動力を高める。 (2) 身体活動を通して民主的生活態度を育てる。 (3) 各種の身体活動をレクリエーションとして正しく活用することができる。 （p.5） 「体育科で重要な部分を占めているところの人間関係については，…（中略）…この人間関係は体育科の重要なねらいでもある。このように，人間関係については，いずれの教科も同じものを目ざしているが社会科と体育科とでは，方法的に異なるところがある。しかもこれを除いては，今日，体育科のもつ重要な機能の半を失うこととなり，したがって，教育全体としても，それだけ効果を減ずることになる。」 第Ⅰ章　体育科はどんな役割をもつか （pp.3-4）	(2) 身体活動を通して民主的生活態度を育てる。 民主的態度の目標に関連して 1　自主的態度をもち，他人の権利を尊重する。 2　身体的欲求を正しく満足する。 3　建設的態度をもって，グループの計画や実施に協力する。 4　グループにおいて自己の責任を果す。 5　リーダーを選び，これに協力する。 6　勝敗に対して正しい態度をとる。 7　他人の意見や批評をよく受け入れる。 8　礼儀正しく行動する。 9　規則をつくり，改善することができる。 10　規則やきまりを守って，正しく行動する。 11　施設や用具をたいせつに扱う。 12　冷静，機敏に行動する。 13　美的情操を持つ。 14　他人の健康や安全に注意する。 （p.7） 第二の目標は，体育科の立場における人間関係を促進する機会を通じて，これを民主的生活態度に方向づけようとする意図を示すものである。現代の社会にとって最も必要なものであり，しかも，体育科が貢献しなければならないものは，「社会的発達」特に「民主的生活態度」である。したがって，身	[教材に関する記述] ・教科以外の組織的グループ活動に発展しやすいもの ・いわゆる組織的ゲームやリズムのグループ表現など （p.31） [指導法に関する記述] B　協力（人間関係）についての指導 　協力的な人間関係を身体活動でうち出そうとするのがこのねらいである。したがってその指導は，まず，どんなときに協力のうち出てくるかをはっきりつかんでいなければならない。協力というのは，共通の目標（チーム・学級・遊び仲間の集団の目標）をもってその目標をみんなが意識し「われわれ」という立場において，活動が行われるときに，必要になってくるのである。 　したがって「仲間とよく協力し，みんなで楽しい，時間をもつように，つとめる」ための指導の第1の段階は「仲間意識」をもつような場を構成し，集団として組織的な活動に参加させるということである。このためには，一つの種類の運動が終るまでチームを固定するということも，たいせつな方法であろう。集団の目標がはっきりとわかり，そのために参加者（成員）が，自己の分担すべき仕事をじゅうぶんになすことによって，その力が一つにまとまるとき，はじめて「協力した」といえるのである。それゆえ，活動のそのときどきで，チームが	＊体育における人間形成に関する内容は，3つの目標のうちの1つとして「身体活動を通して民主的生活態度を育てる」として掲げられている。 ＊体育における人間形成に関する学習は，体育科で重要な部分を占めるとの立場から，目標―学習内容―教材―指導法の一貫性が図られている。 ＊具体的には，民主的生活態度を身体活動を通して形成するために，主として組織的ゲームを教材に，協力的な人間関係が生まれてくるように指導しながら，社会性に関わる学習内容を学ばせることによって目標の実現を図ろうとする意図が看取できる。また人間関係上の問題に遭遇したときには，問題解決型の学習によってそれを克服させるとする立場に立つ。 ＊巻末の「附録」で運動の特性と指導に関わって，必要に応じて教材ごとに，「人間関係」「民主的態度の育成」などの項目を設け，当該の教材に対応した目標を記述している。

教科目標	人間形成的目標	内容	特記事項
	体活動に関係する経験や行動を，端的にこれに方向づけることによって，体育科のもつ人間関係のねらいはいっそうはっきり示すことができるであろう。(p.6)	変るというのでは，チーム自体の共通目標もはっきりわからないし，協力しなければならない仲間の性質・傾向もよくわからないままに，ただゲームだけをすることになり，真の協力の経験をもつべき機会は与えられないことになるのである。　さてこの方面の指導の第2の段階は，遊び仲間や集団内において，人間関係の上で望ましくない事態が現れたときの方法である。この場合は，まずその原因を考えさせなければならない。たとえば，仲間に対する態度・相手に対する態度・技術的水準・集団活動の運営などについて，どんな点が，協力や全体の楽しい空気を作る上の障害になっているかを，つかませる必要がある。　第3段階は，発見された問題を解決するのに，どのような方法をとるかを考え，これを実行にうつすことである。たとえば，チームのひとりだけが活動して，他のものに活動の機会を与えないということがわかれば，これをなおすために，他のものがどうして活動するか，もしそれが技術面に問題があれば，個人的に技能をみがくとか，という解決法を立てて実際に試みるのである。　第4の段階は，この実行の結果を反省しながら，次の練習にそれを取り入れるように指導する。さらに同じような事例が学校や地域や家庭に見られ，そこに問題があれば，このしかたを，	

教科目標	人間形成的目標	内容	特記事項
		これらの生活領域に拡大していくように方向づけ,示唆を与えるべきである。この場合できる限り,チームで問題になっているものと類似の事例をあげることが望ましい。要するに,家庭・社会・学校で問題になることを,チーム・プレーの活動経験を通じて,解決していく力をもたせることにこの指導の主眼点をおかねばならないであろう。(p.66) [学習内容に関する記述] ＊低学年(1・2年) B　友だちと仲よく遊ぶ。 1. 思ったことをはっきり表現する。 2. 相手の言い分をよく聞く。 3. 楽しい遊びをくふうする。 4. だれとでもよく遊び,喜んで仲間に加える。 5. 弱いものをいじめない。 6. リーダーを選ぶ。 7. 一生懸命やる。 8. よい演技に拍手を送る。 9. 負けたことを認める。 10. 順番を待ち,他人のじゃまをしない。 11. 簡単な規則やきまりを作る。 12. 規則やきまりを守る。 13. 集団としての行動が正しくできる。 ＊中学年(3・4年) B　友だちとよく協力する。 1. 自分の考えをはっきり表現し,他人の	

教科目標	人間形成的目標	内容	特記事項
		意見や批評をよく聞く。 2. よい遊びをくふうし，計画する。 3. 役割を分担し，その役割をよく果す。 4. 思いやりを持って行動する。 5. リーダーを選び，これによく協力する。 6. よい演技に拍手を送る。 7. 負けたことを認め，また正しく勝つ。 8. 活動に必要な規則やきまりを作り，またこれをよく守る。 9. 集団としての行動が正しく，早くできる。 10. 男女はよく協力する。 ＊高学年（5・6年生） B. 友だちとよく協力する。 1. 自分の考えをはっきり表現し，他人の意見や批評をよく聞く。 2. グループで計画を立て共通の目標に協力する。 3. グループ活動に進んで参加し，また喜んで仲間に加える。 4. グループ活動で役割をもちその役割をよく果す。 5. 他人に対して思いやりを持つ。 6. 下級生をいたわる。 7. リーダーを選び，よく協力する。 8. 礼儀正しく行動する。 9. よい演技者となり，よい観衆となる。 10. 負けたことを認め，また正しく勝つ。 11. 活動に必要な規則やきまりを作り，またこれをよく守る。 12. 集団行動が正しく	

教科目標	人間形成的目標	内容	特記事項
		敏速にできる。 13. 男女はよく協力する。 14. 学校や地域社会によく協力する。 （pp.18-19）	

発行年／校種………56要領（昭和31年）／高等学校			
教科目標	人間形成的目標	内容	特記事項
1.運動によって身体的発達の完成を助ける。 2.運動によって社会的態度を発達させる。 3.運動によって生活を豊かにするようにくふうさせる。 （pp.4-5）	2. 運動によって社会的態度を発達させる。 (1) 運動と社会的態度の関係について理解させる。 (2) 組織的集団の一員としてよく協力し、役割に伴う責任を果すようにさせる。 (3) 正当な権威に従い、勝敗に対して正しい態度をとり、礼儀を重んずるようにさせる。 (4) 公共の施設や用具を正しく活用させる。 (5) 他人の健康や安全に注意させる。 （pp.4-5）	運動の学習において、目標と学習活動の関連を図るために、学習のねらいとして人間形成に関わる以下の内容の記述がある。 [個人的種目] 社会的目標に関連して (1) 他人の健康や安全に注意する。 (2) 他人の立場を尊重して、礼儀正しく行動する。 (3) 正しい権利に従い、規則を守る。 (4) 勝敗に対して正しい態度をとる。 (5) 集団行動が自主的にできる。 [団体的種目] 社会的目標に関連して (1) 他人の健康や安全に注意する。 (2) 他人の立場を尊重して、礼儀正しく行動する。 (3) 正しい権威に従い、規則を守る。 (4) 勝敗に対して正しい態度をとる。 (5) グループの一員として役割をもち協力して責任を果す。 (6) リーダーの能力を身につける。 (7) 集団行動が自主的にできる。 (8) チームワークを評価できる。 [レクリエーション的種目] 社会的目標に関連して (1) 他人の健康や安全に注意する。 (2) 他人の立場を尊重して、礼儀正しく行動する。 (3) 正しい権威に従い、規則を守る。 (4) 公共の施設用具を正	＊「体育理論の内容」に、「ア　運動の心身の発達に及ぼす影響」の項目があり、そのなかの「(イ) 運動と社会的情緒的発達」で「運動と社会性の発達、スポーツマンシップと民主的社会生活、運動と活動要求の満足などについて理解させる」とある。（p.6） ＊体育における人間形成に関する内容は、3つの目標のうちの1つとして「運動によって社会的態度を発達させる」として掲げられている ＊体育における人間形成に関する学習は、個人種目、団体的種目、レクリエーション的種目のそれぞれにおいてねらいとして掲げられているが、それぞれの種目に応じた人間形成的目標が掲げられても、各種目の特性に応じてどのように指導されるべきかという指導法や学習内容は示されておらず、53要領よりも後退したと思われる。

教科目標	人間形成的目標	内容	特記事項
		しく活用する。 (5) 集団行動が自主的にできる。 (pp.10-11) 指導法に関する記述はない。	

発行年／校種………58要領（昭和33年）／小学校

教科目標	人間形成的目標	内容	特記事項
1 各種の運動を適切に行わせることによって，基礎的な運動能力を養い，心身の健全な発達を促し，活動力を高める。 2 各種の運動に親しませ，運動のしかたや技能を身につけ，生活を豊かにする態度を育てる。 3 運動やゲームを通して，公正な態度を育て，進んで約束やきまりを守り，互いに協力して自己の責任を果すなどの社会生活に必要な態度を養う。 4 健康・安全に留意して運動を行う態度や能力を養い，さらに保健の初歩的知識を理解させ，健康な生活を営む態度や能力を育てる。 (p.207)	3 運動やゲームを通して，公正な態度を育て，進んで約束やきまりを守り，互いに協力して自己の責任を果すなどの社会生活に必要な態度を養う。 〈学年ごとの目標の記述に記載方法が変更〉 第1学年 (2) だれとでも仲よくし，また，きまりを守って楽しく運動を行う態度を育てる。 第2学年 (3) 競争やゲームにおいて，規則を守り，負けてもすなおに認める態度を育てる。 第3学年 (3) 競争やゲームにおいて，規則を守り最後まで努力し，負けてもすなおに認める態度を育てる。 第4学年 (3) 競争やゲームにおいて規則を守	各学年，運動領域ごとに記載があるが第6学年のみ抜粋して記述。 第6学年 A 徒手体操 (2) 互いに協力して運動を行う態度や能力を養う。 ア グループで計画を立てて練習する。 B 器械運動 (2) 互いに協力して運動を行う態度や能力を養う。 ア グループで計画を立てて練習する。 C 陸上運動 (2) グループごとに目標をもち，協力して練習する態度や勝敗に対する正しい態度を養う。 ア グループごとに計画を立てて協力して練習する。 イ 記録，計測などの係を代りあって行う。 ウ 勝敗にこだわらず最後までがんばる。 D ボール運動 (2) 練習やゲームを計画的に進める能力を高める。 ア 互に能力を考えてチ	＊体育における人間形成に関する内容は，4つの目標のうちの1つとして「運動やゲームを通して，公正な態度を育て，進んで約束やきまりを守り，互いに協力して自己の責任を果すなどの社会生活に必要な態度を養う」として掲げられている。 ＊学年ごとに目標および内容が示されるようになったために，人間形成に関わる目標も学年ごとに示されるようになった。また各学年の運動領域ごとに人間形成に関わる内容の記述が行われるようになった。 ＊体育における人間形成に関する学習は，目標が学年ごとに示され，また運動領域ごとに学習すべき内容が具体的に記述されるようになったが，具体的な指導法の記述がなく，どのように示された目標を達成するのか不明である。目標―内容―指導法―教材の一貫性の観点からは，やはり53要領より

教科目標	人間形成的目標	内容	特記事項
	り,最後まで努力し,負けてもすなおに認める態度を伸ばす。 第5学年 (3) 競争やゲームで,規則を守り,最後まで努力し,勝敗の原因を考え,さらに進歩向上を図ろうとする態度を育てる。 第6学年 (4) 競争やゲームで,規則を守り,最後まで努力し,勝敗の原因を考え,さらに進歩向上をはかろうとする態度を伸ばす。 （pp.208-232）	ームを編成し,規則を作り,計画的に練習やゲームを行う。 イ 相手の立場を考えながら,意見を交換し,目標に協力する。 ウ 用具・コート係の役割を分担し,それを果す。 エ なるべく多くの者が交代して審判をする。 E リズム運動 (2) グループで相互に協力して練習や発表会を計画し,運営する能力を養う。 ア グループごとに簡単な練習計画を立てる。 イ 役割や配役を決めてじょうずに果す。 ウ グループの中で,またグループ相互に長所・短所を見つけて直しあう。 エ 発表会を計画し,プログラム係,進行係などの役割を決め,運営する。 F その他の運動 (2) 健康・安全に注意し,グループで計画をもって協力して運動を行う態度や能力を養う。 ア リーダーを中心に練習のしかたを決める。 イ チームをつくり,チーム対抗のすもうの競技会を計画し,運営する。 ウ 頭の毛をつかむ,すねをける,つねる,さばおりなどの禁じわざを守る。 エ 水泳の前後には,必ず人員点呼を受ける。 以下,該当内容なし。 （pp.231-237） 指導法に関する記述はない。	も後退したと思われる。

発行年／校種………58要領（昭和33年）／中学校			
教科目標	人間形成的目標	内容	特記事項
1 心身の発達について理解させるとともに，各種の運動を適切に行わせることによって，心身の健全な発達を促し，活動力を高める。 2 合理的な練習によって，各種の運動技能を高めるとともに，生活における運動の意味を理解させ，生活を健全にし豊かにする態度や能力を養う。 3 運動における競争や協同の経験を通して，公正な態度を養い，進んで規則を守り，互に協力して責任を果すなどの社会生活に必要な態度や能力を向上させる。 4 個人生活や社会生活における健康・安全について理解させ，自己や他人を病気や傷害から守り，心身ともに健康な生活を営む態度や能力を養う。 （p.147）	3 運動における競争や協同の経験を通して，公正な態度を養い，進んで規則を守り，互に協力して責任を果すなどの社会生活に必要な態度や能力を向上させる。 〈学年ごとの目標の記述に記載方法が変更〉 第1学年 (2)チームやグループにおける自己の役割を自覚して責任を果すとともに，共通の目標に向かって，互に協力して運動を行う態度を養う。 (4)競技における規則や審判や相手の果す機能を理解し，勝敗に対して公正な態度がとれるようにする。 第2学年 (2)チームやグループにおける自己の役割を自覚して責任を果すとともに，チームやグループが互に協力して運動を行う態度を養う。 (4)競技における規則や審判や相手の果す機能を理解し，勝敗に関する問題を適切に処理する態度や能力を養う。 第3学年 (2)チームやグループにおける自己の役割を自覚して責任を果すとともに，チームやグループが互に協力して運動を行う態度を養う。 (4)競技における規則や審判や相手の果	各学年，運動領域ごとに記載があるが第3学年のみ抜粋して記述。 第3学年 徒手体操 (2)互に協力して，各自の行うスポーツに応ずる体操をくふうする態度や能力を養う。 器械運動 (2)グループで計画を立て，互に協力して練習や発表を行う態度や能力を養う。 ア グループごとに計画を立てる。 イ 競技の規則を決める。 ウ 発表会を計画し，運営する。 エ 互に技能を批判しあう。 陸上競技 (2)グループが互に協力して，練習や競技を行う態度を養う。 ア 必要な規則について知る。 イ 競技会を計画し，運営する。 ウ 公正な審判をする。 エ グループが互に場所の協定をする。 格技（男子） (2)グループで計画を立てて，練習や競技を行う態度を養う。 ア グループごとに計画を立てる。 イ 競技に必要な規則を決める。 ウ 礼儀正しく行う。 エ 交代で審判をする。 球技	＊「体育に関する知識」には記述なし。 ＊体育における人間形成に関する内容は，4つの目標のうちの1つとして「運動における競争や協同の経験を通して，公正な態度を養い，進んで規則を守り，互に協力して責任を果すなどの社会生活に必要な態度や能力を向上させる」として掲げられている。 ＊学年ごとに目標および内容が示されるようになったために，人間形成に関わる目標も学年ごとに示されるようになった。また各学年の運動領域ごとに人間形成に関わる内容の記述が行われるようになった。 ＊体育における人間形成に関する学習は，目標が学年ごとに示され，また運動領域ごとに学習すべき内容が具体的に記述されるようになったが，指導法の記述がなく，「目標―内容―指導法―教材」の一貫性がない。

教科目標	人間形成的目標	内容	特記事項
	す機能を理解し,勝敗に関する問題を適切に処理する態度や能力を伸ばす。 (pp.147-171)	(2) ゲームにおける役割を自覚して,その責任を果し,互に協力して練習やゲームを行う態度を養う。 ア 各人がチームの作戦に従って動き,かってな行動をしない。 イ 審判は明確な判定を下す。 ウ チームが相互に協力して練習する。 水泳 (2) 練習や競技の計画を立てて行う態度や能力を養う。 ア 練習や競技に必要な規則を決める。 イ 互に技能を批判しあう。 ダンス(女子) (2) グループごとに計画を立て,互に協力して練習や発表を行う態度を養う。 ア グループごとに計画を立てる。 イ 役割を決め,責任をもって分担する。 (pp.172- 180) 指導法に関する記述はない。	

発行年／校種………60要領（昭和35年）／高等学校			
教科目標	人間形成的目標	内容	特記事項
[教科目標] 運動の合理的実践を通して，心身の調和的な発達を促すとともに，個人および集団の生活における健康や運動についての理解を深め，これらに関する問題を自主的に解決する能力や態度を養い，国民生活を健全にし，豊かにしようとする意欲を高める。 (1) 各種の運動を適切に行なわせ，自己の体力に応じて自主的に運動する能力や態度を養い，心身の健全な発達を促し，活動力を高める。 (2) 運動についての科学的な理解に基づき，合理的な練習によって，運動技能を高めるとともに，生活における運動の意義についての理解を深め，生活を健全にし，豊かにする能力や態度を養う。 (3) 運動における競争や協同の経験を通して公正な態度を養い，自己の最善を尽くし，相互に協力して，個人や集団の目標の実現に向かって努力する能力や態度を養い，社会生活における望ましい行動のしかたを身につけさせる。 (p.235)	(3) 運動における競争や協同の経験を通して公正な態度を養い，自己の最善を尽くし，相互に協力して，個人や集団の目標の実現に向かって努力する能力や態度を養い，社会生活における望ましい行動のしかたを身につけさせる。 (p.235)	〈運動領域ごとの目標の記載に変更〉 A 徒手体操 2 運動のねらいや効果を理解し，互いに批判し合って行なう能力や態度を養う。 B 器械運動 2 練習計画を立て，互いに協力して安全に運動を行なう能力や態度を養う。 C 陸上競技 2 目標を決め，練習の計画を立てて自主的に練習する能力や態度を養う。 (1) 自己の到達目標を決め，目標に向かって最善を尽くす。 (2) 準備，計測，審判のための役割を決め，責任をもってそれをなしとげる。 (3) 互いに協力し合って練習する。 以下，略。 D 格技（男子のみ） 2 相手を尊重し，互いに協力して練習や試合をする能力や態度を養う (1) 計画を立て，協力して練習をする。 (2) 礼儀正しく，常に自己の最善を尽くして練習や試合をする。 E 球技 2 計画を立て，互いに協力して，練習やゲームを公正に行なう能力や態度を養う。 (1) グループやチームの計画を立て，目標をもって練習やゲ	＊「体育理論」には記述なし。 ＊体育における人間形成に関する内容は，3つの目標のうちの1つとして「運動における競争や協同の経験を通して公正な態度を養い，自己の最善を尽くし，相互に協力して，個人や集団の目標の実現に向かって努力する能力や態度を養い，社会生活における望ましい行動のしかたを身につけさせる」として掲げられている。 ＊体育の目標に掲げられた人間形成に関する目標を具体化する記述がなくなった。 ＊ただし，運動領域ごとに，人間形成に関わる目標の具体的な記述があるが，従来のようにすべての運動領域にあったものが，60要領では，記述されていない運動領域もある。特に個人種目に記載がなくなった。 ＊体育における人間形成に関する学習は，具体的な目標が授業の常規的活動に組み込まれるようになり，また運動領域に応じて目標の記述があっても，人間形成に関わる色彩は薄まり，より抽象的な表現になった。

資料1　学習指導要領における人間形成に関する記述一覧

教科目標	人間形成的目標	内容	特記事項
		ームを行ない,自己の責任を果たす。 (2) はげしく競う場合でも平静さを失わず,相手の立場を尊重して公正にプレーする。 (3) 審判は厳正に行ない,審判の判定に素直に従う。 F 水泳 記述なし G ダンス 2 グループごとに計画を立て,互いに協力して,練習や発表をする能力や態度を養う。 (p.236-254) 指導法に関する記述はない。	

発行年／校種………68要領（昭和43年）／小学校

教科目標	人間形成的目標	内容	特記事項
［教科目標］ 適切な運動の経験や心身の健康についての理解を通して,健康の増進と体力の向上を図るとともに,健康で安全な生活を営む態度を育てる。 1 運動を適切に行なわせることによって,強健な身体を育成し,体力の向上を図る。 2 運動のしかたや技能を習得させ,運動に親しむ習慣を育て,生活を健全にし明るくする態度を養う。 3 運動やゲームを通	3 運動やゲームを通して,情緒を安定させ,公正な態度を育成し,進んできまりを守り,互いに協力して自己の責任を果たすなどの社会生活に必要な能力と態度を養う。 〈学年ごとの目標の記述に記載方法が変更〉 第1学年 (2) だれとでも仲よくし,きまりを守って,健康・安全に留意して運動を行なう能力と態度を養う。 第2学年 (2) 運動をするときの簡単なきまりをつくり,	各学年,運動領域ごとに記載があるが第6学年のみ抜粋して記述。 第6学年 A 体操 (2) 自分の体力に応じた目標を決め,互いに協力し,健康・安全に留意して運動を行なうことができるようにする。 B 器械運動 (2) 自分の技能の程度に応じた目標を決め,役割を分担し,健康・安全に留意して計画的に運動を行なうことができるようにする。	＊体育における人間形成に関する内容は,4つの目標のうちの1つとして「運動やゲームを通して,情緒を安定させ,公正な態度を育成し,進んできまりを守り,互いに協力して自己の責任を果たすなどの社会生活に必要な能力と態度を養う」として掲げられている。 ＊体育の目標に掲げられた人間形成に関する目標を具体化する記述がなくなった。 ＊ただし,運動領域ごとの人間形成に関わる目標の具体的な記述

教科目標	人間形成的目標	内容	特記事項
して，情緒を安定させ，公正な態度を育成し，進んできまりを守り，互いに協力して自己の責任を果たすなどの社会生活に必要な能力と態度を養う。 4 健康・安全に留意して運動を行なう能力と態度を養い，さらに，健康の保持増進についての初歩的知識を習得させ，健康で安全な生活を営むために必要な能力と態度を養う。 （p. 507）	きまりを守って，みんなで仲よく，健康・安全に留意して運動を行なう能力と態度を養う。 第3学年 (4) 競争やゲームにおいて，規則を守り，最後まで努力する態度を養う。 第4学年 (4) 競争やゲームでは，規則を守り，最後まで努力する態度を養う。 第5学年 (4) 競争やゲームで，規則を守り，最後まで努力し，勝敗の原因を考え，さらに進歩向上を図ろうとする態度を養う。 第6学年 (4) 競争やゲームでは，規則を守り，最後まで努力し，勝敗の原因を考え，さらに進歩向上を図ろうとする態度を養う。 （pp.507 -524）	C 陸上運動 (2) 自分の走・跳の能力に応じた目標を決め，互いに協力し，健康・安全に留意して，計画的に運動を行ない，また，競争では，勝敗に対して正しい態度をとることができるようにする。 ウ 競走では，勝敗にこだわらず，最後までがんばること。 D 水泳 記述なし E ボール運動 (2) チームが相互に協力し，健康・安全に留意して，計画的に練習やゲームを行なうことができるようにする。 F ダンス (2) グループで目標を決め，互いに協力して計画的に練習や発表会を行なうことができるようにする。 （pp. 521-524） 指導法に関する記述はない。	がほとんどなくなった。 ＊人間形成に関する目標の記載および学年ごとの記載はあるが，運動領域ごとの記載がなくなり，人間形成に関わる目標をどのように達成するかという点が一層あいまいになった。

資料 1 学習指導要領における人間形成に関する記述一覧

343

資料1　学習指導要領における人間形成に関する記述一覧

発行年／校種………69要領（昭和44年）／中学校			
教科目標	人間形成的目標	内容	特記事項
〈教科目標と体育分野の目標が併記されるようになった〉 [教科目標] 心身の健康についての理解と合理的な運動の実験を通して，健康の保持増進と体力の向上を図り，心身ともに健康な生活を営む態度を養う。 1　心身の発達や運動の特性について理解させるとともに，各種の運動を適切に行わせることによって，強健な心身を養い，体力の向上を図る。 2　生活における運動の意味を理解させるとともに，運動の合理的な実践を通して，各種の運動技能を習得させ，公正，責任，協力などの態度を養い，生活を健全にし豊かにする能力や態度を養う。 3　個人生活における健康・安全について理解させるとともに，国民の健康についての基礎的知識を習得させ，健康で安全な生活を営むための能力や態度を養う。 (p. 531)	[体育分野の目標] 3）運動における競争や協同の経験を通して，公正な態度を養い，進んで規則を守り，互いに協力して責任を果たすなどの能力や態度を養う。 (p. 531)	A　体操 (3)　集団行動に必要な集合，列の増減，方向変換などができるようにする。 (4)　互いに協力して，自己の体力に応じた体操を行なうことができるようにする。 B　器械運動 (2)　自己の技能の程度を知り，目標をもって，互いに協力して計画的に練習や発表を行なうことができるようにする。 C　陸上競技 (2)　自己の走，跳および投の能力の程度を知り，目標をもって，互いに協力して計画的に練習や競技を行ない，また，競争における勝敗に対して公正な態度をとることができるようにする。 D　水泳 (2)　自己の水泳能力の程度を知り，目標をもって，互いに協力して計画的に練習や競泳を行なうことができるようにする。 E　格技（男子） (2)　自己の技能の程度を知り，目標をもって，互いに協力して計画的に練習や試合を行い，また，試合における勝敗に対して公正な態度をとるとともに，勝敗の原因を考え，練習のくふうをすることができるようにする。 F　球技 (2)　チームにおける自己	＊体育に関する知識には記述なし。 ＊教科目標と体育分野の目標が併記されるようになった。教科目標は3つのうちの1つとして，また体育分野での目標は，4つのうちの1つとして掲げられている。人間形成に関する事項は，目標として重視されているが，具体的な教材や指導法の記述はなく，人間形成に関する事項はいわば名目的な扱いになっているといわざるを得ない。

教科目標	人間形成的目標	内容	特記事項
		の役割を自覚して,その責任を果たし,互いに協力して計画的に練習を行ない,また,ゲームにおける勝敗に対して公正な態度をとるとともに,勝敗の原因を考え,練習の方法をくふうすることができるようにする。 F　ダンス(女子) (2) グループで役割を分担し,互いに協力して,計画的に練習や発表を行なうことができるようにする。 (p. 532-537) 指導法に関する記述はない。	

発行年／校種………70要領(昭和45年)／高等学校

教科目標	人間形成的目標	内容	特記事項
[教科目標] 健康や体力についての理解と合理的な運動の実践を通して,心身の調和的発達を促すとともに,健康で安全な生活を営む態度を養う。 1　心身の健康や運動についての理解を深めるとともに,適切な運動の実践を通して,健康の保持増進と体力の向上を図る。 2　生活における健康や運動の意義を理解させ,健康で安全な生活を実践する能力や態度を養い,国民生活を健全にし,豊かにしようとする意欲を高める。	[体育科目の目標] (3) 運動における競争や協同の経験を通して,公正,協力,責任などの態度を養い,社会生活における望ましい行動のしかたを身につけさせる。 (p.201)	A　体操 記述なし B　器械運動 (2) 自己の器械運動の技能に応じて,目標を決め,計画を立て,互いに協力して,安全に運動を行なうことができるようにする。 C　陸上競技 (2) 自己の走,跳および投の能力に応じて,目標を決め,計画を立て,互いに協力して,安全に運動を行なうことができるようにする。 D　水泳 (2) 自己の水泳能力に応じて,目標を決め,計画を立て,互いに	＊教科目標から人間形成に関わる目標がなくなった。 ＊各運動領域からも人間形成に関わる目標,内容の記述がなくなった。 ＊体育理論には記述なし。

資料1 学習指導要領における人間形成に関する記述一覧

教科目標	人間形成的目標	内容	特記事項
（p.201）		協力して，安全に水泳を行なうことができるようにする。 E 格技（男） (2) 相手を尊重し，礼儀正しく，互いに協力して，計画を立て，安全に練習や試合を行なうことができるようにする。 F 球技 (2) チームが相互に協力し，計画を立て，安全に練習やゲームを行なうことができるようにする。 F ダンス（女子） (2) グループごとに計画を立て，互いに協力して，練習や発表を行なうことができるようにする。 指導法に関する記述はない。	

発行年／校種………77要領（昭和52年）／小学校

教科目標	人間形成的目標	内容	特記事項
［教科目標］ 適切な運動の経験を通して運動に親しませるとともに，身近な生活における健康・安全について理解させ，健康の増進及び体力の向上を図り，楽しく明るい生活を営む態度を育てる。 (p.134)	第1学年 (2) だれとでも仲よくし，健康・安全に留意して運動する態度を育てる。 第2学年 (2) だれとでも仲よくし，健康・安全に留意して運動する態度を育てる。 第3学年 (2) 協力，公正などの態度を育てるとともに，健康・安全に留意して最後まで努力する態	各学年，運動領域ごとに記載があるが第6学年のみ抜粋して記述。 第6学年 A 体操 (2) 自己の体力に適した目標を定め，互いに協力し，根気強く運動できるようにする。 (3) 横隊の集合及び整とん，列の増減などの集団としての行動ができるようにする。 B 器械運動 (2) 互いに協力し，根気強く運動できるように	＊教科目標から人間形成に関わる目標がなくなった。また指導書においても教科目標の説明箇所には人間形成に関わる内容記述はない。 ＊人間形成に関する学年目標は，表記が簡略化され，それに伴って，68要領では具体的な運動場面を想定して人間形成に関わる内容が記述されていたが，77要領では抽象的に表現されるようになった。

教科目標	人間形成的目標	内容	特記事項
	度を育てる。 第4学年 (2) 協力,公正などの態度を育てるとともに,健康・安全に留意して最後まで努力する態度を育てる。 第5学年 (2) 協力,公正などの態度を育てるとともに,健康・安全に留意し,自己の最善を尽くして運動する態度を育てる。 第6学年 (2) 協力,公正などの態度を育てるとともに,健康・安全に留意し,自己の最善を尽くして運動する態度を育てる。 (pp.134-141)	する。 C 陸上運動 (2) 互いに協力して練習や競争ができるようにし,競争では,勝敗に対して正しい態度がとれるようにする。 D 水泳 記述なし。 E ボール運動 (2) 互いに協力し,役割を分担し,勝敗の原因を考え,計画的に練習やゲームができるようにする。 F 表現運動 (2) グループで目標をきめ,協力して動きを工夫するとともに,友達や他のグループの表現を見て,表そうとしている感じが見分けられるようにする。 (pp.134-143) 指導法に関する記述はない。	＊運動領域ごとの人間形成に関わる内容記述も簡略化の傾向が持続され,指導書の記載も人間形成に関わる内容は「態度」に一元化され,常規的活動の一環として考えられるようになった。

発行年／校種………77要領 (昭和52年)／中学校			
教科目標	人間形成的目標	内容	特記事項
[教科目標] 運動の合理的な実践を通して運動に親しむ習慣を育てるとともに,健康・安全について理解させ,健康の増進と体力の向上を図り,明るく豊かな生活を営む態度を育てる。 (p.138)	[体育分野の目標] (3) 運動における競争や協同の経験を通して公正な態度を育て,進んで規則を守り,互いに協力して責任を果たすなどの態度を育てる。 (p.138)	A 体操 (3) 互いに協力して計画的に運動できるようにする (4) 集合,整とん,列の増減,方向変換などの行動の仕方を身につけ,能率的で安全な行動ができるようにする。 B 個人的スポーツ 陸上競技 (2) 勝敗に対して公正な態度をとるとともに,勝敗の原因を考え,練習の方法を工夫できるようにす	＊教科目標から人間形成に関わる目標がなくなった。 ＊体育分野の4つの目標のうちの1つとして人間形成に関わる目標が掲げられている。 ＊指導書では,各運動領域に「協力」などの重要性を記した「態度」の項目が設けられているが,それらは人間形成内容というよりも

教科目標	人間形成的目標	内容	特記事項
		る。 器械運動 記述なし。 水泳 記述なし。 C　集団的スポーツ (2) チームにおける自己の役割を自覚して，その責任を果たし，互いに協力して練習やゲームができるようにする。 D　格技 (2) 互いに相手を尊重し，公正な態度で練習や試合ができるようにする。 E　ダンス 記述なし。 （pp.138-143） 指導法に関する記述はない。	授業の効率化を志向する常規的活動の一環として捉えられる傾向が強い。 ＊体育に関する知識には記述なし。

発行年／校種………78要領（昭和53年）／高等学校

教科目標	人間形成的目標	内容	特記事項
[教科目標] 健康や体力についての理解と運動の合理的な実践を通して，健康の増進と体力の向上を図り，心身の調和的発達を促すとともに，明るく豊かで活力のある生活を営む態度を育てる。 （p.47）	[体育科目の目標] 各種の運動を合理的に実践し，運動技能を高めるとともに，それらの経験を通して，公正，協力，責任などの態度を育て，強健な心身の発達を促し，生涯を通じて継続的に運動を実践できる能力と態度を育てる。 （p.47）	A　体操 記述なし。 B　個人的スポーツ 記述なし。 C　集団的スポーツ 記述なし。 D　格技 記述なし。 E　ダンス 記述なし。 （pp.138-143） 指導法に関する記述はない。	＊体育理論には記述なし。 ＊要領は教科目標および体育科目の目標，「内容」が示されているが内容の項目には，種目名が記載されているだけである。

発行年／校種………89要領（平成元年）／小学校			
教科目標	人間形成的目標	内容	特記事項
[教科目標] 適切な運動の経験と身近な生活における健康・安全についての理解を通して，運動に親しませるとともに健康の増進と体力の向上を図り，楽しく明るい生活を営む態度を育てる。 (p.96)	第1学年及び第2学年 (2)だれとでも仲よくし，健康・安全に留意して運動をする態度を育てる。 第3学年及び第4学年 (2)協力，公正などの態度を育てるとともに，健康・安全に留意して最後まで努力する態度を育てる。 第5学年及び第6学年 (2)協力，公正などの態度を育てるとともに，健康・安全に留意し，自己の最善を尽くして運動をする態度を育てる。 (p.97-99)	2学年ごとの記載になったので，第5学年および第6学年のみ抜粋して記述。 第5学年及び第6学年 A 体操 (2)互いに協力して，計画的に運動ができるようにする。 (2)縦隊及び横隊の集合，整とん，列の増減などの集団としての行動ができるようにする。 B 器械運動 (2)互いに協力し，根気強く運動できるようにする。 C 陸上運動 (2)互いに協力して，計画的に練習や競争ができるようにし，競争では，勝敗に対して正しい態度がとれるようにする。 D 水泳 (2)互いに協力して，計画的に水泳ができるようにする。 E ボール運動 (2)互いに協力し，役割を分担し，勝敗の原因を考え，計画的に練習やゲームができるようにする。 F 表現運動 (2)グループの目標を決め，互いに協力して，計画的に練習や発表ができるようにする。 (pp. 99-101) 指導法に関する記述はない。	＊77要領に引き続き，教科目標から人間形成に関わる目標の記述がない。また指導書においても教科目標の説明箇所には人間形成に関わる内容の記述はない。 ＊人間形成に関する学年目標は，2学年ごとに記述されるようになったが，基本的には77年要領（小学校）を踏襲している。 ＊運動領域ごとの人間形成に関わる内容の記述も簡略化の傾向が持続され，指導書の記載も人間形成に関わる内容は「態度」に一元化され，常規的活動の一環として考えられるようになった。

資料 1　学習指導要領における人間形成に関する記述一覧

資料1　学習指導要領における人間形成に関する記述一覧

発行年／校種………89要領（平成元年）／中学校			
教科目標	人間形成的目標	内容	特記事項
［教科目標］ 運動の合理的な実践と健康・安全についての理解を通して、運動に親しむ習慣を育てるとともに健康の増進と体力の向上を図り、明るく豊かな生活を営む態度を育てる。 （p.104）	［体育分野の目標］ (3) 運動における競争や協同の経験をへて、公正な態度を育て、進んで規則を守り、互いに協力して責任を果たすなどの態度を育てる。 （p.104）	A　体操 (3) 互いに協力して、計画的に運動ができるようにする。 (4) 集合、整とん、列の増減、方向変換などの行動の仕方を身に付け能率的で安全な集団としての行動ができるようにする。 B　器械運動 (2) 互いに協力して、計画的に運動ができるようにする。 C　陸上競技 (2) 互いに協力して、計画的に練習や競技ができるようにするとともに、勝敗に対して公正な態度がとれるようにする。 D　水泳 (2) 互いに協力して、計画的に水泳ができるようにする。 E　球技 (2) チームにおける自己の役割を自覚して、その責任を果たし、互いに協力して、計画的に練習やゲームができるようにするとともに、勝敗に対して公正な態度がとれるようにする。 F　武道 (2) 伝統的な行動の仕方に留意して、互いに相手を尊重し、計画的に練習や試合ができるようにするとともに、勝敗に対して公正な態度がとれるようにする。 G　ダンス (2) グループで役割を分担し、互いに協力して計画的に練習や発表ができるようにする。 指導法に関する記述はない。 （pp.105-107）	＊77要領に引き続き、教科目標から人間形成に関わる目標の記述がない。また指導書においても教科目標の説明箇所には人間形成に関わる内容の記述はない。 ＊運動領域ごとの人間形成に関わる内容の記述も簡略化の傾向が持続され、指導書の記載も人間形成に関わる内容は「態度」に一元化され、常規的活動の一環として考えられるようになった。 ＊体育に関する知識には記述なし。

発行年／校種………89要領（平成元年）／高等学校			
教科目標	人間形成的目標	内容	特記事項
[教科目標] 健康・安全や運動についての理解と運動の合理的な実践を通して，計画的に運動をする習慣を育てるとともに健康の増進と体力の向上を図り，明るく豊かで活力のある生活を営む態度を育てる。 (p.120)	[体育科目の目標] 各種の運動の合理的な実践を通して，運動技能を高め，強健な心身の発達を促すとともに，公正，協力，責任などの態度を育て，生涯を通して継続的に運動ができる能力と態度を育てる。 (p.120)	A 体操 (2) 互いに協力して，計画的に運動ができるようにする。 B 器械運動 記述なし C 陸上競技 (2) 勝敗に対して公正な態度がとれるようにする。 D 水泳 記述なし。 E 球技 (2) チームにおける自己の役割を自覚して，その責任を果たし，練習やゲームができるようにする。 F 武道 (2) 伝統的な行動の仕方に留意して，相手を尊重し，練習や試合ができるようにする。 G ダンス (2) グループで役割を分担し，練習や発表ができるようにする。 （pp.120-122） 指導法に関する記述はない	＊体育理論には記述なし。 ＊「内容」の記載は78要領のように種目名が記載されるだけのものから，70要領と同じ形式に戻った。 ＊指導書には「運動の内容（体操のみ）」「技能の内容」と並列して「態度の内容」の記載があるが，授業効率の促進をはかるための常規的活動の一環として捉えられる傾向がある。

資料1　学習指導要領における人間形成に関する記述一覧

発行年／校種………98要領（平成10年）／小学校			
教科目標	人間形成的目標	内容	特記事項
[教科目標] 心と体を一体としてとらえ，適切な運動の経験と健康・安全についての理解を通して，運動に親しむ資質や能力を育てるとともに，健康の保持増進と体力の向上を図り，楽しく明るい生活を営む態度を育てる。(p. 114)	第1学年及び第2学年 (2) だれとでも仲よくし，健康・安全に留意して運動をする態度を育てる。 第3学年及び第4学年 (2) 協力，公正などの態度を育てるとともに，健康・安全に留意して最後まで努力する態度を育てる。 第5学年及び第6学年 (2) 協力，公正などの態度を育てるとともに，健康・安全に留意し，自己の最善を尽くして運動をする態度を育てる。(pp.114-119)	2学年ごとの記載になったので，第5学年および第6学年のみ抜粋して記述。 第5学年及び第6学年 A 体つくり運動 (2) 互いに協力して，運動ができるようにする。 B 器械運動 (2) 互いに協力して運動をしたり，器械・器具の使用の仕方を工夫して安全に運動をしたりすることができるようにする。 C 陸上運動 (2) 互いに協力して安全に練習や競争ができるようにするとともに，競争では，勝敗に対して正しい態度がとれるようにする。 D 水泳 (2) 互いに協力して水泳をしたり，水泳プールのきまりや水泳の心得を守って安全に水泳をしたりすることができるようにする。 E ボール運動 (2) 互いに協力し，役割を分担して練習やゲームができるようにする。また，勝敗に対して正しい態度がとれるようにする。 F 表現運動 (2) 互いのよさを認め合い，協力して練習や発表ができるようにする。(pp.119-121) 指導法に関する記述はない。	＊2学年ごとに示された人間形成に関わる目標は89要領に示されたものと同一。 ＊内容の示し方は，「技能の内容」と「態度の内容」に加えて「学び方の内容」が加わった。人間形成に関わる事項は態度の内容に含められているが，授業効率の促進をはかるための常規的活動の一環として捉えられる傾向がある。

発行年／校種………98要領（平成10年）／中学校			
教科目標	人間形成的目標	内容	特記事項
[教科目標] 心と体を一体としてとらえ，運動や健康・安全についての理解と運動の合理的な実践を通して，積極的に運動に親しむ資質や能力を育てるとともに，健康の保持増進のための実践力の育成と体力の向上を図り，明るく豊かな生活を営む態度を育てる。 (p.127)	[体育分野の目標] (3) 運動における競争や協同の経験を通して，公正な態度や，進んで規則を守り互いに協力して責任を果たすなどの態度を育てる。また，健康・安全に留意して運動をすることができる態度を育てる。 (p. 127)	A　体つくり運動 (2) 体つくり運動に対する関心や意欲をもって互いに協力して運動ができるようにする。 B　器械運動 (2) 互いに協力して練習ができるようにするとともに，器械・器具を点検し安全に留意して練習ができるようにする。 C　陸上競技 (2) 互いに協力して練習や競技ができるようにするとともに，勝敗に対して公正な態度がとれるようにする。また，練習場などの安全を確かめ，健康・安全に留意して練習や競技ができるようにする。 D　水泳 (2) 互いに協力して練習ができるようにするとともに，水泳の事故防止に関する心得を守り，健康・安全に留意して練習ができるようにする。 E　球技 (2) チームにおける自己の役割を自覚して，その責任を果たし，互いに協力して練習やゲームができるようにするとともに，勝敗に対して公正な態度がとれるようにする。また，練習場などの安全を確かめ，健康・安全に留意して練習やゲームができるようにする。	＊教科目標には人間形成に関わる目標の記述がない。また指導書においても教科目標の説明箇所には人間形成に関わる内容の記述はない。 ＊小学校98要領と同様に，内容の示し方は，「技能の内容」と「態度の内容」に加えて「学び方の内容」が加わった。人間形成に関わる事項は態度の内容に含められているが，授業効率の促進をはかるための常規的活動の一環として捉えられる傾向がある。 ＊体育に関する知識には記述なし。

資料 1　学習指導要領における人間形成に関する記述一覧

資料1 学習指導要領における人間形成に関する記述一覧

教科目標	人間形成的目標	内容	特記事項
		F　武道 (2) 伝統的な行動の仕方に留意して，互いに相手を尊重し，練習や試合ができるようにするとともに，勝敗に対して公正な態度がとれるようにする。また，禁じ技を用いないなど安全に留意して練習や試合ができるようにする。 G　ダンス (2) 互いのよさを認め合い，協力して練習したり発表したりすることができるようにする。 (pp.128-131) 指導法に関する記述はない。	

発行年／校種………98要領（平成10年）／高等学校			
教科目標	人間形成的目標	内容	特記事項
［教科目標］ 心と体を一体としてとらえ，健康・安全や運動についての理解と運動の合理的な実践を通して，生涯にわたって計画的に運動に親しむ資質や能力を育てるとともに，健康の保持増進のための実践力の育成と体力の向上を図り，明るく豊かで活力ある生活を営む態度を育てる。 (p.177)	［体育科目の目標］ 各種の運動の合理的な実践を通して，運動技能を高め運動の楽しさや喜びを深く味わうことができるようにするとともに，体の調子を整え，体力の向上を図り，公正，協力，責任などの態度を育て，生涯を通じて継続的に運動ができる資質や能力を育てる。 (p.177)	A　体つくり運動 (2) 体つくり運動に対する関心や意欲を高めるとともに，互いに協力して運動ができるようにする。 B　器械運動 (2) 互いに協力したり補助したりして練習ができるようにする。また，器械・器具を点検し，安全に留意して練習や発表ができるようにする。 C　陸上競技 (2) 互いに協力して練習や競技ができるようにするとともに，勝敗に対して公正な態度がとれるようにする。また，練習場などの安全を	*体育理論には記述なし。 *教科目標には人間形成に関わる目標の記述がない。また指導書においても教科目標の説明箇所には人間形成に関わる内容の記述はない。 *小学校・中学校98要領と同様に，内容の示し方は，「技能の内容」と「態度の内容」に加えて「学び方の内容」が加わった。人間形成に関わる事項は態度の内容に含められているが，授業効率の促進をはかるための常規的活動の一環として捉えられる傾向がある。

354

教科目標	人間形成的目標	内容	特記事項
		確かめ,健康・安全に留意して練習や競技ができるようにする。 D 水泳 (2) 互いに協力して練習ができるようにするとともに,勝敗に対して公正な態度がとれるようにする。また,水泳の事故防止に関する心得を守り,健康・安全に留意して練習や競泳ができるようにする。 E 球技 (2) チームにおける自己の役割を自覚して,その責任を果たし,互いに協力して練習やゲームができるようにするとともに,勝敗に対して公正な態度がとれるようにする。また,練習場などの安全を確かめ,健康・安全に留意して練習やゲームができるようにする。 F 武道 (2) 伝統的な行動の仕方に留意して,互いに相手を尊重し,練習や試合ができるようにするとともに,勝敗に対して公正な態度がとれるようにする。また,禁じ技を用いないなど安全に留意して練習や試合ができるようにする。 G ダンス (2) 互いのよさを認め合い,協力して練習したり,交流したり,発表したりすることができるようにする。 (p.177-181)	＊体育に関する知識には記述なし。

資料1 学習指導要領における人間形成に関する記述一覧

◎資料2.　──　図・表一覧

●1 ── 図一覧

図1-1　スポーツの諸相
図1-2　教育と体育と「体育における人間形成」の関係
図2-1　体育の目標設定構造
図2-2　体育の学習指導要領の目標の変遷
図3-1　水野忠文の著書目次にみる「体育と人間形成」(その1)
図3-2　水野忠文の著書目次にみる「体育と人間形成」(その2)
図3-3　水野忠文の著書目次にみる「体育と人間形成」(その3)
図4-1　小学校(体育)での責任学習の各レベル
図結-1　体育における人間形成の構造試案

●2 ── 表一覧

表序-1　スポーツ倫理学におけるスポーツと人間形成をめぐる研究
表1-1　「スポーツとは何か(スポーツの概念)」についての代表的な研究者による見解
表1-2　教育学および体育学・スポーツ科学関連の辞書・事典における「体育」の定義
表1-3　山邊光宏による人間形成の2つの形式
表2-1　体育の学習指導要領の変遷一覧
表2-2　学習指導要領の変遷の枠組みと学習指導要領
表2-3　体育における人間形成の変遷
表3-1　戦前と終戦後の学校体育の比較
表3-2　1953(昭和28)年　小学校学習指導要領(体育科編)の3類型
表3-3　同志会と全体研のグループ学習論
表3-4　出原泰明のグループ学習の単元展開
表3-5　全体研におけるグループ学習論の変化
表4-1　ピアジェによる認知的発達の段階
表4-2　コールバーグの道徳的発達におけるレベルと段階および体育授業場面例
表4-3　ニュージーランドの体育カリキュラムにおけるレベルと学年との対応関係
表4-4　アメリカにおける教育改革および学校体育改革の経緯
表4-5　the Outcome of Quality Physical Education Programs
表4-6　各州による体育の履修状況
表4-7　体育基準書(体育スタンダード)の内容と構成(1995年版)
表4-8　体育における内容基準(1995年版)
表4-9　体育スタンダード改訂版の内容と構成
表4-10　体育スタンダードに示された人間形成的学習の内容分類
表4-11　責任のレベルの変化を示す一連のカテゴリー
表4-12　体育における責任学習の各レベル
表4-13　責任学習の常規的活動としての教授方略

◎資料3. 主要参考文献一覧

■——〈A〉

1) 阿部悟郎ほか(1988)「体育における人間形成」概念の認識原理に関する研究. 東京学芸大学紀要 5部門(芸術・体育)(40):179-187.
2) 阿部生雄(1995)辞書に見る"スポーツ概念"の日本的受容. 中村敏雄編 外来スポーツの理解と普及. 創文企画.
3) アルフィー・コーン:山本啓ほか訳(1994)競争社会をこえて——ノー・コンテストの時代. 法政大学出版局.
4) 天城勲ほか編(1973)現代教育用語辞典. 第一法規.
5) 荒木豊(1974)社会性の育成と体育指導, 22(13):28-30.
6) 荒木豊(1977)グループ学習再考. 運動文化, No.11(通巻59号) 学校体育研究同志会, pp.4-7.
7) Aronfreed, J. (1976) Moral development from the standpoint of a general psychological theory. In T. Lickona, (Ed.), Moral behavior and development : Theory,research, and social issues (pp.54-69). NY : Holt, Rinehart, and Winston.
8) Aronfreed, J. (1968) Conduct and conscience : The socialization of internalized control over behavior. New York Acdemic Press.
9) 朝日新聞(2006)9月14日付朝刊.
10) 朝日新聞(2007)4月1日付朝刊.
11) 浅井浅一・大西誠一郎(1954)体育と人間関係. 蘭書房.
12) 浅井浅一(1956)体育と社会的人間. 蘭書房.
13) 浅井浅一(1957)体育と社会性. 杏林書院.
14) 浅井浅一・大西誠一郎(1954)体育と人間関係. 蘭書房.
15) 浅井浅一(1957)体育と社会性. 体育の科学社.
16) Auweel, Y. V., Bakker, F., Biddle, S., Durand., and M., Seiler, R., (Eds.)(1999) Psychology for physical educators. Human Kinetics.
17) 東洋・中島章夫監修(1988)授業技術講座1. ぎょうせい.

■——〈B〉

18) Bandura, A. (1976) Social Learning Theory. Prentice Hall College Div : Facsimile.〈A. バンデュラ:原野広太郎監訳(1979)社会的学習理論——人間理解と教育の理論—. 金子書房.〉
19) Bandura, A. (1977) Social learning theory. Prentice Hall.
20) バイヤー編:朝岡正雄監訳(1993)日独英仏対照スポーツ科学辞典. 大修館書店.〈Beyer, E. (1987) Wörterbuch der Sportwissenschaft : Deutsch, Englisch, Franzosisch; Dictionary of sport science : German, English, French.〉
21) Böhme, J. (1971) Sport im Spatkapitalismus.
22) ベーメ:唐木國彦訳(1980)後期資本主義社会のスポーツ. 不昧堂出版.
23) Breadmeier, B. J. and Shields, D. L. (1983) Body and balance : Developing moral structures through physical education. Microfilm Publications : University of Oregon.
24) Breadmeier, B. J., Weiss, M. R., Shields, D. L. and Shewchuck, R. M. (1984) Promoting

moral growth in a summer sport camp : The implementation of theoretically grounded instructional strategies. Journal of moral education.

■──〈C〉
25) Cachay, K. und Kleindienst, C. (1976) Soziale Lernprozesse im Sportspiel. Sportwissenschaft, 6 (3) : 291-310.
26) Centers for Disease Control and Prevention (1997) Guidelines for school and community programs to promote lifelong physical activity among young people, CDC.
27) 千葉康則(1968)人間形成のための体育の役割. 体育科教育,16(11):10-12.
28) Coakley, J. J. (1978) Sport in society : Issues and controversies. St. Lous : Mosby.
29) Crum, B. (1992) The Critical-Constructive Movemet Socialization Concept : Its Rational and Its Practical Conseuences, International Journal of Physical Education, 29 (1) : 9-17.

■──〈D〉
30) ダニエル・W. ミドゥラほか〈高橋健夫監訳〉(2000)チャレンジ運動による仲間づくり──楽しくできる「体ほぐしの運動」, 大修館書店.
31) Delattre, E. J. (1975) Some reflections on success and failure in competitive atheletics. Jounal of the Philosophy of Sport Ⅱ : 133-139.

■──〈E〉
32) 江川玫成ほか編(2005)最新 教育キーワード137. 時事通信社.
33) Eichberg, H. (1984) Olympic Sport-Neocolonization and Alternatives. In international Review for Sociology of Sport 19-1.
34) エリアス:桑田禮彰訳(1986)スポーツと暴力. 栗原彬ほか編 身体の政治技術. 新評論, pp.93-103.

■──〈F〉
35) Figley, G. (1984) Moral education through physical education. Quest, 36 : 89-101.
36) Fraleigh, W. P. (1984) Right action in sport : Ethics for contestants. Human Kinetics.
37) 藤田英典(1997)教育改革. 岩波書店.

■──〈G〉
38) 学校体育研究同好会編(1949)学校体育関係法令並びに通牒集. 体育評論社, p. 96.
39) 学校体育研究同志会編(1974)運動文化論〈非売品〉.
40) 学校体育研究同志会編(1974)運動文化論(創立20周年記念). 学校体育研究同志会.
41) 学校体育研究同志会編(1989)国民運動文化の創造. 大修館書店.
42) (1995)運動文化論 第1分冊(創立40周年記念). 学校体育研究同志会.
43) 学校体育研究同志会編(2004)体育実践とヒューマニズム──学校体育研究同志会50年のあゆみ. 創文企画.

44) 学校体育研究同志会(2005)学校体育研究同志会の歩み. 2005年1月22日 体育同志会50週年記念集会(東京武蔵野市・成蹊学園)配布資料.
45) ジレ:近藤等訳(1952)スポーツの歴史. 白水社(文庫クセジュ).
46) Gilligan, C. (1982) In a different voice : psychological theory and women's development. Harvard University Press.
47) Gould, D. (1984) Psychosocial development and children's sport. In : Thomas, J. (Ed.), Mortor development during childhood and adolescence. Burgess : pp.212-234.
48) グルーペほか:永島惇正ほか訳(2000)スポーツと教育―ドイツ・スポーツ教育学への誘い. ベースボール・マガジン社.
49) グートマン:清水哲男訳(1981)スポーツと現代アメリカ. ティビーエス・ブリタニカ, pp.31-95. 〈Guttman, A. (1978) From Ritual to Record : The Nature of Modern Sports. Columbia University Press.〉
50) グットマン:谷川稔ほか訳(1997)スポーツと帝国―近代スポーツと文化帝国主義. 昭和堂, pp.231-233.〈Guttmann, A. (1994) Games & empires ―Modern sports and cultural imperialism. Columbia University Press.〉

■――〈H〉

51) Haan, N. (1977) A manual for interactional morality. Unpublished manuscript.
52) Haan, N. (1977) Coping and defending : Processes of self-enviroment organization. Academic Press.
53) Habermas, J. (1968) Erkenntnis und Interesse.
54) ハバーマス:細谷貞雄訳(1975) 理論と実践 社会哲学論集. 未来社.〈Habermas, J. (1963) Theorie und Praxis-Sozialphilosophische Studien, Neuwied Luchterhand.〉
55) 繁多進ほか編(1991)社会性の発達心理学. 福村出版.
56) Hartmann, H. (1975) Schwache Schuler im Sportunterricht. Heinweis zur Entwicklung kooperativen und sozial-integratiben Handelns im Sportunterricht. Zeitschrift fue Sportpädagogik, 1 (4) : 404-424.
57) 橋爪貞雄(1999)21世紀に橋を架ける80〜90年代の改革動向. 佐藤三郎編. 世界の教育改革. 東信堂.
58) Hellison, D. (1995) Teaching Responsibility through Physical Activity. Human Kinetics.
59) Hellison, D. and Walsh, D. (2002) Responsibility-based youth programs evaluation : investigatings the investigations. Quest (54) : 292-307.
60) Hellison, D. (2003) Teaching Responsibility through Physical Activity (2nd Edition). Human Kinetics.
61) 樋口聡(2005)身体教育の思想. 勁草書房.
62) 平野智美・菅野和俊編(1979)人間形成の思想 教育学講座2. 学習研究社.

■――〈I〉

63) ICSSPE:日本体育学会学校体育問題検討特別委員会監訳(2002)世界学校体育サミット―優

れた教科『体育』の創造をめざして―. 杏林書院, pp.51-72.
64) 五十嵐顕ほか編(1982)岩波教育小辞典. 岩波書店.
65) 今村嘉雄・宮畑虎彦編(1976)新修体育大辞典. 不昧堂出版.
66) 井上一男(1970)学校体育制度史 増補版. 大修館書店.
67) 入江克己(1988)日本近代体育の思想構造. 明石書店.
68) 石垣健二(1999)「他者(の身体)になってみる」ことによる運動学習―「生きる力」と他者理解. 体育思想研究(5):107-124.
69) 石垣健二(2002)体育学における「他者」の問題―道徳教育の可能性と自−他関係の解明にむけての検討. 体育・スポーツ哲学究, 24(1):25-42.
70) 石垣健二(2003)新しい「体育における人間形成」試論―道徳的問題の背後としての「身体性」の検討. 体育原理研究(33):41-52.
71) 石井久・藤井英嘉(1981)楽しい体育と人間形成. 学校体育, 34(5):37-42.
72) 石坂和夫(1999)教育課程の質を高めるナショナルな目標基準. 佐藤三郎編. 世界の教育改革. 東信堂, pp.47-63.
73) 井谷恵子ほか(1999)アメリカにおける体育の履修と指導者資格の状況. 京都教育大学紀要(94):17-27.
74) 井谷恵子(2000)アメリカにおける1980年代以降の教育改革の進行と教科体育の危機教育実践学論集 第一号, pp.53-65.
75) 井谷恵子(2005)体力づくりからフィットネス教育へ―アメリカの体育教育と身体づくりへの責任. 明石書店.
76) 逸見時雄(1958)生活単元展開に於ける今後の課題―太田プランの実践と再検討から学ぶ―. 体育グループ 第7号 学校体育研究同志会.〈学校体育研究同志会編(1974)運動文化論(創立20周年記念). 学校体育研究同志会:pp.93-100. 所収〉
77) 岩崎允胤(1975)文化と創造. 唯物論 No.9, pp.27-63.
78) 岩田靖(1997)紀南実践の特徴. 中村敏雄編 戦後体育実践論 第1巻 民主体育の探求. 創文企画, pp.141-154.
79) 出原泰明(1978)技術指導と集団づくり. ベースボール・マガジン社.
80) 出原泰明(1981)グループ学習の基本的な進め方. 体育科教育, 29(2):40-43.
81) 出原泰明(1986)体育の学習集団論. 明治図書.
82) 出原泰明(1991)体育の授業方法論. 大修館書店.
83) 出原泰明(1995)技術指導と集団づくり. 学校体育研究同志会編 運動文化論 第一分冊(創立40周年記念), pp.83-89.〈出原泰明(1975)技術指導と学習集団. 運動文化 第51号 学校体育研究同志会. 初出〉
84) 出原泰明(2005)体育とスポーツは何が違うのか. 友添秀則・岡出美則編 教養としての体育原理. 大修館書店, pp.21-26.

■――〈J〉

85) Jantz, R. K. (1975) Moral thinking in male elementary pupils as reflected by perception of basketball rules. Research Quarterly, 46 (4): 414-421.
86) ジョンソン:菅野盾樹ほか訳(1991)心のなかの身体―想像力へのパラダイム変換. 紀伊国屋書

店.〈Johnson, M. (1987) The body in the mind, The University of Chicago Press : Chicago and London.〉

■──〈K〉

87) 香川県教育委員会編(1970)香川の教育20年のあゆみ.
88) 鹿毛基生・佐藤尚子(1998)人間形成の歴史と本質. 学文社.
89) Kahila, S. (1993) The role of teaching method in prosocial learning-developing helping behavior by means of the cooperative teaching method in physical education. Studies in sport, physical education, and health 29. Javaskyla, Finland : University of Javaskyla.
90) 神奈川縣中郡大田小學校(1952)農村の小學校體育──その一例──. カリキュラム(46):68-72.
91) 金子武蔵編(1970)新倫理学事典. 弘文堂.
92) 関西体育社会学研究会編(1988)体育・スポーツ社会学の源流. 道和書院.
93) カント:尾高達夫訳(1966)教育学. カント全集 第16巻. 理想社.
94) 唐木國彦(1986)スポーツ概念の整理について. 体育原理専門分科会編 スポーツの概念. 不昧堂出版, pp.9-16.
95) 笠井恵雄(1954)体育指導における運動学習の特質. 学校体育, 7(6):16-22.
96) 笠井恵雄(1957)系統学習と体育科. 体育科教育, 5(12):9-14.
97) 加藤正芳(1967)中学年と体育科指導のしつけ. 学校体育, 20(4):132-137.
98) 経済審議会編(1963)経済発展における人的能力開発の課題と対策. 大蔵省印刷局.
99) 菊幸一(1997)神奈川大田小プランの特徴. 中村敏雄編 戦後体育実践論 第1巻 民主体育の探求. 創文企画, pp.109-122.
100) 菊池幸子・仙崎武編(1983)人間形成の社会学. 福村出版.
101) 木下秀明(1971)日本体育史研究序説──明治期における「体育」の概念形成に関する史的研究. 不昧堂出版.
102) 岸野雄三(1977)スポーツ科学とは何か. 朝比奈一男ほか編 スポーツの科学的原理. 大修館書店, pp.77-133.
103) 岸野雄三ほか編(1986)新版 近代体育スポーツ年表. 大修館書店.
104) 岸野雄三ほか編(1987)最新スポーツ大事典. 大修館書店, p.708.
105) Klafki, W. (1971) Erziehungswissenschaf. Eine Vorlesungsreiheder Philipps-Universitat Marbur.
106) クラフキー:小笠原道雄監訳(1984)批判的・構成的教育科学. 黎明書房.
107) 小原友行(1985)昭和20年代後期の教育実践の思想と運動. 奥田真丈監 教科教育百年史. 建帛社, pp.1037-1049.
108) 小林晃夫(1965)体育における人間形成. 体育科教育, 13(6):12-14.
109) Kohlberg, L. (1971) Stages of moral development as a Basis for moral education. in Beck, C. M., Crittenden, B. S. and Sullivan, E. V., eds., Moral education : Interdisciplinary approaches. University of Tront Press.
110) Kohlberg, L. (1981) The Philosophy of Moral Development : Moral Stages and the Idea of Justice. Harpercollins.

111) Kohlberg, L. (1984) Essays of moral development : Vol.2. The psychology of moral development. Harper & Row.
112) コールバーグほか：岩佐信道訳(1987)道徳性の発達と道徳教育．麗澤大学出版会．
113) Kurtines, W. M. & Gewirtz, J. L. (1987) Moral development through social interaction. New York : Wiley.
114) 個人差教育研究会編(1989)個人差に応じた新しい学習指導要領の展開8 体育．ぎょうせい．
115) 高津勝(1997)生活体育の思想．中村敏雄編 戦後体育実践論 第1巻 民主体育の探求．創文企画, pp.97-108.
116) Krueger, M. (Hrsg.) (2003) Menschenbilder im Sport. K. Hofmann, Schorndf.
117) 久保正秋(1999)「体育における人間形成」論の批判的検討1―「における」という言葉が表す「体育」と「人間形成」との関係―．体育原理研究(29):11-18.
118) 久保正秋(1999)「体育における人間形成」論の批判的検討2―形成される「人間」の分析―．体育原理研究(29):19-27.
119) 久保正秋(2001)「体育における人間形成」論の批判的検討3―人間を形成する「体育」の分析―．体育原理研究(31):1-8.
120) 久保正秋(2004)「体育における人間形成」論の批判的検討4―忘れられた連関―．体育原理研究(34):1-7.
121) 久保正秋(2006)「体育における人間形成」論の批判的検討5―人間の「形成」と「生成」．体育原理研究(36):1-7.
122) 黒羽亮一・牟田博光編(1990)日本の教育5 教育内容・方法の革新．教育開発研究所．

■――〈L〉

123) Laporte, W. R. (1951) The Physical Education Curriculum (a National Program). Parker & Company.
124) リコーナ：水野修次郎監訳(2001)人格の教育―新しい徳の教え方学び方．北樹出版．
125) リコーナ：水野修次郎・望月文明訳(2005)「人格教育」のすべて―家庭・学校・地域社会ですすめる心の教育．麗澤大学出版会, pp.322-325.〈Lickona, T. (2004) Character matters-how to help our children develop goodjudgement 1, integrity, and other essential virtures.〉
126) Locke, L. F. (1973) Are sports education？ Quest, 19 : 87-90.
127) ロイほか ：粂野豊ほか訳(1988) スポーツと文化・社会．ベースボール・マガジン社．〈Loy, J. W. et al. (1981) Sport, culture and society. Lea & Fibiger.〉

■――〈M〉

128) 前川峯雄・丹下保夫(1949a)體育カリキュラム(上巻)．教育科學社．
129) 前川峯雄・丹下保夫(1949b)體育カリキュラム(下巻)．教育科學社．
130) 前川峯雄(1950)体育のカリキュラム運動に寄せる．学校体育, 3(12):2-8.
131) 前川峯雄(1959)体育方法における二つの立場．体育科教育, 7(5):6-11.
132) 前川峯雄(1965)現代体育の指導理念．体育原理研究会編 体育の原理．不昧堂出版, pp.107-117.

133) 前川峯雄(1970)体育原理 現代保健体育学体系1. 大修館書店.
134) 前川峯雄編(1973)戦後学校体育の研究. 不昧堂出版.
135) 前川峯夫・山川岩之助編(1977)改訂 小学校学習指導要領の展開 体育科編. 明治図書.
136) 前川峯雄(1982)体育学の原点. 大修館書店.
137) 毎日新聞(2006)12月5日付朝刊.
138) 丸山真司(1992)ドイツのスポーツ教育学における社会学習論. 運動文化研究, 10:172-178.
139) 正木健雄(1962)身体と教育. 岩波書店.
140) 松田岩男(1957)グループ学習とその指導法. 学校体育, 10(11):24-29.
141) 松田岩男(1958)生活体育を批判する. 体育科教育, 6(4):13-19.
142) 松田岩男(1969)身体運動と人間形成. 学校体育, 22(1):18-20.
143) 松沢平一(1962a)体育と人間形成(上)新体育学講座23巻. 逍遙書院.
144) 松沢平一(1962b)体育と人間形成(下)新体育学講座24巻. 逍遙書院.
145) McCann, D. and Prentice, N. (1981) Promoting moral judgment of elementary school children : The influence of direct reinforcement and cognitive disequilibrium. The journal of genetic Psychology, 139 : 27-34.
146) マッキントッシュ:石川旦ほか訳(1970)スポーツと社会. 不昧堂出版.
147) マッキントッシュ:水野忠文訳(1983)スポーツと教育における倫理学. ベースボール・マガジン社. 〈McIntosh, P. C. (1979) Fair Play, Ethics in Sport and Education, London.〉
148) Ministry of Education (1999) Health and physical education in the New Zealand Curriculum. Learning Media Limited. Wellington, New Zealand.
149) 水野忠文(1958)道徳教育と体育. 体育の科学, 8(2):63-66.
150) 水野忠文(1964)道徳教育の場としてのスポーツ. 体育の科学, 14(9):507-511.
151) 水野忠文(1967)体育思想史序説. 世界書院, pp.111-132.
152) 水野忠文・猪飼道夫・江橋慎四郎(1973)体育教育の原理. 東京大学出版会, pp.33-51.
153) 水野忠文(1977)スポーツマンシップと人間形成. 朝比奈一男ほか編 スポーツの科学的原理. 大修館書店, pp.45-56.
154) Mollenhauer, K. (1981) Erziehung und Emanzipation. Munchenn : Juventa.
155) 文部省(1947)学校体育指導要綱. 東京書籍.
156) 文部省(1949)学習指導要領小学校体育. 大日本図書.
157) 文部省(1951)中学校・高等学校学習指導要領保健体育科体育編. 大日本雄弁会講談社.
158) 文部省(1953)小学校学習指導要領体育科編. 明治図書.
159) 文部省(1956)高等学校学習指導要領保健体育科編. 教育図書.
160) 文部省(1958)小学校学習指導要領. 明治図書.
161) 文部省(1958)中学校学習指導要領. 大蔵省印刷局.
162) 文部省(1959)中学校保健体育指導書. 開隆堂出版.
163) 文部省(1962)高等学校学習指導要領解説保健体育編. 開隆堂出版.
164) 文部省(1972)高等学校学習指導要領解説保健体育編. 東山書房.
165) 文部省(1977)中学校学習指導要領. 大蔵省印刷局.
166) 文部省(1978)小学校指導書体育編. 東山書房.
167) 文部省(1978)高等学校学習指導要領. 大蔵省印刷局.

168） 文部省(1978)中学校指導書 保健体育編. 東山書房.
169） 文部省(1989)中学校指導書保健体育編. 大日本図書.
170） 文部省(1989)高等学校学習指導要領解説 保健体育編 体育編. 東山書房.
171） 文部省(1990)小学校指導書体育編. 東山書房.
172） 文部省(1991)小学校体育指導資料 指導計画の作成と学習指導. 東洋館出版社.
173） 文部省(1994)高等学校学習指導要領. 大蔵省印刷局.
174） 文部省(1995)小学校体育指導資料 新しい学力観に立つ体育科の授業の工夫.東洋館出版社.
175） 文部省(1995)諸外国の学校教育(欧米編). 大蔵省印刷局.
176） 文部省(1999)小学校学習指導要領解説 体育編. 東山書房.
177） 文部省(1999)中学校学習指導要領解説 保健体育編. 東山書房.
178） 文部省(1999)高等学校学習指導要領解説 保健体育編 体育編. 東山書房.
179） 文部科学省(2004)中学校学習指導要領解説 保健体育編(一部補訂).東山書房.
180） 文部科学省(2004)高等学校学習指導要領解説 保健体育編 体育編(一部補訂). 東山書房.
181） 文部科学省(2004)小学校学習指導要領. 国立印刷局.
182） 文部科学省(2004)中学校学習指導要領. 国立印刷局.
183） 文部科学省(2004)高等学校学習指導要領. 国立印刷局.
184） 森田啓之(1990)学校体育における目標としての「社会的態度」の再検討. スポーツ教育学研究, 10(1):25-31.
185） 森田孝(1992)人間形成の哲学的考察への道. 森田孝ほか編 人間形成の哲学.大阪書籍, pp.3-25.
186） 本村清人(2007)中教審の議論から体育のカリキュラムを構想する. 体育科教育, 55(3):14-17.
186） 村上修(1995)同志会四〇年の歩みと私たちの課題. 運動文化研究, 13:6-12.
188） 村田昇(1979)人間形成の意味. 平野智美・菅野和俊編 人間形成の思想. 教育学講座2. 学研, pp.2-13.
189） 武藤孝典編(2002)人格・価値教育の新しい発展. 学文社.

■──〈N〉

190） 永島惇正(1981)グループ学習と効率.体育科教育, 29(2):60-62.
191） 中村紀久二(1991)文部省 学習指導書 第22巻. 大空社.
192） 中村敏雄(1964)指導法をめぐって. 体育科教育, 12(11):48-51.
193） 中村敏雄(1969)オリエンテイションの転機に立って. 体育科教育, 17(4):20-22.
194） 中村敏雄(1987)体育とは何か. 中村敏雄・高橋健夫編 体育原理講義. 大修館書店, pp.2-11.
194） 中村敏雄(2000)異文化としてのスポーツ. 明治大学人文科学研究所編「身体・スポーツ」へのまなざし. 風間書房, pp.111-151.
196） 中村敏雄編(1997)戦後体育実践論 第1巻 民主体育の探求. 創文企画.
197） 中谷彪・浪本勝年編(2003)現代教育用語辞典. 北樹出版.
198） 中留武昭(1999)リストラを進めるアメリカの学校経営. 佐藤三郎編. 世界の教育改革. 東信堂, pp.27-46.
199） 中内敏夫・小野征夫(2004)人間形成論の視野. 大月書店.
200） NASPE (1995) Moving into the future-national physical education standards : A guide

to content and assessment. Mosby-Year Book.
201) NASPE (1997) Shape of the nation report, NASPE : Reston.
202) NASPE (2004) Moving into the future. National standards for physical education. Second edition.
203) Natan, A. (1958) Sport and Society, London, Bowes & Bowes.
204) 夏目漱石(1966)現代日本の開化. 漱石全集 第11巻 評論・雑篇. 岩波書店.
205) 日本体育学会監修(2006)最新スポーツ科学事典. 平凡社.
206) 日本体育学会第57回大会組織委員会編(2006)日本体育学会第57回大会予稿集.
207) 西村和雄・戸瀬信之(2004)アメリカの教育改革. 京都大学学術出版会.
208) 丹羽劭昭(1967)運動部と人間形成. 体育原理研究会編 体育における人間形成論. 不昧堂出版, pp.148-160.
209) 丹羽劭昭・森昭三編(1978)保健・体育科教育と人間形成理論. 日本体育社.
210) 野口源三郎・今村嘉雄編(1954)體育大辭典. 不昧堂書店.
211) 能勢修一(1995)明治期学校体育の研究. 不昧堂出版.

■——〈O〉

212) 小川博久(1977)人間形成の方法理論. 井坂行男編 人間形成―教育方法的観点から. 明治図書, pp.75-87.
213) 小川純生(2003)遊び概念―面白さの根拠―. 東洋大学経営研究所 経営研究所論集, 26号：99-119.
214) 岡出美則(1993)21世紀の体育・スポーツを考える. 体育科教育, 41(14)：142-147.
215) 岡出美則(1994) 西ドイツにおける「スポーツの行為能力」論の形成過程. 愛知教育大学教科教育センター研究報告, 18:57-66.
216) 岡出美則(1997)ドイツにおける「スポーツの中の行為能力」論形成過程にみるスポーツの意味をめぐる論議. 体育学研究, 42(1)：1-18.
217) 奥田眞丈(2003)学習指導要領. 今野喜清ほか編 学校教育辞典, pp.88-89.
218) 大橋美勝(1978)戦後学校体育政策をめぐって―学習指導要領の変遷を中心に―. 日本体育学会 第29回大会号, p.600.
219) 大西文行(2003)道徳性形成論―新しい価値の創造. 放送大学教育振興会.
220) 押谷慶昭(2003)道徳性. 今野喜清ほか編 学校教育辞典, p.547.

■——〈P〉

221) Park, R. (1983, january) . Three major issues : The Academy takes a stand. JOPERD, 59-53.
222) Phuse, U. (Hrsg.)(1994) Soziales Handeln im Sport und Sportunterricht. Hofmann.
223) Piaget, J. (1965) The moral judgement of the child. Free Press.
224) ピアジェほか：赤塚徳郎ほか訳(1978)遊びと発達の心理学. 黎明書房.
225) ピアジェ：大伴茂訳(1988)遊びの心理学. 黎明書房.
226) ピアジェ：芳賀純ほか監訳(2005)ピアジェの教育学 子どもの活動と教師の役割. 三和書籍.
227) ポルトマン：高木正孝訳(1961)人間はどこまで動物か. 岩波書店.

■──〈R〉

228) Rigauer, B. (1969) Sport und Arbeit : Soziologische Zusammenhange und idiologische Implikationen. Frankfurt am Main : Suhrkamp.
229) Romance, T. J., Weiss, M. R. and Bockoven, J. (1986) A Program to Promote Moral Development through Elementary School Physical Education. Journal of Teaching Physical Education.

■──〈S〉

230) 佐伯聰夫(1981)楽しい体育の基本的な性格と授業の計画・実施について. つみかさね(全国体育学習研究会機関誌)第26回東京大会, pp.7-30.
231) 佐伯聰夫(1987)最新スポーツ大事典. 岸野雄三ほか編. 大修館書店, p.522.
232) 佐伯聰夫(1991)「楽しい体育」のこれまでとこれから再考. 体育科教育, 39(4):14-17.
233) 佐伯聰夫(1997)揺れ動く体育の存立基盤 「体育」と「スポーツ」─その関係を探る─. 体育科教育, 45(11):58-60.
234) 佐伯胖(1992)イメージ化による知識と学習. 東洋館出版.
235) 斉藤孝(1999)子どもたちはなぜキレるのか. 筑波書房.
236) 佐々木等(1958)新しい人間形成の体育. 大修館書店.
237) 佐々木吉蔵・山川岩之助編(1977)改訂 中学校学習指導要領の展開 保健体育科編. 明治図書.
238) 佐藤学(2004)習熟度別指導の何が問題か. 岩波ブックレット. 岩波書店.
239) 佐藤臣彦(1993)身体教育を哲学する─体育哲学叙説. 北樹出版.
240) Shaffer, D. R. (1994) Social and personarity development. (Pacific Grove, CA : Books/Cole.)
241) 清水毅(1971)体育考─主として体育における人格形成論について─. 武庫川女子大学紀要 人文科学編(18):pp. 123-131.
242) 新村出編(1998)広辞苑 第5版. 岩波書店.
243) 白石裕ほか編(2005)2006年度版 必携学校小六法. 協同出版.
244) 城丸章夫ほか編(1975a)戦後民主体育の展開〈理論編〉. 新評論.
245) 城丸章夫ほか編(1975b)戦後民主体育の展開〈実践編〉. 新評論.
246) 城丸章夫(1980)体育と人格形成─体育における民主主義の追及─. 青木書店.
247) 城丸章夫著作集編集委員会編(1993)城丸章夫著作集 第7巻 体育・スポーツ論. 青木書店.
248) 庄司他人男(1990)人間形成をめざす授業のメカニズム. 黎明書房.
249) Siedentop, D. & O'Sullivan, M. (1992) Preface-Secondary school physical education. Quest, 44 (3) : 285-286.
250) Siedentop, D. (1994) Sport Education : Quality PE through Positive Sport Experiences. Human Kinetics.
251) シーデントップ:高橋健夫監訳(2003)新しい体育授業の創造─スポーツ教育の実践モデル. 大修館書店.
252) Singer, R. u. and Ungerer-Rohrich, U. (1984) Zum Problem des "Sozialen Lernens" im Sportunterricht. In : Hachfort, D. (Hrsg.) Handeln im Sportunterricht. bps-Verlag, pp.37-66.

253) 寒川恒夫(2004)スポーツ人類学のパースペクティブ. 寒川恒夫編 教養としてのスポーツ人類学. 大修館書店, pp.2-13.
254) 杉靖三郎(1967)体力づくりと人間形成. 学校体育, 20(5):17-21.

■──〈T〉

255) 体育原理研究会編(1977)体育における人間形成論. 不昧堂出版.
256) 高田久喜司(1990)現代の人間形成と特別活動. 山口満編 特別活動と人間形成. 学文社, pp.1-20.
257) 高橋健夫(1989)新しい体育の授業研究. 大修館書店.
258) 高橋健夫(1995)浦和の体育実践. 宇土正彦監修 学校体育授業事典. 大修館書店, pp.617-621.
259) 高橋健夫(1997a)浦和の体育研究. 中村敏雄編 戦後体育実践論 第1巻 民主体育の探求. 創文企画, pp.123-139.
260) 高橋健夫(1997b)体育科の目的・目標論. 竹田清彦ほか編 体育科教育学の探究. 大修館書店, pp.17-40.
261) 高橋健夫ほか(2001)日本及び諸外国の学校体育カリキュラムの実情と課題,平成11年度～平成12年度 科学研究費補助金(基盤研究A(1))研究成果報告書.
262) 高橋健夫ほか編(2002)体育科教育学入門. 大修館書店.
263) 竹之下休蔵(1948)カリキュラムの構成. 学校体育, 1(8):12-13.
264) 竹之下休蔵(1949a)体育のカリキュラム. 誠文堂新光社.
265) 竹之下休蔵(1949b)コア・カリキュラムと體育. カリキュラム(6):13-16.
266) 竹之下休蔵(1949c)體育のカリキュラム. 学校体育, 2(3):14-20.
267) 竹之下休蔵(1952)体育の指導. 学校体育, 5(4):12-16.
268) 竹之下休蔵(1955)B型学習の狙い. 体育科教育, 3(11):8-13.
269) 竹之下休蔵(1980)特別講演 学習指導の転換と全国体育学習研究会の役割―全体研における保守と革新―.〈中村敏雄編(1999)戦後体育実践論資料編 戦後体育実践主要論文集. 創文企画, pp.114-119. 所収〉
270) 竹之下休蔵監修・長野県学校体育研究会編(1986)体育の学習を子どものものに. 学習研究社.
271) 竹之下休蔵・宇土正彦編(1982)小学校体育の学習と指導. 光文書院.
272) 竹之下休蔵・岸野雄三(1983)近代日本学校体育史. 日本図書センター.
273) 竹之下休蔵(1999)学習指導の転換と全国体育学習研究会の役割―全体研における保守と役割. 中村敏雄編 戦後体育実践論・資料編. 創文企画, pp.114-119.
274) 田中智志(2005)人格形成概念の誕生―近代アメリカの教育概念史. 東信堂.
275) 丹下保夫(1955)B型指導をこう考える. 体育科教育, 3(11):14-19.
276) 丹下保夫(1955)戦後10年の体育指導. 学校体育, 8(11):28-33.
277) 丹下保夫(1956)「話し合い」をどう指導するか. 体育科教育, 4(4):10-13.
278) 丹下保夫(1956)同志会のあゆみ. 体育グループ 第1号 学校体育研究同志会.
279) 丹下保夫(1959)グループ学習とは何か. 体育の科学, 9(4):146-149.
280) 丹下保夫ほか(1960)教科としての「体育」の本質は何か. 生活体育, 12(10):53-60.
281) 丹下保夫(1963)体育技術と運動文化. 明治図書.

282）丹下保夫（1964）体育科教育論争（中）.〈城丸章夫他編（1975）戦後民主体育の展開.新評論：pp.21-32.所収〉
283）丹下保夫（1965）学校体育の現状と体育原理の課題.体育原理研究会編 体育の原理.不昧堂出版, pp.81-92.
284）丹下保夫（1976）体育原理（下）.逍遥書院.
285）多々納秀雄（1990）所謂「楽しい体育」論の批判的検討.九州大学健康科学センター.健康科学,12:73-86.
286）Telama, R. (1999) Moral development. In : Auweele, Y. V. and Bakker, F. (Eds.) Psychology for Physical Educators. Human Kinetics, pp.321-342.
287）トマ：蔵持不三也訳（1993）スポーツの歴史［新版］（文庫クセジュ）.白水社.
288）トンプソン（1990）スポーツ近代化論から見た相撲.亀山佳明編 スポーツの社会学.世界思想社, pp.71-92.
289）戸田輝夫（1973）学習集団を形成していく授業.高校生活指導, 17:34.
290）友添秀則（1985）スポーツ教育の目標設定に関するメタ理論的研究.スポーツ教育学研究, 4(2):89-99.
291）友添秀則（1987）スポーツ教育.中村敏雄・高橋健夫編 体育原理講義.大修館書店, pp.209-213.
292）友添秀則（1988）スポーツの文化論的探求.植村典昭ほか編 スポーツと身体運動の科学的探究.美巧社, pp.2-33.
293）友添秀則・近藤良享（1991）スポーツ倫理学の研究方法論に関する研究.体育・スポーツ哲学研究, 13(1):39-54.
294）友添秀則ほか（1992）スポーツ倫理学の研究方法論.体育原理専門分科会編 スポーツの倫理.不昧堂出版, pp.26-50.
295）友添秀則（1993）問われるスポーツの倫理と学校体育.体育科教育, 41(14):151-154.
296）Tomozoe, H. and Wada, T. (1993) Implication of the learning theory of Edo era martial arts to a new ethical paradigm of sports（英文）.スポーツ教育学研究, 13(1):45-54.
297）友添秀則・梅垣明美・近藤良享（1995a）体育の学習集団に関する実践研究.スポーツ教育学研究, 15(1):35-47.
298）友添秀則（1995b）体育と人間形成.体育原理専門分科会編「体育の概念」.不昧堂出版, pp.215-229.
299）友添秀則（1997a）香川 香西体育.中村敏雄編 戦後体育実践論 第1巻 民主体育の探求.創文企画, pp.167-183.
300）友添秀則（1997b）教育の反動化と体育実践の変化.中村敏雄編 戦後体育実践論 第2巻 民主体育の追求.創文企画, pp.47-66.
301）友添秀則（1997c）社会的学習.竹田清彦・高橋健夫・岡出美則編 体育科教育学の探求.大修館書店, pp.136-151.
302）友添秀則（1997d）学習集団をめぐる論議過程.竹田清彦・高橋健夫・岡出美則編 体育科教育学の探求.大修館書店, pp.284-299.
303）友添秀則（1997e）B型学習論の背景.中村敏雄編 戦後体育実践論 第1巻 民主体育の探求.創文企画, pp.229-246.

304）友添秀則（1998）潜在的カリキュラムについて．成田十次郎・川口千代・杉山重利（監修）永島惇正・高橋健夫・細江文利（編）「中学校体育・スポーツ教育実践講座 第1巻 新しい時代を切り拓く中学校体育のカリキュラム」．ニチブン，pp.137-144．

305）友添秀則・梅垣明美・木村彰伸（1999）子ども達のスポーツ観と友だち観をゆさぶる授業実践―技術学習と社会学習の統一をめざして―．学校体育，52（5）：54-60．

306）友添秀則（1999）「態度」「学び方」を育てる「知」を考える．体育科教育，47（15）：26-28．

307）友添秀則・近藤良享（2000）スポーツ倫理を問う．大修館書店．

308）友添秀則（2000）「体育における人間形成論」研究序説．近藤英男・稲垣正浩・高橋健夫編 新世紀スポーツ文化論．タイムス，pp.344-364．

309）友添秀則・梅垣明美（2000）荒れる子どもを変える・荒れる子どもが変わる体育．体育科教育，48（4）：28-31．

310）友添秀則（2001）アメリカにおけるカリキュラム改革の動向．高橋健夫ほか 日本及び諸外国の学校体育カリキュラムの実情と課題，平成11年度～平成12年度 科学研究費補助金（基盤研究A（1））研究成果報告書．

311）友添秀則（2002a）アメリカにみる学校体育カリキュラム改革の動向．スポーツ教育学研究，22（1）：29-38．

312）友添秀則（2002b）体育科の目標論．高橋健夫ほか編 体育科教育学入門．大修館書店，pp.39-47．

313）友添秀則（2003）アメリカ．国立教育政策研究所 体育のカリキュラムの改善に関する研究―諸外国の動向―．「教科等の構成と開発に関する調査研究」研究成果報告書（14），pp.1-20．

314）友添秀則・梅垣明美（2003a）人間関係を豊かにする「チャレンジ運動」の実践．高橋健夫編 体育授業を観察評価する．明和出版，pp.115-120．

315）友添秀則・梅垣明美（2003b）コミュニケーションスキルを高める体育授業．高橋健夫編 体育授業を観察評価する．明和出版，pp.121-124．

316）友添秀則（2004）学校体育のこれまでとこれから．子どもと発育発達，2（5）：328-330．

317）友添秀則（2005a）「スポーツって何？」に答えられますか．体育科教育，53（1）：10-14．

318）友添秀則（2005b）体育はなぜ必要か 体育の存在意義を考える 人間形成の立場から．体育科教育，53（10）：62-65．

319）友添秀則（2006）体育における人間形成．永島惇正・高橋健夫・細江文利編 デジタル版 新しい小学校体育授業の展開．ニチブン，pp.24-33．

320）友添秀則・梅垣明美（2007）体育におけるに人間形成論の課題．体育科教育学研究，23（1）：1-10．

321）友添秀則（2007）体育・スポーツと人間形成―スポーツと身体教育に関する断章．中村敏雄ほか編，現代スポーツ評論 第16号．創文企画，pp.70-78．

322）友添秀則（2007）アメリカ合衆国 体育・保健体育（体育分野）．山根徹夫 諸外国の教育課程（2）―教育課程の基準及び各教科等の目標・内容構成等―「教科等の構成と開発に関する調査研究」研究成果報告書，pp.44-48．

323）友添秀則（2008）体育における認識学習を考える．女子体育，50（1）：30-35．

324）鳥山敏子（1985a）からだが変わる授業が変わる．晩成書房．

325）鳥山敏子（1985b）イメージをさぐる．太郎次郎社．

326) Tutoco, T., & Bruns, W. (1976) Winning is everything and American myths. New York : Macmillan.

■──〈U〉
327) 梅垣明美・友添秀則・小坂美保（2006）体育における人間形成プログラムの有効性に関する研究. 体育科教育学研究, 22(2)：11-22.
328) 梅原利夫・小寺隆之編（2005）習熟度別授業で学力は育つか. 明石書店.
329) Ungerer-Rohrich, U. (1993) Sozialerziehung im Sportunterricht-Ein Beitrag zum Abbausozialer Probleme und zur Verbesserung der Interaktion. Leibesübungen-Leibeserziehung, 47 (1) : 11-14.
330) 宇土正彦（1981）運動の特性論とグループ学習. 体育科教育, 29(2)：20-22.
331) 宇土正彦（1986）体育授業の系譜と展望. 大修館書店.
332) 宇土正彦監修（1995）学校体育授業事典. 大修館書店.

■──〈V〉
333) Vicker, J. N. (1992) While Rome burns - meeting the challenge of the reform movement in education. JOPERD, 63 (7) : 80-87.
334) Vinnai, G. (Hrsg.)(1972) Sport in der Klassengesellschaft.

■──〈W〉
335) 渡邉彰（2006）いじめ問題への取組の徹底について. 体育科教育, 55(1)：76-77.
336) Weiss, M. R. and Breadmeier, B. J. (1986) Moral development. In : Seefeldt, V. (Ed.) Physica activity & well-being. AAHPERD.
337) Widmer, K. (1974) Sportpädagogik. Hofmann.

■──〈Y〉
338) 山邊光宏（2000）人間形成の基礎理論 第二版. 東信堂.
339) 山崎晴作（1954）カリキュラムをいかに改正したか. 学校体育, 7(3)：48-53.
340) 吉本均編（1987）現代授業研究大事典. 明治図書.
341) 行安茂（2002）人間形成論入門. 北樹出版.

■──〈Z〉
342) 全国体育学習研究協議会（1980）第25回京都大会つみかさね.
343) 全国体育学習研究協議会（1981）第26回東京大会つみかさね.

あとがき

　本書を脱稿した今，若い日から背負ってきた大きな荷物を下ろしたような気持ちである。今から思えば，大学時代の大半を柔道場で過ごしたような気がする。もう四半世紀以上も前になるが，今でも時折，当時の練習を思い出すことがある。大学3年生から4年生にかけて図らずも経験した事件が，私自身のその後の人生を大きく変えることにもなった。そして，一連の事件は，私自身がそれまで疑うこともなかった柔道が強くなることの意味を問う契機にもなった。
　勝利をめざしての激しい練習は，本当に人間を創るのだろうか。スポーツは本当の意味で人間を形成するのだろうか。それ以降，心を捉えて離さなかったこの問題に対する解答を求めて，大学院に進学し，そして大学に職を得てからは，スポーツ倫理学の権威であるニューヨーク州立大学のフレイリー（Fraleigh, W. P.）教授の下で研鑽を積んだ。
　あれから多くの時間が過ぎたけれど，この問いに対する明晰な回答が得られたとは今でも決して思ってはいない。しかし，自分なりにこの問いを真摯に考え，遅々とした歩みではあっても，スポーツが人間をどのように形成するのかを長い時間をかけて自らの経験と頭で考えた記録が本書なのかもしれない。本書の「今後の課題と展望」で述べたように，まだまだ多くの課題があることを，あとがきを書きつつ，今再確認している。本書をひとつの過程として，これからもこの問いに答えるべく歩いていきたい。
　本書の元となった学位論文を脱稿するにあたり，多くの方々にお世話になった。教育実習の指導教官として接して以降，若い頃から，さまざまな意味で大きな刺激とご指導を頂いた元広島大学教授の中村敏雄先生には，何よりもお礼を申し上げなければならない。本研究で述べたことのいくつかは中村先生の直接のお導きによって書かれたものである。先生の体育やスポーツに対する明晰なまなざしから，私は多くを学ばせて頂いた。また，博士論文の副査を快諾してくださった日本体育大学教授（筑波大学名誉教授）の高橋健夫先生にも心からお礼を申し上げたい。高

橋先生からは，研究者として駆け出しの頃から，体育に対する熱い情熱と研究者としての生き方をお教え頂いた。いつも前向きで楽天的な先生から，研究への意欲をずっと頂いてきたように思う。さらに，学生時代から，友人として多くの影響を与えてくれた筑波大学教授の岡出美則先生には，貴重な資料を提供して頂くだけではなく，いつも公私にわたって多くの助言を与えて頂いている。ここに記して感謝したい。また，折々，研究上の問題に適切な御示唆を与えてくださった，筑波大学教授の近藤良享先生にもお礼を申し上げる。

　博士論文の提出にあたっては，早稲田大学教授（スポーツ科学学術院）の寒川恒夫先生にお世話になった。学術院長という多忙を極める職にありながらも，博士論文の主査を快くお引き受けくださり，さまざまな点で細やかなご配慮を頂いた。心から感謝を捧げたい。また，副査を務めて頂いた同大学教授の福永哲夫先生（現鹿屋体育大学学長），同大学教授（人間科学学術院）の野嶋栄一郎先生にもお礼を申し上げたい。福永先生からは，折々，研究室での他愛のない楽しい会話から先生の体育に対する信念をお教え頂いた。野嶋先生には，早稲田大学の常任理事のご多忙な職にありながらも，論文に対して適切にご指導を頂いた。ここに記して感謝を捧げる。

　さらに，博士論文をまとめるための特別研究期間中に研究室の学務，学生指導を快くお引き受けくださったスポーツ教育学研究室の早稲田大学専任講師・吉永武史先生にもお礼を申し上げたい。また，博士論文の校正，印刷に協力を惜しまなかった小坂美保助手（現東京学芸大学特任講師），博士課程の岡部祐介氏にも感謝を申し上げる。

　最後になったが，学位論文をまとめるに際して，過労で生涯初めての思わぬ大病をした私を公私にわたって支えてくれた妻の理恵には心から感謝したい。ありがとうございました。

◎索引

あ	アウェアネストーク………271
	アカウンタビリティー………10, 15, 194, 227
	悪しき道徳主義………140
	アメリカ教育使節団報告書………68
	イデオロギー批判………210
	異年齢指導………283
	イメージ図式………172
	インクルージョン………276, 293
	ウーマンズリブ………196
	運動技術の系統性研究………134
	運動教育………44
	運動需要………75, 137
	運動による教育, 45, 64, 73, 79, 114, 192, 195, 285
	運動の機能的特性論………38
	運動の教育………64, 75, 82
	運動文化論………110, 134, 143, 176
	運動目的論………97, 285
	A型学習………123, 177
	NCLB法………237
	オリンピズム………159
か	解釈学的アプローチ………210
	開放………208
	カウンセリングタイム………271
	学習指導要領………63, 64
	学習集団………127
	学習集団論………110, 127, 134
	価値的な人間像………313
	学校税………227
	学校体育改革………9, 13, 15, 191, 193, 226, 228
	学校体育研究委員会………114
	学校体育研究同志会………110, 129, 145, 179
	学校体育指導要綱………67, 73
	学校体育批判………16
	学校体育不要論………111

学校体操教授要目………67
関係概念………46, 165
関係概念としての体育概念………165
慣習的水準………200
危機に立つ国家………230
機能的特性論………76, 137
規範的研究………8
客体としてのスポーツ文化………318
客体の主体化………318
教育改革………228
教育概念………39, 54,
教育科学研究会………111, 183
教育勅語………44, 154
教育哲学………48
教育内容の現代化運動………230
教育の逆コース………119, 126
教育の卓越性………230
教育の人間化………226, 230
教育の反動化政策………126, 154
教育バウチャー………227
強化………198
教科カリキュラム………122
教科研 → 教育科学研究会
教材単元………120
教授方略………6, 10, 20, 191, 204, 270, 275, 285, 314, 318, 319
共同道徳性………198
近代スポーツ………36
グループ学習研究会………179
グループ学習対系統学習論争………112
グループ学習論………74, 109, 110, 126, 128
グループ学習論争………129, 177
グループ討議………272
訓育的存在………50
経験カリキュラム………114, 122
経験主義教育………68, 73, 79, 80, 114

経験単元………179
形成………49, 149, 152, 166
系統主義教育………68, 73, 80
欠如存在………49
権限委譲………261
現代スポーツ………36
コア・カリキュラム………117
コア・カリキュラム連盟………118　cf.日本生活教育連盟
効果的・構造的特性論………87
効果的特性論………137
構造主義………203
構造的特性論………137
構造的発達理論………197, 198
拘束道徳性………198
コールバーグの認知論………203
国際スポーツ………36
国民学校体錬科教授要項………67, 73, 95
国民実践要領………154
個人的責任………194, 260, 261
克己体験主義………158

さ
作業単元………179
三育思想………43, 72,
C型学習………123
自己形成………165, 166,
自己形成的実践………164, 165, 170
実体概念………46
社会化援助………50
社会学習………207
社会学習論………7, 192, 207
社会進化論………43, 72,
社会性………51, 212, 257
社会性形成………193, 212, 224
社会性形成学習………223
社会的解放………211
社会的学習理論………7, 197, 198

社会的規範………51, 52, 259
社会的教養………316
社会的行動………205
社会的行動力………53, 258
社会的スキル………258
社会的責任………194, 260, 261
社会的相互作用………225
習熟度別学級編成………181
修身科………154
集団主義教育論………128
種概念………39, 54,
主体の客体化………318
常規的活動………258, 270, 292
商業主義………196
上部構造………211
勝利至上主義………196
自律的道徳………51
人格化援助………50, 51
人格形成………18, 53
人格形成の原則………152
人格陶冶機能………8, 9
進化論………43, 72
新興ブルジョアジー………31
身体………171
新体育………3, 13, 38, 64, 68, 73, 79, 83, 114, 195, 285
身体感覚………173
身体形成………53, 54, 183
身体知………321
身体的に教養を備えた人（A Physically Educated Person）………231, 232, 315
身体に関する教育………44
身体の教育………43, 64, 70, 79, 114
身体の同型性の貫徹………173
身体論………111, 171
スポーツ概念………27
スポーツ規範………322　cf.スポーツの社会的・道徳的行動規範

スポーツ教育学………4
スポーツ権の保障………148
スポーツ権論………143
スポーツ社会学………4, 197
スポーツ心理学………4, 197
スポーツ知………321
スポーツにおける主体者形成論………110, 142, 144, 192
スポーツの概念………28, 29, 37, 150, 300
スポーツの行為能力………212
スポーツの行為能力論………208, 212
スポーツの社会的・道徳的行動規範………322　cf.スポーツ規範
スポーツの専門諸学………321
スポーツの陶冶可能性………151
スポーツの変革主体者………212
スポーツの倫理学的研究………8
スポーツ文化………140, 170, 181, 313, 314, 317, 318, 319
スポーツ倫理学………4
スプートニク・ショック………230
性格形成………18
生活体育………80, 83, 84, 96, 110, 112, 118, 130, 301
生活体育批判………125
生活体育論………74, 118
生活単元………114, 120, 179
精神の教育………72
生成………166
生成としての教育………166
生成の体験………168
責任学習………10
責任学習論………260, 286
責任学習論の教授方略………270
責任学習論の理論的枠組み………262
責任の系統性………263, 284
責任の転移………261
責任のレベル………263
前慣習的水準………200

全国生活指導研究協議会………111, 182
全国体育学習研究会………38, 75, 110, 129, 137, 179
全国民間体育研究合同集会………148
潜在的カリキュラム………197　cf.ヒドン・カリキュラム
全生研 → 全国生活指導研究協議会
全体研 → 全国体育学習研究会
相関カリキュラム………122
相互作用能力………211
相互作用論………198, 203

た

体育概念………27, 37, 38, 165, 300
体育概念の深層構造………46
体育基準書………226　cf.体育スタンダード
体育原理研究………184
体育スタンダード………226, 237, 257
体育哲学研究………184
体育における社会学習論………13
体育における責任学習論………10, 194
体育における道徳学習論………10, 13
体育における人間形成………3, 4, 301, 312
体育における人間形成概念………12
体育における人間形成の概念………317
体育における人間形成の構造………3, 314, 319
体育における人間形成論………3, 5, 13, 14
体育における人間像………63
体育の概念………37
体育の学習指導要領………63
体育の教科目標………70, 77
体育の定義………40
体育のナショナル・スタンダード………13, 193, 226, 235, 257
体育の目標………78, 79
体育の理念的変遷………70
態度と価値………215
体力主義体育………83, 96, 301
体力主義的体育………87
体力づくり………74

体錬科………73
対話………203
他者と対話できる身体………173
他者との関係………216, 217
脱慣習的水準………200
達成………152
楽しい体育………84, 301
楽しい体育論………38, 69, 75, 76, 91, 137
他律的道徳………51
単元学習………179
チャータースクール………227
中間項………182
中間項理論………145
注入主義………114
注入主義教育………95
デカルト的二元論………72
伝統スポーツ………36
統合………261
同志会 → 学校体育研究同志会
道徳学習論………192, 195, 196
道徳性………52, 195, 257
道徳性の発達………225
道徳的感情………195, 257
道徳的教養………316
道徳的行動………52, 195, 205, 257
道徳的行動力………53
道徳的ジレンマ………203
道徳的推論………198
道徳的な徳………52　cf.倫理的規範
道徳的人間………173
道徳の発達………195
道徳的判断………195, 257
陶冶財………28, 321
ドーピング………197
特設道徳………154

な
- 徳目主義的教育………72
- ドル平………134, 145, 180
- ナショナルカリキュラム………78
- 日本生活教育連盟………118
- 日本体育学会体育原理専門分科会………184
- 日本体育学会体育哲学専門分科会………184
- 人間………49
- 人間関係学習………193, 212
- 人間関係能力………213
- 人間関係領域………217
- 人間形成………48, 51, 58, 300
- 人間形成概念………12, 13, 48, 312
- 人間形成スキル………321
- 人間形成的学習………110, 124, 127, 128, 134, 140, 141, 142, 176, 194, 258
- 人間形成的視点………63, 225
- 人間形成的内容………14, 17, 141
- 人間形成的目標………74, 85, 86, 88, 89, 90, 91, 92, 103, 128, 142, 194
- 人間形成内容………16, 70, 77, 83, 84, 87, 91, 94, 103
- 人間形成の原則………152
- 人間形成の構造………48
- 人間形成論の分析視点………64
- 能力別学級編成………181

は
- ハーンの相互作用論………204
- 発達としての教育………166
- パブリック・スクールのスポーツ教育………159
- 班別学習………177
- 班別指導………128
- ピアジェの認知論………200
- B型学習………177
- B型学習批判………112
- B型学習論………74, 109, 110, 112, 121
- 非知の体験………167
- ヒドン・カリキュラム………197
- 批判的スポーツ教育学………208
- フェアプレイ教育論………10

索引

	フランクフルト学派………192, 208
	プレイ教育………195
	文化的存在………49
	文化変革………207, 212
	分団学習………128, 177
	兵式体操………44
	ヘリソンの責任学習論………13
	ヘルバルト教育学………72
	弁証法的相互作用………318, 319, 320, 321
	法的拘束力………66, 78
ま	マグネットスクール………227
	民間教育研究団体………110
	民主的人間形成………113, 120, 123, 142
	民族スポーツ………36
	民族伝承運動………36
	ムーブメント教育………195
	めあて学習………69, 76, 91, 137
	明示的カリキュラム………197
	めざされるべき人間像………314, 315, 316, 317, 318, 319
	モデリング………198
	問題解決学習………96, 114, 128
や	役割受容………225
	ゆとり教育………91
	溶解体験………167
ら	ラポートの研究………118
	リフレクションタイム………273
	倫理的規範………52, 257, 259　cf.道徳的な徳

381

◎索引（人名）

あ
- アーノルド（Arnold）………159
- 浅井浅一………4, 7, 120
- アドルノ（Adorno）………208
- 阿部悟郎………6
- アロンフリード（Aronfreed）………7, 198
- 石垣健二………111, 146, 185
- 出原泰明………37, 134
- 宇土正彦………38, 125, 130
- 梅原利夫………182

か
- 勝田守一………183
- 唐木國彦………37
- カント（Kant）………50, 159
- 木下秀明………43
- ギリガン（Gilligan）………203
- グートマン（Guttman）………32
- クーベルタン（Coubertin）………159
- 久保正秋………6, 111, 146, 160, 184
- クラフキ（Klafki）………209
- クルム（Crum）………140, 181
- コールバーグ（Kohlberg）………7, 195, 198, 200
- 近藤鎮三………43

さ
- 佐伯聰夫………99
- 佐藤臣彦………46
- 佐藤学………182
- シーデントップ（Siedentop）………10, 181, 233, 260
- ジョンソン（Johnson）………172, 173
- ジレ（Gillet）………29
- 城丸章夫………110, 146
- シンガー（Singer）………172
- スペンサー（Spencer）………43, 72

た
- 高田久喜司………50
- 高橋健夫………79, 83
- 竹之下休蔵………86, 109, 112
- 丹下保夫………109

	ツァッハイ(Cachay)………211
	デューイ(Dewey)………18, 114
	トンプソン(Thompson)………56
な	中村敏雄………38, 53
	丹羽劭昭………7
は	ハートマン(Hartman)………211
	ハーン(Haan)………7, 198, 203
	ハバーマス(Habermas)………6, 21, 208, 209
	バンデュラ(Bandura)………7, 198
	ピアジェ(Piaget)………195, 198
	フィグリー(Figley)………195
	ブルーナー(Bruner)………230
	フレイリー(Fraleigh)………289
	ブレッドマイヤー(Bredemeier)………195, 204
	ヘリソン(Hellison)………10, 14, 194, 260
	ホルクハイマー(Horkheimer)………208
	ポルトマン(Portmann)………49
ま	前川峯雄………38
	正木健雄………162
	マッキントッシュ(McIntosh)………30, 183
	松田岩男………125, 130
	マルクーゼ(Marcuse)………208
	水野忠文………111, 146, 153, 183
	耳塚寛明………181
	宗像誠也………183
	モレンハウワー(Mollenhauer)………209
や	矢野智司………166
	山邊光宏………50
ら	ラポート(Laporte)………86
	リコーナ(Lickona)………58
	ロック(Locke)………9
	ロマンス(Romance)………10, 205

著者紹介

友添秀則(ともぞえ・ひでのり)

◎早稲田大学教授 博士(人間科学)◎1956年,大阪市生まれ。筑波大学大学院修士課程体育研究科修了。香川大学教授(1989〜1990年にはニューヨーク州立大学客員教授)を経て,早稲田大学スポーツ科学学術院教授。専攻は,スポーツ倫理学およびスポーツ教育学。主に,スポーツ倫理学の方法論やスポーツ教育における人格形成について研究を行うかたわら,日本体育学会や日本スポーツ教育学会,日本体育科教育学会,日本学校体育研究連合会などの理事を務めるとともに,日本アンチ・ドーピング機構において教育・倫理委員を務める。文部科学省学習指導要領作成協力者。◎主な著書に『体育科教育学の探究』『スポーツ倫理を問う』『体育科教育学入門』(以上,大修館書店),『戦後体育実践論(全4巻)』『スポーツのいまを考える』(以上,創文企画),『世界のスポーツ(全6巻)』(学習研究社),『〔平成20年改訂 中学校教育課程講座〕保健体育』(ぎょうせい),共訳として『スポーツ倫理学入門』(ロバート・L・サイモン著),『スポーツモラル』(W・P・フレイリー著)(以上,不昧堂出版)がある。

体育の人間形成論

© Hidenori Tomozoe 2009
NDC377/VIII, 383p/22cm

初版第1刷発行	2009年4月20日
第2刷発行	2017年9月1日
著者	友添秀則(ともぞえひでのり)
発行者	鈴木一行
発行	株式会社大修館書店

〒113-8541 東京都文京区湯島2-1-1
電話 03-3868-2651(販売部)
　　 03-3868-2299(編集部)
振替 00190-7-40504
[出版情報] http://www.taishukan.co.jp

装丁・本文デザイン	石山智博(石山智博デザイン事務所)
印刷	藤原印刷
製本	ブロケード

ISBN978-4-469-26678-8　Printed in Japan

Ⓡ本書のコピー,スキャン,デジタル化等の無断複製は著作権法上での例外を除き禁じられています。本書を代行業者等の第三者に依頼してスキャンやデジタル化することは,たとえ個人や家庭内での利用であっても著作権法上認められておりません。